mandelbaum *verlag*

Jonathan Garfinkel

GELOBTES HAUS

Meine Reise nach Jerusalem

Aus dem Englischen von Karoline Madabo

mandelbaum *verlag*

Originaltitel: *Ambivalence: Crossing The Israel Palestine Divide*, Viking Canada (Penguin Group) 2007.

mandelbaum.at • mandelbaum.de

ISBN 978-3-85476-991-0

Satz: KEVIN MITREGA
Umschlag: MICHAEL BAICULESCU und MARTIN BIRKNER, unter Verwendung eines Plakatsujets von FRANZ KRAUSZ
Druck: PRIMERATE, Budapest

FÜR MEINE ELTERN
PAUL UND DOROTHY

»Sing für mich, lieber Vogel,
von fernen, fernen Wundern.
Sag, gibt es dort Böses, und gibt es Leid
im Land von Wärme und Schönheit?«

—C.N. Bialik, *Der Vogel*

Prolog

»Wie heißt Ihr Vater?«
Ich murmle vor mich hin.
»Bitte öffnen Sie den Koffer, Sir.«
Die Frau vom Sicherheitsdienst durchwühlt meine Sachen. Ich weiß selbst nicht, warum ich ihr nicht den richtigen Namen meines Vaters genannt habe. Genauso wenig verrate ich meine Religionszugehörigkeit, ob ich bete, was ich glaube. Ich sage kein Wort.
»Was ist der Zweck Ihrer Reise?«
»Ich bin Tourist.«
Kleidungsstücke und leere Notizbücher werden aus meinem Koffer geräumt. Ein dreifach gefalteter Brief meines Großvaters. Ein gelber Ordner, auf dessen Vorderseite ein aus einer Zeitschrift gerissenes Bild vom Felsendom klebt. Golden schimmert die Kuppel im Neonlicht des Ben-Gurion-Flughafens in Tel Aviv. Fette hebräische Schriftzeichen auf dünnem gelbem Karton:
Yerushalayim.
Jerusalem. Die Stadt, in der ich nie war.
Die Frau blättert im Ordner. Die Seiten sind auf Hebräisch beschrieben.
»Warum haben Sie das nicht gleich gesagt?«, fragt sie.
Ich zucke die Achseln. Ich denke: Am liebsten würde ich ohne Stamm, ohne Geschichte, ohne Identität hier ankommen. Aber der Gedanke ist lächerlich, bedenkt man, wo ich bin.
»Nicht gerade eine gute Zeit für einen Besuch, wissen Sie«, sagt sie.
»Ist es nicht immer eine gute Zeit, das Heilige Land zu besuchen?«

Abflug

»Ich muss wieder zu dem Zeugen werden, der ich bin.
Und, noch wichtiger, zu dem Juden, der ich war.«

—Jean Daniel, *The Jewish Prison*

Kapitel 1

Einige Jahre zuvor.
Kensington Market, Toronto.

Wir stehen von den hölzernen Bänken auf, schlurfen voran, drehen uns pflichtbewusst um hundertachtzig Grad zur Rückwand der Synagoge um. Normalerweise blicken wir gen Osten, nach Jerusalem, doch diesen einen Vers beten wir gen Westen. Wie ein betrunkener Rentnerchor heißen wir die Braut Schabbat willkommen.

Lecha dodi, likrat kala
P'nai Schabbat nekabla

Komm, mein Freund, der Braut entgegen,
lasst uns den Sabbat begrüßen.

Heute Abend sind nur vierzehn Männer gekommen, doch wir singen aus Leibeskräften.
Yakov auf der Bima führt uns an. Tagsüber ist er Zahnarzt, abends Vorsänger. Er ist ergraut, alt und verbittert, seine Kommentare sind wie ein sarkastischer Stoß in die Rippen. Aber wenn er singt, ist es reines Gold; man bekommt eine Ahnung von seiner Seele.
Der alte Yankl ist ein Löwe mit weißer Mähne, staubtrocken und heiligengleich. Er hat blasse, pockennarbige Haut. Mit aufgeschlagenem Gebetbuch steht er neben mir, seine schmalen blauen Katzenaugen starren in das rote Buntglas über der Empore, wo die Frauen sitzen. Er beobachtet den Schatten einer Taube, die hinterm Glas auf dem Sims hockt. Yankl liebt den Siddur, Roggenwhiskey und Pferderennen. Man sagt, er wohne im Waverly Hotel, schon seit der Zeit, als Milton Acorn noch lebte.
Daneben steht Yankls bester Freund, der Ingenieur, und brummt

so etwas wie eine Basslinie. Als Physiker hat er eine Blitzkarriere an der Universität von Chicago hingelegt, aber was er heute macht und wo er wohnt, weiß kein Mensch; angeblich lebt er auf der Straße. Manchmal sehe ich ihn in der Lilian Smith Library in ein Notizheft schreiben. Er arbeitet an seinem Magnum Opus, einem Buch über die Relation von Quantenmechanik und altem Cheddar. Der alte Kerl hat sich in einen grünen, drei Größen zu kleinen Anzug gezwängt. Die Ärmel enden knapp unterhalb der Ellenbogen, der Hosenumschlag am Schienbein, und sein dicker Bauch wölbt sich über dem Pappgürtel. »Ich sehe aus wie ein Schlumpf«, hörte ich den Ingenieur einmal sagen, »so behandelt die Welt die Armen: Sie macht sie zu Schlümpfen. Übrigens, ist dir schon aufgefallen, dass dieser ehemals wunderschöne Seidenanzug von Harry Rosen – den ich absichtlich in die Waschmaschine gesteckt habe, damit er einläuft und zerknittert – das Kostüm des Satans ist?«

Rechts hinter mir steht G., ein echt hübscher Chorknabe mit Tenorstimme. Früher war er eine Frau. Nach einjähriger Einnahme von Testosteron und einer von der Krankenkasse bezahlten Operation reihte sich G. in der Anshei Minsk bei den Männern ein. Er trägt eine dicke schwarze Brille und einen schwarzen Bart, um den ich ihn beneide. Ich glaube, in der Synagoge weiß niemand außer mir, dass G. als Frau zur Welt kam. Er verriet es mir an Jom Kippur. »Jonathan«, sagte er mit einer Stimme, die beim »Jona« heiser brach und sich zum »thin« wieder fing, »früher war ich eine Lesbe.« Er strich sich mit der Hand über den Bart, als staubte er mit der Kleiderbürste einen teuren Anzug ab.

Ich dachte, er mache einen Witz; denselben platten Aufreißerspruch hatte ich einmal auf einer Studentenparty gehört. Aber G. ist kein Student (obwohl er zugibt, sich von den barbarischen, primitiven Ritualen der Studentenverbindungen angezogen zu fühlen). Als wir auf der Bank neben dem Al-Waxman-Denkmal am Kensington Market saßen, zeigte mir G. einen abgelaufenen Führerschein aus Ontario. Sie hieß Alexis Wallace. Sie hatte rabenschwarzes Engelshaar und Augen wie Emily Watson.

»Du warst eine Schickse«, sagte ich. Er fand das gar nicht lustig.

»Was kann ich dafür, dass meine Mutter mir erst vor vier Jahren erzählte, dass sie Jüdin ist?«, sagte er.

»G.«, sagte ich, denn plötzlich wurde mir klar, dass er einen Freund brauchte, einen Verbündeten, einen Bruder, »*masel tov!*«
Er hatte sich wegen meines gespaltenen Verhältnisses zum Judentum an mich gewandt. So wie G. liebe ich meinen Glauben und lehne ihn gleichermaßen ab. Ich will die Postmoderne und verehre zugleich die alte Überlieferung.
G. und ich saßen auf der Bank und schauten zu, wie die Tauben auf Al Waxman landeten, um ihm auf den Kopf zu kacken. Ein paar Teenager, aufgeputscht von einem Cocktail aus Mundwasser und Muskatnüssen, zielten mit Steinen auf leere Bierdosen. Immer wieder warf ich verstohlene Blicke zwischen G.s Beine, weil ich wissen wollte, wie erfolgreich die Operation war. Beim Fasten kommen einem die seltsamsten Gedanken. War er beschnitten? Hatte seine Mutter mit Schüsselchen voll gehackter Leber und eingelegtem Hering daneben gestanden? Es ist ja immer ein Anlass großer Freude, wenn die Gemeinde ein neues Mitglied willkommen heißt. Bei der Beschneidung meines Bruders Joseph (ich war sechs) konnte ich den Blick nicht von den ruhigen Händen des Beschneiders lösen, von dem weingetränkten Handtuch, mit dem mein kleiner Bruder ruhiggestellt wurde. Die seltsame Genauigkeit des Beschneiders, der kein Krankenhausweiß trug, sondern einen wunderschönen dunkelblauen Nadelstreifenanzug. Zwei beherzte Schnitte, und Gottes Vertrag mit meinem Bruder war besiegelt. Anschließend zogen wir ins Esszimmer, um uns den Bauch mit gehackten Eiern, Mohnbagels, Käseblinis und Lachs vollzuschlagen.

Ich schaue in mein Gebetbuch und stimme in den Chor ein.

Lecha dodi, lecha dodi likrat kala
P'nai Schabbat nekabla …

Wenn ich das Lecha Dodi singe, denke ich: Vielleicht wäre es einfacher, sich nicht zu wehren, sich in die Welt einzufügen, wie sie sich mir an meinem achten Lebenstag mit einem *Geschnipsel* am *Zipfel* offenbarte. Aber beim Lecha Dodi geht es um mehr als Pflicht und Erbe. Ich empfinde die Melodie als reinigend. Beim Singen streife ich meine Zweifel ab, meine Dummheit, mein Verlangen nach schnöden Äußerlichkeiten. Na ja, wenigstens, bis ich die Übersetzung lese.

Man sagt, der Mystiker Schlomo ha-Levi Alkabez habe den Text im Palästina des sechzehnten Jahrhunderts in der Stadt Safed aufgeschrieben. Alkabez und seine Jünger zogen bei Einbruch der Dämmerung singend auf die Felder hinaus, um den Sabbat mit einem Lied willkommen zu heißen:

Es werden deine Räuber zum Raub,
es sinken deine Würger in Staub.

Mit anderen Worten: Möge Gott die Scheiße aus deinen Feinden prügeln.

Der Rest des Liedes ist ganz anders. Aber ich blieb an jenen Zeilen hängen. Warum hegen Alkabez und seine Kollegen ausgerechnet am Ruhetag solche Rachegelüste? Wozu diese Auge-um-Auge-Rhetorik am heiligsten Tag der Woche? Ich stelle mir Alkabez und neun seiner Freunde in weißen Kitteln vor, wie sie händchenhaltend über einen galiläischen Acker tanzen. Ich sehe zwei Araber, die nach einem anstrengenden Arbeitstag auf dem Heimweg sind. Es ist Abend, und sie hören die zehn Männer singen: »*Es sinken deine Würger in Staub.*«

ERSTER ARABER: Grundgütiger. Was haben diese verrückten Juden nun schon wieder vor?
ZWEITER ARABER: Tanzen wie die Blöden.
ERSTER ARABER: Die singen den bekloppten Weizen an!
ZWEITER ARABER: Spinner.
ERSTER ARABER: Weizen muss man gießen, nicht anbeten.

Man sagt, 1930 kamen Juden aus dem weißrussischen Minsk nach Kanada und bauten am Kensington Market eine Schul. Die Architektur ist bis auf den letzten Stein identisch mit der Synagoge, die sie, gesegnet sei ihr Andenken, in der Heimat an Flammen und Rauch verloren.

Sehen Sie nur den weißen Leuchter, der wie eine Krone über den Männern im Raum schwebt. Die silbernen Tora-Kronen, die das

Licht reflektieren. Die Gemälde an der Wand: stark wie ein Löwe zu sein und schnell wie ein Reh, Worte des Zuspruchs auf Hebräisch. Mehr noch: Gemälde von Posaunen, Klarinetten und Violinen, der Klang meiner musikalischen Vorfahren. *Gelobt sei die Klezmer, ach, könnten wir die Töne treffen.*
Und der Duft, der aus der Küche herauf weht: Sarahs Hühnerbrühe, abgestandener Hering, der Staub auf den Leuchtstoffröhren. Der Geruch der Männer: süßlich und ranzig, nach Schweiß und Schimmel, nach Maden und verdorbenem Fleisch.
Draußen, vor den hohen Holztüren, hat der Geist des alten Kensington überdauert, des Judenviertels um Neunzehnhundert. Früher stand hier an fast jeder Straßenecke eine Synagoge. An Chanukka, sagt man, habe es in der Augusta Avenue und in der Baldwin Street keine Wohnung und keine Schaufenster gegeben, die nicht festlich von Kerzen erhellt worden seien. Verschwunden die koscheren Fleischer, die jüdischen Schneider; sie haben sich in die reichen Vororte zurückgezogen, nach Forest Hill, North York und Thornhill. Überall ist es besser als in diesem *schmutsigen* Ghetto, das nach Sie-wissen-schon-was stinkt, mögen die fauligen Schtetl nur noch in den Büchern von Scholem Alejchem weiterbestehen. Heute sind die Fensterscheiben von Kensington klebrig vom Bratdunst des süß-saures Schweinefleischs, und im Café Kim gibt es billiges Bier. In der Minsk stehen vierzehn Männer. Unser müdes Gebet, verstimmt und verschleppt. Beten für die Braut Sabbat und für ein kostenloses Abendessen, gesponsert von Perl's Kosher Foods. Rabbi Spero wurde aus Cleveland importiert. Er kommt herüber, um meine Hand zu schütteln. Er lächelt mich an, als wollte er sagen: »Wo zum Teufel hast du gesteckt, du *Schmock*?« Er wünscht sich, ich wäre ein besserer Jude. Wer kann es ihm verdenken? Seit Monaten war ich nicht hier. So ist es eben mit mir, einen Monat glaube ich, im nächsten nicht. Aber trotz meiner langen Abwesenheit leuchten die schwarzen Augen des Rabbi milde und gütig. Sein fester Händedruck gibt mir das Gefühl von Sicherheit und Beständigkeit.
Für einen Rabbi ist Spero jung, zweiundvierzig erst, er hat fünf Kinder und eine schöne Frau, die wir *Rebbetzen* nennen. Er sieht aus, wie man es erwarten würde: Seine Haut ist weiß wie Holzleim

und sein Bart dicht vom vielen Studieren. Überraschenderweise ist der Kerl in Topform, er hat sogar anständige Bizeps. Er betet einfach weiter, als zwei seiner Kinder sich, nach Aufmerksamkeit schreiend, an seine Arme hängen. Sie sind wie Äffchen, die zwei, klettern ihm über den Bauch und den Rücken und baumeln an seinem Hals. Aber der Rabbi wird nicht böse, er regt sich nicht auf. Er konzentriert sich, geht in die Knie, beugt den Kopf und singt. Wie macht er das?

Manchmal stelle ich mir den Rabbi im Keller vor, sein Oberkörper ist nackt bis auf den Tallit, sein Brusthaar kräuselt sich zu schwarzen Sichelmonden. Im Kerzenschein streckt er sich auf dem kalten Betonboden aus, um Toras zu stemmen, fünf, sechs, sieben, acht Stück auf einmal, den ganzen, wackeligen Stapel.

»Eine noch, Rebbetzen«, ruft er seiner Frau zu, »leg noch eine obendrauf! So stark ist mein Glaube!«

Ich bin auf der Suche nach einem Grund, zu glauben. Es muss nicht unbedingt eine Überzeugung auf Rabbi-Niveau sein, nein, ein halber Spero würde mir schon reichen. Es wäre schön, zufällig einen brennenden Busch zu sehen oder ein sich teilendes Meer. Oder auch nur eine Leuchtreklame: »Zur Offenbarung hier entlang, du Penner.« Was ich aus dem Wunder machen würde, sollte mir je eines begegnen, steht natürlich auf einem ganz anderen Blatt.

Ein Wunder habe ich selbst miterlebt. Es war vor sechs Jahren bei meiner Baba Jesse in Winnipeg, kurz vor ihrem Tod. Sie war über achtzig Jahre alt und konnte seit einem Schlaganfall, der ihre rechte Gesichtshälfte lähmte, nicht mehr sprechen. Sie lächelte zur Hälfte. Eine Hälfte von ihr war am Leben, die andere hatte sich von der Welt abgekehrt.

Seit drei Jahren hatte Baba kein verständliches Wort mehr gesprochen. Ich wurde von Laura begleitet, meiner damaligen Freundin. In jenem Frühling trampten wir durch Kanada und machten in Winnipeg eine Pause, um ein paar Tage bei meinen Großeltern zu verbringen. Der Frühlingstag war warm und mild. Baba wollte ausgehen, deswegen half ich ihr, den Rollator an die Haustür zu schieben. Laura war in der Küche und kochte das Mittagessen.

Vom Flur aus konnte ich meinen Großvater unermüdlich kritzeln hören. Zaida Ben hatte sich hinter einer Pyramide aus Rechnungen, Skizzen und Dokumenten am Esstisch verschanzt und schrieb Briefe an Boris Jelzin und Bill Clinton, die er zu radikalen Umweltschutzmaßnahmen aufforderte. In jener Woche hatte er riesige Mengen Tomatensuppe bestellt (gleich nach unserer Ankunft mussten Laura und ich die hundertvierundvierzig Dosen neben dem Klavier aufstapeln). Er, der Umweltchemiker, sah eine globale Katastrophe nach der anderen voraus; in dieser Woche beschäftigte ihn der thermonukleare Holocaust.

Vor dem Haus half ich Baba die vier Treppenstufen zum Gehweg hinunter. Sie schob sich im Schneckentempo vorwärts und zog die Füße nach. Für fünfzehn Meter brauchten wir fünf Minuten. Die Vorgärten des südlichen Winnipeg lächelten uns an, endlich war der Winter vorbei. Während sich Baba am Rollator festhielt, las ich ihr die Nachrichten des Tages vor: Börsenberichte aus Taiwan, Zielsetzungen der australischen Finanzmärkte, Langzeitprognosen für Hong Kong. Sie genoss es sehr, wenn ich ihr den Wirtschaftsteil vorlas, was ich angesichts ihrer Sympathien für die Kommunisten reichlich seltsam fand.

Wir legten eine Pause ein und setzten uns auf eine Bank. Es war gut, die Sonne auf der Haut zu spüren. Baba starrte mich an, bis mir ihr Blick unangenehm wurde. Sie starrte mich an, als wäre ich ein fremdes Land. Als versuchte sie, mich, die Fremdsprache, zu verstehen.

»Ist sie Jüdin?«, fragte sie.

»Wie bitte?«

»Ist sie Jüdin?«, wiederholte Baba, wie um mir zu beweisen, dass es sich um keinen Versprecher handelte.

»Du meinst Laura?«

»IST. SIE. JÜDIN.«

Ich sah zwei Pfade vor mir.

Der erste führte zur Wahrheit: Laura entstammte einer pferdezüchtenden Aristokratenfamilie aus New Jersey. Ihre Vorfahren waren auf der Mayflower nach Amerika gekommen. Sie feierte Weihnachten, schwärmte für Bing Crosby, bereitete Aufläufe mit Speck und Sandwiches mit Schinken zu.

Der andere Pfad führte zur Lüge. Ich kann nicht behaupten, gern zu lügen. Ich weiß aber, dass zu lügen ein Akt der Sehnsucht ist. Ich zwang die richtige Antwort herbei, um meiner Großmutter in ihren letzten Tagen eine kleine Freude zu machen. Ein Geschenk. Ich tat mein Bestes, um Baba Jesses Blick standzuhalten. »Ja«, sagte ich, »sie ist Jüdin.«
»Gut«, sagte Baba und schloss die Augen.
Von da an sollte meine Großmutter kein Wort mehr sprechen.

Oben auf der Empore steht eine Frau, die meiner Mutter sehr ähnlich sieht. Meine Mutter würde keinen Fuß in diese Synagoge setzen, es sei denn zu einer Hochzeit oder einer Beschneidung. Die vielen Innenstadt-Juden, der chaotische Markt, die mangelnde Eleganz dieser wild zusammengewürfelten Gemeinde bereiten ihr Unbehagen. Während ich in meiner Osteuropa-Nostalgie schwelge, geht meine Mutter lieber in die Narayever, eine Hippie-Synagoge in einem Stadtteil namens The Annex. Meine Mutter ist null Hippie, aber die Narayever ist modern und sauber und lehnt Geschlechtertrennung ab. So wie ihre Mutter, Baba Jesse, verabscheut sie den Gedanken, dass die Frauen in drei enge Bänke auf der Empore zurückgedrängt werden. »Frauen näher am Himmel? So ein Quatsch«, würde sie sagen. »Jonathan, wir leben nicht mehr im Mittelalter. Meinst du nicht, so langsam sollte es den weiblichen Gemeindemitgliedern auch mal gestattet sein, die Tora zu berühren?«
Als meine Mutter vor drei Jahren von einer Europareise zurückkehrte, war mein Vater verschwunden – ausgezogen mit Sack und Pack. Nach dreiunddreißig Ehejahren, drei Söhnen, wöchentlichen Sabbatfeiern, Genörgel, Beschneidungen, Kalbsbraten, Bar Mitzwas, Hochzeiten, Schiwas, Sederabenden, Laubhüttenfesten, Sauerteigen, Hebräisch, Tränen, Latkes, Schuldgefühlen, den Marx Brothers, Babas Pickles und Zaidas Senf war es also kein Wunder, dass ich träumte, der Keller meines Elternhauses stünde unter Wasser. Die Nachricht erschütterte das Haus im Fundament: Mein Vater war von Bord gegangen.
Ich weiß nicht, ob meine Eltern einander begehrt hatten, als ich noch klein war. Zuletzt ertrugen sie das Zusammenleben geduldig.

Sie schafften es, jede unerwünschte Äußerung, jede Gefühlsregung und jeden Streit unter den Teppich zu kehren. Alle waren glücklich, glücklich, glücklich. In den Augen unserer Freunde und Nachbarn waren wir die perfekte Familie – meine Eltern, die Cleavers von Forest Hill. Wir waren konservativ mit leicht modern-orthodoxem Einschlag. Samstags besuchten wir eine Synagoge mit Geschlechtertrennung, zu Hause benutzten wir für Milch und Fleisch nie dasselbe Geschirr. Meine Mutter verbrachte ihre Zeit in der Küche damit, die Traditionen aufzuweichen. Ihre handgemachten Kartoffelklößchen schmeckten mehr nach Gnocchi als nach Knisch und ihr Mandelbroit wie allerfeinste toskanische Cantucci. Ihr gefilter Fisch war in der ganzen Straße bekannt, ebenso ihr Allheilmittel, eine Suppe aus Hühnchen, Karotten, Ingwer und Champignons (sie war die Erfinderin der jiddischen Nouvelle Cuisine, würzte den Fraß des Ansiedlungsrayons mit Kräutern der Provence). Mein Vater stieg jeden Morgen mit seiner bescheidenen braunen Aktentasche in seinen bescheidenen braunen Ford und fuhr zur Arbeit ins Clarke Institute, wo er sich um essgestörte Ballerinas und *Playboy*-Models kümmerte. Jeden Morgen machte er sich auf den Weg, um sich das Gejammer der Magersüchtigen, Bulimikerinnen, der Fast-Gestorbenen anzuhören. Nachdem mein Vater meine Mutter verlassen hatte, war es in unserer Familie mit dem Judentum, ich hatte es schon geahnt, vorbei. Wobei wir versuchten, den Glauben in einer abgespeckten Version am Leben zu erhalten. Ein Pessachfest hier, ein besonderes Essen am Freitagabend da. Aber es wurde nie wieder wie früher. Im Judentum geht es um Ethik, um die Tora, ums Gebet, aber in allererster Linie geht es um die Familie. Und seit meine Familie auseinander gebrochen war, musste ich mich fragen, was mir von meiner ererbten Religion blieb. Nicht zuletzt aus diesem Grund habe ich vor drei Jahren wieder damit angefangen, in die Schul zu gehen, zum ersten Mal in meinem Erwachsenenleben. Ich brauche diesen sporadischen Kontakt zu meinem Glauben.

Vier Monate nach der Trennung meiner Eltern starb meine Großmutter. Seit ihrem Tod im Jahr 2000 ist Babas »Ist sie Jüdin?« praktisch ungehört verhallt. Einer meiner Brüder ist mit einer Katholikin, der andere mit einer Agnostikerin verlobt. Mein Vater

lebt mit einer Presbyterianerin zusammen. Meine Mutter, die sich fünf Jahre zuvor noch geweigert hatte, meine damalige Freundin Laura bei uns übernachten zu lassen, wird in dieser Woche mit einem Presbyterianer ausgehen. Der jüdische Garfinkel ist neuerdings eine bedrohte Art.
Meine Mutter hatte seit ihrem achtzehnten Lebensjahr keine Verabredung mit einem Mann mehr. Gestern Abend rief sie mich an, um meinen Rat einzuholen. Unser Gespräch verlief in etwa so:

MUTTER: Was will er von mir?
ICH: Er möchte mit dir ausgehen.
MUTTER: Aber ich möchte einfach nur in die Oper.
ICH: Das ist doch prima. Du bekommst die Eintrittskarte geschenkt.
MUTTER: Wie lange dauert ein Date?
ICH: Sag einfach, du müsstest um Mitternacht wieder zu Hause sein, weil du morgen früh raus musst.
MUTTER: Mitternacht? So spät?

Wir singen das Alenu. Ich knicke in den Knien ein und beuge den Kopf, kann den Text auswendig. Ich habe ihn schon tausendmal in meinem Leben gesungen. Es fällt mir so leicht wie das Atmen. Ich denke an dich, Baba, an das Wunder deiner Sprache. Ich frage mich, warum eine Kommunistin, die den Besuch der Synagoge immer gescheut und alles Religiöse abgelehnt hat, sich für ihren Enkel eine jüdische Freundin wünscht. Was ist das für ein Instinkt, dem weder der Marxismus noch das Erstarren der linken Gehirnhälfte etwas anhaben können?
Manchmal stelle ich mir vor, meine Baba stünde hier neben mir in der Synagoge, wozu es angesichts ihrer weltlichen Lebenseinstellung kaum gekommen wäre (außerdem war sie eine Frau). Ich hätte ihr zu gern Judith vorgestellt.
»Du hast Laura also den Laufpass gegeben und dir eine neue Freundin gesucht«, hätte Baba gesagt.
»Sie heißt Judith. Wir sind seit drei Jahren zusammen.«
Und dann hätte ich auf Judith gezeigt, die oben auf der Empore in der zweiten Reihe sitzt.

»Hübsche Augen. Eine echte Jüdin, deine Yehudit. Was macht sie beruflich?«
»Sie ist Theaterregisseurin.«
»Eine Künstlerin? Nicht besonders solide, aber fraglos unterhaltsam. Dir wird nichts übrig bleiben, als den Versorger zu spielen.«
Ich hätte Baba verschwiegen, dass Judith und ich uns schon zwei Mal getrennt haben. Dass unsere Beziehung am seidenen Faden hängt, und dass wir uns anscheinend um so näher sind, je dünner der Faden wird.
»Wann findet die Hochzeit statt?«, hätte Baba Jesse wahrscheinlich gefragt.
Ich versuche, Blickkontakt mit Judith aufzunehmen. Ich will ihre Aufmerksamkeit auf mich ziehen, aber sie ist in den Siddur vertieft. Ich schneide eine mürrische Grimasse und lege den Kopf schief, aber ich weiß, sie wird mich nicht beachten. Ich wünschte, wir würden heute Abend von etwas Großem überwältigt. Vom Gebet: *Möge die Verirrung aus den Kammern deines Herzens fliehen.* Für einen Moment scheint es zu funktionieren. Judith wird wieder so schön wie damals, als ich sie kennenlernte. Sehen Sie den langen, schwarzen Rock, das fließende, schwarze Haar, das sie zum Pferdeschwanz hochgebunden hat, die blauen Augen beim Gebet? Unser gemeinsamer Weg besteht aus nichts als Schlaglöchern, aber der Freitagabend gehört uns. Wir kommen in die Synagoge und fühlen uns wieder ein. Der Sabbat ist der heiligste Tag der Woche für alle Juden – und für alle Liebenden. Denn es gilt als heilig, als Mitzwa, sich an diesem Abend zu lieben. Das Leben ist so viel einfacher in der Synagoge, wo wir uns der Tradition fügen.

Am Anfang waren Judiths Hände zwei Tauben, zwei Vögel, die Noah ausgeschickt hatte, damit sie Land suchten. Einen Ölzweig brachten, einen Ruheplatz fanden, ein Symbol des Friedens.
Als wir verliebt waren, legte Judith ihren Kopf an meinen Hals und ließ ihre langen Finger über meine Haut flattern. Sie analysierte eine Kurzgeschichte von Bruno Schulz und strich mir währenddessen über den Rücken – köstlich. Sie sang »Falling in Love Again« mit tiefem Mezzosopran und las mir Goethe und Heine auf Deutsch vor. Sie lehrte mich das Handlesen, und so lasen wir unser Leben,

die Landkarte unseres Selbst, Liebe, Leben, Schicksal. Ich hielt sie im Arm, küsste ihre kleinen, aerodynamischen Ohren (oft stellte ich mir vor, wie sie aus einem Flugzeug springen und sämtliche Skydiving-Rekorde brechen würde). Einmal hielt sie mir die Ohren zu und sagte: »Hör nicht auf die Welt da draußen. Horche nach innen, in dich hinein.«

In meinem Alter hatte Judith Europa bereist, war als Straßenkünstlerin aufgetreten und hatte in Berlin Theaterregie studiert. Sie zeigte mir, wie man leidenschaftlich schreibt, hungrig liebt und Sliwowitz direkt aus dem Eisfach trinkt. Wenn sie zu Romamusik tanzt, spätabends auf dem Dielenboden über der Bäckerei am Kensington Market, wo wir wohnen, ergreift ihr toter, rumänischer Vater von ihrem Körper Besitz.

Ich beobachte, wie sie die Gebete in der englischen Übersetzung liest, den Versen mit dem Zeigefinger folgt. Sie liest so ehrfürchtig im Gebetbuch wie ein Mädchen, das zum ersten Mal verliebt ist. Judith wurde nicht religiös erzogen. Ihre Mutter, eine Überlebende des Holocaust, verachtete alles Jüdische. Erst ein paar Jahre, bevor wir einander kennenlernten, nahm Judith ihre Vergangenheit an. Jetzt möchte sie mehr darüber wissen und sich mit dem Erbe auseinandersetzen, das man ihr verschweigen wollte.

Sie ist glücklich, weil ich Hebräisch spreche, und sie staunt darüber, dass ich die Bialik besucht habe, eine zionistische Ganztagsschule in Toronto. Von meinem fünften bis zu meinem dreizehnten Lebensjahr lernte ich dort alles, was man Judith vorenthalten hatte: jüdische Geschichte und israelische Literatur, den Tanach, die hebräische Grammatik. Ständig löchert sie mich mit Fragen. Wie kann man Zionist sein, ohne an Gott zu glauben? Warum schauen wir nach Westen, wenn wir die vorletzte Strophe des Lecha Dodi singen? Was war die Balfour-Deklaration? Warum werden auf einer jüdischen Hochzeit Gläser zertreten?

Wir verliebten uns, als ich sechsundzwanzig war, wir lagen auf der weinroten *Plapuma* ihrer rumänischen Großmutter, gewebtes Silber, das das Licht reflektierte. Im ersten Winter waren wir arbeitslos und lasen einander aus einem Buch vor, dessen Titel wir nicht kannten. Wir sagten *Madrigals* dazu, eine rätselhafte, surrealistische Novelle, deren Namen und Autor mit dem Buchumschlag

abgerissen worden waren (wir hatten das Buch vom Flohmarkt). Wir liehen dem unbekannten Verfasser unsere Stimmen. Sie las mir die Geschichte von dem Uhrmacher vor, der in Tel Aviv mit seinem Enkel an den Strand geht. Der Enkel wollte fliegen lernen. Der Großvater starrte übers Meer bis zum Horizont, einen silbrigen Schimmer in den grauen Augen. Da hob der Enkel plötzlich vom Boden ab, er wurde von den drei Ballons in seiner Hand aufs Mittelmeer hinausgezogen.
»Wir erschaffen uns die Realität, nach der wir uns sehnen«, sagte der Uhrmacher und folgte der Flugbahn des Enkels mit seinem Blick.
Ich schlief ein und hob ab, und dann wusste ich nicht mehr, ob ich den Text hörte oder Judith hinterher flog. Nie zuvor hatte ich vom Fliegen geträumt, nicht einmal als Kind. Aber da lag ich nun zwischen Wachen und Träumen, hatte Judiths sanfte Stimme als Kadenz in meinem Ohr und rauschte über eine Landschaft dahin, die ich nie mit eigenen Augen gesehen hatte, die ich nur aus Filmen und Schulbüchern kannte.
In jenem Winter schlug sie vor, auf Reisen zu gehen. »Wir könnten nach Jerusalem fliegen.« Und in meiner Vorstellung glitzerte die Stadt.
Zwischen zwei Liebenden brechen Grenzwälle ein, eingemauerte Gedanken sickern unter der Tür durch, Träume lassen sich miteinander teilen. An dem Abend, als sie zu reisen vorschlug, schliefen wir beim Lesen der *Madrigals* ein und hatten denselben Traum. Wir liefen Hand in Hand zwischen den uralten Mauern der Stadt Davids umher. Wir waren beide nie dort gewesen.

Der Gottesdienst neigt sich dem Ende zu. Die Männer haben Hunger, in der Synagoge riecht es nach verkochtem Hühnerfleisch. Zwei Frauen steigen in den Keller hinunter und vergewissern sich, dass in der Küche alles am rechten Platz ist. Judith hält sich das Gebetbuch vor den Mund, als wollte sie es küssen, und wirft mir aus den Augenwinkeln durch die schwarz geränderten Brillengläser einen Blick zu. Als ich sie erwische, dreht sie sich schnell weg und tut so, als wäre sie ins Buch versunken.
Sie ist sauer auf mich. Vor vier Wochen rief mich ein israelischer Theaterregisseur an, um mir zu sagen, er könne mir ein Aufent-

haltsstipendium an einem Theater in Tel Aviv besorgen, falls ich ihm ein brauchbares Exposé schickte. Falls das Exposé gut genug wäre. Die Intendanz verlangte nach etwas Jüdischem, Barak hingegen, der Regisseur, hatte etwas Allgemeineres, Universelles im Sinn. »Der Haken an der Sache ist«, erklärte Barak mit schwerem israelischen Akzent, »dass du es den bescheuerten Hohlköpfen von der Intendanz recht machen musst, ohne dass ich das Interesse verliere.«

Judith war begeistert, als ich ihr von dem Angebot erzählte, denn sie dachte, unser Traum würde wahr. Dann erst hörte sie den Misston in meiner Stimme.

»Möchtest du nicht, dass ich mitkomme?«, fragte sie.

Ich schwieg. Ich war verwirrt.

Abgesehen davon, dass ich mir erst noch etwas ausdenken muss, das Barak gefällt, nagt eine Frage an mir. Will ich überhaupt nach Israel? Ich habe das Land dreißig Jahre lang gemieden und nicht das Gefühl, etwas verpasst zu haben. Ich sehne mich nicht nach Israel, anders als der Rabbi, der von einem Ort des Studiums und der spirituellen Offenbarung träumt. Einige meiner Freunde sind im Rahmen des Geburtsrecht-Programms kostenlos nach Israel gereist. Andere sind in die Armee eingetreten, wurden orthodox, fingen zu missionieren an. Ich habe nichts dergleichen getan.

In der Bialik lernte ich die Grenzen des Landes kennen, wie meine aus Israel eingewanderten Lehrer sie sahen. Neun Jahre lang zeichnete ich eine Karte nach der anderen, Tag für Tag: im Religionsunterricht, in Geschichte, in Englisch und in Erdkunde. Ich kann den Umriss aus dem Kopf zeichnen. Als ich kleiner war, zeichnete ich ein Land mit unverrückbaren Grenzen – wir prägten sie uns so ein, wie die Lehrer sie täglich an die Tafel malten und wir sie in unsere Hefte kopieren mussten. Im Osten bildete der Jordan die natürliche Grenze.

Ich träumte von diesen Zeichnungen, mein Tintenroller fuhr die Linien, Grenzen, Städte, Flüsse nach, bis die Tinte sich in eine magische Landschaft verwandelte. In Gedanken bin ich oft in Israel gewesen.
Ich wusste natürlich, dass ich das Land eines Tages bereisen würde. Jeder Jude in der Diaspora lebt unter dieser Voraussetzung: Man muss hin, *irgendwann*. Vor drei Jahren schlug mir Judith ein neues Jerusalem vor, das anders sein würde als die Stadt meiner kindlichen Vorstellung. Der Gedanke gefiel mir – ich würde Israel zu meinen Bedingungen sehen, mit den Augen eines Erwachsenen. Aber dann wurden unsere Reisepläne zu einem ungeschriebenen Vertrag, der Judith und mich aneinander kettete: Unser Schicksal hing von Jerusalem ab. Ob wir es nach Israel schafften oder nicht, wurde zur Messlatte, an der wir das Gelingen unserer Beziehung festmachten. Ich hatte das nicht gewollt; ich wollte bloß verreisen, verdammt.
Judith spricht immer noch von Israel, als ginge es um eine heilige Mission, um eine Wallfahrt auf Leben und Tod. Sie möchte, dass ich sie an der Kotel heirate, der Klagemauer in Jerusalem. Ich? Sobald sie das Wort Israel in den Mund nimmt, möchte ich flüchten, in den nächsten Wald laufen und den Kopf in die Erde stecken. Ich möchte vergessen, dass es dieses Land überhaupt gibt.

Judith betet, der Rabbi betet, Yankl stochert zwischen seinen Zähnen herum, G. kratzt sich im Schritt. Yitzhak, der Fotograf, der am liebsten Schwarz-Weiß-Aufnahmen von schlafenden Menschen macht, ist selbst eingenickt und liegt schnarchend auf der Holzbank an der Rückwand. Was für eine Truppe. Manchmal lädt der Rabbi Gastredner ein, um der dahinsiechenden Gemeinde neues Leben einzuhauchen. Heute stellt er einen Gast aus der Soundso-Siedlung im Westjordanland vor. Der Mann heißt Yosef und trägt eine dicke Brille. Seine Stimme klingt fest, ein bisschen nach New Jersey.

»Meine Damen und Herren, ich werde meine Predigt kurz halten. Ich weiß, Sie alle sind hungrig und freuen sich auf das Sabbatmahl, das unten bereitsteht, und *Baruch Haschem*, wie ich hörte, ist der gefilte Fisch heute ganz vorzüglich. Ihr Juden von Toronto, wir brauchen eure Hilfe. Premierminister Scharon, einst ein großer Prophet und dem Bau des Staates Israel verpflichtet, spricht davon, den Gazastreifen aufzugeben. Aber ein Rückzug zu diesem Zeitpunkt käme einer Botschaft gleicht, die da lautet: ›Der Terror hat obsiegt. Unsere Angst war stärker als unser Glaube.‹«

Ich bin mir nicht sicher, warum er hier vor uns spricht. Als Kind stand ich an Jom Kippur auf dem Parkplatz der Holy-Blossom-Synagoge in der Ava Road in Forest Hill und zählte die Luxuslimousinen. Einmal zählte ich zweiundfünfzig Mercedes, vierunddreißig Jaguare und neunundzwanzig BMWs. Überflüssig zu sagen, dass Yosef in der Holy B. mühelos an die fünf Riesen eingesammelt hätte. Mühelos. Und weiter nördlich, zwischen Bathurst und Wilson – den Juden von Toronto auch als »Gazastreifen« bekannt –, hätten ihm tausende Orthodoxe mit Freuden ihre finanzielle, politische und sonstige Unterstützung zugesichert. Aber hier, in der Innenstadt? Yankl rückt seine Kappe gerade. Der Ingenieur furzt. Yosef redet einfach weiter.

»Denkt an das Heilige Land! Wenn ich durch Samarien und Judäa fahre, erfüllt mich es mich mit großer Freude, zu wissen, dass Abraham hier seine Vision hatte, dass Jakob dort träumte, dass Samson im Namen des Herrn die Philister erschlug. Zweitausend Jahre haben wir gewartet. Wir haben für unseren Glauben gelitten, und wir leiden noch. Vergesst nicht Israel: unser Herz, unsere Seele, unser Blut.«

»Amen!«, ruft der Rabbi.
»Amen!«, sagt ein jeder.
Yitzhak schnarcht weiter.
»Ich bitte euch nicht um Geld. Ich bitte um euren Glauben. Gott sieht, wenn ihr zweifelt! Gott sieht eure Unsicherheit! Lasst uns voller Überzeugung beten. Haschem, schütze uns vor den Antisemiten in Europa und vor den Antisemiten im Nahen Osten.«
Die Männer antworten vereinzelt und durcheinander. »Yeshekoach. Ah-men.«
»Am Sonntagnachmittag um drei wollen wir draußen vor der Minsk beten«, verkündet Yosef. »Zeigt euch solidarisch.«
»Adon Olam«, sagt der Rabbi, »wir wollen singen.«
Yitzhak wacht gerade rechtzeitig auf, um in unser mitreißendes Adon Olam einzustimmen. Auf dem Weg nach unten blättert der Ingenieur in den Flugblättern für das öffentliche Gebet am Sonntag. Ich werfe einen Blick darauf, heuchle Interesse, gehe weiter.

Wir machen uns auf fettige Hühnersuppe mit einer deftigen Pickle-Einlage und viel Dill gefasst. Und mehr noch: Lokschn, Schmalz, in Essig ersäufte Kidneybohnen, Krautsalat mit genügend Zucker, um eine ganze Bauchspeicheldrüse zu killen. Yankl geht um die Tische herum und schenkt uns Whiskey und Wodka nach.
»Schnaps?«, fragt er. Ich nicke. Yankl beugt sich herunter und flüstert mir ins Ohr: »Weißt du, ist Ewigkeiten her, dass wir hier eine Hochzeit gefeiert haben.« Er riecht, als schliefe er in einem mit Whiskey gefüllten Aquarium.
»Ich weiß.«
»*Ich übernehme die Kosten.*«
»Ich werde drüber nachdenken.«
»Das Problem mit euch Dichtern ist, dass ihr nicht wisst, wie man geradeaus denkt. Milton Acorn zum Beispiel. Angeblich hat er jeden Morgen aus dem Waverly ausgecheckt. Er hat jede Nacht im Voraus bezahlt. Zehn Jahre lang zahlt er den Kurs für eine Einzelübernachtung. Warum sind Dichter solche Idioten?«
»Schabbat Schalom«, sagt Judith und setzt sich neben mich. Yankl kümmert sich um die anderen Gäste. Zum Essen sind mehr Leute gekommen als zum Beten.

»Gut Schabbes«, antworte ich. Wir dürfen einander nicht küssen. Wir dürfen einander nicht einmal bei der Hand nehmen, weil wir in der Öffentlichkeit und unverheiratet sind.
»Wie war's?«, frage ich.
»Gut«, sagt sie. »Heute Abend habe ich das Gebet sehr genossen. Ich bin richtig gut reingekommen.«
Es gefällt ihr in der Synagoge, sie möchte, dass wir öfter herkommen.
»Wie fandest du es?«
»So lala«, sage ich, eine relativ ehrliche Antwort.
»So lala? Was soll das heißen?«
»Eigentlich singe ich gern, aber wenn ich mir den Text näher ansehe, gefällt er mir nicht mehr.«
»Was ist mit dem Text nicht in Ordnung?«
»Ich möchte jetzt nicht darüber sprechen.«
Yosef sitzt neben mir am Tisch. Ich nicke ihm zu: »Gut Schabbes.« Ich weiß nicht, was ich von seiner Rede halten soll. Trotz Judiths Bewunderung für meine Bildung muss ich zugeben, dass mein Wissen aus einer Zeitkapsel stammt. Seit meinem vierzehnten Geburtstag habe ich es vermieden, Nachrichten aus Israel zu lesen. Wenn ich einen Zeitungsartikel mit Fotos von einem ausgebombten Bus, von einem Teenager mit Pflasterstein in der Hand entdecke, wird mein Blick glasig. »Ach herrje, das schon wieder«, denke ich. Das ewige Chaos.
Natürlich bin ich mir der Existenz Israels bewusst. Israel ist gegeben: Es wurde mir gegeben. Trotzdem denke ich lieber nicht zu oft darüber nach. Ich spreche das Thema nie an. Es ist zu heikel. Fängt beim Abendessen im Familienkreis jemand damit an, entschuldige ich mich und stehe vom Tisch auf. Einmal habe ich mich geschlagene zwanzig Minuten lang im Badezimmer versteckt, bis die hitzige Debatte abgekühlt war. Manche meiner Freundschaften endeten nur aus diesem Grund. Außerdem hat anscheinend jeder eine Meinung dazu – alles Experten. Ich gebe es zu, ich finde Israel unendlich verwirrend. Kann ich Yosef zustimmen? Ich weiß nicht, was ich denken soll, mein Vorwissen ist zu dürftig. Abgesehen davon versuche ich, mir alle negativen Gedanken zu verbieten; der Sabbat steht an und wir sollen feiern,

nicht streiten. Und worüber sollte ich streiten? Ich lebe nicht in Israel. Ich war noch nie dort.
Als ich ein kleiner Junge war, sprach mein Vater kaum mit mir über Israel. An hohen Feiertagen stellte sich Eddie Kreplachsky, der Vorsitzende unserer Synagoge, vor seine kleine Gemeinde Beit Haminyan und predigte die Notwendigkeit, israelische Staatsanleihen zu kaufen. Wir sagten das Kol Nidre auf und beteten, unsere Seelen mögen ins Buch des Lebens eingetragen werden. Vor dem Gebet wurden hell- und dunkelblaue Kärtchen ausgeteilt. Die mit Zahlen an der Oberkante beschrifteten Schnipsel erinnerten an die Kerzen einer Menora. Jede Flamme trug eine Zahl und ließ sich umfalten – 100, 250, 500, 1000. »Schwere Zeiten da drüben«, sagte Kreplachsky. Die Männer nickten, und auch die Frauen, die in der Turnhalle (wir waren eine nomadische Schul) auf der anderen Seite des Mittelgangs saßen, nickten wie mit einem Kopf, so als bildeten die Männer und Frauen der Gemeinde zwei Stimmen ein und desselben Lieds, einen Chor der Eintracht. »Schwere Zeiten da drüben«, wiederholte Kreplachsky mit Nachdruck, und plötzlich war Geld zu spenden genauso wichtig wie zu Gott zu beten. Mein Vater erlaubte mir, eine Flamme umzuknicken – ich hätte gern die Tausend genommen, aber er bestand auf einer bescheideneren Summe. Weder er noch ich hegte den Wunsch, »da drüben« zu sein. Er schickte mich nicht in der Hoffnung auf die Bialik, ich würde eines Tages nach Israel auswandern, sondern damit mir eine jüdische Erziehung zuteil würde. Wir waren in Kanada vollkommen zufrieden. Trotzdem spendete er immer wieder, und ich glaubte ans Geben. Was wären die Juden ohne den Staat Israel? Und sollten die Zeiten sich in der Diaspora verschlechtern – kein Jude ist jemals in Sicherheit –, bliebe immer noch der Umzug nach Israel. Yerushalayim, unser Sicherheitsnetz, unsere ewige Zuflucht. Bis dahin reichte es, von seiner Existenz zu wissen und Geld zu spenden. So klang es, unser zionistisches Gebet.

Der Rabbi hält zwei Sabbatbrote in die Höhe. Er stemmt sie gen Himmel wie ein stolzer Sportler den Pokal. Er schließt die Augen, spricht den Segen und reibt die Laibe aneinander. Er reißt große Stücke aus dem mürben Zopfbrot. Jeder Brocken wird in Salz getaucht, um uns an die Tränen nach der Zerstörung des ersten Tempels zu erinnern, an unser dauerhaftes Exil. Wie ein Baseballtrainer bewirft der Rabbi alle am Tisch Sitzenden mit Brotstückchen. Eins fällt auf Yitzhaks Teller, ein anderes berührt Yankls Gesicht, streift meine linke Hand und landet auf Judiths Schoß. Dieses Ritual ist eine Besonderheit der Minsk.

»Barak hat angerufen«, sagt Judith, nachdem sie von dem Brot gegessen hat. »Er will mit dir reden.«

»Danke«, sage ich, »ich rufe ihn zurück.«

»Was ist denn los?«

»Er hat mir gestern gemailt. Er mag mein Exposé nicht.«

»Warum nicht?«

»Zu amerikanisch. Zu simpel, zu durchschaubar. Ich kann mich an seine genauen Worte nicht erinnern.«

»Weißt du, ich würde gern für ein paar Monate in Tel Aviv leben.«

»Um dort *was* zu tun?«

»Ich könnte Hebräisch lernen. Vielleicht sogar die Bibel studieren.«

Judith spielt mit ihrer Plastikgabel, biegt sie durch.

Yosef beugt sich zu uns und fragt mit schwerem New Jersey-Akzent: »Hat da gerade jemand Tel Aviv gesagt?«

»Wir überlegen, hinzufahren«, sagt Judith.

»Wie schön«, sagt Yosef.

»Zunächst einmal brauche ich einen guten Einfall. *Dann* können wir über Tel Aviv reden.«

»Was für einen Einfall?«, fragt Yosef.

Ich reibe mir die Augen wie ein Brillenträger. Judith übernimmt das Reden. »Jonathan schreibt fürs Theater. Wenn er ein passendes Konzept entwickelt, bekommt er einen Job an einem israelischen Theater.«

»*Wenn*«, sage ich.

»Wie wäre es mit einem Stück über den Rückzug aus dem Gazastreifen?« Yosef kratzt sich den Pickel an seiner Nasenspitze auf.

»Genau«, sage ich in sarkastischem Ton, »ein Musical!«

»Warum nicht?«, fragt Yosef. »Nichts, was ein Jude nicht könnte.« Er beugt sich noch dichter heran. »Ist es nicht seltsam, wie viele Nobelpreisträger Juden sind? Schaut euch die Geschichte an. Freud. Einstein. Sogar Jesus war Jude.« Yosef legt mir eine Hand auf die

Schulter. »Du machst dir zu viele Gedanken. Hör auf damit. Bei dir habe ich ein gutes Gefühl. Israel wird einen großen Dramatiker aus dir machen.« Er kippt seinen Schnaps hinunter und wendet sich Judith zu: »Ihr solltet im Frühjahr kommen. Das ist die schönste Reisezeit. Ihr könntet Pessach bei mir zu Hause feiern.«

»Danke«, sage ich.

»Ein Tropfen im Ozean im Vergleich zur Großzügigkeit unseres Haschem!«

Judith sagt: »Wir waren beide noch nie dort.«

»*Oy gevalt!* Ihr wart nie im Heiligen Land?«

»Die Gelegenheit hat sich nie ergeben«, erkläre ich.

Judith zerbricht die Gabel. In jeder Hand hält sie eine Hälfte. Die eine ist größer als die andere.

Yosef wischt meinen Satz mit einer Geste beiseite. »Gelegenheit hat man immer.« Er kippt einen zweiten Roggenwhiskey hinunter; offenbar hat er sich mit dem zehn Jahre alten Crown Royal angefreundet, den Yankl bei uns stehen gelassen hat. »Es gibt tolle Programme für Erstbesucher. Ihr könnt kommen und in der Negev arbeiten, Bäume für den Jüdischen Nationalfonds pflanzen.«

»Danke«, sage ich, »wir werden es uns ansehen.«

Yosef zuckt die Achseln und tunkt ein Stück Sabbatbrot in seine Suppe. »Wann immer ich auf dem Feld stehe und das Tal betrachte, denke ich: Dieses Land hat Gott für uns ausgesucht. Was wären wir ohne Seine Gnade, ohne von Ihm auserwählt zu sein?« Yosef wartet auf eine Antwort von mir oder Judith. Judith nippt an ihrem Wodka, ich trinke Whiskey. »Wir wären nicht auserwählt. Wir wären wie alle anderen Nationen auf dieser Erde.«

Judith nickt. Ich starre auf meine Schuhe. Yosef schlägt seinen ArtScroll-Siddur auf und zeigt uns das vertraute Alenu. Die Übersetzung lautet wie folgt:

Uns obliegt, zu preisen den Herrn des Alls,
Größe zu geben dem Urschöpfer der Welt.
Denn nicht machte Er uns wie die Völker der Länder
und nicht bestimmte Er uns wie die Stämme der Erde.

Yosef sagt: »Mit anderen Worten: Lieber Gott, hab Dank dafür, dass du uns nicht wie die dummen Gojim gemacht hast.« Er kichert und kippt einen dritten Crown Royal hinunter.
Ich mochte dieses Gebet immer schon, und dass man an der entsprechenden Stelle die Knie beugt, um den Gottesdienst mit einer Geste der Demut zu beschließen. Yosef erzählt uns von Palästina und wie es vor den Juden war: ein von Krankheit und Chaos geplagtes Land. Inzwischen blüht die Negev. Man stelle sich das einmal vor: eine Nation, die der Wüste Früchte abtrotzt und aus Salzwasser Trinkwasser gewinnt! Wer war zu so etwas fähig, wenn nicht die Juden? Ich werfe noch einen Blick in den Siddur. Man sollte das geschriebene Wort nicht überbewerten.

Kapitel 2

Ich bin sechs Jahre alt und gehöre dem erwählten Volk an. Sagt meine Mutter.

MUTTER: Gott hat dich erwählt.
SCHALOM: Was will er von mir?
MUTTER: Er will, dass du ein guter Jude bist.
SCHALOM: Warum kümmert sich Gott um mich?
MUTTER: So wundersam ist der namenlose Allmächtige. Er kümmert sich sogar um so kleine Niemande wie Schalom Garfinkel.
SCHALOM: Meinst du, Gott wäre einverstanden, wenn ich Astronaut würde?
MUTTER: Hängt davon ab, ob du ein guter Jude bist.
SCHALOM: Laika ist nicht jüdisch.
MUTTER: Wer ist Laika?
SCHALOM: Laika ist der Hund. Die Russen haben ihn ins All geschickt, in einem eigenen kleinen Raumschiff.
MUTTER: Du bist kein Hund, Schalom. Du hast Glück.
SCHALOM: Ich habe kein Glück! Laika ist im Weltraum unterwegs, und ich sitze hier fest.
MUTTER: Tja, du hast noch viel Besseres vor dir als Laika. Denn du wurdest angenommen. Du wurdest *erwählt.*

Ich beäuge meine Mutter misstrauisch. So wie Gott in der Tora pflegt auch meine Mutter eine eher spezielle Vorstellung von etwas »Besserem«, das mit meinen eigenen Wünschen vermutlich wenig zu tun hat. Für mich ist das Himmlische gleichbedeutend mit einem Leben im Weltall, so wie Laika eines führt, die Moskauer Mischlingshündin, die mit Sputnik 2 ins All geschossen wurde. Angeblich kehrte sie nicht zurück, weil die russischen Ingenieure nicht wussten, wie man eine Rakete wendet. Ich bezweifle diese

Theorie. Ich glaube, die russischen Wissenschaftler hätten Laika sehr wohl zurückgeholt, aber sie wollte nicht. Laika entschied sich ganz bewusst dafür, den Erdorbit zu verlassen und sich auf die Suche nach besseren, sonnigeren Gefilden zu machen. »Hallo, Laika!« Manchmal winke ich ihr von meinem Kinderzimmerfenster aus zu. »Kannst du mich hier unten sehen? Wie blau ist die Erde? Sind die Sterne verschwommen? Wie schmeckt dein Tang Orange?«

Wenn ich an Gott denke, denke ich an Laika. Wenigstens hat Laika einen Namen, den ich aussprechen kann. Außerdem habe ich ein Foto von ihr, was ich vom namenlosen Soundso nicht behaupten kann.

Falls ein Leben im Weltall nicht in Frage kommt, wäre ein Stammplatz als Centerfielder bei den St. Louis Cardinals das Paradies auf Erden für mich. Ich war noch nie in St. Louis, aber mein Dad sagt, der Rasen sei nirgendwo besser als im dortigen Stadion, und nur darauf komme es an. »Man braucht gutes Gras«, erklärte er einmal, »das schont die Knie und lässt den Ball hoch springen.«

Ich betrachte die sesamfarbenen Augen meiner Mutter, ihre braunen Locken. Sie könnte Gott in Person sein. Immerhin hat sie Himmel und Erde gemacht und allen Tieren und Pflanzen einen Namen gegeben. Außerdem hat sie allein beschlossen, wo ich die nächsten neun Jahre verbringen werde.

MUTTER: Die Bialik-Ganztagesschule.

SCHALOM: Kann ich da Astronaut werden?

MUTTER: Du kannst werden, was du willst, Schalom, solange es was Jüdisches ist.

Ich klammere mich an der festen, fleischigen Hand meiner Mutter fest. Allein beim Anblick des Schulgebäudes – blassgelber Klinker und Beton, der Schulhof der reinste Parkplatz – dreht sich mir der Magen um. Eine jüdische Raumstation hatte ich mir anders vorgestellt.

Das Gebäude ist nur drei Stockwerke hoch, wirkt aber riesig. Wie ein eigenes Land, fremd und feindselig. Die hohen, schmalen Fenster sind verdreckt. Hier wird nicht aus dem Fenster ge-

blickt. »Verschwende deinen Blick nicht an das weltliche Treiben da draußen!«, scheinen diese Fenster zu sagen.
Zionismus, höre ich das Gebäude raunen.
Ich weiß nicht, was das Wort bedeutet.
Einen Sommer zuvor hatte mir meine Mutter das Radfahren beigebracht. Sie hatte mich gehalten, dann geschoben, dann losgelassen. Ich bemerkte ihre Abwesenheit nicht, als ich den Vesta Drive hinabschoss und Ahornbäume und Kiefern an mir vorbeisausten wie mein Leben im Schnelldurchlauf. Heute werde ich sie ganz bestimmt nicht loslassen. Hier findet keine Beschleunigung statt, hier gibt es keine Todesverachtung und kein Gleichgewicht zu halten. Wir gehen auf den Haupteingang der Schule zu. Meine Gummistiefel machen ein Platschgeräusch in den Regenpfützen. Die rot-weiße Flagge Kanadas und die blau-weiße Flagge Israels haben sich ineinander verheddert und sind triefnass vom Morgenregen.
Meine Mutter versucht dreimal, sich loszumachen.
»Du bist stark«, sagt sie, »wenn du es nur willst.«
Ich mache die Augen zu und flüstere zwei Gebete.

1. Möge die Schule über vollausgestattete Raumlabore verfügen und den Blick ins Weltall ermöglichen.
2. Falls Gebet Nr. 1 den finanziellen Rahmen der Schule sprengt, wäre ich mit Gott zufrieden.

(Soll heißen: Wenn ich Laika nicht treffen kann, möchte ich wenigstens den Großen Bestimmer treffen.)

Ich lasse die Hand meiner Mutter los.
Solltest du den Auftrag annehmen, Schalom Garfinkel, beginnt deine Mission innerhalb dieser Schulmauern. Ich schalte mein imaginäres Funkgerät ein und höre es rauschen. *Schschschsch, Bialik*, sage ich in meine rechte Faust. Nichts passiert. *Bialik*, sage ich zu meinem Daumen und halte ihn in die Höhe wie eine Antenne. Das Wort ist fremd, aber nicht fremdartig. *Bialik*, sage ich noch einmal, und die Glastür im Metallrahmen schwingt auf.
»Herein«, sagt eine Frau in fröhlichem Singsang und hält mir die

Tür auf. Sie hat eine riesige Warze am Kinn. Ich muss an den Grabstein meiner Uroma in Winnipeg denken – schwarz und schrecklich, man kann nicht wegschauen. Aus der Warze wächst eine rote Borste, die ich am liebsten ausrupfen würde.

»Mein Junge, du willst dich doch nicht erkälten.«

Sie hält die Tür immer noch auf. Es regnet stärker, wir werden beide nass. Sie trägt eine cremeweiße Bluse. Dank des großzügigen Regengusses sehe ich ihre raketenartigen Brüste auf mich gerichtet. Ist sie Gott?

»Komm rein!«, befiehlt sie.

Ich mache einen schnellen Schritt, hinter mir fällt die Glastür scheppernd zu. Ich laufe den gelben Wänden und den Leuchtstoffröhren entgegen, immer dem Geruch von Mrs. Blintzkriegs parfümiertem Schweiß nach.

Kapitel 3

Ich bin auf dem Weg ins Cumberland Cinema. Es ist ein warmer Septembertag und das Internationale Filmfestival von Toronto zur Hälfte vorbei. Normalerweise besuche ich das Filmfest nicht; zwanzig Dollar pro Eintrittskarte garantieren eine exklusive Zuschauerschaft. Aber dieser Film interessiert mich, ich habe darüber gelesen. *Göttliche Intervention*, gedreht von einem palästinensischen Regisseur. Ich denke mir: Wenn ich zum Schreiben nach Israel will, sollte ich mich vorher ein wenig bilden. Warum nicht mit einem Film beginnen?

Auf dem Weg zum Kino komme ich an der Minsk vorbei. Ich bin eigentlich mit dem Rabbi verabredet, der mir »spirituellen Rat« angedeihen lassen will, aber ich beschließe, erst ins Kino zu gehen. Yankl und der Ingenieur sitzen auf der Vortreppe.

»Willst du mit uns beten?«, fragt der Ingenieur und löffelt gehacktes Ei aus einem Frischhaltebeutel auf einen Matzen.

»An einem Donnerstag?«, frage ich.

Yankl sagt: »Warum nicht an einem Donnerstag?« Er trinkt Wodka aus einem Styroporbecher. Es ist nicht einmal elf Uhr.

»Juden beten täglich«, sagt der Ingenieur.

»Dreimal«, ergänzt Yankl.

»Tja, ich gehe ins Kino«, sage ich.

Yankl: »Er geht ins Kino.« Er ist beschwipst und spricht mit schwerer Zunge.

»Der junge Mann hat keine Zeit für seinesgleichen mehr. Er ist jetzt was Besseres. Zieht das Lichtspielhaus dem Gebetshaus vor.«

»Was läuft denn?«, fragt der Ingenieur und kaut auf dem Matzen herum. Eierstückchen fallen aus seinen schmutzigen Händen. Ich schweige und weiß nicht weiter. Ich könnte die Wahrheit sagen, immerhin hat der Film in Cannes den Preis der Jury gewonnen. Dann wiederum hat er eine Kontroverse ausgelöst. Ich möchte niemandem zu nahe treten. Ich stelle mir die Unterhaltung vor:

DER INGENIEUR: Du weißt, dass ein Palästinenser den Film gedreht hat?

ICH: Ja.

DER INGENIEUR: Das allein macht natürlich noch keinen misslungenen Film, aber ich kann beweisen, dass es sich um Propaganda handelt.

Er zieht einen Bericht aus seiner Aktenmappe: Göttliche Intervention *und der nächste Holocaust.*

ICH: Aber er hat in Cannes gewonnen.

DER INGENIEUR: Genau. In Frankreich. Im Land des guten Weins und des tief verwurzelten Antisemitismus.

YANKL: Du hast einem verlogenen Palästinenser zwanzig Dollar gegeben?

ICH: Ich habe noch keine Karte gekauft. Außerdem geht das Eintrittsgeld nicht direkt an den Regisseur.

YANKL: Der Film ist voller Lügen.

ICH: Habt ihr ihn überhaupt gesehen?

YANKL: Nicht nötig.

DER INGENIEUR: Hör mal, die wollen uns ins Meer treiben. Ihre Armeen haben es nicht geschafft, deswegen versuchen sie es jetzt mit einem Film. Mit als große Kunst getarnter Propaganda. Alles von Goebbels gelernt.

In Wahrheit schweigen die beiden Männer. Yankl füttert die Tauben mit Matzenkrumen. Der Ingenieur verschließt den Beutel mit Eiersalat und steckt ihn wieder ein.
Ich sage: »Ich habe vergessen, wie der Film heißt.« Ich schaue auf mein Handgelenk, auf dem keine Uhr ist. »Ich muss los«, sage ich. Der Ingenieur nippt am Styroporbecher. Yankl zündet sich eine Zigarette an und beäugt mich argwöhnisch. Ich lasse die Männer auf der Vortreppe der Schul zurück.

Das Cumberland Cinema in Yorkville. Todschicke Bars, wo ein einfacher Martini fünfzehn Dollar kostet, und Sushi-Tempel,

so weit das Auge reicht. Vor dreizehn Jahren regierten hier die Hippies, heute parken die Pseudo-Geländewagen Stoßstange an Stoßstange, und es riecht nach Reichtum. Die Galerien verkaufen echte kanadische Ureinwohnerkunst für zwanzig Riesen das Stück.
Ich kämpfe mich durch die Menge der Festivalbesucher und stelle mich an der Kasse für Restkarten an. Auf dem Gehweg, neben den wartenden Limousinen, steht eine junge Frau mit schwarzem Kopftuch und raucht. Ihr Gesicht ist atemberaubend schön. Sie hat hohe Wangenknochen und einen kleinen Diamantstecker im linken Nasenflügel, und ihre Augen ... ihre Augen sind so schwarz, dass man sich darin verliert, gefährliche Augen, brandgefährlich, aber ich kann nicht wegschauen. Sie unterhält sich auf Arabisch mit einer zweiten Frau. Worüber reden sie?
Sie sind nicht die einzigen mit Kopftuch. Ich sehe Dutzende, mindestens, und auch Männer, die diese muslimischen Kippa-Teile tragen. Mir wird klar, dass ich noch nie im Leben von so vielen Arabern umgeben war. Ich starre auf die schwarzen Stiefel der Frau. An den Seiten ein schmaler weißer Streifen. Ich versuche, mir ihre Füße vorzustellen. Sie zieht an ihrer Zigarette, und für eine Sekunde treffen sich unsere Blicke.
Hinter mir stehen ein paar alte Männer in der Schlange. Zuerst denke ich, das sind Yankl und der Ingenieur, aber ich habe mich geirrt. Ich stelle mir vor, wie sie flüstern.
»Eine neue Shoah«, sagt der Ingenieur.
»Hitlers Erben«, antwortet Yankl.
Ich drehe mich um. Die Araberin starrt mich an. Ich fühle mich schrecklich unwohl. Es ist, als könnte sie unter meine Haut schauen. Als hätte sie einen Röntgenblick.

Die Juden warnen einander vor gefährlichen Gojim. Vor arabischen Mördern. Vor Neonazis und Skinheads. Entführern aus der Moon-Sekte. Asiatischen Banden mit Messern und Pistolen. Trotzdem fürchtete ich als Kind nichts mehr als die Israelis. Gerüchten zufolge wurde die Bialik-Ganztagesschule von Ex-Generälen der israelischen Streitkräfte geleitet. Kein Wunder, dass ich mir als Kind in die Hosen machte.

Schnürsenkel binden! Mund halten! Buch aufschlagen! Was habe ich am fünfzehnten Januar gesagt? Ja, das ist vier Monate her – na und? 1948 hatten wir keine Stifte und kein Papier. Wir mussten alle Geheimdienstinformationen auswendig lernen. Ganze Codes! Landkarten! Schlupflöcher! Und da willst du, Schalom Garfinkel, mir erzählen, du hättest vergessen, mit welcher Strategie Josua Jericho erobert hat? Die Strategie, die ich in allen Einzelheiten an die Tafel gemalt habe? Ein Kunstwerk war das! Ein Picasso sozusagen. Vergiss es nie! Schreib es dir hinter die Ohren! Es muss dir in Fleisch und Blut übergehen! Ich reiße dir nur deswegen nicht den Arm ab, weil es verboten ist. Nicht unmoralisch, sondern gesetzlich verboten. Ich zerbreche dieses Lineal, aber gemeint ist dein Arm!

Ich bin der nächste. Die Frau hinter dem Glas spricht ins Mikrofon. »Wie viele?«

Ich stelle mir vor, wie Yankl sich dazwischendrängt und sagt: »Bitte, geh da nicht rein!«

Er bittet mich verzweifelt, auf ihn zu hören.

Wäre ich bloß in der Synagoge geblieben, um das Gerede des Rabbi über mich ergehen zu lassen und die Frage, wann Judith und ich endlich heirateten, den Sermon darüber, dass ein Jude einen Luxus nicht habe: Zeit. Was zum Teufel mache ich hier? Zwanzig Dollar für einen Film? Ich drehe mich noch einmal um und sehe, wie die Frau in Schwarz ihre Zigarette austritt. Sie schreitet ungerührt an der Schlange der Wartenden vorbei und verschwindet im Kino. Das ist doch albern. Es ist nur ein Film, kein Nazi-Aufmarsch. Du bist dreißig Jahre alt. Niemand wird versuchen, dir in zweiundneunzig Minuten das Gehirn zu waschen.

Jemand klopft an die Scheibe. »Hallo?«, sagt die Verkäuferin.

»Eine Karte, bitte.«

Ich schiebe das Geld unter der Scheibe durch. Ich folge der Araberin ins Kino. Ich glaube, sie riechen zu können: Zucker und Kardamom. Würde sie das Kopftuch abnehmen, könnte ich meine Nase in ihrem üppigen Haar versenken.

Keine Frage, Bialik war anders als alles, was ich bis dahin kennengelernt hatte. In der dritten Klasse war ich überzeugt, meine Lehrer kämen von einem anderen Planeten; fremde, Hebräisch sprechende

Wesen hatten sich ihrer harmlos aussehenden Körper bemächtigt. Welchen Grund sollten sie sonst haben, mir hier in Toronto immer wieder von einem weit, weit entfernten Land zu erzählen?
Im selben Jahr schrieb ich ein Telegramm an den Strippenzieher, wer immer er sein mochte, und schob es unter der Tür des Schuldirektors durch.

Lieber Dr. Bialik – stop – Warum haben die Außerirdischen Sie aus dem äußersten Orbit des Planeten Vulkan entführt und hier abgesetzt, um mich zu quälen? – stop – Ihre Laika – stop –

Ich wusste es nicht besser. Ich wusste nicht, dass die Bialik als zionistische Schule ihre Wurzeln im Allgemeinen Jüdischen Arbeiterbund hat und irgendwo zwischen dem zaristischen Russland und den Einwanderervierteln von New York erfunden worden ist. Ich war acht Jahre alt und nicht in der Lage, die Splittergruppen auseinanderzuhalten. Für mich bestand der Unterschied zwischen weltlichem und orthodoxem Judentum in dem Stück Asphalt, das die Bialik von der Mädchenschule Etz Chayim trennte, die *frum* war und auf der anderen Straßenseite. (Die Mädchen waren anders, und ihr Schulhof war nicht einsehbar. Seltsamerweise trugen sie die gleichen Faltenröcke wie die Katholikinnen, in die ich mich im Schulbus täglich aufs Neue verliebte.)
Was bedeutet es für ein Kind, eine Schule der zionistischen Arbeiterbewegung zu besuchen? Man schubste uns ins kalte Wasser der weltlichen jüdischen Kultur – Ben-Gurion und Singer, Schemer und Herzl, Amichai und Ha'am. Wir lebten und atmeten das zeitgenössische Hebräisch, die alles durchdringende Liebe zu Israel. Abends kehrte ich nach Forest Hill zurück, Jaguare, Ralph Lauren und die zarte Haut der verhätschelten Kinder. Den Tag hingegen verbrachte ich in einer Schule, an der die universellen Werte sozialer Gerechtigkeit sowie der volle Einsatz im Klassenkampf gepredigt wurden, und das alles im Namen des jüdischen Staates. Kein Wunder, dass ich verwirrt war.

Hinter mir umrahmen schwarze und blaue Hijabs die Gesichter der Frauen. Links von mir sitzen drei Männer mit weißen, gehäkelten Kappen. Sie sprechen Arabisch, ein musikalisches Geplauder, unterbrochen von abruptem Schweigen und gebrochenem Englisch. Rechts von und direkt hinter mir höre ich das jiddische Gebrabbel aus Torontos Vororten, verhaltene Anglo-Betonung mit leicht jüdischem Akzent, der Sound meiner lausigen, unbedeutenden Jugend. »Hast du Mabel gesehen?« – »Das habe ich von Holt's.« – »Du hättest die Schlange vor dem Daiter's sehen sollen, einfach lä-cher-lich!« Die Musik der Stimmen, arabisch und jüdisch: dasselbe Näseln, das vertraute Nörgeln.

Ich werfe einen Blick aufs Programm. *Göttliche Intervention* von Elia Suleiman, einem in Paris lebenden Palästinenser. Angeblich wurden die Brandstifterszenen in Frankreich gedreht; man bekommt nur schwer eine Drehgenehmigung, wenn man im Westjordanland einen israelischen Panzer in die Luft sprengen will. Möglicherweise wird der Film mich bilden. Ich erinnere mich an die vielen Bücher, die zu lesen ich mir vorgenommen habe und die ich dennoch nie in die Hand nehme: *Krieg und Frieden. Beowulf. Aufstieg und Fall des Dritten Reiches.* Der Film ist *gut* für mich, denke ich.

Mein Handy piept. Ich habe einen Anruf verpasst. Judith. Bestimmt fragt sie sich, ob ich und der Rabbi schon fertig sind. Sie hat mich zu dem Termin überredet. Es begann neulich, am Sederabend in der Synagoge. Nach dem Besuch der Minsk hatte ich mich nicht besser gefühlt, ganz im Gegenteil, ich wurde wütend. Ich zeigte vorwurfsvoll auf das Alenu und zog mich mit Max, unserem Kater, in eine Ecke in der Küche zurück.

Weil ich nichts sagte, fing Judith an. »Du bist durcheinander. Vielleicht kann der Rabbi dir helfen, dich wieder zurechtzufinden.«

Ich sagte ihr, der Rabbi könne mir nicht helfen. Ich sei dabei, alles zu hinterfragen, was übrigens völlig legitim sei.

Sie sagte: »Der Rabbi hinterfragt ebenfalls.«

»Seine Erwähltheit?«

»Heute ist Sabbat«, sagte sie.

»Na und?«

»Warum kannst du nicht einfach zufrieden sein?«

»Weil ich mir«, sagte ich, »wie ein Eindringling vorkomme, wenn ich alle vier Monate in die Synagoge gehe.«

»Möchtest du religiöser leben?«
»Herrgott, nein!«
»Was ist dann dein Problem?«
Ich schwieg und streichelte die Katze.
»Jesus Christus, bist du langweilig«, sagte sie.
Was soll man darauf antworten? Ich spürte die knochigen Wirbel in Max' Rückgrat, während er sein Gesicht in meine Handfläche drückte.
Sie sagte: »Fragen zu stellen, ist normal und gesund, so lange man hin und wieder eine Antwort bekommt.«
»Okay, was ist deine Frage?«, sagte ich.
Und dann sprach sie es aus: »Ich muss es wissen. Haben wir eine Zukunft?«
Meine Hand hielt an Max' dünnem Hals inne. Ich wollte fragen: »Wie sind wir von Rabbi, Israel und meinem Problem mit dem Judentum auf *uns* gekommen?« Aber ich sagte nichts, denn sie hatte recht. Blöderweise haben sich alle Probleme – Judith, Israel, mein Glaube – verquickt. »Okay«, sagte ich, »ich spreche mit dem Rabbi.«
Judith würde sich für den Film interessieren. Ich spiele mit dem Gedanken, sie anzurufen und einzuladen, aber ganz offensichtlich ist die Vorstellung ausverkauft. Außerdem würde ein Gespräch mit Judith alles nur noch komplizierter machen. Am liebsten gehe ich allein ins Kino. Ich lehne mich zurück und schaue mir die Dramen fremder Leute an.
Vielleicht wird es mich inspirieren. Vielleicht wird Barak beim nächsten Telefonat nicht zu mir sagen: »Du nordamerikanischer Ignorant hast ja keine Ahnung, was hier los ist!« *Palästinenser, zeig mir etwas*, denke ich, dabei ist der Gedanke lächerlich; ich bin so naiv wie der Tourist, der in meine Heimatstadt kommt und denkt: *Los, Toronto, zeig mir, was es heißt, Kanadier zu sein.*
Ich schließe die Augen und lasse mich vom Gemurmel der wartenden Zuschauer berieseln. »Hast du schon den neuen Sokurov gesehen?« – »Juliette Binoche war ein Engel.« – »Wong Kar-Wei ist Hong Kong in Reinform!« Ich werfe einen Blick auf mein Handy. Noch fünf Minuten. Ein warmes, elektrisches Zucken an meinem Schritt. Wieder Judith. Diesmal sollte ich rangehen. Ich lasse das

Handy in meiner Hand vibrieren, einmal, zweimal, dreimal, als mir jemand auf die Schulter tippt.
»Würde es Ihnen etwas ausmachen, den Hut abzunehmen?«
Ich muss mich nicht umzudrehen, um zu wissen, wer da spricht. Ich habe nie ein Wort mit ihr geredet, aber ich weiß, es ist die Frau in Schwarz. Ich muss mich nicht umzudrehen, tue es aber trotzdem.
»Natürlich nicht.«
Ich versuche, ganz cool zu klingen, ihrem Blick standzuhalten. Sie nickt höflich, ohne zu lächeln. »Danke«, sagt sie. Ihr Nasenstecker schimmert. Ich nehme die braune Schiebermütze vom Kopf, um sie mir lässig auf den Schoß zu werfen. Sie fällt zu Boden.
Idiot, denke ich.
Das Handy vibriert nicht mehr.

Elia Suleiman steht neben dem Festivalleiter und wiegt sich nervös vor und zurück. Der Regisseur, er ist jenseits der Vierzig, kratzt sich an der Schläfe und beobachtet eine Fliege, die auf seinem schwarzen Herrenschuh gelandet ist. Hört er, wie ihn der Festivalleiter in den höchsten Tönen lobt, oder beobachtet er das Insekt, das eine Sockenfalte erklimmt? Er hat einen Ruf und gibt sich arrogant-bescheiden, er hat seinem Volk geholfen und ist gleichzeitig zum Liebling der Pariser Intellektuellen avanciert. (Schauen Sie sich bloß diesen protzig-coolen, schwarzen Armani-Anzug an, zu dem selbstverständlich keine Krawatte getragen wird.)
Plötzlich drückt sich Suleiman ein blaues Taschentuch an die Lippen. Ich sehe, wie Blut und Schleim im Stoff landen. Ich frage mich, ob er seinen eigenen Film überstehen wird. Er steht vor dem Mikrofon und legt eine Hand an den von einem Seidenschal bedeckten Hals. Suleiman bringt ein flüsterndes Krächzen zustande: »Obwohl der Film Position gegen die israelische Besatzung bezieht, strotzt er vor jüdischem Humor.« Nach einem Hustenanfall hält er feierlich inne und sagt dann: »Die Ironie des Films ist ein Symptom, das sich überall zeigt, wo Menschen in einem Ghetto leben.« Er nimmt in der ersten Reihe Platz. Der Film hat noch nicht einmal begonnen, und ich winde mich schon im Kinosessel.

Ich bin zehn Jahre alt. Vor drei Tagen verschwand unsere Hebräischlehrerin Mrs. Orlovsky auf rätselhafte Weise. Gerüchten zufolge hat sie sich eine seltene, das Fleisch zersetzende Krankheit zugezogen. Das, oder sie ist aus Angst geflohen. Ich kann es ihr nicht verdenken. Die vierundzwanzig Schüler der 5b toben, in ihren Adern brodelt das Adrenalin. Ist es unsere Schuld? Die Lehrer zwingen uns, täglich acht Stunden stillzusitzen und Hebräisch, Jiddisch, Französisch und Englisch zu lernen. In der Mittagspause ist es uns vierzig Minuten lang gestattet, zu rennen, zu schreien und uns auf dem winzigen, asphaltierten, von einem hohen Zaun umgebenen Parkplatz zu balgen. Dieses spaßige, barbarische Ereignis – anderswo Pause genannt –, ist unsere einzige Möglichkeit, Druck abzulassen.

Wir sind Kinder mit wildem Körper und wildem Geist, aber man sperrt uns zum Lernen ein.

(Vor vier Jahren, an meinem ersten Schultag, saßen wir auf kleinen, mit dem Pult fest verbundenen Plastikstühlen. Ich stellte mir vor, wie Mrs. Soundso am Nachmittag mit einem Schlüssel herumging und unsere Arbeitsplätze »aufschloss«.)

Jacob sitzt neben mir. Er ist der schlimmste der schlimmen Jungen. Er schießt Rachel Haber Spuckebälle ins Gesicht, legt Reißzwecken auf Danny Finklemans Stuhl und schmiert Becca Greenbaum, dem Mädchen meiner Träume, feuchten Kaugummi ins Haar. Wir anderen reden wild durcheinander und brechen in Sprechchöre aus. Die Abwesenheit der Lehrkraft bedeutet minutenlanges Chaos, unendliche Freiheit.

Mrs. Blintzkrieg kommt herein, aber wir geben keine Ruhe. Sie verschränkt die Arme vor der Brust und baut sich vor der Klasse auf. In aller Ruhe präsentiert sie ihr Anliegen: Wir sollen leise sein, bis sie »eine Stecknadel fallen hören kann«. Das Geheul geht weiter.

Mrs. Blintzkrieg steht in der Hierarchie der Bialik ganz oben. Sie unterrichtet alle Jahrgänge, ihre Liebe zu Israel ist legendär. Ich war noch nie in ihrem Unterricht. Große Mythen umranken sie, dabei ist sie klein wie Napoleon. Jeder kennt sie und ihren furchteinflößenden Ruf, jeder hat von ihrer Schreckensherrschaft gehört. Manche behaupten, sie sei Fallschirmjägerin bei einem Geheimkommando gewesen (da kamen ihr die kurzen Beine gerade recht – sichere Landung). Manche behaupten, sie habe 1967 im Krieg im Alleingang einen jordanischen Hügel erobert. Ich halte sie für die verschollen geglaubte Enkelin von Theodor Herzl. Man sieht es an ihren dicken, buschigen Brauen. An ihren kohlschwarzen Augen, die zu glühen beginnen, sobald sie von Zion singt.

Blintzkrieg: »Hinsetzen! Ich werde deine Mutter anrufen! Willst du ins Büro des Direktors geschickt werden? Jacob, du wilder, afrikanischer Affe! Du hast ein Herz der Finsternis!«

Sie kann aus Leibeskräften brüllen, ohne dabei zu wackeln. Soll heißen, das ganze Zimmer bebt, aber sie ist unverrückbar.

Blintzkrieg schaltet das Licht aus und den Filmprojektor ein. Der Effekt ist magisch – wir verstummen schlagartig. Jeder schaut gern Filme. Der angerostete Sechzehn-Millimeter-Projektor sirrt und klickt und wirft einen Lichtkegel an die Wand.

10–9–8–7–6 …

Grobkörniges Schwarz-Weiß. Die anderen stöhnen auf – ÖÖÖDE! –, aber ich mag Schwarz-Weiß.

5–4–3–2–1 …

In der ersten Szene grinst ein irre dünner Mann mit nur einem Zahn in die Kamera. Einige von uns brechen in Gelächter aus. »Was für ein Freak.« – »Opfer!« – »Wo geht der zum Zahnarzt?« – »Mund halten!«, keift Blintzkrieg.

Ich halte das Ganze für einen Vorläufer der Marx Brothers und der drei Stooges, eine Doku über die Entstehung der lustigen Klassiker. Aber wenn es eine Komödie ist – und dafür steht Schwarz-Weiß –, habe ich noch nie eine seltsamere gesehen. Die Leute sind so dünn, dass sich die Knochen wie Messer durch ihre Haut bohren. Das muss ein Witz sein – so sieht doch kein Mensch aus. Als sich die uniformierten Soldaten kaputtlachen, sehe ich meine Vermutung bestätigt: *Das soll mich zum Lachen bringen!* Ich zwinge mich zu kichern, als die Soldaten ihre Pistolen ziehen und den dürren Clownmännern an den Kopf halten. Die brechen sehr gekonnt zusammen und stellen sich überzeugend tot. Tot! Tot! Tot! Also, das ist komisch.

Die großen grauen Fabrikbauten ziehen sich bis an den Horizont, bilden riesige Industriestädte, aber was zum Teufel wird dort hergestellt? Stellen Sie sich die Zugladungen vor: ganze Schokoladenberge, Schwimmbäder voll Ahornsirup. Ich zapple auf meinem Stuhl herum und taste in der Tasche meiner braunen Cordhose nach der Schokolade, die ich heute Morgen aus dem Haus geschmuggelt habe. Sie ist warm und geschmolzen. Im Dunkeln lecke ich die Alufolie ab.

Einer der Soldaten öffnet eine Metalltür, und Leichen fallen heraus. Die Soldaten klatschen sich vor Lachen auf die Oberschenkel, aber diesmal ist es nicht so lustig. Besonders, als ein kleines Mädchen aus dem Leichenberg krabbelt und nach seiner Mutter fragt. Na ja, ich weiß ja nicht, wonach sie fragt. Schließlich ist es ein Stummfilm. Aber sie tut, was ich auch immer tue, wenn ich schrecklich müde werde und das Gefühl bekomme, etwas im Auge zu haben: Ich reibe, damit sich die Welt nicht vor mir verschließt. Einer der Soldaten lacht, ein anderer beugt sich vor, um ihr etwas anzubieten. Sie schaut den Soldaten misstrauisch an, greift aber dennoch zu. Klar, hätte ich auch gemacht, sieht nach einem Stück Schokolade oder Nougat aus. Sie isst, ihre tränennassen Augen beginnen zu lächeln. Der lachende Soldat zieht seine Pistole und schießt ihr in den Kopf.

Endlich kann Mrs. Blintzkrieg eine Stecknadel fallen hören. Sie kann außerdem vierundzwanzig Herzen klopfen hören, dazu schnellen Kinderatem und leises Schluchzen.

»Das hättet ihr sein können«, sagt Mrs. Blintzkrieg und zeigt mit dem Lineal auf das Mädchen neben dem Leichenberg. Der Schatten des Lineals wird zur Machete, zum Säbel, zum Arm eines Monsters. Becca stolpert los. Bestimmt läuft sie in die Mädchentoilette, um zu kotzen. Jacob lässt den Kopf hängen und kneift die Augen zu. Ich spüre ein Reißen im Magen, so als versuchte eine fremde Hand, mich von innen umzukrempeln. Der Film läuft weiter. Ein Arzt mit Siamesischen Zwillingen. Glänzende Soldatenstiefel, der Schimmer einer schwarzen Uniform. Rabbiner mit goldenen Sternen, gedemütigt, geschlagen. Ich kann meine Augen nicht abwenden. Ich will nicht. So als würde mir beim Zusehen eine Erklärung einfallen.

Gott, denke ich. *Ist das Gott?*

Auf einem Acker in Nazareth schleppt sich Santa Claus über einen Hindernisparcours aus hohem Gras und spitzen Steinen, denn er hat vier palästinensische Teenager mit Steinen, Knüppeln und Flüchen im Nacken. Santas Atem geht stoßweise; er ist unsportlich und schwitzt in seinem schweren, rot-weißen Kostüm. Auf dem Rücken trägt er einen kaputten Korb voller gestohlener Geschenke, und gelegentlich wirft er eines von sich, um die Kinder zu bremsen. Aber die zucken nicht einmal mit der Wimper, als die glitzernden, glänzenden Pakete den Hang hinunter kullern. Sie lassen sich nicht vom Geschenkpapier ködern, von den Versprechungen des Neuen, Guten. Sie haben es auf Santas roten Arsch abgesehen.
Die Hetzjagd führt Santa und seine jungen Verfolger über ein Feld und auf einen Hügel. Er stolpert, fett und ungelenk, fällt in ein Loch, rappelt sich auf, rutscht aus und schlittert auf ein Kloster zu. Nun erkennen wir, was dem Santa von Nazareth so zu schaffen macht: In seiner Brust steckt ein Fleischermesser. Vor dem Kloster bricht er zusammen. Die Nachmittagssonne scheint auf seinen Kopf. Die Bildunterschrift verrät, wo wir uns befinden: im Heiligen Land.
Ich finde die Eröffnungssequenz seltsam verstörend. Der Santa mit dem Küchenmesser in der Brust ist gruselig. Er geht mir unter die Haut, klettert in mein Ohr und flüstert: *Du wolltest etwas sehen? Bitte sehr, ich zeige dir was.* Ich krame in meinen Hosentaschen nach etwas Süßem oder Schokolade. Nichts. Mist. Ich bin Diabetiker und frage mich, ob mein wachsendes Unbehagen eine Unterzuckerung ankündige.
Manche Zuschauer lachen. Jetzt wirft der Hauptdarsteller, wie hieß er gleich, einen Aprikosenkern aus dem Autofenster. Der Stein lässt einen israelischen Panzer explodieren. *Möge aus diesem Samen der Obstgarten unserer Heimat wachsen!* In einer anderen Szene bläst derselbe Schauspieler einen Ballon auf, der das Gesicht von Jassir Arafat trägt. Wie durch Zauberei schwebt der Ballon über einen Kontrollpunkt im Westjordanland. Der Ballon trotzt der Schwerkraft und erhebt sich über die wachhabenden Soldaten mit ihren Gewehren im Anschlag und den vollen Hosen. Er fliegt nach Jerusalem und steigt einfältig lächelnd am Felsendom

empor. Der Mann neben mir, der mit der Häkelmütze, schreit: »Hurra!«

Hurra?

Ein französischer Tourist fragt einen israelischen Polizisten nach dem Weg zur Grabeskirche. Weil der Polizist den Weg nicht kennt, zerrt er einen gefesselten, geknebelten Palästinenser von der Ladefläche des Einsatzwagens. Mit verbundenen Augen und Handschellen zeigt der Gefangene nach links, nach rechts, wieder nach links.

Der Araber neben mir grölt. »Wie bei Mel Brooks!«, glaube ich zu hören. Die Juden im Publikum scheinen weniger beeindruckt. Ich meine, Leute hinausgehen zu sehen. Tragen sie Kippas? Ich möchte mich ihnen anschließen. So ein Unsinn, denke ich. Yankl und der Ingenieur hatten Recht. Das ist manipulativ und hat mit Kunst nichts zu tun. Ich finde es nicht einmal lustig. Ich bleibe sitzen. Ich weiß selbst nicht, warum.

»So ist es aber nicht«, möchte ich zu dem Araber neben mir sagen.

»Natürlich nicht«, höre ich ihn sagen, »noch nie ist in Palästina ein Aprikosenkern mit solcher Wucht explodiert!« Er lacht hinterhältig und zeigt mir dabei, ich bin ganz sicher, seine drei vergoldeten Zähne.

»Ist ja leichter, den Juden die Schuld zuzuschieben«, würde ich antworten.

»Ihr seid die *Ganeffs*. Ihr habt unser Land gestohlen.«

Das mit Mel Brooks war eine Sache. Aber mich auf Jiddisch anzusprechen? Und sowas zu sagen?

»Ich habe euer Land nicht gestohlen«, würde ich antworten und mich bemühen, einen klaren Kopf zu behalten.

»Aber deine Vorfahren.«

»Meine Vorfahren stammen aus Kanada. Übrigens. Das war nur ein Film. So schlimm geht es dort gar nicht zu.«

»Wann warst du da, dass du so gut Bescheid weißt?«

Etwa eine Woche lang verabreicht Blintzkrieg uns in regelmäßigem Abstand Holocaust-Filme. Zwei Wochen lang schlafe ich nicht. Ich verstehe den Sinn nicht. Wann immer ein Auto vorbeifährt, ist es die Gestapo. Ich bin schuldig. Sie werden es an meinem Pimmel erkennen.

»Schalom, mach auf!« Meine Mutter.
»Was willst du?«
»Zeit, schlafen zu gehen.«
»Ich mache Hausaufgaben.«
Mrs. Goldberger hätte in diesem Fall von einem Euphemismus gesprochen.
Neben meinem Bett steht eine braune Plastikschüssel mit einer Mischung aus Mehl und warmem Wasser. Neben der Schüssel liegen vier dünne Streifen Zeitungspapier. Ich tunke einen Streifen ein, so wie Mrs. Goldberger es uns im Kunstunterricht gezeigt hat. Ich habe beschlossen, ein *artiste* zu sein. Vorsichtig lege ich das Zeitungspapier um meine Eichel. Perfekt.
»Du bist mein kleiner Einstein«, sagt meine stolze Mutter hinter der Tür. »Aber kann ich dich mal für eine Minute sprechen?«
»Komm in fünf Minuten wieder.« Der Papierstreifen ist weich und warm, er kratzt und brennt ein bisschen. Der Schmerz ist es wert. Meine Probleme sind gelöst, und eigentlich fühlt es sich gar nicht so schlimm an. Wie viel Vorhaut braucht man? Ich wedle mir Luft zu, damit der Streifen schneller abkühlt.
»Es ist zehn nach elf. Bitte mach die Tür auf.«
»Bin gleich fertig«, rufe ich.
Ich stehe auf und durchsuche mein unaufgeräumtes Zimmer nach meiner Superman-Unterhose. Plötzlich beginnen die Regale zu wackeln. Ein Baseballpokal fällt herunter. Drei Trinkgläser zerbrechen – Root-Beer-Humpen, die ich aus dem lokalen Burger-Laden geklaut habe. Der Boden bebt, und ich mache mich gefasst, wie Korach in der Wüste vom Erdboden verschluckt zu werden. Ich bin überzeugt: Gott wird mich strafen, weil ich seine Gesetze gebrochen habe. Das Ritual der warmen Zeitung an meinem Pimmel wird mir zum Verhängnis. Im selben Moment sehe ich meine Mutter, die die Wasserschüssel in der Hand hält und mich schockiert ansieht.
Noch am selben Abend hängt sie sich ans Telefon.
Am nächsten Morgen ist Mrs. Blintzkrieg sehr, sehr freundlich. Sie fragt mich, wie es mir geht, bittet mich, Platz zu nehmen. »Bitte«, sagt sie. Dann zeigt sie uns einen neuen Film.
Dieser ist anders als die anderen. Zunächst beginnt er mit einem

hübschen Lied. Aus den lausigen Projektorlautsprechern singt ein Kinderchor, *eretz zavat chalav ud-vash*: das Land, wo Milch und Honig fließen. »So gestaltet sich das Leben im Kibbuz, einem zionistischen, ländlichen Kollektiv«, tönt eine Stimme, und ich muss an Alistair Cooke und seine »Meisterwerke des Theaters« denken. Männer und Frauen tänzeln durch ein Weizenfeld; ein Schmetterling flattert durchs Tal; das Sonnenlicht ergießt sich auf Oliven- und Orangenhaine. Die Arbeiter auf dem Feld sind fleißig, die emsigen Bienen summen. Alle tragen alberne weiße Hüte, um sich vor der Sonne zu schützen, und sehen so dumm aus wie Gilligan auf *Gilligans Insel.*

Im nächsten Film sehen wir einen einäugigen General. Zusammen mit seiner Truppe marschiert er in Jerusalem ein. Ich mustere die Reihen der Soldaten gründlich, kann Mrs. Blintzkrieg aber nirgendwo erkennen. Sie spricht zur Klasse: »Aus der Asche Europas haben wir uns erhoben, um auf Wüsten und Sümpfen eine Nation zu bauen. Wir erreichten den Nahen Osten, bestellten und befreiten ihn. Israel war nicht das Land, wo Milch und Honig fließen; *wir* waren die Milch und der Honig. Das Land war brach und leer. Unsere Liebe und unsere Mühen haben den Boden zum Blühen gebracht.«

Ich setze mich auf. Blintzkriegs Worte klingen wuchtig, ihre Überzeugung tröstet mich. Für einen Moment vergesse ich den Schmerz; der Film lindert das Brennen zwischen meinen Beinen.

In einem Krankenhaus in Ramallah legt ein Mann in meinem Alter sein Ohr an die Brust des Vaters. Er lauscht dem Schlag, der ihn versichert: *Alles wird gut, mein Junge*. Ein seltsamer Gedanke, aber plötzlich wird mir klar, dass ich mir die Palästinenser so nie vorgestellt habe. Nie habe ich mir einen Mann in meinem Alter vorgestellt, dessen Augen so dunkel sind wie meine und der um das Leben seines Vaters bangt.

Ich muss an die Krebs-OP meines Vaters denken. Wie ich ihn besuchte, wie er schlief, beatmet und am Tropf. In dem Moment kamen mir alle Fragen nach Glaube, Geschichte, Kultur seltsam lächerlich vor. Nur er zählte noch, das Morphium in seinen Adern, und die Frage, ob die Ärzte genug vom Tumor entfernt hatten.

Jemand tritt gegen meine Rücklehne. Das muss die Araberin sein. Hat sie sich nur anders hingesetzt oder will sie auf sich aufmerksam machen?
Ich drehe mich nicht um.

Ein betrunkener israelischer Soldat tanzt auf einen Checkpoint im Westjordanland zu, ein Megafon in der Hand. Er brüllt Befehle und lässt die unangenehm laute Sirene zwischen den wartenden Autos aufjaulen. »Steigen Sie bitte aus!« Ein Mann steigt aus seinem schwarzen Kleinwagen. Der Soldat will, dass er seine Lederjacke auszieht.
»Hochwertiges Leder«, sagt der Soldat und streicht über das weiche Material. Er schlüpft hinein. Die Jacke passt wie angegossen. Der Soldat drängt den Mann in ein zweites Auto und zwingt dessen Fahrer, ins erste zu steigen. Der Autoreigen geht munter weiter, bis der Soldat einen palästinensischen Jungen aus einem Wagen zieht und ihn zwingt, zu einem israelischen Volkstanz »Am Israel Chai« zu singen. *Das Volk Israel lebt, das Volk Israel lebt*, der Soldat singt falsch und holterdiepolter, sein rechter Arm hängt über der Schulter des Jungen, der sich bemüht, Schritt zu halten. Mit Mühe bringt er die Worte heraus. Sie sind wie eine Faust in seinem Hals, lassen ihn straucheln. Der Soldat nötigt ihn, auf israelische Art weiterzutanzen, mit diagonalen Schritten. Eine Hora.
»Fünf, sechs, sieben, acht!«, ruft Mrs. Blintzkrieg. Tanzt, tanzt, tanzt! Der Text will gebrüllt werden, ich quetsche mir das Lied aus der Lunge. Da ist Motti Engelblott aus Haifa, Viertklässler und Physikgenie mit engen, blauen, knappen Adidas-Shorts, Eier-Atem und Krächzstimme. Daneben Yuval Nirifar, König der Schlaksigen, spindeldürr und zappelig. Er kommt kaum mit. Sie singen ihre Version, Jacob und ich die unsrige, wir haben uns an den Händen genommen und stampfen durch die Turnhalle: »Am Israel Chai! Am Israel Chai!« *Wir sind aufgeheizt, ein Schuss hebräischen Adrenalins fließt direkt in unsere kleinen Körper-Brennöfen. Wenn wir rufen, das Volk Israel lebe, meinen wir: »Wir leben. Wir sind am Leben.«*
Der Soldat singt immer weiter, er schiebt den Jungen ans vordere Ende der Warteschlange und schubst ihn zu fremden Leuten ins Auto.

Was zum Teufel geht hier vor?
Eine Frau in einem schwarzen Ninja-Anzug taucht aus einem Sandsturm auf. Sie trägt eine schwarz-weiß karierte Burka. Fünf israelische Soldaten legen an und zielen mit Automatikwaffen auf sie. Schießübungen in der Wüste von Judäa. Unerschrocken tritt die Frau den Männern entgegen. Die Soldaten schießen, sie wirbelt herum. Die Kugeln verlangsamen sich und sirren ihr um den Kopf, sie bleiben in der Luft stehen, während die Frau zwei vergiftete Pfeile aus ihrer Ninja-Kluft zieht. Die mit Halbmond und Stern verzierten Pfeile treffen zwei Soldaten und töten sie auf der Stelle. Einen weiteren Soldaten steinigt sie eiskalt mit einer Schleuder. Ninja Woman jongliert mit drei Handgranaten, billige Popmusik setzt ein. Sie wirft zwei Granaten in die Luft und eine zu Boden, um sich selbst zu töten, während die anderen auf den übrig gebliebenen Soldaten landen. Auf dem Boden erscheint die palästinensische Flagge, und Ninja Woman ist plötzlich wieder da. Ihr Gesicht ist fast komplett bedeckt. Trotzdem bin ich sicher, sie schon einmal gesehen zu haben. Ich denke: Ich kenne diese Augen. Ich fahre herum, um mich zu vergewissern, aber die Araberin ist verschwunden. Was zum Teufel? Ich starre auf die Leinwand. Nur der Hauptmann ist noch übrig. Er feuert sein M 16-Gewehr im verzweifelten Bemühen ab, doch noch arabisches Blut zu vergießen. Ninja Woman hebt einen Metallschild – eine Landkarte mit Umrissen, wie ich sie als Kind gezeichnet habe. Sie benutzt den Schild, um sich vor den Kugeln zu schützen. Ihre schlanken Beine stecken in engen schwarzen Leggings. An den Seiten ihrer schweren schwarzen Stiefel ein schmaler weißer Streifen.
Die Araberin. Vom Kinosessel zur Leinwand aufgestiegen.
Ninja Woman schwebt durch die Luft. Sie wickelt ihre Burka um das Gewehr des Hauptmanns und entwindet es seinem Griff. Als hinter ihr ein israelischer Apache-Hubschrauber auftaucht, wirft sie den Schild wie einen Bumerang und zerschlägt den Chopper in tausend Stücke. Der Hauptmann steht ungläubig im Kreis seiner getöteten Männer. Ninja Woman verschwindet in der felsigen Landschaft. Junge, das hat sie gut gemacht. Mann, die hat vielleicht ein paar Kicks drauf! Die schluckt Kugeln wie andere Leute ein Sandwich zum Abendessen.

Ich habe Hunger und verblöde. Wenn ich Hunger bekomme und mein Blutzuckerspiegel sinkt, fühle ich mich wie bekifft. Ich stelle dumme Fragen. Ich gehe zum Regisseur und zupfe an seinem Ärmel. Elia Suleiman wendet sich vom Kreis seiner Bewunderer ab. Seine braunen Augen durchbohren mich. *Was willst du*, fragen sie.
»Ist es wirklich so schlimm?«
Ich weiß nicht, warum ich das frage. Warum ich nicht einfach nach Hause gehe, mich an den Computer setzte und mir genügend Informationen aus dem Internet reinziehe, um nie wieder als Idiot dazustehen. Aber ich verspüre den Wunsch, mit dem Mann zu reden, der diesen Film gemacht hat. Der Regisseur ignoriert mich, wendet sich wieder seinen Fans zu und spricht weiter.
»Mr. Suleiman, ist es da wirklich so schlimm?«
Er mustert mich von Kopf bis Fuß, als wäre ich eine Erscheinung.
»Es ist noch schlimmer«, sagt er dann und hustet in sein Taschentuch. Obwohl seine Augen furchteinflößend blitzen, ist seine Stimme zart, wie eine weiche Hand in meinem Nacken.
»Wie schlimm?«
Sekundenlang stehen wir einander starrend im Kinosaal gegenüber. Die Frage hat ihn verblüfft. In Cannes oder Ramallah bekommt Elia Suleiman solche Fragen nicht zu hören. »Wenn Sie mehr wissen möchten, können Sie sich Wissen anlesen. Oder besser noch, fahren Sie einfach hin.«
Zwei Frauen führen den Regisseur weg. Ich kratze mich am Kopf und denke: Was zum Teufel mache ich jetzt? Während ich zusehe, wie die anderen das Kino verlassen, fühle ich mich betroffen und weiß zugleich, dass es noch eine ganz andere Welt gibt: Yankl und den Ingenieur, den Rabbi und die Synagoge, gleich daneben meine Wohnung. Jemand tippt mir auf die Schulter.
»Was möchtest du wissen?«, fragt eine Frau.
Ninja Woman, bloß dass sie wieder so aussieht wie vor dem Film. Ich schätze sie auf mein Alter. Ich spiele mit dem Gedanken, sie um ein Autogramm zu bitten. Oder banale Dinge zu fragen: Wie lange haben die Dreharbeiten gedauert? Welche Schauspielschule hast du besucht? Stattdessen sage ich: »Ich möchte wissen, wie schlimm es dort ist.« Ich weiß, wie lächerlich das klingt. Vielleicht möchte ich mir beweisen, dass der Film ein Irrtum ist, eine

Lüge. Ich krame in meinen Taschen nach Pfefferminzbonbons, nach einem Schokoriegel, nach irgendwas. Wahrscheinlich habe ich mir heute Morgen zu viel Insulin gespritzt.
Sie berührt meine Schulter. »Wir sollten uns mal treffen«, sagt sie und lässt ihre rechte Hand über meinen linken Arm gleiten. Sie nimmt mich beim Ellenbogen, als wollte sie mich in einem fremden Land über einen überfüllten Marktplatz führen. »Zum Kaffee«, sagt sie und berührt mich ganz sanft.
Ich weiß, sie meint den Satz anders, als er in Toronto gemeint ist (»Vielleicht setzen wir uns irgendwann im Laufe der nächsten Monate für eine gehetzte Dreiviertelstunde zum Kaffee zusammen?«). Sie kritzelt ihre Telefonnummer auf die Rückseite meiner Eintrittskarte. Ihre Handschrift ist geschwungen, ihre Sieben hat einen Querstrich. Ich stecke die Nummer ein und verabschiede mich. Ich nehme den Hinterausgang und finde mich in einer Gasse wieder, der Abkürzung zur Bloor Street. Ich fühle mich schwach, und ich schwitze. Ich habe vergessen, sie nach ihrem Namen zu fragen, und drehe mich um, aber sie ist schon in der Menge verschwunden. Ich ziehe die Eintrittskarte heraus und lese ihren Namen unter der Zahlenreihe.
Rana.

Kapitel 4

Selbstporträt im Alter von zehn Jahren.
Ich liebe Jesus. Ich liebe ihn so sehr, dass ich mich fürs Purimfest als Jesus verkleidet habe. Ich trage einen langen, weißen Bademantel und darunter ein kleines, weißes Handtuch als Lendenschurz. Ich habe mir aus zerbrochenen Bleistiften und Klebeband eine Dornenkrone gebastelt.
Mrs. Goldberger stellt mich auf dem Flur und fragt mich, was in G–s Namen ich mir dabei gedacht hätte?
Ich lege mir einen Finger an die Lippen, um sie zum Schweigen zu bringen. Ich bekreuzige mich ernst (so wie die katholischen Mädchen im Bus). Ich wandle durch die Flure der Bialik und lausche dem Gejammer der Lehrer, dem langweiligen Kindergeschrei, alles ist leer und ohne Richtung.
Bialik: Achthundert Kinder verteilen sich auf drei Etagen und dreißig enge Klassenräume. Ich durchschreite den Flur mit den grauen Spinden. Betrachte die Graffiti und die geheimen Botschaften an den Toilettentüren. Gelegentlich höre ich einen Schrei – ein Lehrer brüllt, ein aufmüpfiges Kind wird aus nächster Nähe von einem Kreidestück getroffen. Im Obergeschoss: Klassenzimmer im Kunstlicht. Das Lehrerzimmer, wo Kaffee getrunken und gesittet geplaudert wird. Im ersten Stock lernen und singen die folgsamen Erst- und Zweitklässler. *Gesegnet sind die unwissenden Hirne, denn sie wissen nicht, was sie da lernen.*
Warum bin ich als Jesus verkleidet? Jesus war ein außergewöhnlicher Jude. Nicht nur, dass er seinen Nächsten liebte – er liebte sogar eine Prostituierte, eine Tatsache, die ich aus *Jesus Christ Superstar* weiß. Ich war von Jesus so fasziniert, dass ich Mrs. Blintzkrieg einmal fragte: »Warum versucht Israel nicht einfach, seine Nachbarn zu lieben?« Sie antwortete: »Jeshu starb am Kreuz. So ergeht es allen, die auch die zweite Wange hinhalten.« Damit war die Diskussion beendet.

Im Keller klopfe ich an die Tür des Hausmeisters, Tommy Salami. Diese Woche habe ich Saftdienst, ich bin gekommen, um vierundzwanzig Traubensaftkartons für meine Klasse abzuholen. Tommy ist italienischer Katholik und spricht kein Wort Englisch. Er ist zweiundfünfzig Jahre alt und hat Nasenhaare. Ich frage mich, wie er es wohl findet, in einer Schule voller verrückter kleiner Zionisten zu arbeiten. Was sagt er zu seiner Frau, wenn er abends nach Hause kommt? »Morgens schreien sie immer ›Hatikwa‹«, oder: »Sie tanzen, als wäre der Leibhaftige hinter ihnen her«, oder: »Die dürfen ihre Pizza nicht mit Salami belegen, das ist verboten. Hast du gehört, Rosa? Ver-bo-ten!«
Niemand öffnet, deswegen klopfe ich noch einmal. Ich muss Mrs. Blintzkrieg Recht geben, aber ich finde Jesus trotzdem cool. Liebe deinen Nächsten, das ist doch nichts anderes als zu sagen: Hey, du bist anders als ich, ich bin neugierig, darf ich dich kennenlernen? Niemand öffnet. Die Tür ist nicht verschlossen, also wage ich mich hinein. Es ist verrückt, aber ich habe noch nie mit Tommy gesprochen. Ehrlich gesagt, habe ich noch nie mit einem Nichtjuden gesprochen, außer mit Deolinda, der Portugiesin, die jeden Mittwochvormittag bei uns putzt. Dabei gibt es da draußen so viele Nichtjuden. Behauptet Mrs. Blintzkrieg zumindest. Sie behauptet außerdem, die meisten von denen würden mich hassen. Die Geschichte beweist das kreuz und quer.
Ich will trotzdem mit Tommy reden. Ich will ihm beweisen, dass ich gar nicht so anders bin. Ich will es mir selbst beweisen.
Tommy Salamis Hausmeisterbüro ist fensterlos, unter der Decke hängt eine einsame, trübe Glühbirne. Die Safttüten der Schüler werden hier gelagert. Hier verbringt Tommy seine Pausen mit Rauchen und Solitaire.
Hol den Traubensaft! Süßer Apfel. Knatschige Zitrone! Orang-Utan-Orange!
Ich setze mich auf eine Kiste, ziehe den Folienverschluss von einem Saftkarton und leere ihn in drei Zügen.
Köööööstlich. Und natürlich streng verboten.
»Als was bist du denn verkleidet?«, fragt eine Stimme.
»Ich mache Jesus wieder zum Juden«, sage ich und wische mir den Mund ab.

»Lustig«, sagt die Stimme. »Und ich dachte, du kommst gerade aus der Sauna.«
»Wer bist du?«, frage ich.
»Suche, und du wirst nicht finden«, sagt die Stimme.
»Ich will Wunder bewirken«, sage ich.
»Welcher Art?«
»Alle Menschen sollen einander mögen«, erkläre ich.
»Das ist behindert«, sagt die Stimme. »Wenn ich Wunder bewirken könnte, würde ich aus Beton Rasen machen.«
In der Ecke steht ein kotzgrün angestrichener Tisch. Tommys Schreibtisch. Etwas kommt herausgekrochen, zerschrammt und verkrustet. Jacob.
»Gras«, sagt er und wischt sich den Rotz von der blutenden Nase, »könnten wir jetzt gut gebrauchen.« Ich versuche, ein gütiges Jesus-Gesicht zu machen, wie ich es am Sonntagvormittag im Fernsehen gesehen habe. »Gras ist ja so nützlich.«
»Es schont die Knie«, sage ich.
»Es lässt die Tiere wachsen«, sagt er.
»Der Moonwalk würde mir leichter fallen.«
»Kuh Deh Tatt.«
»Was?«
»Ein Kuh Deh Tatt. Wie es die Makkabäer mit den syrischen Griechen gemacht haben.«
»Du meinst einen bewaffneten Aufstand gegen die herrschende Klasse?«
Jacob sagt: »Ich meine, was ich sage, das ist wohl keine Frage. Bist du dabei, oder was?«
Er nimmt einen Papierkorb aus Metall und hält ihn zwischen uns wie eine Opfergabe. Ich sehe ein Paar durchlöcherter, grauer Wollsocken am Boden. Sie müssen Tommy gehören, denn sie stinken und sind riesengroß. Aus irgendeinem Grund finde ich die Socken furchtbar traurig.
Ich sehe ein, dass es zwei Arten von Juden gibt. Die einen bekämpfen ihre Feinde, die anderen lieben und vergeben. Jacob oder Jesus. Jeder hat seine Zeit, aber wer hat welche wann?
»Was meinst du?«, fragt er.
Ich ergreife den Rand des Papierkorbs. Mit verschränkten Armen

starren wir einander in die Augen. Wir halten uns im Halbdunkel an zerbeultem Blech fest. Schließen einen Pakt.

»Wirst du mich Jesus nennen?«, frage ich.

Kapitel 5

Von außen wirkt das Café klein und unauffällig. Ich öffne die Tür und betrete eine fremde Welt: arabische Musik, Berge von Baklawa, türkischer Honig in Massen. Die Leute trinken schwarzen Kaffee, der aus blauen Metallkännchen ausgeschenkt wird. Ich setze mich an einen Ecktisch. Mir gegenüber sitzt ein Mann mit Dreadlocks und schwarz-weißem Palästinensertuch um den Hals (das er vermutlich im Ausverkauf bei Urban Outfitters erstanden hat). Er unterhält sich mit den sechs Gästen am Nachbartisch.

»Um vier Uhr morgens fing der Kugelhagel an. Ich stand blöd in der Gegend rum und wusste nicht, wohin. Jemand zog mich zu Boden, es war Yala. Sie schrie: ›Du Idiot, willst du dich umbringen?‹, und ich meinte: ›Ja, Yala, deswegen bin ich hier.‹«

Die Leute, Männer und Frauen, lachen. Sie sehen aus wie Hippies und Anarchos. Sie trinken Kaffee, essen Falafel und machen einen vertrauten Eindruck. Eine Ersatzfamilie, zusammengehalten von der Sache der Unterdrückten.

»Wo war das?«, fragt der Mann am Kopfende. Seine Hände zittern. Er hat blaue Augen und ist glattrasiert. Er hat eine Narbe am Kinn. Er hat als einziger nicht gelacht. Ist der einzige ohne Pali-Tuch.

»Nablus«, sagt der mit den Dreadlocks.

Ich scanne in Gedanken die Landkarten aus der Bialik ab. Nablus = Sichem. Die antike Stadt, wo Gott Abraham erschien.

Deinen Nachkommen will ich dies Land geben.

Ich blicke dem Treffen mit Unsicherheit entgegen. Als ich ihre Nummer wählte, hatte ich das Gefühl, ein Verbrechen zu begehen. Der Kaffee würde mehr sein als bloß Kaffee, eine Unterhaltung mehr als lockeres Kennenlerngeplauder. »Ich will wissen, was dort los ist«, hatte ich im Kino zu Rana gesagt. Aber warum sollte ausgerechnet sie es mir sagen? Was wusste sie, das ich nicht in Büchern und Zeitungen nachlesen konnte?

»Wir haben uns …«, sagte ich ins Telefon.
Noch bevor ich den Satz beenden konnte, unterbrach mich Rana: »Hast du schon mal arabischen Kaffee getrunken?«
Im Hintergrund stritten zwei Männer.
»Nein«, sagte ich.
»Donnerstag«, sagte sie und gab mir eine Adresse durch, von der ich nie gehört hatte.
Ich legte auf und fühlte mich wie ein Kind, das auf seinen Geburtstag wartet. Ich zählte die Tage – drei. Von der Wand an meinem Schreibtisch starrte meine Großmutter unbeeindruckt von einem Schwarz-Weiß-Foto (Korez, Polen, 1926).

Ich gehe an den Tresen und bestelle einen Beduinentee namens »Taubenblut«. Als Kind war ich in die Beduinen ganz vernarrt. Ein Dach aus Sternen, ein Fußboden aus Sand und Steinen. Das kam mir viel hebräischer vor als das jüdische Leben in den Villen von Forest Hill mit ihren beheizten Pools und der Lederinnenausstattung.
»Nehmen Sie keinen Kuchen dazu?«, fragt der Mann hinter dem Tresen. Er blinzelt mich an und kaut auf einem Zahnstocher herum.
»Nein, der Tee reicht mir.«
»Sie *müssen* was Süßes dazu nehmen«, sagt er.
»Nein, danke, ist wirklich nicht nötig.«
»Hier«, sagt er und vergewissert sich mit einem Seitenblick, dass niemand zuschaut. Er reicht mir ein in Backpapier gewickeltes Etwas und flüstert: »Sie sind doch hoffentlich nicht gegen Nüsse allergisch?«
»Nein.« Ich nehme das Geschenk an. Ich möchte ihn nicht kränken und verschweige, dass ich Diabetiker bin.
»Pistazien und Honig«, flüstert er.
»Danke«, sage ich.
»Basir«, sagt er.
»Was bedeutet das?«
»So heiße ich.«
Er schenkt sich einen Kaffee ein und zwinkert mir zu, als seine Frau hereinkommt und die Baklawas zählt.

»Fett wie eine Ratte«, knurrt sie.
Basir schweigt und kaut auf dem Zahnstocher herum.

Nach der Schule gingen Jacob und ich oft ins Jerusalem an der Ecke von Bathurst und Eglinton, was nur ein kleiner Umweg war. Das Jerusalem hatte keinen israelischen, sondern einen libanesischen Besitzer, aber die Juden der Stadt wurden nicht müde zu betonen, dass es dort die besten Falafel gibt. »Im Jerusalem bekommt man wirklich gute Falafel«, sagen die Juden von Forest Hill, und immer meine ich, ihr Unbehagen herauszuhören. Warum nennt eine libanesische Familie ihr Restaurant *Jerusalem*? Warum nicht *Beirut Palace* oder *Hisbollah Snacks*?
Basir steht hinter dem Tresen und macht Falafel. Wann immer er herüberschaut, tue ich so, als knabberte ich an der Süßigkeit. Wenn ich das ganze Ding esse, schießt mein Blutzucker durch die Decke.
Basir fragt: »Wie läuft es so?«
»Fantastisch«, antworte ich.
Am Nebentisch kippt ein Stuhl um. Der Mann mit den zittrigen Händen und der Dreadlock-Aktivist gehen einander an die Gurgel. Ihre Freunde versuchen, sie zu trennen. Der Zittrige versucht, einen Haken zu landen, trifft aber nur die Luft. »Heuchler«, »Fick deine Mutter« und eine Reihe arabischer Flüche (denke ich mir) kommen ihm über die Lippen. Basirs Frau packt die Männer wortlos bei den Ellenbogen und schiebt sie hinaus. Knallt die Tür hinter ihnen zu.
Basir verkündet: »Alles in Ordnung!«
Ich beiße in mein Baklawa. Diesmal schlucke ich es runter.

Rana sitzt mir gegenüber, schlägt die Augen nieder, nippt an ihrem Kaffee. Seltsamerweise trägt sie heute kein Kopftuch. Ich frage mich, ob man das einfach so machen darf, ob man das Kopftuch nur trägt, wenn einem danach ist. Sie sagt, sie sei noch nicht wach. Ich bin von der Szene eben immer noch aufgewühlt. Die anderen Gäste machen einen niedergeschlagenen Eindruck.
Ich habe mir überlegt, alle Fragen zum Thema Selbstmordattentate, beispielsweise: »Warst du je in einen Attentäter verliebt?«, »Haben

sich je Angehörige von dir in die Luft gesprengt?« oder: »Stellst du dir manchmal vor, dich in die Luft zu sprengen?« zu vermeiden.
»Wie ist der Kaffee?«, frage ich, um das Schweigen zu brechen.
»Ganz okay.« Rana spricht mit schwerem Akzent. Sie beugt sich vor und flüstert: »Meine Mutter hat mir aus Jerusalem ein Paket mit dem *richtigen* Zeug geschickt.«
Als sie das sagt – verschwörerisch, vertraulich – erinnere ich mich an einen Zeitungsartikel, den ich vor kurzem gelesen habe und in dem stand, dass man in Kaffee praktisch alles vor Drogen- und Sprengstoffspürhunden verstecken kann. Ich versuche, den Gedanken zu verdrängen.
»Warum interessierst du dich so für Palästina?«, fragt sie.
»Ich möchte darüber schreiben.«
»Wann warst du zuletzt da?«
»Wo?«
»In Palästina.«
»Ich war noch nie da.«
Sie starrt mich an, als käme ich vom Mars.
»Ich bin Jude«, platze ich heraus.
Ich schaue mich um. Niemand ist verstummt; die Aktivisten unterhalten sich leise über Venezuela, Darfur und Afghanistan. Basirs Frau staubt alte Tahini- und Falafelpackungen auf den Regalen ab und kommandiert die junge Asiatin herum, die in der Küche steht und das Geschirr spült. Nur Basir schaut uns zu. Er streicht sich über das glatte Kinn, als trüge er einen Vollbart. Hat er mich gehört?
»Jude«, sagt sie und rührt in ihrem Kaffee, obwohl er nicht umgerührt werden muss. Die Rührbewegung soll meiner vagen Aussage eine Bedeutung entlocken. Sie lacht. »Ich hatte dich für einen Mohawk gehalten. Du hast Schlitzaugen.« Kopfschüttelnd leckt sie ihren Löffel ab.
»Enttäuscht?«
»Klar«, sagt sie. »Ich bin seit einem Jahr hier und habe noch keinen einzigen Indianer kennengelernt.« Sie trinkt ihren Kaffee aus. »Juden kenne ich ein paar.«
»Woher?«, frage ich.
»Aus Israel. Ich wurde dort geboren.«

»Ach so.«
»Und du bist Jude und warst nie da«, sagt sie.
»Nein.«
»Nicht mal mit diesem Geburtsrecht-Programm, mit dem man kostenlos hinreisen kann?«
»Nein.«
»Du hast nie im Kibbuz gearbeitet oder eine Jeschiwa besucht?«
»Nie.«
»Interessant.«
»Kann sein.«
»Warum nicht?«
»Ich wollte nicht.«
»Und jetzt?«
»Ich wollte einfach nur mit jemandem darüber reden, wie es da so ist.«
»Reden? So wie bei einer Gesprächstherapie?«
»Nein, so meinte ich das nicht.«
»Du wolltest mit einer Palästinenserin reden.«
»Ich wollte es aus einem anderen Blickwinkel betrachten.«
Nachdem wir uns aufs Terrain des peinlichen Schweigens verirrt haben, spreche ich aus, was ich von Anfang an hätte sagen sollen: »Hey, ich wollte dir noch sagen, als Ninja Woman warst du klasse.«
»Wie bitte?«
»*Göttliche Intervention*. Beeindruckend, wie du da durch die Luft gewirbelt bist.«
Rana lacht und schüttelt den Kopf. »Du bist komisch, weißt du das?« Sie nimmt meine Hände. Sie drückt sie aneinander und bläst darauf, wie um mich zu wärmen.
»Mir ist nicht kalt«, sage ich.
Sie zieht meine Hände auseinander, dreht die Handflächen nach oben. Sagt: »Und ich bin keine Schauspielerin.«
»Aber der Film …«
Sie zieht ein Päckchen mit holländischem Tabak aus ihrer Jeansjacke und macht sich daran, eine Zigarette zu drehen. »Ich werde dir was über meine Heimat erzählen. Wenn du tatsächlich ein Schriftsteller bist, muss ich dich enttäuschen, denn meine Geschichte ist uninteressant. Mein Leben«, sagt sie und schlägt das

Papier über dem Tabak ein, »ist ganz gewöhnlich.« Sie leckt das Papier an und verschließt es.

Rana kam im Norden Israels in der arabischen Stadt Tamra zur Welt. Sie wurde im muslimischen Glauben erzogen und hat fünf Geschwister. Ich frage sie, wie es ist, als arabische Israelin aufzuwachsen.
Sie sagt: »Das ist ja das Problem.«
»Welches Problem?«
»Wie du mich eben genannt hast. Arabische Israelin.«
»Oh. Entschuldige.« Wovon zum Teufel redet sie?
»Anders als die Palästinenser im Westjordanland und im Gazastreifen bekommen wir einen israelischen Pass und dürfen in Jerusalem und Tel Aviv arbeiten. Trotzdem sind wir Bürger zweiter Klasse.« Sie erklärt mir, dass ihr Ausweis anders aussieht als der eines Juden, dass ihrer den Stempel »arabisch« trägt im Gegensatz zu den anderen, auf denen »jüdisch« steht.[1] »Ein bewusster Versuch der israelischen Regierung, die Rassentrennung durchzusetzen. Warum werden wir Araber genannt? Ich bin weder arabisch noch israelisch, ich bin Palästinenserin.« Rana klingt gereizt. Plötzlich ist sie wach.
So etwas habe ich noch nie gehört. Ethnische Ausweise – in Israel? Ganz bestimmt gibt es eine vernünftige Erklärung dafür. Immerhin ist Israel eine Demokratie, die einzige im Nahen Osten. Es ist ja nicht so, als dürften Araber – ich meine, Palästinenser – in Israel nicht wählen, als wären sie nicht in der Knesset vertreten. Na ja, die Gesellschaft ist vielleicht nicht zu hundert Prozent gerecht, aber in welchem Land ist das so? Ich habe das Gefühl, mich informieren zu müssen, um derlei Vorwürfe in Zukunft parieren zu können. Ich nicke Basir zu und bestelle einen Kaffee, wie Rana ihn trinkt. Sie erklärt mir, dass Israel keine Verfassung hat. 1948 hatte es eine geben sollen, so wie die israelische Unabhängigkeitserklärung es

1 Seit meinem Treffen mit Rana hat die israelische Regierung die Nationalität auf dem Ausweis durch eine Nummer ersetzt. Es wird vermutet, dass die ethnische Herkunft des Ausweisinhabers als Zahlencode gespeichert ist. Siehe auch: Susan Nathan, *Sie schenkten mir Dornen: Ausgegrenzt im Land der Verheißung*.

vorsah, aber Ben-Gurion, der erste Premierminister, schob die Verabschiedung immer wieder auf – bis zum heutigen Tag. Stattdessen orientiert sich die Rechtsprechung an elf »Grundgesetzen«. »Eine Verfassung käme dem Staat höchst ungelegen. Denn dann hätten die Palästinenser Rechte.« Das Recht auf freie Meinungsäußerung, auf Gleichstellung, auf Gesundheitsvorsorge, auf Bildung und Sozialleistungen, die ihnen bislang vorenthalten werden. »Rechtslage hin oder her, ich werde wie ein Sicherheitsrisiko behandelt, wohin ich auch gehe. Am Flughafen von Tel Aviv werde ich unter Garantie gefilzt. Mindestens drei Stunden lang.«

Ich denke über die fehlende Verfassung nach. Vielleicht betrifft das Problem nicht nur die Palästinenser. Am Ende will die religiöse Rechte eine weltliche Verfassung verhindern? Die Orthodoxen würden sagen, dass die Gesetze der Halacha nicht den staatlichen Gesetzen nachgeordnet werden dürfen. Zugegebenermaßen ein echtes Problem. Aber absichtlich rassistisch? Das kann ich nicht glauben. Und was soll ich zu der Flughafengeschichte sagen? Nach dem 11. September 2001 haben es die Muslime eben nicht leicht.

Rana sagt: »Hast du schon mal vom Jüdischen Nationalfonds gehört?«

»Natürlich. Die pflanzen Bäume in Israel.«

»Bäume?« Sie schüttelt den Kopf.

»Ja.«

An der Bialik wurden wir jeden Freitag aufgefordert, unser Kleingeld in eine blau-weiße Büchse mit der Aufschrift *Keren Kayemet* zu werfen. Von dem Geld wurden Bäume in so trockenen Gegenden wie der Wüste Negev gepflanzt. Zu spenden war Pflicht, trotzdem freute ich mich jedes Mal darauf. Welch schöne Vorstellung: Die Wüste, dieser leblose Glutofen von einer Landschaft, wurde auf wundersame Weise verwandelt, um dem jüdischen Volk Sauerstoff und Leben zu schenken. Es war mir eine Ehre, dazu beizutragen. Gott, Mrs. Blintzkrieg und das gesamte Judentum nickten wohlwollend, wenn ich meinen Vierteldollar in die Büchse warf. Das israelische Wunder konnte geschehen, weil meine Großeltern spendeten; weil ich spendete, wuchs und gedieh Israel.

Rana erzählt mir, was ich längst weiß: Der Jüdische Nationalfonds wird 1901 gegründet, um Landkäufe in Palästina zu ermöglichen;

jeder Jude sollte so viel Land wie möglich erwerben. Sie fragt: »Weißt du eigentlich, wie viel Land die Juden gekauft hatten, als 1948 der Staat Israel ausgerufen wurde?«

»Keine Ahnung.«

Sie dreht die frisch gedrehte Zigarette zwischen den Fingern wie einen Stift.

»Weniger als sieben Prozent«, sagt sie.

»Dann war der Nationalfonds nicht besonders effektiv«, sage ich.

»Nein. Man könnte meinen, der Nationalfonds hätte das Land 1948 an den Staat übergeben. Immerhin war die Mission erfüllt, nicht wahr? Es gab einen jüdischen Staat.«

Sie erzählt mir, dass die israelische Armee 1948 über vierhundert palästinensische Dörfer verwüstet hat. Über siebenhunderttausend Menschen wurden vertrieben. Heute bilden sie und ihre Nachkommen eine Gruppe von über vier Millionen. »Sie sind geflohen«, hatte uns Mrs. Blintzkrieg in der Schule erklärt und hinzugefügt: »Sie liefen davon und schlossen sich den arabischen Staaten an, um uns ins Meer zu treiben.« Wie durch ein Wunder – und dank des gut organisierten Jischuw – ging Israel siegreich aus dem Kampf hervor.

Rana erzählt mir eine etwas andere Version: »Manche von uns flohen aus Angst. Viele wurden von der israelischen Armee vertrieben. Es kam zu Massakern und Vergewaltigungen. Ganze Dörfer wurden dem Erdboden gleich gemacht. Das war die Nakba. Die Katastrophe.«

Ende der neunziger Jahre hatte Rana an der Hebräischen Universität von Jerusalem Landvermessung studiert, deswegen kennt sie sich auf dem Gebiet aus. Sie erzählt mir, dass die Kriegsflüchtlinge nach israelischem Gesetz zu »Abwesenden« erklärt wurden.[2]

2 Laut der Notstandsverordnung über das Eigentum Abwesender 5710–1950 (1) war abwesend, wer in Israel Land besaß und nach dem UN-Teilungsplan von 1947 Bürger eines feindlichen Staates wurde (Libanon, Ägypten, Syrien, Jordanien usw.), wer ins Feindesgebiet emigrierte, wer unter britischem Mandat in Palästina wohnhaft war und seinen Besitz vor dem 1. September 1948 verließ und außer Landes ging, wer innerhalb Israels in ein Gebiet umzog, das zu jenem Zeitpunkt von Kräften kontrolliert wurde, die »die Gründung des Staates Israel zu verhindern suchten und den Staat Israel nach seiner Gründung bekämpften«.

Die Abwesenden verloren das Besitzrecht an ihrem Haus. Die Wertsachen, Konten und Grundstücke der Abwesenden wurden an einen Treuhandfonds überführt, den Custodian of Absentee Property. Mit einem Federstrich und ein paar Bulldozern wurde der zionistische Traum wahr: Palästina war das unbesiedelte Land für ein landloses Volk.

Der Jüdische Nationalfonds spielte eine wichtige Rolle dabei, den jungen Staat Israel unter jüdischer Kontrolle zu halten. Nach dem Bürgerkrieg 1948 blieben einhundertsechzigtausend Palästinenser in Israel, unter ihnen auch Ranas Eltern und Großeltern. Israel stand vor einer Herausforderung: Es wollte ein demokratisches Land sein und zugleich sicherstellen, dass das Land in jüdischer Hand blieb. Millionen Dunam, deren Eigentümer abwesend waren, wurden vom Staat dem JNF übertragen. Rana erklärt: »Der Jüdische Nationalfonds ist keine staatliche Stelle. Er bestimmt über das Land und verpachtet es an Juden – ausschließlich an Juden. Als arabische Israelin habe ich nicht die Möglichkeit, dem JNF Land abzukaufen.« Heute gehören dem JNF etwa dreizehn Prozent des Landes.

Rana erklärt, dass weitere achtzig Prozent dem Staat gehören. Die staatlichen Ländereien und die des JNF werden von der Israelischen Landverwaltung überwacht, einer Behörde, die Grundstücke verpachtet.[3] Und obwohl die Behörde theoretisch an alle Israelis Land verpachtet, ungeachtet ihrer Herkunft, sieht die Realität anders aus. »Schau dir die Webseite der ILA an. Du wirst sehen, dass die Hälfte der Mitarbeiter dem Nationalfonds angehört. Mit Sicherheit sorgen die dafür, dass das Land in den Händen des jüdischen Volkes bleibt.« Rana sagt, die ILA mache es den israelischen Palästinensern nahezu unmöglich, an ein Grundstück zu kommen, und das meiste Land gehe an Siedlungen, an Moschawim und Kib-

3 In Israel wird ein Stück Land für gewöhnlich für neunundvierzig Jahre verpachtet. Die Zahl leitet sich aus der Tora ab, wo steht, das Land müsse alle fünfzig Jahre ausgelöst oder seinem ursprünglichen Besitzer zurückgegeben werden: »Das Land darf nicht endgültig verkauft werden; denn das Land gehört mir und ihr seid nur Fremde und Halbbürger bei mir.« (Lev 25,23) Siehe auch: Hussein Abu Hussein und Fiona McKay: *Access Denied*.

buze, in denen ausschließlich Juden leben.[4] »Und währenddessen sind wir in Tamra gezwungen, unsere Häuser immer weiter aufzustocken. Wir leben wie im Ghetto«, sagt Rana.
Basir bringt eine große, blaue Kaffeekanne auf einem Silbertablett. Er schenkt mir eine kleine Tasse ein und wartet, dass ich trinke, so als servierte er mir Wein. Ich nippe und nicke. Der Kaffee schmeckt gut, aber das interessiert mich jetzt nicht. Ich will hören, wie es weitergeht.
Rana fragt: »Was würdest du sagen, wenn eine kanadische Behörde über dreiundneunzig Prozent des Landes verfügte und es ausschließlich an Protestanten vergäbe?«
Ich weiß nicht, was ich sagen soll.
»Aber die pflanzen Bäume«, bringe ich mühsam hervor.
»Klar«, sagt Rana, »die pflanzen eure verkackten Bäume.«
Sie hält inne und steckt sich die Zigarette zwischen die Lippen.
»Kennst du den Canada Park?«, fragt sie.
»Natürlich. Der Stolz meiner Schule. 1970 haben die kanadischen Juden ungefähr fünfzehn Millionen Dollar für die Aufforstung gesammelt.«
»Der Nationalfonds hat die Bäume auf den Ruinen von drei palästinensischen Dörfern gepflanzt, die 1967 zerstört wurden. Aus diesem Grund wurde der Canada Park angelegt.«

Rana redet immer weiter, aber ich bin nicht sicher, wie lange ich es noch ertragen kann. Immer wieder frage ich mich, wie viel davon der Wahrheit entspricht. Ich beruhige mich, indem ich mir sage, dass es auch eine andere Seite geben muss. Sie muss einen Grund haben, mir all das zu erzählen. Ich beschließe, mich später darum zu kümmern.
Sie fragt: »Gehst du in die Synagoge?«
»Manchmal.«
»Dann bist du gläubig?«
»Mir gefallen die Lieder. Die Vorstellung eines heiligen Ortes.«

4 Diesen Aspekt führen Susan Nathan in *Sie schenkten mir Dornen: Ausgegrenzt im Land der Verheißung* und Hussein Abu Hussein und Fiona McKay in *Access Denied* weiter aus.

Ich rede nur ungern über meine Einstellung zu Religion und dem ganzen Zeug. Ich frage mich, ob Rana mich für meinen Glauben verurteilt. »Und du bist Muslimin?«

»Ja.«

»Betest du?«

»Ich praktiziere nicht.«

Ich möchte sie nach dem Kopftuch fragen, aber dann fällt mir etwas Wichtigeres ein. Ich nippe an meinem Kaffee. Er ist süß, stark und ungefiltert. Das Koffein steigt mir zu Kopf und macht mich mutig.

Ich frage: »Wie war das mit dem Unabhängigkeitskrieg, der Nakba, wie du es nennst?« Die Erinnerung an den Unterricht in der Bialik kommt mit voller Wucht zurück. Ich erinnere Rana an das Weißbuch aus dem Jahr 1939, als die Briten den Palästinensern einen vereinigten Staat anboten. Es sah vor, die jüdische Einwanderung und die Landkäufe stark einzuschränken. Ein unglaubliches Angebot für die Palästinenser (und eine große Niederlage für die Zionisten), dennoch lehnte die palästinensische Führung ab. Im Jahr 1947 verabschiedeten die Vereinten Nationen eine Resolution, derzufolge den Palästinensern fünfundvierzig Prozent des unter britischem Mandat stehenden Gebietes zufallen sollte, den Juden fünfundfünfzig Prozent. Jerusalem und Bethlehem sollten internationalen Status bekommen. Die Juden waren einverstanden, die Palästinenser nicht. »Sie haben keine Gelegenheit verpasst, Gelegenheiten zu verpassen«, sagte Abba Eban dazu. Als Israel 1948 unabhängig wurde, erklärten sieben arabische Staaten den Juden den Krieg, die Palästinenser vorneweg. Israel gewann die Auseinandersetzung. »Wieso sprichst du von Enteignung?«, frage ich. »Ist die wahre Tragödie nicht, dass die Palästinenser nicht annahmen, was ihnen angeboten wurde? Die Juden brauchten ein Land. Und sie waren bereit, es zu teilen.«

Rana sagt: »Ich kann den Wunsch der Juden nach einer Heimat verstehen. Aber wie würdest du dich fühlen, wenn jemand in dein Haus käme und sagte: ›Würdest du bitte gehen, damit wir hier einziehen können? Keine Sorge, eine Straße weiter steht ein leeres Haus für dich bereit.‹« Ich schweige, Rana redet weiter: »Natürlich wurde nicht so höflich nachgefragt. In Deir Jassin trieb der Irgun über hundert Frauen, Kinder und Männer zusammen, um sie zu erschießen. Die restlichen Bewohner wurden durch die Straßen von Jerusalem gejagt und gezwungen, sich in den arabischen Teil der Stadt zurückzuziehen. Die Juden wollten uns Angst machen, damit wir verschwinden. Und das war kein Einzelfall. Die Zionisten wären niemals zufrieden gewesen, selbst wenn wir die UN-Resolution angenommen hätten. Ben-Gurion hatte es von Anfang an aufs Westjordanland abgesehen, und nach 1948 wollte er den Sinai, Beirut und Damaskus noch dazu. Die Zionisten waren eine aggressive Kolonialmacht. Punkt.«

Ich fühle mich persönlich angegriffen. Die Zionisten eine Kolonialmacht zu nennen, ist schlicht und ergreifend falsch. Zionismus, so viel habe ich gelernt, ist die Hoffnung auf ein Land mit jüdischer Bevölkerungsmehrheit, in dem alle Juden ohne Angst vor Pogromen, Diskriminierung und Hass leben können. Die Gründung Israels war für das Überleben des jüdischen Volkes von entscheidender Bedeutung. Obwohl ich als Kind nicht den Wunsch verspürte, nach Israel zu gehen, betrachtete ich mich aus genau diesem Grund als Zionisten. War das Tragische am Holocaust nicht gewesen, dass die Juden keine Zuflucht hatten? Europa hatte versucht, uns auszulöschen, dabei wollten wir nur in Frieden leben. Und die arabischen Nationen konnte man nicht gerade als unparteiisch und wohlgesonnen bezeichnen. Während die Juden in Ranas Augen die Palästinenser vertrieben, mussten Millionen Juden arabische Staaten wie Irak, Syrien und Ägypten verlassen. Wohin hätten diese Juden gehen sollen, wenn nicht nach Israel? Rana hatte das Massaker von Deir Jassin angesprochen, von dem ich zugegebenermaßen nie gehört hatte, aber was war mit dem Massaker von Kfar Etzion, bei dem über hundert Juden ermordet wurden? Ich widerspreche immer noch nicht. Nicht, dass ich glauben würde, Rana wäre im Recht. Aber während ich ihr zuhöre, verstehe ich, was ich bis dahin ausgeblendet habe: Das Land war besiedelt. Die Menschen dort waren keine Statistik, keine Zahl in einem Schulbuch. In der Bialik hatte man uns kein Wort von ihnen erzählt. Soweit ich mich erinnern kann, lehrte man uns, das Land sei vor der Ankunft der Juden unbewohnt gewesen. Später dann war gelegentlich von Arabern die Rede (nie von Palästinensern), angeb-

lich durchreisende Nomadenstämme, die aus Syrien kamen und auf dem Weg nach Ägypten waren. Das Wort *Flüchtling* wurde ebenso wie der Name *Deir Jassin* nie erwähnt. Ganz im Gegensatz zu den Begriffen *PLO*, *Jassir Arafat* und *Terroranschlag*. Während die Palästinenser die Nakba betrauerten, sangen wir »Hativka«, trugen weiß-blaue Tücher und feierten den Unabhängigkeitstag. »Bevor wir ankamen, lebten dort ein paar Araber«, sagte Mrs. Blintzkrieg in der siebten Klasse. Als ich »ein paar« hörte, dachte ich, der Zwölfjährige, an zwanzig bis dreißig Leute. Nicht an eine Million Menschen mit einer Kultur und Traditionen, einer Stammesgeschichte, einer tiefen Verwurzelung.
Ich habe meinen Kaffee ausgetrunken. Basir zieht die rechte Augenbraue hoch. Rana entschuldigt sich und geht hinaus, um zu rauchen. Ich schaue zu, wie sie die Tür vorsichtig öffnet und hinter sich zufallen lässt. Ihre Sicht der Dinge erschüttert mich. Offenbar hat die Bialik mir nicht die ganze Wahrheit gezeigt. Dann wiederum hatte ich die Augen vor den unbequemen Fragen immer fest verschlossen. Ich hatte keine Zeitung lesen wollen, hatte die täglichen Artikel und Fotos gemieden, die Palästinensertücher, die Steine, die auf die gläsernen Wände meines Glaubens zuflogen.

Als sie zurückkommt, spreche ich andere, persönlichere Themen an. Ich erkundige mich nach ihrem Studium und nach Jerusalem. Wo kann man dort am besten wohnen?
Sie erzählt mir, sie habe in einem jüdischen Viertel in einer Straße namens Mekor Chayim gewohnt. »Eine der schönsten Wohnungen in meinem Leben!«, sagt sie.
»Hast du allein gelebt?«, frage ich.
»Nein, in einer Hausgemeinschaft mit einem verrückten Juden namens Shimon.« Bei der Erinnerung muss sie lachen.
»Du hast dich bei einem Juden eingemietet?«
»Nein, bei Abu Dalo, einem Palästinenser.«
»Wirklich? Der Jude und der Palästinenser haben im selben Haus gewohnt?«
Rana überlegt. Sie sagt: »Ja, die Geschichte ist tatsächlich ein wenig ungewöhnlich.« Das Haus gehörte Abu Dalo. Es war seit zehn Generationen in Familienbesitz. 1967 rückte die israelische

Armee während des Sechs-Tage-Krieges in Jerusalem ein. Abu Dalo und seine Familie flohen nach Beit Safafa, in ein palästinensisches Dorf. Sie blieben eine Woche, bis sich die Lage beruhigt hatte. Als sie zurückkamen, hatten sich Shimon und seine Frau Dina im Haus eingerichtet. Die Einrichtung von Abu Dalos Familie lag im Vorgarten verstreut.

»Was hat Abu Dalo getan?«

»Zwei Wochen lang kampierten er und seine Familie in einem Zelt vor dem Haus. In der dritten Woche führte er seinen Plan aus: Mitten in der Nacht würde er sich durch den Gemüsekeller ins Haus schleichen. Er würde es zurückerobern.«

»Hatte er eine Waffe?«, frage ich.

»Abu Dalo hatte kaum was zum Anziehen! Er schlich sich also ins Haus. Er schaffte es bis ins Schlafzimmer.«

»Und dann?«

»Er schloss sich eine Woche lang ein. Er sagte Shimon, er wolle sein Haus zurück.«

Ich habe zu viele Fragen. Wovon hat er sich ernährt? Was, wenn er zur Toilette musste? Warum stürmte Shimon das Zimmer nicht gewaltsam, um Abu Dalo abzuknallen?

»Was ist passiert?«

»Abu Dalo errichtete einen Anbau für seine Familie. Irgendwann kamen sie überein, das Haus zu teilen.«

»Ging die Sache vor Gericht?«

Rana zögert. »Weiß ich nicht. Vielleicht.«

Sie sagt, es sei schwierig gewesen, den beiden die Geschichte zu entlocken. Abu Dalo hatte ständig irgendwelche dubiosen Geschäfte am Laufen, und Shimon redete nur mit ihr, wenn er betrunken war. Ansonsten war sie für ihn nur »die Araberin«, *ha-aravi*. Dina war noch schlimmer: Sie sprach kein einziges Wort mit Rana, obwohl sie im selben Doppelhaus lebten. Das Zusammenleben klappte bis zur zweiten Intifada. Inzwischen hatte Rana einen kanadischen Muslim kennengelernt und geheiratet. Als die Spannungen wuchsen (in Jerusalem, zwischen Rana und Shimon), zog sie es vor, zu verschwinden. Sie fühlte sich geradezu genötigt.

»In Israel werde ich zu wütend«, sagt sie. »Es ist unmöglich, dort die Ruhe zu bewahren.«

Das Haus geht mir nicht mehr aus dem Kopf. In Gedanken sehe ich ein heruntergekommenes Gebäude mit aufgestockten Etagen vor mir. Wie viele Eingänge? Wie viele Zimmer? Wie hatte Abu Dalo es geschafft, illegal und ohne Shimons Zustimmung anzubauen?
»Ist es ungewöhnlich für Juden und Palästinenser, im selben Haus zu wohnen?«
»Ich glaube ja. Obwohl es mir damals normal erschien. Ich habe einfach dort gewohnt und bin morgens zur Uni gegangen. Es ist ganz interessant, du solltest es dir ansehen.«
Plötzlich wirkt Rana viel älter als ich. Die untergehende Sonne zeichnet Falten in ihr Gesicht. Ich frage mich, wie sie sich hier in Kanada fühlt, ob sie ihre Heimat vermisst, ob sie überhaupt noch eine Heimat hat. Wir schweigen, aber diesmal macht es mir nichts aus. Mir ist etwas klargeworden. Ein Wunsch, eine Frage, ein Ziel. Mein Plan nimmt Gestalt an.
Sie sagt: »Tust du mir einen Gefallen, bevor du nach Jerusalem fährst?«
»Welchen?«
»Nimmst du mich einmal mit in die Synagoge?«

Kapitel 6

Es ist Freitagnachmittag, die Keren-Kayemet-Büchse wandert durch unser fensterloses Klassenzimmer. Wir singen, die hebräischen Konsonanten bleiben uns am Gaumen kleben:

Ich sage dir, Mädchen,
und dir, Junge, auch:
Wir kaufen in Israel
das Land zurück.
Ein Dunam da, ein Dunam dort,
Scholle um Scholle
kaufen wir das Land zurück,
vom Norden bis zur Negev.
An der Wand hängt eine Büchse,
eine blaue Büchse,
und jeder Penny in der Büchse
kauft uns Land zurück.

Vierundzwanzig Kinder grölen, posaunen ein hebräisches Lied hinaus, dessen Text sie nicht verstehen. Wir singen falsch und auswendig. Wir ignorieren die Harmonien, aber wir singen von Herzen. Unsere zehnjährigen Stimmen stürzen sich mutig auf die Worte, wir wiegen uns vor und zurück, klopfen auf die Tische, schlagen uns auf die Schenkel und wiederholen den Aufruf:

An der Wand hängt eine Büchse,
eine blaue Büchse,
und jeder Penny in der Büchse
kauft uns Land zurück.

Mrs. Blintzkrieg steht direkt vor mir, als ich vorgebe, einen Vierteldollar in die Büchse zu werfen. Ich habe ein schlechtes Gewissen – eine innere Stimme warnt mich, bis zur nächsten Woche zu warten –, aber Jacob verlangt vollen Einsatz.

Wir haben es oft geübt. Man presst Daumen und Zeigefinger zusammen, als hielte man eine Münze fest. Man klappert mit der Büchse und simuliert die Einzahlung. Ich glaube, mich wacker zu halten – Blintzkrieg schreitet mit kühler Miene vorbei, lässt uns nicht aus den Augen –, aber ich muss vorsichtig sein. Ich halte meine Finger über den Schlitz und schüttele die Büchse.

Ein Dunam da, ein Dunam dort…

Blintzkrieg schnappt so schnell zu, dass mein Herz fast stehenbleibt. Sie springt an meinen Tisch und lässt ihr Metalllineal auf die Tischplatte sausen.

»Schalom Garfinkel, du sollst das Land Israel nicht betrügen! Wo ist deine Spende?«

Ich schlucke ein Winseln runter und mache mir fast in die Hose.

»Ich habe diese Woche kein Geld.«

»Ohne diese blau-weiße Büchse«, erklärt Mrs. Blintzkrieg und stemmt sich auf das Lineal, »könnte Israel nicht überleben.« Ein stechender Schmerz durchfährt meinen rechten Arm. Sie ruft Tiferet Grabinsky auf, uns die historische Bedeutung der Keren-Kayemet-Büchse noch einmal zu erläutern.

Tiferet Grabinsky, das Lächeln und das Privileg in Person, das süßeste Miau der Katze, ein Mercedes zwischen lauter Chevys. Sie trägt rote Lackschühchen, die mich an Aschenputtel denken lassen, und ihre Emily Erdbeer-Brotdose ist rosa; ihre Klugscheißerbrille hat eine Katzenaugenfassung, so dass Tiferet immer zu lächeln scheint.

Tiferet erhebt sich und legt los: »Im Jahre 1901 wurde der Jüdische Nationalfonds nach der ersten Zionistischen Konferenz in Basel gegründet, um in Palästina Land für das jüdische Volk zu erwerben.« Funken sprühen aus Tiferets Augen. »Seit über vierzig Jahren spenden Juden aus aller Welt an Keren Kayemet. Das Ziel ist, so viel Land wie möglich für das jüdische Volk in Palästina

zu erwerben. Das war enorm schwierig, wollten doch viele reiche Araber ihr Land nicht an Juden verkaufen, obwohl es den Juden heilig und ihnen versprochen ist.«
»Sehr gut, Tiferet«, sagt Mrs. Blintzkrieg und lockert den Druck auf das Lineal. Der Schmerz in meinem Arm lässt nach.
»Ich bin noch nicht fertig, *Gveret* Blintzkrieg.« Tiferet schlägt die Hacken ihrer roten Schuhe gegeneinander und schwebt ein paar Zentimeter über dem Boden. »Das Symbol der Keren-Kayemet-Büchse ist von größter Bedeutung. Der Jüdische Nationalfonds versinnbildlicht die Hoffnung der Juden dieser Welt, von Indien bis Indiana, von Orange County bis Odessa. Diese kleine Büchse enthält den Geist des jüdischen Volkes!«
»Eine schöne Antwort.« Mrs. Blintzkrieg zieht eine Grimasse. Tiferet zwinkert und landet wieder auf dem Boden. »Aber wenn es sich bei der Büchse nur um ein Symbol handelte, könnten wir es alle wie Schalom halten und nur zum Schein spenden.« Sie dreht sich zu mir um. »Stimmt's?«
Jacob starrt mich an. Jetzt oder nie!
»Es tut mir leid, Mrs. Blintzkrieg. Es wird nie wieder vorkommen«, sage ich, und Jacob sackt in sich zusammen. Wie er schon befürchtet hat, ist sein bester Freund ein Hosenscheißer.
Jacob hatte folgende Strategie entworfen: »Eine Gelegenheit bietet sich stets, wenn die Autoritäten eingreifen (zum Beispiel die Lehrerinnen der Bialik, igitt, mögen sie in der Hölle schmoren); dann ist es an uns, unsere Meinung zu sagen. Wir sind unzufriedene Juden und unglücklich über die Proppa-Ganda, die man uns aufzwingt. Wir verneigen uns vor Hank Greenberg und Sandy Koufax, die beweisen, dass die Anhänger des hebräischen Glaubens mehr drauf haben, als die Haare des Talmud zu spalten und um Land zu kämpfen. Zunächst einmal fordern wir die Herausgabe aller konfiszierten Tennisbälle, die uns mit der fadenscheinigen Begründung abgenommen wurden, sie könnten Augenverletzungen hervorrufen. Und darüber hinaus und zum Schluss fordern wir ein Baseballfeld, einen Footballplatz, eine Schaukel und einen verdammten Rasen!«
Natürlich habe ich versagt. Aber anstatt zu schweigen, springt Jacob auf und ruft: »*Gveret* Blintzkrieg, ich muss gestehen. Ich habe Schaloms Geld gestohlen.«

Die ganze Klasse schnappt nach Luft.
»Diese Woche hatte Schalom zwei Dollar für Keren Kayemet gespart. Ich habe sie ohne sein Wissen aus seiner Jackentasche genommen.«
»Stimmt das, Schalom? Hattest du zwei Dollar in der Jackentasche?«
Jacobs falsches Geständnis macht mich sprachlos.

Und jeder Penny in der Büchse
kauft uns Land zurück …

Ich schweige. Mrs. Blintzkrieg geht zu Jacob.
»Und?«, fragt sie, »wo ist das Geld?«
Jacob steht dramatisch langsam auf und nickt nach allen Seiten, als wollte er ein Kunststück vorführen. Er zieht einen druckfrischen Zweidollarschein aus seiner Bibel und sagt: »Das ist das Lösegeld.«
»Wovon redest du?«
»Bis alle Tennisbälle wieder bei ihren rechtmäßigen Eigentümern sind. Bis wir Football und Baseball spielen können, ohne uns auf dem Beton die Knie aufzuschlagen – so lange halte ich diese Spende an den Jüdischen Nationalfonds zurück.«
»Jacob, sei nicht albern.«
»Hiermit erkläre ich im Namen von Hank Greenberg und Sandy Koufax den Beginn der Pausenrevolution!«
Wir alle nicken dem Propheten Jacob zu.
Mrs. Blintzkrieg schnappt nach dem Geldschein. Jacob, der über ein ausgezeichnetes Reaktionsvermögen verfügt, reißt ihn weg und springt auf seinen Stuhl. »Und nun zaubere ich ihn weg!« Er zerknüllt den Geldschein und steckt ihn sich in den Mund. Jacob ruft: »Ich werde das Geld wieder ausscheißen und im Schullabor aufbewahren. Erst, wenn sie den Parkplatz mit Rasen und Bäumen begrünt haben, werde ich dieses Scheißgeld dem israelischen Volk spenden!«
Blintzkrieg zeigt auf Jacob. Die Klasse hält den Atem an. Gefühlte vierzig Tage und vierzig Nächte starrt Jacob auf ihren Wurstfinger. Wir alle starren. Der Finger bestimmt, was wir tun, denken, sagen. Jacob grinst, zuckt die Achseln und springt vom Stuhl herunter. Ruhig und gefasst lässt er sich abführen.

Ein tiefes Schweigen legt sich über die Klasse. Ich rechne mit dem Schlimmsten.
Gerücht Numero Uno: Vor einem Monat steckte Danny Fingerbaum statt des geforderten Kleingelds einen gefalteten, beschriebenen Zettel in die Keren-Kayemet-Büchse. Darauf stand: WAS FÜR EIN SCHEISS. IHR LEHRER BEHALTET DAS GELD FÜR EUCH! Angeblich ging Blintzkrieg mit Danny in ein leeres Klassenzimmer und verhörte ihn fünfundvierzig Minuten lang, bis er zusammenbrach und unter Tränen gestand. Aber Blintzkrieg wollte mehr als ein Geständnis, sie verlangte einen fünfseitigen Aufsatz über die Bedeutung von Keren Kayemet LeIsrael. Wir sollten nicht einfach bloß unsere Schuld eingestehen, wir sollten unsere Meinung ändern.
Gerücht Numero Deux: In der Abstellkammer neben unserem Klassenraum steht ein großer, grauer Metallschrank. Keiner hat ihn je gesehen, aber alle wissen davon. Man sagt, Blintzkrieg habe Soundso für eine Stunde hineingesperrt, nur weil Soundso beim Test gemogelt habe. Wir wissen: Was Jacob getan hat, ist tausendmal schlimmer. Wir haben keine Zweifel: Blintzkrieg wird den Aufstand mit allen Mitteln niederschlagen.
Ich kann nicht anders, als mir die Szene vorzustellen.
Der Schrank ist einen Meter fünfzig hoch und einen Meter breit. Sechs Regale sind mit Büchern vollgestellt, hauptsächlich Schulbücher wie jenes, aus dem Tiferet zitierte. Unter dem untersten Regal ist etwa ein halber Meter Platz. Ich frage mich, ob Jacob hineinpassen würde. Wahrscheinlich würde er sich zu Boden sinken lassen und totstellen. Mrs. Blintzkrieg wäre gezwungen, ihn unter den Achseln zu packen, in die Höhe zu ziehen und vor sich herzuschieben, ein dünnes Bein vors nächste. Sobald er eingesehen hätte, dass aller Widerstand zwecklos ist, würde er die Beine in den Schrank hineinziehen und Mrs. Blintzkrieg die Tür zuknallen und sagen: »So gehen wir mit Dieben um.«
Ich stelle mir Jacobs teuflisch-verschmitztes Lächeln vor, und wie er zu mir sagt: »Keine Sorge, Kumpel, ich werd's überstehen.« Und dann schließt Blintzkrieg den Schrank ab.
Nach ein paar Minuten kommt sie ohne Jacob zurück, wir wenden uns wieder dem vorsabbatlichen Programm zu. Obwohl er nebenan ist, können wir ihn atmen hören. Was sieht Jacob im

Schrank? Als der Wein gesegnet wird, höre ich den schwarzen Edding quietschen, den Jacob immer bei sich hat, um spontan Graffiti malen zu können. Ganz deutlich höre ich den Stift über das Metall rutschen.

Ich bin hier. He-neni.

Jacob schreibt zweisprachig. Vor allem wünscht er sich eins: gehört zu werden.

Kapitel 7

Ich überlege mir, Rana in die Minsk mitzunehmen, wenn niemand zum Gebet da ist. Es stört sie nicht – sie will ohnehin nur den Innenraum sehen. Sie hat ihr ganzes Leben unter Juden verbracht, ohne jemals eine Schul betreten zu haben. Für sie ist es eine Wallfahrt hinter verschlossene Türen.

Als wir den Kensington Market überqueren, werde ich nervös. Was, wenn wir Judith in die Arme laufen, oder Yankl? Was soll ich dann sagen?

Ich rede mir ein, dass ich nichts Verbotenes tue. Eine Bekannte interessiert sich für die Synagoge.

Wir schlendern an bierseligen Punks und bekifften Teenagern vorbei, an Fischhändlern, Bäckern und Nussverkäufern. Rana war noch nie in Kensington und ist ganz begeistert von seiner Schroffheit.

»Na also!«, ruft sie. »Endlich mal ein bisschen Leben!«

Wir zwängen uns an Passanten und Ladenbesitzern vorbei, an Second-Hand-Klamottenständern, Teeläden und Kaffeeläden, und über allem schwebt chinesisch-portugiesisch-vietnamesisch-französisch-englisches Geschnatter und Gegacker. Wir kommen an meiner Wohnung in der Baldwin Street vorbei.

»Da wohne ich«, sage ich und zeige auf die beige gestrichene, heruntergekommene Tür. Ich schaue zum Fenster hinauf. In der Wohnung brennt kein Licht.

Wir stehen im Männerabteil der Synagoge, Rana hat tausend Fragen.

»Wozu sind die silbernen Kronen da? Wie viele Torarollen liegen im Schrein? Warum sitzen die Frauen oben?«

Sie blättert in den Fünf Büchern Moses, schlägt willkürlich Stellen auf und liest, bis sie das Buch aufgeklappt auf die Bank neben sich legt. Ich reiche ihr das Gebetbuch, dessen Titel sie auf Heb-

räisch vorliest: *Siddur*. Ihr Akzent ist schwer, aber ihre Aussprache ist korrekt, sie betont die Worte, wie meine Lehrerinnen es getan hätten. Sie gibt mir das Buch zurück und bittet mich, ein Gebet zu singen.
»Hier?«
»Warum nicht?«, sagt sie.
Ich schlage das Buch auf und erkenne ein Stück. Ich singe leise und gedämpft, so als wäre es verboten, hier zu beten.

Sim, sim, sim Schalom
Sim Schalom tova u-bracha

Rana sitzt in der ersten Bank und hat den Kopf auf die Arme gelegt. Ich stehe neben der Bima. Wir schauen beide nach Osten, nach Jerusalem. Mir fällt auf, dass ich hier unten noch nie eine Frau gesehen habe. Es ist erlaubt, so lange kein gemeinsames Gebet stattfindet, trotzdem fühlt es sich merkwürdig an. Eine muslimische Palästinenserin in der Männerbank einer orthodoxen Schul?
Einmal, zum Purimfest, betrat ich die Synagoge in Judiths schwarzem Spitzenkleid, mit Eyeliner und hübscher Frisur. Im Männerabteil bekam ich schreckliche Angst. Ich hatte verbotenes Terrain betreten. Beim Purimfest wird die Rettung der Juden durch Königin Esther gefeiert, und man ist angehalten, sich als eine der historischen Figuren zu verkleiden. An diesem Tag ist Crossdressing erlaubt – einmalig im jüdischen Kalender. Als Königin Esther fühlte ich mich sehr verletzlich. Bis zum Whiskey. Yankl schenkte stetig nach, und wir tranken, bis wir nicht mehr wussten, wo rechts und links war – genau so, wie es die Altvorderen uns für diesen Tag vorgeschrieben haben. Im Keller tanzten (stolperten, hopsten) Judith und ich zur Musik von Ronnie Wisemans chassidischer Reggaeband Kedusha, ein weißes Taschentuch zwischen den Händen, weil wir einander nicht berühren durften.
Rana macht die Augen zu und lauscht.
Das Gebet ist wunderschön und sehr melodisch. So wie viele unserer Gebete wird es in Moll gesungen.
(Bei der Bar Mitzwa meines jüngsten Bruders Joseph war ich für

einen Tag der Chasan, der Vorsänger, der die Gemeinde durch die Lieder führt.)
Sim Schalom: Schenk uns Frieden, Güte, Segen und Leben …
Ich hebe den Kopf. Der Rabbi lehnt mit verschränkten Armen in der Tür. Seit wann hat er zugehört?
»Wie ich sehe, hast du einen Gast mitgebracht«, sagt er und spielt an den Zizijot seines Tallit herum. Nervös zupft er an den weißen Fransen.
»Eine Freundin«, sage ich. »Sie ist gerade zu Besuch.«
»Woher kommen Sie?«, fragt er und sieht Rana an.
»Aus Jerusalem.«
Die Miene des Rabbi hellt sich augenblicklich auf. Er kommt auf uns zu. »Aus Jerusalem«, sagt er. »Welche Straße?«
»Mekor Chayim.«
»Oh, fantastisch. Kennen Sie die Shapiros?«
»Nein.«
»Wie heißen Sie?«
»Rana.«
Ich hatte immer gedacht, der Rabbi wäre als freundlicher, überschwänglicher und großzügiger Mensch auf die Welt gekommen, mit einem strahlenden Lächeln und einem »Gelobt sei Haschem!« auf den Lippen aus dem Bauch seiner Mutter geflutscht. Aber nur mit größter Mühe bringt er ein »Willkommen« heraus. So habe ich ihn noch nie erlebt, seine Stimme klingt verhuscht, so als wäre das Wort zufällig herausgerutscht. Der Rabbi sieht erst sie und dann mich an. Er fragt sich, was zum Teufel ich mir dabei gedacht habe.
»Jonathan«, sagt er, »neulich wolltest du zum Reden vorbeikommen.«
»Es tut mir leid, Rabbi. Mir ist was dazwischengekommen.«
»Das Leben ist kurz«, sagt der Rabbi streng und durchbohrt mich mit seinem Blick. »Wir Juden haben alles, außer Zeit.«
»Ich möchte nach Israel reisen«, sage ich.
Ich bin selbst überrascht. Eigentlich hatte ich etwas anderes sagen wollen. Eigentlich war mein Wunsch gar nicht ausgereift, noch kein Plan. Der Rabbi ist natürlich erfreut, auch wenn er sich zurückhaltend gibt.
»*Masel tov*. Kommt Judith mit?«

»Ich weiß nicht, ob sie Zeit hat. Ich plane, für längere Zeit hinzugehen.«
»Tja«, sagt der Rabbi und wickelt sich eine Franse so fest um den Zeigefinger, dass die Fingerspitze rot anläuft. Er sieht Rana nicht an. »Ich habe im Keller Arbeit liegen, Wurfsendungen, die in die Post müssen. Komm mit und hilf mir, wenn du Lust hast.«
Als der Rabbi den Betraum verlassen hat und auf der Treppe verschwunden ist, dreht sich Rana zu mir um. »Danke«, sagt sie.
»Wofür?«
»Dass du keine Angst hast.«
Sie küsst mich auf die Wange und drückt ihre Lippen eine Viertelsekunde länger auf meine Haut, als es unter Freunden üblich ist. Ich fühle mich, als hätte mich Glut gestreift.
»Ich rufe dich an«, sage ich. Die Worte purzeln mir einfach so aus dem Mund.
Rana drückt die fünf Meter hohe Tür zum Foyer auf. Das Licht blendet mich. Ich glaube zu sehen, dass sie sich noch einmal umdreht, aber ich bin mir nicht sicher. Die Tür fällt laut zu, mein Blick streift den aufgeschlagenen Tanach auf der Holzbank. Ich nehme ihn in die Hand und lese aus dem Buch Josua.

So eroberten sie die Stadt und vollstreckten den Bann an allem, was in der Stadt war, mit der Schärfe des Schwerts, an Mann und Weib, jung und alt, Rindern, Schafen und Eseln.

Kapitel 8

Im Keller der Minsk steht eine Reihe brauner Plastiktische. Auf einem liegen vier Papierstapel, mehrere tausend Briefe. Sarah sitzt zwischen dem Rabbi und mir am runden Tisch und füllt Briefumschläge. Der Rabbi und ich falten jedes Schreiben zwei Mal.
»Was tust du da?«, fragt der Rabbi.
»Ich lese.«
»Wir brauchen Helfer, keine Leser.« Der Rabbi faltet weiter, schnell und akkurat. In der Zeile mit dem Wort *Gaza* knickt er das Papier zum ersten, an der Stelle mit den Worten *zweitausend Jahre* zum zweiten Mal um. Wenn ich das Papier falte, wird es nie gerade. Sarah funkelt mich böse an, weil ich ihr das Eintüten unnötig erschwere.
»Sollte ich nicht wissen, was ich da falte?«, frage ich.
»Manchmal ist es leichter, zu mäkeln, statt einfach Hand anzulegen«, sagt der Rabbi.
Stimmt, denke ich. Wie immer steckt in seinen Worten mehr als ein Körnchen Wahrheit.
»Zum Glück kann er lesen«, sagt Sarah. »Ich würde auch lesen, wenn ich könnte. Ich bin nicht zur Schule gegangen. Deswegen muss ich kochen und nähen, ihr wisst schon.« Sarah tütet ein und leckt den Umschlag an. Sie ist seit neun Uhr morgens dabei. Ein Wunder, dass sie noch nicht mit einer Klebstoffvergiftung zusammengebrochen ist. »Montréal 1945. Damals war die Welt eine andere. Albert hat mich zum Tanzen ausgeführt, und danach sind wir Eis essen gegangen. ›Rocky Road‹ mit echten Marshmallows.«
»Was sind *echte* Marshmallows?«, frage ich.
Sarah ignoriert mich. »Sogar im Winter haben wir Eis gegessen.« Sie klingt nostalgisch, aber ihr Blick ist hellwach: Sie folgt dem Schlagtakt der Zunge, die über die Umschläge fährt. Sie zieht ein

klagendes Gesicht, auch wenn sie sich gar nicht beklagt. »Junge, ich wünschte, ich hätte studieren können wie du.«
»In der Tat«, sagt der Rabbi und falzt mit unglaublicher Präzision das Papier, »du solltest dich glücklich schätzen, Jonathan.«
»Danke, Rabbi, danke, Sarah«, sage ich und versuche, wie der Rabbi zu falten.
»Sarah, wusstest du schon, dass Jonathan das Heilige Land bereisen wird?«
»Na und? Machen doch alle.«
»Es wäre mein erstes Mal«, sage ich kleinlaut.
»Ich war '56 dort«, sagt Sarah. »Ich fand's schrecklich. Viel zu heiß, und die Leute sind so griesgrämig. Das Land des *kvetch*. Stell dir das mal vor, ein ganzes Land voll mit verrückten, nörgeligen Juden.«
»Das erste Mal«, sagt der Rabbi und tut, was er am besten kann: Zwischenrufe ignorieren. »Das ist ja wirklich ein Ding.« Er hält inne und betrachtet den Papierstapel. »Ein Drittel hätten wir geschafft. Bleiben noch dreitausend.«
»Ich lecke, bis meine Zunge abfällt«, sagt Sarah. Sie sieht mich an und sagt: »*Bubele*, hast du keinen Hunger?«
»Warum, haben Sie was zu essen für mich?«
»Ich habe Hühnersuppe und Nudeln. Wenn du willst, koche ich dir schnell etwas.«
»Nein, danke, Sarah.« Ich bin am Verhungern, habe aber das Gefühl, bald gehen zu müssen. Ich fürchte, der Rabbi könnte mich fragen, warum ich eine Palästinenserin in seine Synagoge mitgebracht habe.
»Komm, lass mich dir etwas kochen. Du bist für mich der Sohn, den ich nie hatte.«
»Ich dachte, Sie hätten einen Sohn?«
»Drei«, sagt Sarah, steht auf und schlurft in die Küche.
»Israel, Israel, Israel. Das sind Neuigkeiten, Jonathan. Was wirst du dort tun?«
»Es gibt da ein Haus, über das ich schreiben möchte.«
»Wo wir beim Thema sind – sag Bescheid, wenn du eine Unterkunft brauchst oder nette Leute, um einen tollen Schabbes zu feiern.«
»Ja.«

»Und auch eine Jeschiwa, wenn du Lust hast. Du weißt ja, es geht nichts über ein Tora-Studium im Heiligen Land.«
Der Gedanke klingt verlockend. Ich stelle mir das Glück vor, das der Mystiker Schlomo ha-Levi empfunden haben muss, als er im ersten Licht des galiläischen Morgens im Tanach las. Ich denke an das Lecha Dodi – und an das Buch Josua oben auf der Holzbank. Aus meiner Zeit in der Bialik hatte ich die Bibel weniger blutrünstig in Erinnerung. Zugegeben, bei der letzten Lektüre war ich dreizehn Jahre alt. Ich schlief ein, sobald Alon Eloni, unser Tanach-Lehrer, zu sprechen anfing. Mit ruhiger Stimme las er uns Geschichten von brennenden Streitwägen, Zorn und Strafe und Märtyrertoden vor. Seine Worte waren wie zarte Hände, die er uns auf Schultern und Seelen legte.
»Sag mal, warum bist du neulich nicht zu unserem Gespräch erschienen?«, fragt der Rabbi.
»Ich musste recherchieren«, sage ich.
»Was denn?«
Ich ignoriere die Frage und stelle eine Gegenfrage. »Können wir über die Tora reden?«
»Natürlich! Es ist mir ein Vergnügen.«
»Das Buch Josua.«
»Ein gutes Buch«, sagt der Rabbi.
»Ich habe mich gefragt, warum Gott Josua aufgetragen hat, so brutal gegen die Kanaaniter vorzugehen.«
Der Rabbi hält mitten in der Faltbewegung inne. Er schließt die Augen und wiegt sich vor und zurück, während er meine Frage beantwortet.
»An keiner Stelle der Bibel möchte Gott Seine Kreaturen sterben sehen. Selbst als die Ägypter im Roten Meer ertranken, sie, die uns vierhundert Jahre lang terrorisiert hatten, zürnte Gott den Kindern Israels, weil sie feierten. Er rief: ›Was freut ihr euch? Sie waren meine Kreaturen!‹«
»Aber warum schlachten die Juden die Bewohner Jerichos ab?«
»Die Kanaaniter waren Götzenanbeter.«
»Und Götzenanbeter verdienen den Tod?«
»Außerdem opferten sie Kinder. Sie taten Böses, Jonathan, und hielten sich nicht an die Gesetze.«

»Sind wir als Juden nicht bloß Zeugen?«
»Das stimmt. Gott ist unser Richter. Wir hören an, was Er zu sagen hat.«
»Amalek, all das verstehe ich. Man wollte uns auslöschen. Die Geschichte von Esther – okay. David und Goliath – kein Problem. Aber ein unschuldiges Volk, die Bewohner einer ganzen Stadt? Warum sollte Gott Josua so etwas befehlen?«
Sarah kommt mit zwei dampfenden Styroportellern mit Hühnersuppe zurück, einen für den Rabbi und einen für mich.
»Nicht nachsalzen«, befiehlt sie.
»Okay«, sage ich.
»Das wäre eine Schande.«
»Ist schon gut, Sarah.«
»Immerzu streust du Salz auf alles. Koste doch erst mal!«
Ich koste. Ich verbrenne mir die Zunge.
»Pusten! Du Schmendrick.«
Ich puste auf den Löffel. Ich probiere. Die Suppe braucht Salz, ganz dringend.
»Lecker«, sage ich.
Ein Briefstapel kippt um. Sarah macht sich daran, kleinere Stapel zu bilden.
»Heiliger Josef«, sagt sie, »ich gehe für drei Minuten weg, und hier bricht das Chaos aus. Was ist passiert?«
»Jonathan und ich sprechen über den Talmud.«
»Talmud schmalmud. Was soll ich dazu sagen? Ich habe nicht einmal Lesen gelernt«, sagt sie und nimmt sich die nächsten Briefe vor. »Meine Zunge klebt mir am Gaumen fest. Garfinkel, du bist mit Lecken dran.«
Der Rabbi wendet sich mir zu. »Judith macht sich Sorgen.«
»Worüber?«
»Sie hält dich für depressiv.«
»Manche Sachen lassen mich einfach zweifeln.«
»Zum Beispiel?«
»Zum Beispiel, warum Josua all diese Menschen umbringen musste.«
»Warum konzentrierst du dich so sehr auf diese eine Geschichte?«
»Diese *Geschichte*? Kommt Ihnen diese Geschichte nicht irgendwie bekannt vor?«

»Wovon redest du?«, fragt der Rabbi.
»Im Gelobten Land ging es von Anfang an ums Besatzen.«
»Erzähl mir mehr von deiner Reise nach Israel. Was für ein Haus ist das?«
»Ich möchte dieses Land verstehen.«
»Verstehen ist gut. Verstehen bringt Frieden.«
»Genau. In dem Haus herrscht Frieden.«
»Schön, wenn jemand Frieden möchte«, sagt der Rabbi. »Baruch Haschem, zuerst müssen wir Frieden mit uns selber schließen.«
»Und wie funktioniert das? Bitte sagen Sie mir nicht, ich solle in der Tora lesen.«
»In der Tora zu lesen, kann hilfreich sein.«
»Wie?«
»Die rechte Achtsamkeit, Jonathan. Man studiert, strengt seinen Kopf an und bemüht sich, ein guter Mensch zu sein.«
»Das Buch Josua lehrt mich nichts über das Gut-Sein.«
»Die Tora richtet unsere Gedanken darauf, bessere Menschen zu sein.«
»Verstehen Sie nicht, was ich sagen will?«
»Ich verstehe sehr wohl. Die Besatzung bereitet dir Sorge. Alle reden über die Besatzung, als wären sie persönlich betroffen. Weil wir Juden dem Planeten etwas Furchtbares angetan haben. Wir haben ihn mit unserer entsetzlichen Besatzung verschmutzt. Keiner macht je Fehler – außer wir Juden. Warum zerbrichst du, Jonathan Garfinkel aus Toronto, dir den Kopf deswegen? Du hast das Land, das du kritisierst, nicht einmal besucht.«
Sarah hat aufgehört, zu falten. Ich starre auf meine Schuhe.
Im Haus meiner Baba galt eine Regel: Am Esstisch waren die Worte *Araber* und *Israel* tabu. Bewegte sich das Gespräch auf jene Grenze zu, sagte sie zu meinem Großvater: »Genug.« Dann wusste er, er sollte lieber schweigen. Vielleicht hat der Rabbi Recht. Warum denke ich über die Besatzung nach? Was sollte dieses unbekannte Haus mir schon bedeuten? Warum sollte ich im vierten Jahr der zweiten Intifada nach Israel reisen?
Sarah, die analphabetische Stimme der Vernunft: »Mund halten, ihr zwei, esst eure Hühnersuppe.«

Kapitel 9

Ich sitze in meinem kleinen, schmuddeligen Arbeitszimmer in unserer Wohnung in der Baldwin Street. Die Heizkörper zischen leise. Unten in der Bäckerei kaufen die Leute Brot – nach Mohn wird gefragt, Wechselgeld gewechselt, ich höre Wortgeplänkel zwischen Kunde und Bäcker. Ihre Stimmen sind so nah, dass es klingt, als wären sie hier bei mir, in diesem winzigen Zimmer. Vollgestopft mit verstaubten Büchern, alten Fotografien, Andenken an mein Leben. Die Kunden jammern nicht: »Hilfe, hier ist es zu eng!«, oder: »Warum kann man in dieser Wohnung nicht vernünftig denken?« Ihre Entscheidungen – Sesam oder Roggen, dunkel oder hell – sind klar und wohlüberlegt.

Ich habe Judith nicht erzählt, dass ich gestern mit Barak über Rana und die Geschichte vom Haus gesprochen habe. Er gab sich interessiert und räumte ein, das Haus könne als starke Metapher für die Verhältnisse in seinem Heimatland funktionieren. Dennoch blieb er skeptisch. »Womit willst du das Haus füllen?«, fragte er. »Welche *Geschichte* willst du erzählen?« Er verlangte, ein paar Szenen zu sehen, bevor er sich bei einem Theater um ein Aufenthaltsstipendium für mich bemühe. Ich versprach, ihm alles zu mailen, was mir einfiele, und dabei beließen wir es. Ich legte den Hörer auf, starrte auf meinen Computerbildschirm und fing zu tippen an.

Was. Zum. Teufel.

Gestern, heute, immer noch kein Wort geschrieben. Ehrlich gesagt, bin ich erleichtert. Ein Teil von mir hofft, zu scheitern und nichts Interessantes zustande zu bringen, damit ich am Ende sagen kann: Hier gibt's nichts zu erzählen. Dann müsste ich nicht mit Judith sprechen. Dann müsste ich nicht ohne sie verreisen und einer Geschichte nachjagen, die die Grenzen unseres Abkommens sprengt. Ich betrachte das Foto meiner Großmutter, das meinen Schreibtisch bewacht. Was würde sie dazu sagen? »Fahr hin oder lass es bleiben«, hätte sie gesagt, »Hauptsache, du schreibst etwas, das vor Leben nur so strotzt. Es ist an der Zeit, erwachsen zu werden, Schmendrik. Etwas von Bedeutung zu schreiben, etwas mit *Chayim*. Nicht grundlos steht das jiddische Wort für ›Leben‹ im Plural: Es ist kompliziert. Es ist keine Einzelnote.«

Nach Israel zu fahren und das Haus von Shimon und Abu Dalo zu suchen, würde bedeuten, diese Wohnung zu verlassen. Und komme ich, wenn ich fahre, wieder zurück? Das einzige Fenster meines Schreibzimmers geht auf eine rote Ziegelmauer hinaus. Judith hat sie mit gelben und grünen Sternen bemalt, damit ich mehr Licht bekomme. Diese Wohnung ist einer der wenigen Orte, an denen ich mich je zu Hause gefühlt habe. Auch, weil es für geteilte Geschichten steht, für die Geschichten zweier Liebender, die in die Wände eingesickert sind. Was Judith und ich zusammen erschaffen haben, worüber wir stritten, was wir vergaßen. Und doch ist es mehr als die Summe zweier Leben. Mein Zuhause ist die Architektur, die Straße, das ganze Viertel samt seiner Vergangenheit. Nach unserer ersten gemeinsamen Nacht saßen wir auf dem Dach, tranken schwarzen, kubanischen Kaffee und betrachteten das alte Toronto zu unseren Füßen. Die Wochenendmarxisten brüllten in ihre rot-weißen Megafone. Die verkaterten Punks schlurften zum Planet Kensington. Die Hipster durchstöberten die Läden auf der Suche nach Secondhand-Klamotten. Ich konnte mich daran erinnern, als Kind mit Zaida Ben auf den Markt gegangen zu sein. Die jüdischen Metzger schlachteten Hühner und Gänse, einen Dollar pro Kopf. An jenem Morgen auf dem Dach war es kalt wie im Februar.

Keine vier Monate nach unserer ersten Begegnung zog ich ein. Dass Judith seit zehn Jahren hier wohnte, störte mich nicht; ich hatte das Gefühl, angekommen zu sein. In meinem Arbeitszimmer stehen Bücher und Aufsätze stumm in den Regalen. In einer Ecke der Schreibtisch, an dem ich als Kind saß. Wenn ich schreiben will, schließe ich die Tür. Dann kann ich Judith auf Zehenspitzen vorbeischleichen hören. Manchmal bleibt sie stehen. Ich stelle mir vor, wie sie lauschend das Ohr an die Tür drückt. Was hört sie?

Statt Entwürfe zu einem Theaterstück häufen sich auf meinem Schreibtisch die Reisepläne.

1. Telefonnummer von El Al Airlines, Toronto
2. Telefonnummer von Samer Shalabi, palästinensischer Kameramann in Ramallah
3. Von Rana empfohlene Bücher: Amira Hass' *Bericht aus Ramallah: Eine israelische Journalistin im Palästinensergebiet.* Norman Finkelsteins *Der Konflikt zwischen Israel und den Palästinensern. Mythos und Realität*
4. Eine Landkarte (Ich starre auf die Städtenamen – Bethlehem, Haifa, Safad – und spreche sie in Gedanken aus. Irgendwo im Hippocampus liegen unsere Erinnerungen eingraviert, sagt man. Mein Hirn, meine Erinnerungen fühlen sich angesprochen, vermutlich Ich.)
5. Ein Foto von meinem Großvater, wie er seinen berühmten Senf anrührt. Hinter ihm hängt ein Poster an der Wand: »Besuchen Sie Palästina«.

Das Foto erinnert mich an meinen letzten Besuch bei ihm. Er ist jetzt seit vier Jahren tot. Wir haben in der Küche Radio gehört und dicke Scheiben Pumpernickel mit frischer Butter gegessen. Zaida Ben schrieb Honoratioren weltweit an, um sie über seine Pläne zur Rettung der Menschheit in Kenntnis zu setzen. Ich trage einen seiner Briefe zusammengefaltet in meiner Brieftasche bei mir. Es ist jener an Boris Jelzin, abgefasst kurz vor Jelzins Sturz. Bitte sehen Sie über die Falten und das vergilbte Papier hinweg.

15. Februar 1998

Lieber Herr Jelzin,

im Jahr 1993 schrieb ich Ihnen ein Brief, um Ihnen zu Ihrem Erfolg in der neugegründeten Russischen Föderation zu gratulieren. Ich weiß, dass Sie ein vielbeschäftigter Mann sind und ich deswegen nur von Ihrem Sekretär eine Antwort erhielt. Ich bin dennoch dankbar für Ihr Schreiben.

Nun, da Sie im zweitgrößten Land (in Ihrem Teil) der Welt an Ansehen verlieren, möchte ich Sie auf eine Idee aufmerksam machen, die Ihre Position bei den Umfragen stärken könnte. Vor meinem Vorschlag die Tatsachen:

1. *Wir wirtschaften nicht nachhaltig. Dies ist zumindest teilweise auf die Nutzung fossiler Brennstoffe zurückzuführen, die zu jenem grässlichen Zustand namens globaler Erwärmung geführt haben (im Folgenden »GE« abgekürzt).*
2. *Wir müssen uns unbedingt mit der Zukunft beschäftigen. Aufgrund der GE wird das kanadische Winnipeg in fünfzig Jahren unter Wasser stehen. Von unserer großen Präriestadt wird nichts bleiben als ein paar kleine Inseln, auf denen Menschen wie einzelne Stämme leben.*
3. *Die Überflutungen werden Nahrungsmittelknappheit und Krankheiten (Cholera, Malaria usw.) nach sich ziehen und somit Hungersnöte und Epidemien auslösen.*
4. *Ich kann Ihnen zweifellos ähnliche Zustände in Ihrem Heimatland vorhersagen.*

Mein Vorschlag: Wir sollten unsere nördlich gelegenen Städte in natürliche Getreidespeicher umwandeln. Da die winterliche Durchschnittstemperatur in Churchill und Irkutsk bei minus fünfzig Grad Celsius liegt, kann man hier Getreide lagern, ohne auf eine elektrische Kühlung angewiesen zu sein und ohne dass die Körner faulen. Auf den Fall einer thermonuklearen oder umweltbedingten Katastrophe wären wir vorbereitet, denn wir würden jederzeit über mehrere Tausend Kilotonnen Weizen, Roggen und Hirse verfügen (ich verstehe, dass Sie bei der Erwähnung von Hirse das Gesicht verziehen, dabei handelt es sich in der Tat um ein nahrhaftes und wohlschmeckendes Getreide, zu dem mein hausgemachter Senf ausgezeichnet passt – bitte beachten Sie beigefügte Warenprobe). Unabhängig von dem zur Lagerung gewählten Getreide (möglicherweise bevorzugen Sie Gerste oder Leinsamen?) halte ich diese Mission für das Überleben der Menschheit für unerlässlich. Anbei finden Sie zu Ihrer Information mehrere Diagramme und Karten der Getreidelagerkapazitäten von Churchill (1a bis 3c).
Ich bin Umweltchemiker und Kind rumänischer Einwanderer. Mein

Vater hat den Großteil seines Lebens in Odessa verbracht, einer Stadt, die Ihnen bekannt sein dürfte. Er sagte, das Schwarze Meer woge auf das »Wunderschönste« in die Hafenstadt hinein. Als Wissenschaftler steht mir kein Urteil über Schönheit zu, aber ich versichere Ihnen, in fünfzig Jahren wird es nicht mehr genug zu essen geben für die Einwohner von Odessa, es sei denn, wir handeln JETZT.

Ihr Genosse
Benjamin Berck, Umweltchemiker

Der Februar war bitterkalt. Ich kam nach Winnipeg, um Zaida Ben zu besuchen, und seine Schwäche überraschte mich. Im Alter von vierundachtzig Jahren hatte er versucht, bei minus fünfunddreißig Grad den meterhohen Schnee aus seiner Einfahrt zu räumen, und dabei hatte ihn eine große Müdigkeit überwältigt. Ich konnte ihn überreden, zum Arzt zu gehen, der sagte, Zaidas Kurzatmigkeit rühre von einem Herzinfarkt her. Die Tatsache, dass sein Körper versagt hatte, trieb Zaida Ben zur Weißglut. Er war überzeugt gewesen, den Alterungsprozess durch den täglichen Konsum von Red River Cereal, Bio-Äpfeln und Borschtsch gestoppt zu haben. Er schlief in streng eingeteilten Segmenten von nie mehr als zwei Stunden, trank grünen Tee und wurde oft und an den seltsamsten Orten im Kopfstand gesehen.
»Die nötige Blutzufuhr«, erklärte er einmal, als ich ihn in der Küche auf den Gelben Seiten balancierend entdeckt hatte.
Ein schlechter Winter für Zaida. Drei Wochen vor meiner Ankunft hatten die Behörden von Manitoba seinen Führerschein eingezogen. Ein Polizeibeamter hatte gesehen, wie er in River Hights in der falschen Richtung durch eine Einbahnstraße gefahren war. Glücklicherweise war er mit kaum fünfundzwanzig Kilometern pro Stunde unterwegs gewesen. Zaida Ben gab an, er sammle Proben für ein Experiment; ein besonderer Busch habe seine Aufmerksamkeit erregt. Nun stand das Auto wie eingeschläfert in der Garage. Nach dem Herzinfarkt verlangten die Ärzte, Zaida Ben solle im Krankenhaus bleiben. Er wollte nach Hause. Der Arzt sagte: Ben, dann werden Sie sterben. Zaida gehorchte, zum ersten Mal in seinem Leben.

Er lag unter einer Sauerstoffmaske am Tropf, während Morphium in seine Adern gepumpt wurde. Seine Augen waren blutunterlaufen. Er reagierte nicht auf meine Fragen. Ich stand vor dem Krankenbett und beugte mich aus der Hüfte hinunter, so wie man es in der Synagoge beim Alenu macht, und legte mein Ohr an seine Brust. Ich lauschte seinem Herzschlag. Er war noch zu hören, ganz leise, das Echo eines Lebens. Plötzlich packte Zaida Ben meine Hand, riss sich die Sauerstoffmaske vom Gesicht und flüsterte: »Das widerspricht all meinen Theorien!«
Er wusste, dass ihm nicht mehr viel Zeit blieb. Er diktierte mir sein Senfrezept. Sein Senf ist in meiner Familie und bei allen Freunden und Bekannten, die ihn gekostet haben, sehr berühmt. Eine ungewöhnliche Gewürzmischung, ein pfeffriger Meerettichduft, der die Augen tränen lässt und die Brust von innen wärmt. Der Senf passt zu fast allem – Fleisch, Käse, Eier, Blintzes. Sogar Kascha, Buchweizengrütze, nimmt seinen pikanten Geschmack an. Der Haken ist bloß, dass Zaida Ben das Rezept nie jemandem verraten hatte. Bis zu jenem Tag. Er flüsterte gegen das Piepen der Maschine an, die seinen Herzschlag überwachte.

Den braunen Rohrzucker auf niedriger Flamme eine Minute lang erhitzen, nicht länger.
Vorsichtig umrühren, Mehl und Wein behutsam beigeben.
Achtundvierzig Prozent orientalische Senfsamen hinzugeben.
Und so weiter.

Er überlebte den Krankenhausaufenthalt, jedoch erschreckte ihn die Einsicht, sterblich zu sein, zutiefst. Als wir in sein Haus in der Queenston Bay zurückkamen, erlaubte er mir zum ersten Mal, ihm in der Küche bei der Senfzubereitung Gesellschaft zu leisten. Er führte mich in die Feinheiten des Vorgangs ein. Ich knipste ein Foto von ihm, schwarz-weiß und mit einer Verschlussgeschwindigkeit von einer Sechzigstelsekunde, während er sich über die Edelstahlschüssel beugte und das Vollkornmehl mit einem Schneebesen einrührte.

1kg
FROMAGE
COTTAGE

Der Mann bewegte sich in Einzelbildern. Während der epischen Expedition zum Wasserhahn, um Wasser zu holen (vier Tassen), legte er auf halber Strecke eine Pause ein, um eine Fussel am Boden und das Schild am Herd zu betrachten. Letzteres hatte er selbst in roter »Mikroschrift« verfasst: »Achtung: Sehr, *sehr* heiß!« Dann legte er den restlichen Weg zum Spülstein zurück und wischte sich den Schweiß von der Stirn. Er hielt inne, um einer Radiosendung zum Thema *Einfälle* zu lauschen.

Der CBC-Sprecher kommentierte die jüngsten Auswirkungen der Erderwärmung, und im Interview erzählte ein Physiker von den Tücken, die ein Nobelpreis mit sich bringe. Zaida Ben murmelte: »Die Getreidesilos sind längst leer, warum benutzt man nicht einfach die, Hergottnochmal, die stehen da einfach so rum, befüllt sie mit GETREIDE!« Er ärgerte sich darüber, dass man seine Vorschläge nicht ernst nahm. Sein dicker Bauch hing über seinem rissigen Ledergürtel. Der Bauch schien Zaidas Argumenten Nachdruck zu verleihen und ihn gleichzeitig zu verspotten. Sein haarloser Kopf steckte voller Ideen, die niemand zu hören bekam außer den Angehörigen, die seine Tiraden schon lange nicht mehr hören konnten.

In jenen letzten Tagen sprach Zaida Ben oft über die arabisch-israelische Krise. Er war immer ein leidenschaftlicher Verfechter Israels gewesen. Einer der Schätze in Zaida Bens museumsgleichem Keller (Hamsterer sind wundervolle Archivare) war ein schwarz-orange-goldenes Poster mit der Aufschrift »BESUCHEN SIE PALÄSTINA«. Es wurde 1935 in Jerusalem gedruckt. Ich stellte mir den Tourismusbeauftragten von Palästina vor, der den Satz hinausbellt wie ein biblisches Gebot: *Kommen Sie sofort nach Palästina, sonst …* Das war die Botschaft des Posters. Ich holte es aus dem Keller, um es Zaida zu zeigen. Er erklärte mir, eine zionistische Agentur habe es entworfen. Die Illustration strafte die Mythen, mit denen ich großgeworden war, Lügen. Die überfüllten Häuser innerhalb der Stadtmauern Jerusalems bewiesen ganz eindeutig, dass dieses Land bewohnt war – das war kaum die menschenleere Wüste, von der die Lehrerinnen an der Bialik immer gesprochen hatten.

Zaida: »In den 1920ern wollte meine Mutter ins Gelobte Land

auswandern. Der Plan wurde familienintern diskutiert, und die Frage *Gehen oder Bleiben?* löste so manchen Familienkrach aus.«
Am Ende setzte sich Bens Vater durch, und die Familie blieb in Kildonan, Manitoba, um weiterhin Gerste und Weizen anzubauen. Seine Mutter arbeitete als Hebamme und half den Kindern der ukrainischen und skandinavischen Immigrantinnen auf die Welt. Die Berckoviches überstanden die Große Depression; Ben häutete Bisamratten und Murmeltiere, um zu überleben, und kassierte pro Haut einen Dollar. Und über dem Feuer ließ sich aus den Schädlingen sogar ein Essen zaubern.
Mein Großvater bekundete große Trauer darüber, nie nach Palästina ausgewandert zu sein. Wie auch seine Frau war er überzeugter Sozialist und der Meinung, eigentlich in einen Kibbuz im Gelobten Land zu gehören; er hätte den kollektiven Acker pflügen, das Land bestellen sollen.

Zaida Bens Augen waren blutunterlaufen von zu vielen Medikamenten und zu wenig Schlaf. Auf der Wäscheleine im Bildvordergrund lag eine dünne Linie aus Schnee.
Er griff zum Telefonhörer und wählte endlos lange Nummern.
»Ich möchte ein Ticket nach Jerusalem buchen«, sagte er in die Muschel, »nur den Hinflug«.
Ich hörte, wie die Frau am anderen Ende der Leitung erklärte, es gebe keine Direktflüge nach Jerusalem, nur nach Tel Aviv.
»Ein Ticket nach Jerusalem«, wiederholte mein Großvater. Zum ersten Mal seit dem Herzinfarkt vor fünf Tagen klang seine Stimme fest und stark.
Die Frau erklärte ihm, El Al fliege Jerusalem nicht direkt an. Mein Großvater bezichtigte sie der Lüge.
»Wieso zum Teufel sollte ich Sie anlügen?«, schrie sie.
»Weil Sie Antisemitin sind!«, brüllte er.
Ich nahm ihm den Hörer weg. Ich sprach Hebräisch, was mein Großvater, so viel wusste ich, nicht verstehen würde. In seiner Generation war Hebräisch die Sprache des Gebets.
»Mein Großvater stirbt bald«, erklärte ich.
»Ihr Großvater nervt«, sagte die Frau.
»Er möchte vor seinem Tod das Heilige Land sehen.«

Ich konnte hören, wie sich die Telefonistin am anderen Ende der Leitung eine Zigarette anzündete. Ihre Stimme hatte einen gereizten Unterton, der immer gereizter wurde. »Hören Sie, es gibt tausend und einen *Meschuggenen*, der noch vor seinem Tod das Gelobte Land sehen will. Sagen Sie dem Kerl, er soll einen Flug nach Tel Aviv buchen. Andernfalls kann er in seinem Grab warten, bis der Messias kommt, alle in seinem riesigen Moschiachflugzeug mitnimmt und an der verdammten Klagemauer absetzt.«
Ich legte eine Hand über die Muschel und fragte: »Wie wäre es mit einem Ticket nach Tel Aviv?«
»Ich will nach Jerusalem«, sagte Zaida Ben.
»Man fährt mit dem Bus nach Jerusalem weiter. Es sind nur fünfundvierzig Minuten.«
Als ich ihm das erklärte, wurde mir klar, dass er, so wie ich, nur ein fiktives Israel kannte; ein Land aus Postern, Karten und Artikeln. Jerusalem und Tel Aviv mochten nur achtzig Kilometer voneinander entfernt sein, in unserer Vorstellung lagen Welten dazwischen.
»Ich will nach Jerusalem«, wiederholte er mit zittriger Stimme.
Die spätnachmittägliche Wintersonne warf lange Schatten. Die Dunkelheit kroch über das Gesicht meines Großvaters. Er riss mir den Hörer aus der Hand und knallte ihn auf die Gabel.
Ich musste dafür sorgen, dass mein Großvater ruhig blieb. Anweisung des Arztes.
»Dürfen wir den Senf so lange warten lassen?«, fragte ich.
»Das Problem«, sagte Zaida Ben plötzlich und schlug auf den Tisch, »ist Arafat. Er ist ein Terrorist und hat den Tod verdient.«
»Was meinst du, wann ist der Senf fertig?« Ich legte meine Hände auf seine knochigen Schultern, um ihn zu massieren.
»Wir müssen die Araber bis zum letzten Mann abschlachten.«
»Ich werde ihn mit Folie abdecken.«
»Denen darf man nicht vertrauen.« Er griff zum Telefon, drückte sich den Hörer an die Brust und sagte: »Die tragen immer Dolche bei sich. Und lächeln, während sie dich abstechen.«
Er legte zum letzten Mal auf. Ich deckte den Senf mit Folie ab und stellte die Schüssel in den Kühlschrank.
Am nächsten Morgen saßen wir zusammen auf dem alten, grünen

Sofa. Meine Oma hatte seit zwei Jahren nicht mehr hier gesessen, es roch immer noch nach ihr. Ich hatte im Keller ein zwanzig mal dreißig Zentimeter großes Farbfoto von einem Astronauten gefunden. Er trug einen orangen Raumanzug und hatte einen Helm unterm Arm.
»Ilan Ramon«, sagte Zaida, als ich ihm das Foto zeigte.
»Wer?«
»Schreib es dir hinter die Ohren: Der Mann wird der erste Israeli im Weltall sein. Ein echter Held. Ganz im Gegenteil zu dir«, fügte er gereizt hinzu.
Ich hielt den Kopf meines Großvaters auf dem Schoß und studierte die Falten in seinem Gesicht, seine leise, pockennarbige Vergangenheit. Er döste immer wieder ein. Seit zwei Tagen hielt er Schmähreden auf ein Land, das keiner von uns beiden besucht hatte. »So mutig und intelligent kann nur ein Israeli sein«, sagte er, nur um im nächsten Atemzug hinzuzufügen: »Die Araber sind zu dumm, um ins Weltall zu fliegen.« Zaida Ben hatte Recht. Ich war ein Feigling. Ich sprach meinen Gedanken nicht aus: Wie konnte ein eingefleischter Sozialist, der um die Rettung der Menschheit bemüht war, ganz Arabien auslöschen wollen? Ich sagte nichts, weil er sich nicht aufregen durfte. Ich saß stumm da und versuchte, meinen Ärger herunterzuschlucken.
»Das sind Tiere«, erklärte er, und damit war das Gespräch beendet. Ich hielt Zaidas Kopf auf meinem Schoß, las Zeitung und döste mit zurückgelegtem Kopf ebenfalls ein. Als Zaida aufwachte, war er durcheinander und wollte wissen, wie spät es sei.
»Es ist Nachmittag«, sagte ich.
»Haben wir das Frühstück verpasst?«, fragte er.
»Ja.«
»Ich habe in meinem ganzen Leben kein Frühstück verpasst.«
Ich schaltete den Fernseher ein. Zufällig lief eine Sendung über Jitzchak Rabin. Sein Leben flimmerte vorüber. Die Bilder von Rabins Ermordung ließen Zaida wieder eindösen und von Red River Cereal träumen. Ein Flugzeug steigt in den Himmel auf. Getränkeservice. Zimmerservice. Hilfe. Hilfe. Hilfe.
Auf dem Boden lag das schwarzgerahmte Palästinaposter. Der strahlende Felsendom, halb in der Sonne und halb im Schatten.

Dahinter die Häuser und die Hügel von Jerusalem, und jenseits der Mauern Sand und Felsen in Orange. Neben dem Poster lag das Bild von Ilan Ramon. Er starrte mich an. Sein Blick aus schwarzen Augen war versessen auf den Weltraum. Stolz hielt er den NASA-Helm. Seine Uniform war vom selben Orange wie der Sand vor den Toren Jerusalems. Zaida schlief auf meinem Schoß. Ich stellte mir die Hitze in meinem Gesicht vor, und wie meine Hände die warmen Felsen berühren.

BESUCHEN SIE PALÄSTINA. BESUCHEN SIE PALÄSTINA.

Kapitel 10

Ich gehe, sage ich zu Kater Max, der seine rechte Wange an meinem linken Unterschenkel reibt.
Max, siebzehn und blind, schert sich einen Dreck um meine Probleme. Er schlägt mit einer Pfote nach mir und schiebt meinen Reisepass aus der Brusttasche meines Hemds. Judith fährt erschrocken aus dem Schlaf auf.
»Ach, du bist es.« Sie klingt enttäuscht.
»Wer sonst?«, frage ich.
»Ich habe geträumt. Ich bin so müde. Wir haben die ganze Nacht gedreht.« Sie lässt sich in die Kissen zurückfallen.
Als ich aus dem Reisebüro zurückkam, musste ich an meinen ersten Besuch in Judiths Wohnung denken. Der Geruch erinnerte mich an die Sauna im Jüdischen Gemeindezentrum an der Bloor, wo ich als kleiner Junge neben meinem Großvater auf dem warmen Zedernholz gesessen hatte. Die Hitze ließ die Innenseite meiner Nasenflügel brennen. Das Gefühl war beruhigend und beunruhigend zugleich – als würde ich gebacken, mich langsam und Stück für Stück in Brot verwandeln.
Ich hebe meinen Pass auf und setze mich in den Türrahmen. Ich spüre das harte Holz an meinem Rücken. Ich betrachte Judith und denke an Rana: Wie sie wohl aussieht, wenn sie schläft. Zieht sie die Hände bis an den Mund? Oder streckt sie ihre Arme nach beiden Seiten aus? Max' Schwanz streift mein Gesicht und holt mich in den Augenblick zurück. Das weiche Fell, das Schnurren. Ich streichle ihn und höre Judith beim Schlafen zu.

Wir stehen im Badezimmer. Ich weiß nicht, wie ich es ihr sagen soll, deswegen rede ich über etwas anderes.
»Ich habe mit dem Rabbi gesprochen. Er möchte, dass wir beim Telefonmarathon aushelfen. Nach dem Brand im letzten Jahr

braucht die Schul wirklich Hilfe.« Letztes Jahr hatten ein paar Brandstifter einen Stapel Religionsbücher auf der Frauenempore angezündet. Zum Glück hatte ein chinesischer Restaurantbesitzer aus der Nachbarschaft die Feuerwehr gerufen, bevor die Synagoge abbrannte.
Sie hält mitten im Zähneputzen inne und sieht mich an. »Ist das nicht schrecklich? Wie bei den Nazis, bloß dass es hier in Nordamerika passiert.«
Ich habe Judith nicht von Rana erzählt. Ich habe ihr nichts erzählt. Judith zupft sich die Augenbrauen.
»Erzähl es mir später. Ich muss zum Dreh.«
Wenn sie nicht gerade im Theater Regie führt, arbeitet Judith als Scriptgirl. Sie verdient gutes Geld, aber die Arbeitszeiten sind unmenschlich. Es ist jetzt acht Uhr abends, wahrscheinlich wird sie die ganze Nacht auf den Beinen sein. Judith verreibt Make-up in ihrem Gesicht.
»Machst du den Abwasch?«, fragt sie.
»Klar.«
»Heißt das, du wirst das Geschirr tatsächlich abwaschen?« Sie verstreicht das Make-up mit schnellen, hektischen Bewegungen, kein bisschen sanft.
»Natürlich.«
»Heute Nachmittag musste ich alles noch mal abspülen. Ich kann das nicht leiden, ich komme mir vor wie deine Mutter.«
»Meine Mutter hat nie abgewaschen. Wir hatten einen Geschirrspüler.«
»Ist doch egal.«
Ich gehe in die Küche und nehme die Broschüre der Spendenaktion in die Hand. Ich setze mich an den Küchentisch und fange zu lesen an.
»Was steht da?«, fragt Judith. Sie ist mir in die Küche gefolgt und macht sich daran, das saubere Geschirr wegzuräumen.
»Irgend so ein Geschwätz über die Probleme in Israel, die angeblich die Probleme aller Juden sind. Weißt du, als ich vor fünf Jahren angefangen habe, in die Minsk zu gehen, spielte Politik keine so große Rolle.«
Sie dreht das warme Wasser auf und spült einen Teller ab.

»Ich habe doch gesagt, ich wasche ab.«
»Den hier habe ich benutzt«, sagt sie. »Es reicht, wenn du deinen eigenen Dreck wegmachst.«
Ihre Hand fährt über einen braunen Keramikteller, ungleich sanfter als eben beim Schminken. Der Teller gehört zu einem Service, das mir meine Mutter zum Einzug mitgab. Ich erinnere mich an die Teller meiner Kindheit – in unserer koscheren Küche wurden sie fürs Fleisch benutzt. Jetzt legen wir alles Mögliche darauf – Käse, portugiesische Chorizo, Schinken. Ich lasse die Broschüre sinken und sage: »Manchmal kommt mir der Rabbi wie der letzte Idiot vor.« Judith lässt den Teller fallen, er zerspringt auf dem Fußboden. Die Scherben fliegen über die schwarz-weißen Bodenkacheln. Aus irgendeinem Grund muss ich lachen.
»Mist«, sagt sie.
»Ist doch nicht so schlimm.« Ich bereue mein Kichern sofort.
»Er ist kaputt.«
»Wir haben noch fünf andere.«
»Vier!«
Ich stehe auf. »Judith, das macht doch nichts.«
Plötzlich riecht es verbrannt. Wahrscheinlich haben die Bäcker die letzten Brote anbrennen lassen. Ich hasse den Geruch; verkohlte Kruste, verbrannter Teig. Die Luft ist zum Schneiden dick und riecht beißend. Ich knie neben Judith nieder und sammle die größeren Scherben ein. Ich weiche ihrem Blick aus.
Ich sollte sagen: »Judith, ich habe mir heute ein Flugticket nach Tel Aviv gekauft.«
Stattdessen sage ich: »Der Rabbi sagt, wenn wir beim Telefondienst mitmachen, können wir über fünfhundert Spender gewinnen.« Ich stehe wieder, fege artig und bin ganz auf den blauen Besen und auf Judith konzentriert, die am Boden kauert und mit weißen, langen Fingern die gelbe Kehrschaufel umklammert hält.
»Klingt romantisch«, sagt sie. »Klingt nach einer total spaßigen Angelegenheit.« Mein Besen berührt ihre Kehrschaufel. Sie hält die Schaufel gerade und dann schräg, um die Scherben hineinrutschen zu lassen. Mit achtlosem *Ka-wumm* lässt sie die Überreste des Tellers in den Mülleimer fallen und klopft die Schaufel

am Metallrand ab. Wir sind wieder in der Hocke, als sie fragt: »Wer ist Rana?«
Es fühlt sich an, als hätte sie mir die Tellerscherben in den Mund gerammt. »Ich habe sie im Kino kennengelernt. Sie ist eine Bekannte.«
Judith sieht mich nicht an. »Dann solltest du sie mal einladen. Ich würde sie gern kennenlernen.«
Judith steht auf und läuft in der Küche herum und sammelt ein, was sie am Set braucht: Klemmbrett, ihren Rollkoffer, Stoppuhr. Sie bewegt sich hektisch. Ich werde nervös.
»Ich habe eins von deinen Büchern gefunden«, sagt sie. »Norman Finkelstein.«
»Ich habe es nicht gelesen.«
»An den Rändern waren Notizen, in deiner Handschrift.«
»Okay, ich habe es teilweise gelesen.«
Ich weiß selbst nicht, warum ich so abwehrend reagiere. Ich habe ein paar Kapitel gelesen, aber es ist ja nicht so, als stimmte ich mit dem Typen überein. Seine pauschalisierte Kritik an Israel stößt mich ab. Warum bin ich nicht in der Lage, das zu sagen? Stattdessen fange ich an, ihn zu verteidigen, seinen Standpunkt einzunehmen.
»Jonathan, er ist ein Jude voller Selbsthass!«
»Seine Eltern sind Holocaust-Überlebende.«
»Das ist mir egal.« Anklagend hebt Judith den Zeigefinger. »Er schreibt, die Juden hätten die Palästinenser massakriert.«
»Manche.«
»Er wirft Israel vor, ein Apartheidssystem zu sein.«
»Er hat das Recht auf eine eigene Meinung. Außerdem arbeitet er wissenschaftlich korrekt.«
»Israel ist nicht Südafrika. Du solltest das am besten wissen! Sag mir bloß nicht, du würdest zu einem … zu einem … ach, was weiß ich denn.« Entnervt stopft Judith ihre Sachen in den Rollkoffer: Laufschuhe, Schreibblock, Taschenrechner.
Ich sage: »Ich versuche bloß, andere Standpunkte nachzuvollziehen.«
»Weißt du denn nicht, was in der Verfassung der Hamas steht? Die wollen alle Israelis ins Meer treiben.«
»Nicht alle Palästinenser gehören der Hamas an.«
»Was macht ihr?«

»Wer?«
»Du und deine Bekannte. Rana.«
»Wir treffen uns gelegentlich zum Kaffee.«
»Sie hat hier angerufen.«
Das ist mir neu. »Tatsächlich?«
»Sie legt auf, wenn ich rangehe. Heute habe ich die Rückruftaste gedrückt.« Verdammte Anrufanzeige! Judith hält eine gelbe Stoppuhr in der Hand, als stoppte sie unser Gespräch. »Du hast doch keine Affäre, oder?«
»Verdammt nochmal, sie ist verheiratet! Mit einem gläubigen Muslim.«
»Dann ist sie Palästinenserin?«
»Ja.«
Judith zieht den Reißverschluss des Koffers zu. »Ich habe jetzt keine Zeit für so was. Ich muss zur Arbeit.«
Mit Entscheidungen verhält es sich so, dass man nicht zu lange über sie nachdenken darf. Andernfalls ergeben sie keinen Sinn mehr. Jacob und ich haben uns neulich im JCC beim Basketballspielen darüber unterhalten. Wir spielten Mann gegen Mann, wie wir es seit unserer Kindheit tun. Und letzte Woche sprach er es endlich aus: »Du entwickelst dich zu einem Arsch. Irgendwann muss man sich entscheiden, ein Mann zu werden oder ein Junge zu bleiben. Beides geht nicht. Um Himmels Willen, entscheide dich. Heirate sie oder lass es bleiben.«
Ich packe Judiths linken Arm. Sie versucht, ihre Jacke anzuziehen.
»Was willst du?«, fragt sie.
Bei aller Fairness, meine Entscheidung ist nicht überstürzt. Eigentlich habe ich das Gefühl, viel zu lange gezögert zu haben.
»Ich habe ein Flugticket gekauft.«
Judith weicht meinem Blick aus. Sie reißt sich los, stößt mich weg und schlüpft in ihre Jacke. Sie wühlt im Koffer und merkt, dass etwas fehlt. Sie läuft durch die Wohnung, um nach dem fehlenden Ding zu suchen, und lässt mich mit dem schmutzigen Geschirr allein. Ich drehe den Warmwasserhahn auf, verstopfe den Abfluss und gebe reichlich Spülmittel ins Becken. Ich betrachte mich in dem kleinen Spiegel über der Spüle. Habe ich eine Affäre mit Rana? Ja, seit unserer ersten Begegnung vor einem Jahr tref-

fen wir einander regelmäßig. Wir treffen einander selten zweimal am selben Ort. Betretene Schweigepausen durchlöchern unsere Unterhaltungen. Manchmal berührt sie beim Reden wie zufällig mein Handgelenk. Absicht und Zufall: verschwommene Grenzen, Momente der Verwirrung. Nein, ich habe keine Affäre mit Rana. Obwohl unsere Anziehung wohl von der Sorte ist, die Judith und alle Liebenden fürchten.

Während ich den Suppentopf von gestern Abend spüle, wird der Brandgeruch in der Küche immer schlimmer. Wahrscheinlich haben sie die letzte Brotladung im Ofen vergessen. Ich überlege kurz, in der Bäckerei anzurufen und nachzufragen, aber dann kann ich hören, wie Igor und Stepovya lauthals die Schuldfrage diskutieren. Egal. Um Mitternacht werden sie beim Wodka angelangt sein, spätestens um drei werden sie sich zwischen den Schüsseln mit aufgehendem Teig wälzen.

Endlich habe ich Judith von meinem Flugticket erzählt. Die Sache mit dem Haus habe ich jedoch verschwiegen. Seit Monaten schon wollte ich ihr davon erzählen und wusste doch nicht, wie. Meine Feigheit ist erbärmlich. Ich weiß aber, dass sie nichts davon hören will. Das Haus passt nicht in ihr Bild von Israel – und es repräsentiert das Jerusalem, das mich interessiert. Ich spüle den Topf ab und stelle ihn zum Abtropfen auf das Gitter. Das Telefon klingelt, Judith geht ran. Ich kann ihre gehetzte Stimme hören: »Ich muss jetzt zur Arbeit.« Warum geht sie überhaupt ans Telefon, wenn sie keine Zeit zu reden hat? Sie legt auf und kommt in die Küche zurück.

»Da gibt es etwas, das ich dir nie erzählt habe«, sagt sie. »Letztes Jahr bin ich am Tag nach dem Brand zur Minsk gegangen, um dem Rabbi beim Aufräumen zu helfen. Die angekohlten Bücher waren noch warm. Wer tut so was, hier in Kanada? So viele Leute haben mitgeholfen, die Punks, Marxisten, Rentner, alle waren vom Markt rübergekommen. Wir standen auf der Vortreppe der Synagoge, als eine Frau von der anderen Straßenseite herüberrief: ›Der Zionismus ist Schuld!‹«

»Das ist ja schrecklich.«

»Die Frau war jung. Sie hatte schwarzes Haar und trug ein schwarzes Kopftuch. Etwa in deinem Alter, schätze ich. Eine Palästinenserin.«

Judith schließt den Koffer ein zweites Mal. Sie verlässt die Wohnung, knallt die Tür hinter sich zu. Ich höre ihre Schuhe auf der Eisentreppe, als sie zur Straße hinunterstampft.
Das Telefon klingelt. Ich rühre mich nicht.

Ankunft

Die jüdischen Mystiker behaupten, allein die Luft in Israel mache einen weiser. Das Land werde sich dem Ackerbau »stur widersetzen«, bis die Juden, seine natürlichen Verwalter und ursprünglichen Bewohner, auf ihm lebten und es bestellten. Die Geschichte bestätigt diese Vorstellung. Das moderne Israel bestand jahrhundertelang aus Sümpfen und Wüsten, bis Mitte des neunzehnten Jahrhunderts eine Welle von zionistischen Zuwanderern kam und das Land beackerte. Erst da erblühte es und brachte Früchte ein: »Ja, der HERR tröstet Zion, er tröstet alle ihre Trümmer und macht ihre Wüste wie Eden …« (Jesaja 51;3)

—Rabbi Yechiel Eckstein, *Jewish Virtual Library*

Kapitel 11

Ich stehe im hell erleuchteten Ankunftsterminal des Ben-Gurion-Flughafens unter flackernden Neonröhren und warte. Ich spüren keine lebendige Erde unter meinen Füßen. Eine junge israelische Sicherheitsbeamtin hat mich zur Befragung aus der Schlange gezogen. Ihr Kollege, ein kleines, geschorenes Wiesel von einem Jungen, wurde offenbar gerade erst aus der Armee entlassen. Er durchsucht mein Gepäck.

»Ihr erster Besuch in Israel?«, fragt sie auf Englisch.

»Genau.« Ich beschließe, zu verschweigen, dass ich Hebräisch spreche, und warte ab.

Das Wiesel blättert in meinen Büchern. Zum Glück habe ich Finkelstein zu Hause gelassen. Die Beamtin fragt mir Löcher in den Bauch: Wie heißt mein Vater, woher stammt meine Mutter, kenne ich Palästinenser, gehöre ich der Internationalen Solidaritätsbewegung an? Sie sieht mir in die Augen. Ich verschweige Barak und meine Pläne für ein Theaterstück. Barak rechnet erst in zwei Wochen mit mir; ich bin früher angereist, um mich einzuleben und in Ruhe zu recherchieren. Auf keinen Fall werde ich der Einwanderungsbehörde von dem Haus erzählen. Ich kann auch nichts erzählen, weil ich die Geschichte noch nicht kenne.

Dass ich nach Israel reisen würde, um das Haus zu suchen, gefiel Judith kein bisschen.

»Ich verstehe nicht, wozu das nötig ist«, sagte sie am Vorabend meiner Abreise. Sie wich meinen Blicken aus und feilte sich die Nägel.

»Die Geschichte klingt interessant, findest du nicht?«

»Findest *du* nicht«, fragte sie immer schneller feilend zurück, »dass du hierbleiben und an deiner Beziehung arbeiten solltest?«

»Aber es ist mir wichtig.«

»Und unsere Beziehung ist dir nicht wichtig?«

»Hör mal«, sagte ich und nahm ihre linke Hand. Sie war eiskalt.

Normalerweise sind Judiths Hände viel wärmer als meine. »Wir reden über alles, wenn ich zurück bin.«
»Und wann wird das sein?«
»In ein paar Monaten. Ich muss abwarten, wie es mit dem Stipendium läuft.«
»Aber du glaubst immer noch, dass wir eine gemeinsame Zukunft haben?«
Ich schwieg und nestelte an meinem Diabetikerkettchen herum. Die Schließe hatte sich geöffnet, das konnte ich im Nacken spüren. »Ja.«
Sie ließ die Nagelfeile sinken und sah mich an. »Das ist gut.« Sie glaubte mir kein Wort. »Mal sehen«, sagte ihre Stimme, und dann versuchte sie, mich mit einem Blick in die Augen bloßzustellen, so wie es die Sicherheitsbeamtin gerade versucht.
Ich bleibe kurz angebunden und spiele den dummen, naiven Touristen. Meine knappen Antworten sorgen für Verärgerung. Sie stülpen meine Hüfttasche um. Im Geldfach steckt ein Zettel mit zwei Telefonnummern, die das Wiesel gerade studiert. Die erste Nummer gehört Ruthie, einer Ex-Freundin von Jacob, die erst vor kurzem zur Orthodoxie und zum Zionismus konvertierte. Sie hatte angeboten, mir bei der Suche nach einer Unterkunft behilflich zu sein; ich soll sie anrufen, sobald ich angekommen bin. Die zweite Nummer ist die von Samer Shalabi, einem Palästinenser aus Ramallah. Kann das Wiesel an der Vorwahl erkennen, um welche Gegend es sich handelt? Vielleicht steht Samer auf irgendwelchen Fahndungslisten. Ich kenne den Mann nicht, habe nie ein Wort mit ihm gewechselt, aber der Freund eines Freundes hat mit ihm eine Reportage über Selbstmordattentäter gedreht. Samer ist ein renommierter Kameramann, ich hoffe, von ihm durchs Westjordanland begleitet zu werden. Ich möchte die andere Seite kennenlernen, mir eine Vorstellung vom palästinensischen Alltag machen, bevor ich nach dem Haus suche. Rana hat mir geraten, den Beamten nichts von dem geplanten Abstecher ins Westjordanland zu erzählen. Ehrlich gesagt, jagt mir der Gedanke, nach Palästina zu reisen, höllische Angst ein. Zum Glück legt das Wiesel die Telefonnummern beiseite und wendet sich Wichtigerem zu: meinen Notizbüchern.

Die Frau blättert in meinem Reisepass. Stempel und Visa aus der ganzen Welt füllen die Seiten: Georgien, Türkei, Ukraine, Mexiko. *Ist er verdächtig?*, fragen ihre schwarzen, undurchdringlichen Augen.
»Alles in Ordnung?«, fragt sie und starrt mich an. Ich habe das Gefühl, mit einer kalten Metallgabel ausgezogen zu werden.
»Ja.«
»Sie wirken nervös.«
»Ich mag es nicht, gefilzt zu werden.«
»Wenn man nichts zu verbergen hat, gibt es nichts zu befürchten«, sagt sie und blättert zum georgischen Visum zurück. »Sieht so aus, als wären Sie ganz schön viel herumgekommen.«
»Mir gefällt die ganze Welt.«
Die Beamtin rattert auf Hebräisch ein paar Sätze in ihr Funkgerät. Ich verstehe nichts.
»Ist etwas nicht in Ordnung?«, frage ich.
Das Wiesel kippt meinen Rucksack aus.

- 3 leere Notizbücher, zwei liniert, eins blanko
- 2 Zahnbürsten, rot und blau
- 1 Digitalkamera
- 1 Paar Shorts
- 1 Paar Sandalen
- 3 Unterhosen, 2 T-Shirts
- 1 Glas mit Senf von Zaida
- Insulin, zwei wiederverschließbare Plastikbeutel voll
- 180 Injektionsnadeln, 5 mm, extra spitz
- 1 gelbe Mappe aus der Bialik

Auf dem Umschlag der Mappe klebt eine ausgeschnittene Ansicht von Jerusalems Altstadt. Darüber hat jemand in hebräischer Blockschrift und mit Textmarker in Orange, Blau und Grün das Wort *Yerushalayim* geschrieben. Das Wiesel schlägt die Mappe auf. Ein Referat über die Geschichte Jerusalems aus dem Hebräischunterricht in der vierten Klasse. Ich habe es anstelle eines Reiseführers mitgenommen. Das klingt seltsam, aber ich wollte meine Aufzeichnungen aus der vierten Klasse mit der Gegenwart vergleichen (auf der Rückseite der Mappe klebt sogar ein kleiner, praktischer

Stadtplan). Der Beamte lächelt. Er blättert in der Mappe herum, zeigt sie der Kollegin.
»*Atah medaber ivrit?*«, fragt sie.
Ich antworte: »*Nachon.*«
»Warum haben Sie das nicht gleich gesagt?«
»Mein Hebräisch ist ziemlich eingerostet«, sage ich.
»Wo haben Sie die Sprache gelernt?«
Ich sage es ihr.
»Und Sie waren noch nie hier?«
»Mir ist immer was dazwischengekommen.«
»Nicht gerade eine gute Zeit für einen Besuch, wissen Sie«, erklärt sie.
»Ist es nicht immer eine gute Zeit, das Heilige Land zu besuchen?«
Ich bin keine fünf Minuten hier und klinge schon wie Josef.
Die strenge Miene der Beamtin weicht einem gezwungenen Lächeln. Sie fragt: »Zu welchem Zweck reisen Sie ein?«
»Ich bin Tourist.«
»Wie lange werden Sie bleiben?«
»Mein Rückflug ist offen.«
»Wo werden Sie wohnen?«
»Ich wollte mir vor Ort ein Hotel suchen.«
»Sie haben nicht reserviert?«
»Nein. Ist das verboten?«
»Nein.« Sie überlegt. »Beim nächsten Mal sagen Sie es gleich.«
»Was?«
»Gute Reise.« Sie gibt mir den Reisepass zurück und überlässt es ihrem Kollegen, meinen Rucksack wieder einzupacken.
Vor dem Flughafengebäude beschließe ich, weder Ruthie noch Samer anzurufen. Ein Hotel wäre der perfekte Ort, um runterzukommen und mich auf die Ungewissheit der kommenden Tage vorzubereiten. Ich mache mich auf zu den Sammeltaxen, auf denen »Jerusalem« steht.

Kapitel 12

Ein junger Mann mit nacktem Oberkörper nimmt mir den Rucksack ab und wirft ihn in den Kofferraum des Vans. Der blonde Pferdeschwanz wischt über seinen gebräunten Rücken, als er einen Koffer nach dem nächsten einlädt. Er ruft »Heyaa! Heyee!« und hält lachend inne, als sich der Fahrer über seine Hose lustig macht, die tief auf der Hüfte sitzt. Das ältere Ehepaar aus Texas, das für eine Pilgerreise nach Bethlehem angereist ist, muss mitansehen, wie seine vier Ledertaschen achtlos auf den Gepäckhaufen geworfen werden. Der Anblick des halbnackten jungen Mannes, der dunkelblaue Tanga, der sichtbar wird, wann immer er sich bückt, muss abstoßend für sie sein. *An Britney Spears mag das okay aussehen*, scheint der Texaner zu denken, *aber ein Mann mit Hüfthose und so einem Fummel?* Der Pferdeschwanzträger macht sich über die coole, schwarze Pilotenbrille des Fahrers lustig, *du fetter Arsch, du Schwanzlutscher, ich habe deine Mutter gefickt, die alte Nutte*, und andere Koseworte, alles auf Hebräisch, der ehrwürdigen Sprache meiner Vorfahren.

Nach dem Einsteigen setzt sich der Langhaarige neben mich und steckt sich eine Flasche Johnny Walker Black Label zwischen die Oberschenkel. Wie sich herausstellt, ist er weder ein Angestellter des Transportunternehmens noch hat er ein bestimmtes Ziel. Er heißt Yonni und hat zwei Jahre lang die Welt bereist. Dies ist sein triumphaler Einzug ins Heilige Land.

Yonni feiert seine Heimkehr, indem er den Scotch schluckweise im Flaschendeckel an die Buspassagiere austeilt. Die puritanischen Bibelfanatiker ignorieren seine Einladung und tun so, als wäre er nicht da. Keiner weiß, was von diesem meschuggen Typen zu halten ist.

Der deutsche Geschäftsreisende kippt höflich einen Schluck, nicht mehr, und Fettarsch, der den Van fahren soll, nimmt zwei, bevor

wir den Flughafenparkplatz verlassen. Aus vier Lautsprechern bedrängt uns übelste, hebräische Trance-Musik, und der Subwoofer im Heck tut sein Übriges, den mickrigen Rest meines Hörvermögens zu vernichten. Yonni schraubt eine zweite Flasche auf, Chivas Regal, mit der wir uns beide *tête à tête* hinsetzen, um Tacheles zu reden.
Yonni trinkt Scotch, wie er redet: zittrig und fahrig und so ekstatisch, dass er ständig vergisst, wo er ist. Ich bin dafür zuständig, den Schraubdeckel gerade zu halten, aber schon wieder lässt eine Bodenwelle meine Hand zucken. Yonni kann nicht Maß halten und schenkt immer zu viel ein, meine Hand ist nass von Whisky. Egal. Wenn ich sie nicht ablecke, wird er es tun, schon ist er dabei, dieser seltsame Hund-Mann. Die Geste des Handableckens ist mir unangenehm und widerlich. Ich versuche trotzdem, mir nichts anmerken zu lassen, denn ich will etwas von Yonni. Ich will echte Erlebnisse. Ich will etwas, das man nicht in Reiseführern und Museen und Fernsehbildern findet. Ich will das authentische Israel sehen, nicht das Israel auf meiner kindlichen Landkarte.
Außerdem würde er sich prima als Theaterfigur eignen.
»In Goa habe ich den Drachen geritten«, beichtet Yonni.
»Wie schön.«
»Und in Kolumbien habe ich gesehen, wie der elektrische Dynamo ins Herz des Universums vorgestoßen ist.«
Ich versuche, aus dem Fenster zu schauen; Ausfahrtschilder für diese Siedlung, jene Stadt. Ich muss zugeben: Ich bin nervös. Ich betrachte die anderen Passagiere im Minibus. Bei keinem sitzt die Kleidung unnatürlich eng, auch wenn die Texaner verdammt übergewichtig sind. Ruthie hat mir neulich erklärt, dass jeder ein potenzieller Attentäter ist. Man ist nirgendwo sicher. Die Terroristen greifen fahrende Autos an, indem sie an sie heranfahren und dann den Sprengsatz zünden. Der Freundin einer Freundin ist es passiert. Sie wollte im Mittelmeer baden. Sie landete in Stücke gerissen neben der Autobahn, von ihr blieb kaum genug für die Bestattung übrig.
Ich freue mich auf ein Hotelzimmer. Bevor ich mich auf die Suche nach dem Haus mache, möchte ich mich entkomprimieren. Morgen werde ich mir ein paar Touristenattraktionen ansehen, über

die Märkte schlendern, den Jetlag abschütteln. Dann werde ich Ruthie anrufen. Bei Samer bin ich mir noch nicht sicher. Bei dem Gedanken, ihn zu besuchen, mache ich mir vor Angst in die Hose. Yonni steckt mir eine Lucky Strike zwischen die Lippen und hält mir ein Benzinfeuerzeug vors Gesicht.

»Ich rauche nicht«, sage ich.

»Du fängst heute damit an«, erklärt er.

»Aber ich möchte gar nicht!«

»Du bist zu nervös, du bist ein verklemmter Ami.«

Ich gebe den Widerstand auf und muss zugeben, dass meine Mutter möglicherweise Recht hatte, als sie feststellte, ich hätte jedwedem Gruppenzwang nichts entgegenzusetzen. Die Zigarette schmeckt furchtbar. Aber ich muss gestehen, dass sie mich beruhigt und meiner Konzentration auf die Sprünge hilft. Vielleicht verbirgt sich unter Yonnis hedonistischem Schleier ein guter Mensch, ein Engel, der auf mich aufpasst.

»Das Kontrollzentrum hat meine Rückkehr genehmigt«, sagt Yonni.

»Wie nett vom Kontrollzentrum.«

»Jerusalem, Heimat der Großen Muschi!« Er tätschelt mein Knie. »Du kommst mit mir«, sagt er grinsend, rauchend, während sein Blick über die Autobahn schießt, vorwärts, vorwärts, vorwärts, so wie der eines Kindes, das sich auf dem Jahrmarkt verirrt hat und ganz auf seine Parkplatzkompetenz angewiesen ist. Crashrennen in Gedanken, Riesenradkopf.

Am Stadtschild von Jerusalem schreit der Fahrer: »Raus mit euch!« Er hat genug von Yonni. Die Tür wird geöffnet, Yonni schnappt sich seine zwei Duty-free-Tüten mit Schnaps – sein gesamtes Gepäck – und springt hinaus. Ich muss für ihn mitbezahlen.

Ich habe einen Jetlag und bin orientierungslos. Yonni trägt kein Hemd und ist verrückt.

Wir laufen in den kühlen Märztag hinein.

Vom Stadtzentrum trennt uns ein gut einstündiger, blasenbringender Fußmarsch. Gestärkt von einer halben Flasche Chivas Regal schaffen wir es bis in die Fußgängerzone der Ben-Yehuda Street.

Yonni springt auf eine Orangenkiste. Dies ist eine ungefähre Übersetzung seiner Worte:

Ihr Muschis von Jerusalem, was habe ich euch vermisst!
Euren heiligen, heiligen Duft!
Euren süßen, sonnigen Geschmack!
O Muschis von Jerusalem!
Usw.

Statt einer wildgewordenen Horde Frauen entlockt Yonni nur einem Teenager mit zerrissenen Jeans, blondiertem Haar und Brillengläsern so dick wie Colaflaschenböden eine begeisterte Reaktion. Er kommt schreiend aus einem Laden gestürzt, springt auf die Orangenkiste und umarmt Yonni stürmisch. Vermutlich sein Bruder. Der Junge heißt Alon.
Wir drei gehen in Alons Elektrohandel, um die Rückkehr ins Heilige Land zu feiern. Yonni streift seinen linken Schuh ab und zieht ein eishockeypuckgroßes Stück Hasch heraus, dann streift er den rechten Schuh ab, ein recht großer Plastikbeutel mit Kokain kommt zum Vorschein.
Ich sacke auf einem Stuhl zusammen – vermutlich bin ich betrunken. Ich vertrage Drogen und Alkohol nur schlecht, die Zigaretten hingegen machen mir anscheinend nichts aus. Ich frage mich, wo ich heute schlafen werde, und ob die beiden mich überhaupt werden schlafen lassen. Sie tauschen sich über die vergangenen zwei Jahre aus.
»Aloni«, sagt Yonni und kneift seinen Bruder in die Wange, »ich war im Arsch.«
»Seit zwei Jahren glauben wir, du wärst tot«, weint Alon in seinen Joint.
»Die Wahrheit ist: Das war ich auch.« Yonni schnupft Kokain von der Glasplatte des Verkaufstresens.
»Warum redest du immer so einen Scheiß?«
Yonni richtet sich auf und sieht seinem Bruder ins Gesicht. Er klopft ihm auf die Schulter und ruft: »Aus dir ist ein Mann geworden!« Dann fängt er unerklärlicherweise zu schluchzen an. »Was fällt dir ein, zum Mann zu werden?«

Die Tür fliegt auf, herein kommt eine Frau in einer engen, cremefarbenen Leinenhose, unter der sich ihr Slip deutlich abzeichnet. Sie trägt eine fast durchsichtige, weiße Bluse und rosaroten Lippenstift. Ihre Augen sind grün (möglicherweise nicht echt) und ihre gelockten Haare rot (vermutlich echt). Sie geht auf Yonni zu, ohne ein Wort zu sagen. Als sie nur noch drei Zentimeter von ihm entfernt ist, spuckt sie ihm ins Gesicht. Yonni lacht.
»Immer noch ein Tier«, sagt sie.
»Immer noch eine Nutte«, sagt er.
»Wie waren die zwölfjährigen Blondinen in Thailand?«
»Köstlich.«
»Hoffentlich hast du dir ein paar Krankheiten eingefangen.«
»Nichts, was ich nicht schon von dir bekommen hätte.«
Sie sagt: »Du bist ein Schwein.«
Er sagt: »Geh nach Hause.«
»Das tue ich auch.« Sie packt ihm beherzt in den Schritt. »Ich wollte nur sehen, ob du wieder da bist.«
Es ist der Abgang aller Abgänge. Sie fährt auf dem Absatz herum und bohrt ihren Stiletto in Yonnis nackten Fuß, was dem jungen Mann viel Geschrei und Gejammer entlockt. Sie dreht den Fuß absichtlich auf der Stelle, geht ein paar Schritte, wirft mir einen strengen Blick zu und fragt ohne Worte: *Und wer zum Teufel bist du?* Sie knallt die Tür hinter sich zu. Ein Kartonstapel mit Computerspielen kippt um.
»Hexe«, sagt Alon.
»Ich fasse es nicht«, sagt Yonni. Er setzt sich und reibt sich den blutenden Fuß.
Ich frage: »Wer war das?«
Yonni sagt: »Ich liebe sie noch immer.« Er nimmt das weiße T-Shirt, das hinten in seinem Hosenbund steckt, und tupft die Wunde ab. »Galia, ich liebe dich immer noch, verdammt!«

Kapitel 13

Geladen wie zwei Qassam-Raketen verlassen Yonni und ich das Geschäft – taumelnd und ohne festes Ziel. Letztendlich habe ich mich breitschlagen lassen, ein bisschen mitzukiffen. Ich konnte dem süßen Duft und dem nervigen Gekicher der Brüder nicht widerstehen. Kein Zweifel, es nervt, inmitten von Trotteln nüchtern zu sein. Offenbar hat das Hasch meine Zunge gelöst, plötzlich verstehe ich das Hebräische besser. Inzwischen findet das Gespräch fast ausschließlich auf Hebräisch statt. Ich gebe mir Mühe und komme fast mit.

Wir biegen rechts, links und wieder links ab und finden uns in einer engen Gasse wieder. Ich habe keine Ahnung, wo wir sind. Unter einer Ladenmarkise sitzt ein dicker Russe mit Akkordeon und spielt »Oczy Czerny«. Zu seinen Füßen sitzt sein Enkel und spielt mit seinen Schnürsenkeln. Jerusalemer Starkregen hat eingesetzt, das russische Lied klingt seltsam deplatziert. Das Jerusalem, das ich mir als Kind vorgestellt habe, ist heiß und sonnig, ungefähr so wie in *Ben Hur*. Der Russe rotzt auf die Straße, als gehörte das zu seinem Lied. Der Enkel duckt sich. Das ist nicht biblisch. Die Straßen sind leer, kalt und feucht. Es regnet wie verrückt.

Aus einem Eckladen holt Yonni ein paar Beck's und mehrere Schachteln Lucky Strike, bevor er mir sein Wohnhaus zeigt – eine moderne Betonruine, unbeleuchtet und klamm. Wir steigen sechs Treppen hoch und nehmen immer zwei Stufen auf einmal. Die Stufen sind uneben, der Beton bröckelt an den Kanten. Es riecht nach Pisse. Eine Frau schluchzt, Glas zerplatzt an der Wand. Ein Baby schreit, ein Mann brüllt: *Hör mir zu!*

Als wir die Wohnung betreten, entdecken wir drei Gammler Anfang zwanzig, die auf dem Sofa liegen und Löcher in die Luft starren. Auf dem Glastisch liegen Nadeln. Leere Verpackungen, Alufolie, ein überquellender Aschenbecher, der sich wie ein Grabmal aus

der Tischmitte erhebt. Aus den eingetretenen Lautsprechern plärrt John Cales *Vintage Violence.*
»Penner«, sagt ein Typ namens Goofball. »Wer zum Teufel sind diese Penner?« Goofball trägt einen rosa-gelb gefärbten Irokesenschnitt und hat einen Davidstern in die rechte Kopfseite rasiert. Auf seinen linken Arm sind Zahlen eintätowiert, wie bei einem Auschwitz-Opfer.
»Ich wohne hier«, erklärt Yonni.
»Scheiße, der wohnt hier!«, schreit Ratface. Ratface sieht wie eine Ratte aus. Ich kann nicht sagen, ob es sich um einen Mann oder eine Frau handelt.
Skyward sagt: »Das iss das Komisste, was iss seit Jahren gesehen habe.« Skyward schielt, beide Augäpfel sind nach oben verdreht; selbst wenn er einen direkt ansieht, sieht er einen nicht an.
»Ja, wirklich verdammt komisch das Ganze«, sagt Yonni und schaltet die Stereoanlage aus.
»Wie iss sson sagte, das Komisste, was iss seit Jahren gesehen habe«, sagt Skyward und fordert Ratface mit einer Geste auf, ihm den Joint zu reichen.
Yonni sagt: »Das ist eine Nichtraucherwohnung«, zündet sich eine weitere Zigarette an, geht zur Kommode in der Ecke und holt eine Neunmillimeterpistole aus der obersten Schublade. Er zielt auf Skyward.
»Wer iss der Loser?« Skyward zeigt auf mich und winkt ab, als wäre die Pistole eine lästige Fliege.
»Ein Kanadier«, sagt Yonni.
»Was will er?«
»Er schläft auf dem Sofa.«
Einen Moment lang – nur ganz kurz – nehme ich den Blick von der Pistole. Ich habe mich vorhin gegen ein Hotelzimmer entschieden, weil Yonni mir sein weißes Ledersofa als den gemütlichsten Schlafplatz der Welt anpries – abgesehen vielleicht von einer Hängematte in Mexiko und dazu erstklassiges Sinsemilla, das zu rauchen so schön sei wie zu fliegen. Jedenfalls ist meine Schlafstätte für diese Nacht mit Asche, Folienresten und einer braunen Substanz beschmiert, bei der es sich entweder um Heroin oder um Scheiße handelt.

»Was will er?«, fragt Goofball.
»Frag ihn doch selbst.«
»Hey, Kanuckier«, sagt Goofball mit schwerem Akzent, »ich weiß alles über dich.«
»Wie nett«, sage ich. Außer mir scheint niemand besorgt wegen des durchgeknallten Koksers, der mit der Pistole herumfuchtelt.
»Du bist Anne auf Green Gables«, sagt Goofball. Ratface, dem die linke Hand fehlt, baut mit der rechten einen Joint.
Ich bedanke mich und gebe zu, das Buch nicht gelesen zu haben.
»Du hast *Anne auf Green Gables* nicht gelesen?«, fragt Skyward, der auf einem angelaufenen Löffel eine unbekannte Substanz aufkocht.
»Ich habe damals die Serie geguckt. Oder war es ein Fernsehfilm? Ich meine, Teile davon«, räume ich ein und frage mich, ob ich mich dafür schämen sollte, diesen sensationellen kanadischen Kulturexport verpasst zu haben.
»*Anne auf Green Gables* hat mein Leben verändert«, gesteht Goofball. »Sie ist so, na ja, wahrhaftig!«
»Wahrhaftig?«
»Sie ist unschuldig«, ergänzt Ratface.
»Und gläubiss«, sagt Skyward blinzelnd. Weil er das Wort nicht richtig aussprechen kann, versucht er, ihm durch Betonung eine besondere Schwere zu verleihen.
»An was glaubt sie denn?«, frage ich.
»An die Menschheit«, sagt Goofball.
Yonni hebt die Waffe und zielt auf Goofball. Er spricht Hebräisch: »Hört mal, tut mir ja echt leid, eure Stunde der Ewigen Hoffnung Kanadas zu stören, aber ihr seid hier in meiner Wohnung und benutzt zum Aufkochen einen Silberlöffel, den meine Oma den ganzen verdammten Weg von Odessa hergebracht hat. Also macht, dass ihr wegkommt, bevor was Schlimmes passiert.«
Zum Glück kommt Galia herein. Sie trägt dasselbe unpraktische Outfit wie vorhin (sechs Treppenaufsätze auf High Heels!), nur dass sie diesmal eine kleine Juwelierschachtel dabei hat, die mit rotem Geschenkband verschnürt ist.
»Was willst du?«, fragt Yonni.
»Das ist für dich«, sagt sie.
»Was ist das?«

»Ein ›Leck mich‹-Geschenk.«
»Hä?«
»Ein Du-bist-abgehauen-also-verpiss-dich-Geschenk.«
»Das reicht. Siehst du nicht, dass ich zu tun habe?« Yonni fuchtelt mit der Pistole herum. Er zielt auf nichts Bestimmtes, aber seine Worte wiegen bleischwer. Weiß er überhaupt, was er da in der Hand hat?
Galia stellt die Schachtel ab und öffnet sie langsam. Ich halte den Atem an, als hinge mein Leben von ihrem Inhalt ab. In der Schachtel steckt ein vergilbtes Schwarzweißfoto einer alten Frau. Sie steht zwischen einer Ulme und einem Ahorn und hält drei weiße Lilien in der Hand.
»Baba Chasia«, sagt Yonni und steckt sich die Pistole hinten in den Hosenbund.
Galia sagt: »Du erinnerst dich an das Bild.«
»Natürlich! Ich habe es jeden Tag gesehen, als wir zusammengewohnt haben. Zwei Jahre lang.«
»Sie ist tot.«
»Was?«
»Als du in Thailand warst, um zwölfjährige Mädchen zu ficken, ist Chasia gestorben.«
»Galia! Warum hast du mir nichts gesagt?«
»Wie hätte ich es dir denn sagen sollen? Du hast keine Telefonnummer hinterlassen und keine Mailadresse, gar nichts. Du bist einfach abgehauen.«
Wir vier schauen gebannt zu. Yonni, der in seiner Nichtraucherwohnung raucht, geht auf Galia zu und nimmt sie in den Arm. Beide fangen zu weinen an.
»Buuu!«, ruft Goofball. Ich bin der einzige, der erschrickt. »Das ist ja ekelhaft!«
»Widerlich«, stimmt Ratface zu.
»Iss finde ess irgendwie süss«, sagt Skyward. Seine Augen haben sich in einem Zustand des dauerhaften Grouchomarxismus' verhakt.
»Anne auf Green Gables hätte gewusst, wie mit einer solchen Situation umzugehen ist. Kein sonderlich kanuckischer Auftritt«, sagt Goofball und dreht sich zu mir um. »Was hältst du von dem Quark?«

Galia und Yonni küssen einander. Saug- und Schmatzgeräusche erfüllen das Wohnzimmer. Die Pistole fällt mit einem lauten *Plonk* zu Boden. Keiner der Penner stürzt sich darauf. Ratface schaltet die Musik wieder ein, Goofball wendet sich mir zu, weil er immer noch auf eine Antwort wartet. Als ich nichts sage (mit Fusel, Hasch und Jetlag fühlt sich mein Kopf wie ein ausgeleiertes Gewinde an), spinnt Goofball seine Theorie weiter.
»Anne hat, was alle Kanuckier auszeichnet, eine Empfindsamkeit und ein In-der-Welt-Sein, das man einfach nur als, nun ja, *nett* bezeichnen kann. Galia und Yonni? Das ist nicht echt. Pure Hysterie. Blöder Quatsch.«
»Ich verstehe.«
»Wir hier in Israel brauchen mehr *Nettigkeit.*«
»Hmm.«
»Ihr Kanuckier seid sehr, sehr nett.«
»Nicht alle«, sage ich.
»Siehst du, selbst wenn du widersprichst, bist du nett.« Goofball lächelt. Skyward lacht. Er und Ratface liefern sich ein spannendes Fingerhakelduell. »Wenn du israelisch sein willst, musst du reden wie die Einheimischen: ›Leck mich!‹«
»Leck mich«, sage ich.
Goofball verdreht die Augen und bläst Qualm gegen das gesprungene Fensterglas der Balkontür. »Lächerlich.«
Er schlägt mir auf die Nase.
»Au!«
»Tat das weh?«
»Ja!«
»Gut.« Goofball schnipst gegen mein rechtes Ohrläppchen.
»Lass das, verdammt!« Der Typ geht mir auf die Nerven.
»Nein, das ist viel zu lasch.«
Galia und Yonni haben sich inzwischen ins Schlafzimmer zurückgezogen. Teller zerspringen, Regale kippen um, Bücher fallen zu Boden. Er schreit: »Ich liebe dich!«, sie antwortet: »Ich hasse dich!«, sie kreischt: »Du Arsch«, er trällert: »Du köstliche Aubergine«, und so weiter. Skyward massiert Ratfaces Nacken. Obwohl ich ein dröger Kanadier bin, bietet mir Goofball eine Zigarette an und nimmt mich auf den Balkon mit. Er hebt die Pistole

auf und steckt sie sich hinten in die Hose. Ich bin geradezu erleichtert.

»Also. Du bist nach Israel gekommen, weil du dich abhärten willst?«, fragt er und zündet meine Zigarette für mich an.

»Eigentlich nicht.« Die Zigaretten schmecken von Mal zu Mal besser.

»Manche Juden kommen aus dem Ausland her, um in die Armee einzutreten.«

»Ich will nicht in die Armee eintreten.«

»Das ist echt cool. Ich hasse Krieg.«

Goofball muss etwa fünfundzwanzig, sechsundzwanzig Jahre alt sein. Wie alles Israelis war er von achtzehn bis einundzwanzig beim Militär.

»Was hast du bei der Armee gemacht?«

»Lass es mich dir zeigen«, sagt Goofball. Er zieht die Pistole aus der Hose und hält sie sich an die Schläfe. Er lächelt. »Löschen«, sagt er und betätigt den Abzug. Klick.

»Was zum Teufel machst du da?«

Er presst sich die Pistole fest an den Kopf. Der Lauf berührt seine unrasierte Wange.

»Löschen.« Klick.

»He, du wirst dich umbringen!«

Er legt den Kopf schief, starrt mich an. Erst da merke ich, dass seine Pupillen unsichtbar sind.

»Löschen.« Klick.

»Nimm die blöde Pistole runter, du Spinner!«

Goofball lässt die Waffe sinken. »Das war gut. Mein Bild von euch Kanuckiern gerät schon ins Wanken.«

Meine Hände zittern. »Das war ein eleganter Gebrauch des Wortes ›Spinner‹. Stark und mit Nachdruck, fast israelisch.« Er lässt die Pistole um seinen Finger kreisen. »Aber du solltest dir keine Sorgen machen. Ich habe das Ding vor Monaten entladen. Ich bin Pazifist.« Er zielt auf seine rechte Schläfe und dann auf mich. »Löschen«, sagt er und lässt es klicken. Aus dem dunklen Himmel dröhnt Donnergrollen.

Als ich Goofball erkläre, wozu ich nach Israel gekommen bin, dass

es ein Haus gibt, das sich ein Israeli und ein Palästinenser teilen, kommt mir die Geschichte lächerlich und unglaubwürdig vor.
»Bist du Journalist?«, fragt er misstrauisch.
»Niemand bezahlt mich dafür, wenn es das ist, was du meinst.«
»Und warum suchst du nach dem Haus?«
»Weil die Geschichte gut ist«, sage ich.
»Na ja«, sagt Goofball, »die Leute reisen von überall an. Wir sind die Sensation, der heißeste Musikclip. Die haben alle keine Ahnung und sehen bloß, was sie schon wissen.«
Aus dem Wohnzimmer dröhnt ein übel übersteuertes »Loaded« von Velvet Underground. Ratface und Skyward halten sich umklammert und tanzen eng.
»Ich weiß nicht, was ich weiß«, sage ich, und es kommt der Wahrheit näher als alles, was ich in letzter Zeit gesagt habe. »Wahrscheinlich will ich das herausfinden.«
»Eigentlich ist es ganz einfach«, sagt er. Seine linke Augenbraue ist dort, wo zwei Silberringe stecken, eitrig angeschwollen. »Man hält uns für interessant, weil wir seit sechzig Jahren im Kriegszustand leben. Und weil es für die nächsten sechzig Jahre so weitergehen wird. Dabei wollen wir einfach nur normal sein, so wie ihr Kanadier. Schluss mit dem Stress. Wir wollen cool sein.«
Wie auf Kommando teilt sich der Himmel über Jerusalem, und es fängt sintflutartig zu gießen an. Wir bleiben auf dem Balkon stehen, um noch eine zu rauchen. Unsere T-Shirts sind klatschnass, unsere Haut ist kalt. An den Straßenrändern sammelt sich das Wasser; kleine Sturzbäche schießen am Rinnstein entlang und suchen nach einem Gully. Goofball will wissen, wo und warum ich Hebräisch gelernt habe.
»Meine Eltern wollten, dass ich eine jüdische Ausbildung bekomme«, erkläre ich.
»Du wurdest gezwungen.«
»Ja, aber seltsamerweise machte es mir nichts aus. Ich meine, ich bin ja dankbar, Hebräisch zu können.«
Goofball spuckt vom Balkon, wir beobachten, wie der Rotz sechs Stockwerke tiefer landet. Er flüstert: »Ich war bei einer Spezialeinheit.«
»Was hast du gemacht?«

»Ist egal«, sagt er. »Aber als ich fertig war, habe ich es so gemacht wie viele junge Israelis: Bin nach Indien gefahren, hab mich zugedröhnt und auf die Löschtaste gedrückt.«
»Hat es funktioniert?«
»Was glaubst du?«
Ich betrachte die Zahlen auf seinem Arm, den Davidstern an seinem Kopf. Natürlich kann man seine Erinnerungen nicht bewusst löschen. Trotzdem kann ich nicht anders, als an meinen Großvater zu denken. In den Monaten vor seinem Tod löste sich sein Verstand auf und wurde löchrig. Plötzlich konnte er sich nicht mehr an den Geburtsort seines Vaters erinnern, an die Namen seiner Töchter, an seinen eigenen Geburtstag. Es war zum Haareraufen. Die Erinnerung lässt uns im Stich, wenn wir sie brauchen; wenn wir verdrängen wollen, überfällt sie uns hinterrücks.
»Warst du schon mal im Westjordanland?«, frage ich.
»Ja«, sagt er.
»Könnte ich da hin?«
»Du meinst, in eine Siedlung?«
»Nein, ich spreche von einem palästinensischen Dorf. Einer Stadt. So was in der Art.«
»Was willst du da?«
»Ich würde gern sehen, wie es da in echt ist.«
»Weißt du, das sind keine Ferienlager.«
»Das denke ich mir.«
»Hör mal«, sagt er und lässt sein Benzinfeuerzeug auf- und zuschnappen. »Man kann für oder gegen die Besatzung sein. Aber ein Jude muss schon verrückt sein, dahin zu wollen. Deine Ansichten sind denen scheißegal.«
Er erzählt mir die Geschichte von zwei Reservisten, die vor einigen Jahren von ihrem Stützpunkt nach Jerusalem fahren wollten. Sie verirrten sich nach Ramallah, wo ein Mob sie umzingelte, zu Tode prügelte und ihre Leichen durch die Straßen schleifte.
»In diesem Land können wir es uns nicht leisten, so naiv wie Anne auf Green Gables zu sein.«
Goofball und ich rauchen schweigend zu Ende. Die Temperaturen in Jerusalem sacken ab.

Kapitel 14

»Aaaaaalles aufstehen!«

Die Stimme kommt von oben, dünn und blechern.

»Hier spricht der Oberkommandierende der israelischen Streitkräfte. Mit großer Sorge stellen wir fest, dass es zu Bewegungen an der ägyptischen, jordanischen und syrischen Grenze gekommen ist. Alle Männer und Frauen auf die Stützpunkte! Dies ist ein Aufruf an alle zur Verteidigung des Landes!«

Es ist höchstens vier Uhr morgens. Draußen ist es noch dunkel. Man drückt mir einen Kampfanzug in die Hand, in den ich pflichteifrig schlüpfe. Obwohl ich noch halb schlafe, kommt mir alles sehr aufregend vor. Ich habe mir immer schon Militärklamotten gewünscht, aber meine Mutter kann Tarnkleidung genauso gut leiden wie Spielzeugpistolen. »Krieg«, sagt sie immer, »ist für clevere Jungs wie dich die reinste Zeitverschwendung.«

Nach zehn Monaten in der Bialik bettelte und flehte ich, der Elfjährige, um von meinen Eltern in ein zionistisches Ferienlager geschickt zu werden: Camp Shalom.

Nachteile: Einmal pro Woche findet ein Gottesdienst statt (wenn auch manchmal am schlammigen, mückenverseuchten Seeufer). Der Kurs für hebräischen Gesang ist Pflicht. Wir müssen peinliche israelische Volkstänze lernen und am Besuchstag vor unseren Eltern aufführen. Jeden Morgen treten wir zum Fahnenappell am *Mifkad*, dem Flaggenmast, an, und singen »O Canada« und »Hatikva«. Vorteile: Es gibt unendlich weite Rasenflächen, um darauf zu spielen, ich kann Hechtsprünge üben und »Laika auf dem Mond« spielen. Außerdem gibt es Arnon. Er ist ein ziemlich kompetenter Ratgeber. Er hat mir erklärt, was ein Samenstau ist. »Wenn du zu viel Zeit mit einem Mädchen verbringst und es geht nur *ein bisschen* zur Sache, ist das nicht unbedingt besser als gar nichts. Denn wenn sie dich einmal *heißgemacht* hat, du aber keinen *Dampf* ablassen kannst, bekommst du einen sogenannten *Samenstau*.«

Ich kann nicht behaupten, zu wissen, was ein Samenstau ist, aber immerhin lerne ich Sachen, die in der Bialik nicht unterrichtet werden. Wie jetzt zum Beispiel: Ich liege auf dem Bauch im Dreck und warte auf die Schüsse des Feindes. Es ist der Höhepunkt meines Sommers.

Ich robbe neben den anderen Jungs aus meiner Hütte: Neil Silverblott, Danny Fingerbaum, Brian »der Kühlschrank« Mandelstam und Johnny Kugel. Angeführt von Arnon (der ganz offiziell eine schwarze Maglite-Taschenlampe mit sich führt) schieben wir uns zentimeterweise über den aufgeweichten Boden des Camps.

Arnon: »Könnt ihr es sehen? Da hinten?«

Ich erkenne ein paar Gestalten mit weißen Tüchern auf dem Kopf, die im Gebüsch herumspringen. Araber. Ich kann ihre Gesichter nicht sehen, denke mir aber, dass es sich um unsere Erzieher handelt. Aus den Lautsprechern über unseren Köpfen krachen Schüsse. Ich liege neben dem Kühlschrank. Er furzt. Wir lachen.

»Ein Furz, und wir sind alle tot!«, flüstert Arnon heiser. Wir halten den Mund.

Arnon war tatsächlich beim Militär, deswegen nehmen wir seine Anweisungen ernst. Er trägt ein echtes Armee-T-Shirt, über dem Herzen prangt der Name *Tzahal* in gelben, hebräischen Lettern. Während wir am Fuß des Hügels auf den ersten Angriff warten, flüstert er uns zu. Er lehrt uns, dass es in der israelischen Armee auf Stolz, Kameradschaft und Menschlichkeit ankommt.

»Die beste Zeit in eurem Leben«, sagt er und verteilt Uzi-Wasserpistolen aus einem schwarzen Leinenbeutel. »So was erlebt ihr niemals wieder. Die Freundschaften, die ihr dort schließt, sind fürs Leben.«

Ich betrachte die Jungen aus meinem Team. Hier mit ihnen im Dreck zu liegen, erfüllt mich mit einem bestimmten Gefühl. Es ist tausendmal besser als der Gottesdienst oder die Gesangstunde. Es ist nicht so gut wie Baseball, aber in gewisser Hinsicht immer noch besser, als im Outfield herumzustehen und auf einen verirrten Ball zu warten. Mein Herz klopft gegen den Boden. Ich spüre mich,

ich lebe und unterscheide mich gar nicht so sehr von dem lebendigen, atmenden Schlamm unter mir. Obwohl die Maschinenpistole aus Plastik ist, liegt sie schwer in der Hand. Das gefällt mir. Wir haben ein Ziel. Der Kühlschrank dreht sich um und lächelt mich an. Zum ersten Mal scheint mich einer der Jungen zu bemerken.
»Auf in den Wald, Männer«, sagt Arnon. »Und macht keine Gefangenen.«

Bei Tagesanbruch treffen sich die unterschiedlichen Bataillone auf dem zentralen Platz vor dem Fahnenmast. Gemäß den von der Lagerleitung ausgegebenen Regeln werden wir an diesem Tag eine aufgemotzte Version von *Capture the Flag* spielen, zufällig mein Lieblingsspiel. Mein Bataillon heißt »Division Dajan«, benannt nach Mosche persönlich. Die Bataillone sind aufgefordert, im Camp nach Hinweisen zu suchen, nach kleinen Papierrollen mit Codes und Karten, die zur nächsten Spur führen. Zu Spielbeginn erhalten wir eine Landkarte, auf der das Ferienlager umbenannt wurde. Auf dem Hügel liegen die Golanhöhen. Die Tischtennisplatte ist Jericho. Das schlickige Ufer ist Haifa und die Mensa Tel Aviv. Die Synagoge ist Jerusalem und die Rasenfläche die Wüste Negev, die direkt in den Sinai übergeht, wo das Gras gelb und vertrocknet ist. Der Direktor des Camps, der eine schwarze Augenklappe à la General Dajan trägt, verkündet per Megafon, welche Missionen wir zu erfüllen haben. Ich beobachte den Spielleiter und bewundere eine historische Tatsache: Der ruhmreichste General in der Geschichte Israels war auf einem Auge blind. Das ist echtes, israelisches Heldentum. So will ich auch sein.
Für jede erfolgreiche Mission wird das Team belohnt. Es gibt Punkte für das Auffinden eines Hinweises, für die Entdeckung der gegnerischen Flagge, für den Kampfgeist der Teammitglieder. Zum Singen bilden wir einen Kreis. Wir stecken die Köpfe zusammen und schreien:

Ruach, Ruach, wir haben Ruach!
Kampfgeist, Kampfgeist, wir haben Kampfgeist!

Ich betrachte die Gesichter der anderen. Der Kühlschrank stößt ein Geheul aus. Fingerbaum spuckt Worte. *Kleine Kugel* stampft mit den Füßchen auf. Arnon legt uns seine riesigen Goliath-Hände auf den Rücken und feuert uns an, noch lauter zu schreien.
Der Wind fegt durch die frühmorgendliche Negev, beim Anblick der flüchtenden Araber spüre ich einen Adrenalinstoß. Meine Aufregung äußert sich als stummer Schrei, Atemlosigkeit und verschlucktes Lachen. Wir jagen den Feind durch den Wald und auf den Jordan zu. Meine Uzi, der Lichtkegel von Arnons Lampe, der imaginierte Kugelhagel. Ich folge dem Pfad, den Spuren des Rehs, nach Jerusalem.

Kapitel 15

Wir kamen in dieses Land, das von Arabern bewohnt wurde, und nun errichten wir einen jüdischen Staat ... Jüdische Dörfer entstanden anstelle arabischer Dörfer. Sie kennen die Namen (dieser Dörfer) nicht einmal, und ich mache Ihnen daraus keinen Vorwurf, denn die alten Geographiebücher existieren nicht mehr. Nahlal entstand anstelle von Mahlul, Gvat anstelle von Jibta, Sarid anstelle von Haneifis und Kfar-Yehoshu'a anstelle von Tal Shaman. Es gibt kein einziges Dorf in diesem Land, das früher nicht von Arabern bewohnt gewesen wäre.

—Mosche Dajan in einer Rede vor Studenten der Technischen Universität von Haifa (Technion) am 19. März 1969, zitiert aus Nur Masalha: *The Politics of Denial*, S. 210

Die McDonald's-Filiale im Stadtzentrum von Jerusalem ist ein denkbar ungeeigneter Treffpunkt, wenn man mit einem Palästinenser in einem goldenen Mercedes verabredet ist. Immerhin gelten die Goldenen Bögen als Top-Anschlagsziel. Während ich warte, beobachte ich die israelischen Wachleute vor dem Schnellrestaurant, die Taschen und Kleider der Frühstücksgäste filzen. Bestimmt wird der mysteriöse Mustafa ihr Misstrauen erregen.

Ich stelle mich dumm. Eine Überlebenstechnik, die ich mir während meiner ersten drei Tage in Jerusalem angeeignet habe. Ich lehne scheinbar gelassen an einer Bushaltestelle, rauche, streiche mir geistesabwesend mit dem Finger über die Unterlippe und versuche, mich nicht von meiner Panik überwältigen zu lassen. Der Fahrer, auf den ich warte, soll mich zum Kontrollpunkt Qalandia bringen, wo ich Samer treffen werde, den palästinensischen Kameramann. Die Israelis haben ihm »aus Sicherheitsgründen« untersagt, das Westjordanland zu verlassen. Gestern Früh habe ich Samer

auf seinem Handy angerufen; ich war verkatert und lag in Yonnis Apartment auf dem Fußboden. Yonni und Galia waren frühstücken gegangen, die Gammler hingen irgendwo draußen rum. Ich erklärte Samer, ich wolle das palästinensische Leben kennenlernen und mir ein Bild vom Alltag im Westjordanland machen. »Einen Schnellkurs«, erklärte ich, »über den Besatzungsalltag.«
Geh zu McDonald's an der Ben-Yehuda. Warte unauffällig davor. Um zehn Uhr wird ein goldener Mercedes vorfahren und dich nach Qalandia bringen. Der Fahrer heißt Mustafa. Du kannst ihm vertrauen.
Um 9:59 Uhr kommt ein schwarzer Mercedes vor meinen schwarzen Sandalen zum Stehen. Lautlos-elegant senkt sich die schwarz getönte Seitenscheibe ab.
»Mustafa?«, frage ich.
»Nein«, sagt der Fahrer, »ich bin Mohammad.« Er trägt eine schwarze Sonnenbrille. Ich fühle mich, als verdunkelte sich mein Verstand. »Bitte einsteigen.«
»Aber was ist mit …«
»Einsteigen.«
Ich gehorche, Mohammad tritt das Gaspedal durch, wir jagen die Straße hinunter und biegen mit quietschenden Reifen um die nächste Ecke. Ich möchte wissen, was mit Mustafa passiert ist, aber Mohammad ist zu beschäftigt damit, in arabischem Stakkato in sein Handy zu bellen.
Wir rasen aus der Stadt. Ich hatte vergessen, dass die Karten, die wir in der Bialik zeichneten, einen entscheidenden Umstand unberücksichtigt ließen: Israel ist verdammt klein. Keine fünf Minuten, und wir sind auf der Autobahn. Manchmal lässt Mohammad sein Handy sinken, um auf Beit Hanina zur Linken, diese oder jene Siedlung zur Rechten zu zeigen. Eine Viertelstunde später stecken wir in einem scheinbar endlosen Stau fest.
»Wo sind wir?«, frage ich.
»Kontrollpunkt«, sagt er und tippt eine Nummer in sein Handy. Er lässt es klingeln, aber niemand nimmt den Anruf entgegen.
»Fahren wir da durch?«, frage ich.
Neben uns hält ein goldener Mercedes. Mohammad lässt sein Fenster runter und beschimpft den Fahrer lautstark. Ich weiß, dass er flucht, weil sich meine Arabischkenntnisse auf Schimpfwörter be-

schränken. Die beiden liefern einander ein übles Brüllduell. Mohammad lässt das Fenster hoch.

»Worüber streitet ihr?«, frage ich.

»Wir streiten nicht«, sagt er, »wir schreien, weil wir uns so lieben. Wir sind Brüder.«

Ich habe mich an die weichen Plüschpolster gewöhnt. Ich habe sogar angefangen, Mohammad nett zu finden. Bei diesem bärtigen Mann habe ich ein gutes Gefühl. Auf dem Armaturenbrett kleben Bilder seiner in Adidas und Nike gekleideten Kinder, daneben ein rot-gelber, herzförmiger Plastikrahmen mit einem Foto seiner Ehefrau; sie trägt ein traditionelles palästinensisches Brautkleid.

»Aussteigen«, befiehlt Mohammad.

»Wo soll ich hingehen?«

»Hast du einen Pass?«

»Ja.« Ich umklammere meinen Pass so fest wie möglich.

»Da lang.« Er zeigt auf vier mit M-16-Gewehren bewaffnete Soldaten, die kaum älter als achtzehn oder neunzehn sind und die Taschen und Ausweise der Fußgänger kontrollieren. »Du gehst da durch. Dann siehst du Samer.«

»Wie in aller Welt soll ich ihn erkennen?«, frage ich. Ich weiß ja nicht einmal, wie er aussieht. Die Wartezeit in Richtung Westjordanland beträgt eine Stunde; möchte man zurück nach Israel, dauert es drei Stunden. »Du erkennst Samer, wenn du ihn siehst.«

Möglicherweise war es ein bisschen voreilig von mir, einen Ausflug ins Westjordanland zu planen. In verkatertem Zustand treffe ich keine weisen Entscheidungen, nun frage ich mich, was ich mir von einem Besuch der anderen Seite eigentlich erhoffe. Ich möchte zu Mohammad sagen: Ich war noch nie im Westjordanland. Ich möchte nicht so enden wie die gelynchten Soldaten in Ramallah. Ich möchte nicht geköpft und als verstümmelter Torso in den Nachrichten gezeigt werden. Außerdem habe ich meiner Mutter versprochen, mich auf dieser Reise niemals in Gefahr zu bringen. »Musstest du bis zum vierten Jahr der Intifada warten, um ins Heilige Land zu reisen? Musst du ausgerechnet jetzt dorthin?«

Mohammad sieht mich an und schiebt sich die Sonnenbrille auf die Nasenspitze. »Und? Worauf wartest du?«, fragt er. Ich stoße die Tür auf und steige aus. Noch bevor ich *shukran* sagen kann, hat er seinen Mercedes gewendet und ist nach Süden in Richtung Jerusalem abgedüst.

Durch ein Labyrinth aus Autos und Menschen gehe ich auf den Kontrollpunkt zu. Jemand verkauft Tee aus einer silbernen Thermoskanne. Die israelische Flagge weht stolz über einem Gewirr aus Beton, Tarnplanen und Stacheldraht. Die Soldaten überprüfen die Autos und deren Insassen, betont langsam, eins nach dem anderen. Seit zwei Monaten hat es keinen Selbstmordanschlag mehr gegeben, deswegen ist die Anspannung vergleichsweise gering; es handelt sich um einen »guten« Tag in Qalandia. Ich komme an Ständen mit gefälschten Levi's, Kelvin-Klein-T-Shirts und selbst gemachter Orangenlimonade vorbei. Der Fußweg von Israel in die besetzten Gebiete ist ein schmaler Korridor mit Wellblechdach. Zusammen mit einigen Palästinensern schiebe ich mich hindurch. Die israelischen Soldaten wollen keine Ausweise sehen – wer plant schon Anschläge in Ramallah? Die Leute auf der anderen Seite machen sich nicht einmal mehr die Mühe, zu hupen. *Wozu auch*, sagt ihr müder Blick. *Das Leben besteht aus Warten*. Auf dem Brachland hinter den Autos liegen Glasscherben, geplatzte Autoreifen und verrostetes Metall. Mein Zuhause, der Schrottplatz: das Westjordanland, Prolog einer Nation.
Zwischen Geröll und Müll steht ein Mann, mindestens einsfünfundachtzig groß, mit kahl rasiertem Kopf. Er trägt einen blau-weißen Reebok-Trainingsanzug mit roten Streifen. Er sieht mich sofort und kommt auf mich zu, um meine Hand zu schütteln. Er lächelt schief.
»Heilige Scheiße«, sagt er, »lass uns bloß von hier verschwinden!«
Ich widerspreche dem Mann nicht, den alle nur »Samer« nennen.

Das Westjordanland. Man hört den Namen und hat sofort Jungs vor Augen, die Steine auf kaum ältere Jungs werfen, die Gummigeschosse, Tränengas oder Granaten zurückschießen. Amerikanische und israelische Flaggen, Symbole des Westens, benzingetränkt. Männer mit Palästinensertüchern schießen in die Luft, Mütter weinen um ihre Söhne, die Märtyrer, durch die heulende Menge werden Särge getragen.

Samers Land Rover ist mit Metallplatten und schusssicherem Glas ausgerüstet. Der Schriftzug »TV« ist unzählige Male in großen blauen Lettern auf das Fahrzeug geklebt. Ich bin beruhigt und nervös zugleich.
»Gibt es hier viele Heckenschützen?«, frage ich halb im Scherz, als er mir die Beifahrertür öffnet. Samer lächelt nicht.
»Willkommen in der Hölle, mein Freund. Stört es dich, wenn ich rauche?«
Ich hole eine ungeöffnete Packung Lucky Strike heraus und biete ihm eine an.
»Endlich ein Kanadier, der raucht, verdammt! Ein Tag voller Wunder.«
Ich erzähle ihm nicht, dass mir die Gewohnheit neu ist und ich erst vor zwei Tagen angefangen habe. Zigaretten helfen einem dabei, sich zu sammeln. Man atmet ein und aus und lebt ganz im Hier und Jetzt.
Samer startet den Land Rover, wir lassen den chaotischen Kontrollpunkt hinter uns. Die Tour geht los. »Dort drüben liegt das Flüchtlingslager«, sagt er und zeigt auf die katastrophal baufälligen Betongebäude zu unserer Rechten, »und dahinter die Siedlung.« Am Horizont erhebt sich ein Hügel. Häuser von immer gleicher Bauart bilden lange Reihen; weiß verputzt, mit kleinen Fensterchen und roten Dachziegeln. Die Architektur hat etwas Unheimliches, so als hätte man einen nordamerikanischen Vorort in ein Kriegsgebiet verpflanzt.
»Über diese Straße da oben kommen die Soldaten aus der Siedlung herunter, um im Lager rumzuballern«, sagt Samer und zeigt auf eine Straße, die den Hügel hinaufführt.
»Wann?«
»Wann immer es ihnen passt.«
Wir verlassen die Straße, Samer parkt seinen TV-Wagen vor der Muqata, dem Wohnsitz von Arafat. Der Wohnsitz von Arafat! Wir gesellen uns zu ein paar palästinensischen Soldaten, die den Eingang des Komplexes bewachen, in den sich Jassir und die Seinen zurückgezogen haben. Samer sorgt für Stimmung, er reißt Witze, raucht und klatscht mit den jungen Männern ab. Sie kennen Samer, weil er als Kameramann für viele nordamerikanische

Fernsehsender gearbeitet hat – CTV, CBC und NBC. Wann immer es im Westjordanland zur Sache geht, ist Samer dabei, in Dschenin, Hebron, Nablus, an allen Krisenherden.
Der Komplex ist eine gespenstische Ansammlung halb zerstörter Gebäude. Baumelnder Betonstahl liefert ein surreales Bild: ein zugefrorener Wasserfall, der jeden Moment wieder fließen könnte. Soldaten der palästinensischen Autonomiebehörde absolvieren im Hof halbherzig eine Übung. Ich muss an den Film *Bananas* von Woody Allen denken. Ihre Uniformen sitzen schlecht, ich frage mich, ob die Waffen überhaupt funktionieren. Nicht, dass es von Bedeutung wäre; hier gibt es kaum noch etwas zu bewachen.
Ich habe keine Ahnung, worum sich die Unterhaltung dreht, aber ich gehöre dazu. Samer stellt mich als den »kanadischen Schriftsteller« vor. Ich entschuldige mich und mache mich auf die Suche nach einer Toilette, muss aber feststellen, dass das Haus, in dem sich vormals die Klos befanden, in Trümmern liegt. Ich schleiche hinter eine abgebrochene Mauer, um zu pinkeln. Während ich zu Arafats Bunker hinaufschaue, entdecke ich hinter einem kleinen Fenster ein ausgemergeltes Gesicht. Der Mann trägt – oder bilde ich es mir nur ein? – ein schwarz-weißes Palästinensertuch. Er schaut zu mir herunter und sieht meinen goldenen Urinstrahl. Er lacht. Schnell ziehe ich meinen Reißverschluss hoch. War er es persönlich? Hat Jassir Arafat gesehen, wie ein jüdischer Tourist gegen seine Mauer pinkelt?

»Ramallah«, erklärt Samer, als wir wieder im Land Rover sitzen, »ist das Paradies im Westjordanland. Hier ist es ruhig. Es gibt kaum Probleme. Höchstens mal am Komplex.«
Ich weiß nicht, ob er das ernst meint. Er benutzt ein goldenes Zippo, um seine Zigaretten anzuzünden. Ich frage ihn, woher er das Feuerzeug hat.
»Aus dem Laden«, antwortet er verärgert. Als gäbe es im Westjordanland keine Läden und keine Zippos!
Wir fahren auf der Hauptstraße von Ramallah an gigantischen Werbetafeln für Coca-Cola und Lipton-Tee vorbei. Die Jugendlichen tragen Eminem-T-Shirts, verkaufen kopierte DVDs und Tweety-Gasballons. Aus der Mitte des nächsten Kreisverkehrs er-

heben sich vier weiße Löwen, die in die vier Himmelsrichtungen blicken. Wahrscheinlich ein altes Wahrzeichen der Stadt, denke ich, aber dann erklärt Samer, es handele es sich um ein rätselhaftes Geschenk der chinesischen Regierung, die die Löwen Mitte der neunziger Jahre, während der Zeit des Oslo-Prozesses also, anliefern ließ. Niemand weiß, was sie zu bedeuten haben.

Als wir in einem Café eine Mittagspause einlegen, schäme ich mich für die Frage nach dem Zippo. Wir setzen uns auf Plastikstühle an einen Holztisch und bestellen Thai-Hühnchensandwiches mit Pommes. Ich merke, dass der Alltag im Westjordanland normaler ist, als ich gedacht hatte. Es gibt palästinensisches Bier, Tabyeh, das als »Halbes vom Fass« angeboten wird. Die Leute sitzen herum, lesen Zeitung, plaudern oder trinken Kaffee. Das ganz normale Leben, wie es in den Medien nicht vorkommt; und doch ist es diese Banalität, von der alle träumen – und für die manche kämpfen.

Samer und ich diskutieren über Politik. Hin und wieder schieben wir uns einen Happen in den Mund. Er breitet seine Analyse vor mir aus: »Das mit der Freiheit ist sehr kompliziert. Du musst verstehen, dass wir nichts anderes einfordern als unsere Freiheit.« Wenn Samer spricht, schaut er einem direkt in die Augen. Er klingt müde und abgespannt, so als wiederholte er sich seit vielen Jahren. »Vor dieser Intifada konnte man sich daheim beim Kaffeetrinken spontan überlegen: ›Oh, lasst uns nach Bethlehem fahren!‹, und dann fuhr man los. Inzwischen braucht man eine Sondergenehmigung, wenn man den Kontrollpunkt im Auto passieren will. Ein Kollege von mir fuhr wegen einer Story von Bethlehem nach Ramallah. Auf dem Hinweg sagten die Soldaten: ›Du kannst weiterfahren, alles klar.‹ Auf dem Rückweg hieß es, er dürfe wegen einer Vorstrafe nicht nach Bethlehem, an seinen Wohnort, zurück. Er brauchte zehn Tage, um nach Hause zu kommen. Ich will damit nur sagen, dass wir keine Entscheidungsmacht mehr haben. Manche Soldaten sind locker drauf, andere sind streng. Man weiß nie, wen man vor sich hat.«

Ich frage: »Was ist mit der Sicherheit, mit Israels Wunsch, sich vor Terroranschlägen zu schützen? Haben die Israelis kein Recht darauf?«

»Diese Rechtfertigungen sind Unsinn. Es geht darum, ein Volk zu kontrollieren und festzusetzen – isoliert, hilflos, abhängig. An manchen Tagen hat der Kontrollpunkt in Qalandia bis sieben Uhr abends geöffnet, an anderen bis Mitternacht. Manchmal auch durchgehend. Die machen, was sie wollen. Es ist für uns unmöglich, zu planen. Wir leben in ständiger Unsicherheit.« Samer spricht über den mehr als siebenhundert Kilometer langen »Sicherheitszaun«, den Israel im und ums Westjordanland errichtet. Angeblich sollen damit potenzielle Selbstmordattentäter ausgesperrt werden. Samer sagt: »Ginge es ihnen um die Sicherheit, würden sie den Zaun auf den Grenzen aus der Zeit vor 1967 errichten. Stattdessen steht er an strategisch bedeutenden Stellen und sichert den Israelis den Zugang zu fruchtbarem Boden und Wasserquellen. Das Ganze ist verkappter Landraub.«
Ich will wissen, ob der Durchschnittspalästinenser die Selbstmordattentate gutheißt. Ich erwähne TV-Berichte über Familien, die sich geehrt fühlen, wenn ihre Kinder als Märtyrer sterben.
»Hör mal, wenn eine Mutter im Fernsehen sagt, sie sei so froh, dass ihr Sohn sich in die Luft gesprengt hat, ist das Unsinn. Sie will damit sagen, dass sie versucht, dem Ganzen einen Sinn abzugewinnen, damit sie irgendwie mit der Tragödie leben kann.«
Ich glaube ihm kein Wort.
»Wir haben für eine Reportage die Familie eines Attentäters interviewt. Der Junge war hochbegabt. Er hatte in Nablus studiert und stand dreizehn Tage vor dem Examen. Der Junge war ein Musterstudent, der erste Akademiker in seiner Familie. Meinst du, seine Eltern waren froh, als er sich in die Luft gesprengt hat? Wir haben fast zwei Stunden gebraucht, um sie so weit zu beruhigen, dass sie mit uns geredet haben. Die haben ein riesiges Loch in ihrem Leben. Man spürt es, wenn man durchs Haus geht. So was wünscht sich kein Mensch für seine Kinder.«
Wir haben dünnes Eis erreicht. »Warum distanzieren sich nicht mehr palästinensische Intellektuelle von der Gewalt?«, frage ich. »Wo bleibt der friedliche Protest?«
»Die erste Intifada war annähernd friedlich. Sie ging von den Universitäten aus, damals meldeten sich viele Studenten und Intellektuelle zu Wort. Seither sind die meisten von ihnen verhaftet oder

von den Israelis deportiert worden.« Er taucht eine Pommes in Ketchup und hebt sie in die Höhe wie ein Lehrer sein Lineal. »Du musst verstehen, dass diese Intifada anders ist. Die meisten Palästinenser, ich eingeschlossen, lehnen Selbstmordattentate ab. Diese Bombenanschläge nützen doch bloß den Plänen von Gruppen wie der Hamas. Manche glauben, wir hätten keine andere Wahl. Die Umstände sind schlimm. Wir dürfen das Westjordanland und den Gazastreifen nicht verlassen, und es dauert nicht mehr lange, bis wir auch unsere Städte und Dörfer nicht mehr verlassen dürfen. Sie bauen einen Käfig um uns herum, den sie ›Sperranlage‹ nennen. Wie verzweifelt muss jemand sein, um sich für einen eigenen Staat in die Luft zu sprengen? Wir stecken im letzten Akt einer Shakespeare'schen Tragödie. Eine verfahrene Scheiße, Mann.« Samer hält inne, legt die Pommes zurück und entscheidet sich stattdessen für eine Marlboro. Er bietet mir auch eine an.

»Hör mal, ich weiß, dass du Jude bist. Ich habe an deiner Nummer gesehen, dass du mich aus Jerusalem angerufen hast.« Samer zündet sich die Zigarette an. In dem belebten Café beachtet uns niemand. Ich rutsche auf meinem Sitz herum. »Und würde ich dich deswegen umbringen?« Er zieht an seiner Zigarette und schaut mir tief in die Augen. Dann bläst er den Qualm aus und fängt zu lachen an. »Scheiße, Mann, natürlich nicht! Mich interessiert nur, ob du ein guter Mensch bist. Was, wie ich vermute, zutreffen könnte.« Er wirft mir das Feuerzeug zu und lacht noch lauter.

Ich habe das Gefühl, soeben einen zweiten Kontrollpunkt passiert zu haben. Der Unterschied ist bloß, dass mich hier bei Samer die Hoffnung auf Vertrauen erwartet, die Möglichkeit einer Freundschaft. Nachdem er mein Mittagessen bezahlt hat, nimmt Samer mich in seine Wohnung mit Blick über ein Tal voller Baustellen mit. Obwohl die Situation hoffnungslos scheint, bauen die Leute an ihrer Zukunft. Ich versuche, mir das Haus in Westjerusalem vorzustellen, und ich frage mich, ob der Jude oder der Palästinenser es instand hält. In welchem Zustand sind die Mauern? Streiten Abu Dalo und Shimon wegen Kleinigkeiten, wo eine Topfpflanze stehen soll, ob die Musik zu laut ist, ob in einem bestimmten Zimmer Parkett oder Teppich verlegt wird?

Während er das Tal überblickt, redet Samer anders, leiser. »Wenn ich nicht an den Frieden glauben würde, wären ich und meine Familie nicht mehr hier. Er wird nicht morgen kommen, aber wenn er kommt, wird es daran liegen, dass Israelis und Palästinenser gelernt haben, einander als Menschen zu betrachten. Als gleichberechtigt.«

Wir sitzen mit seiner Frau und seinen beiden Töchtern zusammen und trinken arabischen Kaffee. Ich denke an Rana, deren lange schlanke Finger in einem Café in Toronto die rissige Kaffeetasse umschließen. Während Samer und ich die schöne Aussicht und das emsige Treiben im Tal beobachten, geben wir uns allergrößte Mühe, Themen wie Religion, Glaube, Familie zu umschiffen. Der Moment fühlt sich flüchtig an und zu kostbar, um ihn mit Politik, Ideologie oder Geschichte einzutrüben. Samer nimmt seine jüngste Tochter Sama auf den Schoß. Sie lacht mit dem ganzen Körper, zittert vor Glück.

Kapitel 16

Ich habe Pläne. Samer sagt, er kenne einen Fahrer, der mich noch tiefer ins Westjordanland bringen kann. Ich möchte nach Hebron. Ich möchte sehen, wie über einhunderttausend Palästinenser neben ein paar hundert jüdischen, von Soldaten bewachten Siedlern leben. Ich will das Flüchtlingslager von Dschenin sehen, wo die israelische Armee im Jahr 2002 während der »Operation Schutzschild« ein Massaker verübt haben soll. Ich will Zeuge sein, Augen und Ohren aufsperren. In Ramallah hat sich etwas in mir geöffnet. Wenn Ramallah so anders ist als sein Bild in den Medien, wie sehen dann erst die Dschenins und Hebrons des Landes aus? Ich will es herausfinden.

Samer bringt mich zu einem bei Journalisten beliebten Hotel und sagt, er hole mich später ab; zuerst müsse er einer Story nachgehen. Ich protestiere, aber er besteht darauf, für meine Übernachtung zu zahlen. »Du bist mein Gast«, sagt er. Ich gehe in mein Zimmer und lege mich aufs Bett. Um acht Uhr abends erreicht mich ein Anruf. Samer klingt panisch. In Aschdod haben sich zwei Selbstmordattentäter in die Luft gesprengt und zehn Menschen in den Tod gerissen. Ich soll ihn in einer Bar treffen.

Ich bekomme selber Panik. Ich habe keine Ahnung, wo Aschdod liegt, aber wenn mein palästinensischer Freund kurz vorm Durchdrehen ist, besteht wohl Anlass zur Sorge. Ich verlasse das sichere Hotel und frage mich, was der Anschlag für die Leute im Westjordanland bedeutet. Wird die Armee einrücken? Ich laufe durch eine Seitengasse zur Bar. Ich versuche zu erahnen, was als nächstes passieren wird, dabei kann ich nicht einmal die arabischen Straßenschilder lesen. Ich fühle mich verletzlich. Hier ändern sich Dinge im Handumdrehen. Wenn man Pech hat, ist man zur falschen Zeit am falschen Ort. Dschenin, Hebron? Ich traue mich ja kaum, drei Straßen weit zur nächsten Bar zu laufen! Ich überhole sechs Männer. Sie tragen schwarze Lederjacken und rauchen starken Tabak. Sie verstummen. Sie beäugen mich. Fragen sie sich, wo ich herkomme? Feiern sie die Nachricht vom Tod der zehn Israelis?

Bei einem Tabyeh erklärt mir Samer, dass es nun schwierig werde, im Westjordanland zu reisen. Er klingt ernst und sachlich. »Das Beste wäre, für ein paar Tage nach Jerusalem zurückzufahren. Später kannst du mich anrufen, und wir arrangieren was für dich.« Ich widerspreche nicht. Die Bar ist überfüllt, die anderen Gäste trinken und plaudern, als wäre nichts Ungewöhnliches passiert. Aber dann laufen die Nachrichten – Al-Dschasira –, und die Menge verstummt. Dutzende Menschen sitzen schweigend da. Eine breite Qualmwolke steigt auf und bleibt dicht über den Köpfen hängen. Alle starren auf den Großbildfernseher. Wir warten so gebannt auf Nachrichten vom Anschlag, als ginge es ums Elfmeterschießen beim Fußball-WM-Finale.

Sobald der Name Aschdod fällt (ich kann den Ort auf der Karte sehen, ein roter Punkt neben Tel Aviv), gehen Gespräche und Trinken weiter. »Jetzt können die Leute entspannen«, erklärt Samer. »Der Anschlag war weit genug entfernt. Es wird keine Ausgangssperre geben, zumindest nicht heute Abend.«

Ich frage mich, was Rana zu dem Anschlag sagen würde. »Die Leute wünschen sich verzweifelt einen eigenen Staat«, hatte sie einmal in Toronto gesagt und damit Samers Worte vorweggenommen. Ich hatte damals nicht nachgehakt.

Seit ein paar Tagen wohne ich bei Max. Er ist mit Ruthie befreundet und lebt in Nachlaot, einem Viertel mitten in Jerusalem. Max ist sehr großzügig. Ich darf bleiben, so lange ich möchte. Ich habe ein kleines, fensterloses Zimmer und einen Schreibtisch mit Lampe. Max ist ein freundlicher, aufgeschlossener Orthodoxer und stammt ursprünglich aus Minnesota. Ich bin erleichtert, zu hören, dass nicht alle religiösen Zionisten die Absicht haben, die Palästinenser in die arabischen Nachbarstaaten abzuschieben. Obwohl Max strenggläubig ist und seinen Glauben schriftgetreu praktiziert, finden sich in seinem Bücherregal zahlreiche Publikationen über palästinensische und muslimische Kultur. Sein Interesse ist echt. »Wir sind hier im Nahen Osten, nicht in Nordamerika oder Europa. Wir müssen unsere Nachbarn kennenlernen. Wenigstens in Gedanken.« Als ich ihm von meinem Ausflug nach Ramallah erzähle, hört er aufmerksam zu und sagt: »In den Neunzigern sind wir oft hingefahren.« Er beugt sich vor und flüstert: »Da gibt es die besten Falafel.«

Er erzählt mir, dass Judith heute Morgen angerufen hat. Ich war auf dem Mahane Yehuda, dem jüdischen Markt, um fürs Frühstück monströs große Orangen zu kaufen. Unser letztes Gespräch liegt eine Woche zurück; Judith und ich haben vereinbart, mindestens einmal pro Woche zu telefonieren. Max sagt, ich solle sie so schnell wie möglich zurückrufen; sie war wegen des Anschlags in Sorge. Ich werfe einen Blick auf die Uhr: Es ist elf. Max hat sie wissen lassen, dass es mir gut gehe, also kann ich sie später zurückrufen. Ich muss in die Gänge kommen. Ich will das Haus finden. Ein sonniger Frühlingstag. Die Mandelbäume blühen, der Duft von Aprikosen und Orangen erfüllt die Luft. In den Parks blühen Hyazinthen und Iris, die Wachmänner vor den Cafés benutzen Sprengstoffdetektoren. Ich laufe nach Katamon. Auf meiner verschwitzten Handfläche steht die Adresse des geteilten Hauses: Mekor Chayim 83.

In Emek Refaim hole ich meine Jerusalem-Mappe aus der Bialik aus meiner Kuriertasche. Ich stehe an der Fußgängerampel und blättere in den Seiten. Ich habe die vier Teile der Altstadt in ordentlichen, hebräischen Buchstaben genau beschrieben. Die Aufteilung ist so, wie wir es im Unterricht gelernt haben:

Juden	Moslems
Christen	Armenier

Die Gedankenwelt eines Zehnjährigen ist wahrlich seltsam. Damals konnte ich mir nicht vorstellen, dass es außerhalb der Altstadtmauern eine moderne Stadt geben könnte. Ich hatte keine Ahnung vom rasenden Verkehr, von stinkenden Diesellastern und Blindenampeln. Ebenso wenig hatte ich geahnt, dass die Leute ihre Wohnviertel verlassen – bei mir blieben die Juden stets im einen Viertel und die »Moslems«, wie wir sie nannten, im anderen. Das Jerusalem meiner Vorstellung war sauber und ordentlich. Die Guten waren oben links, die Bösen oben rechts. Im unteren Teil waren die Neutralen, die Unbekannten, die keine Bedrohung darstellten. Ich hätte ebensogut schreiben können:

Juden (gut)	Moslems (böse)
Christen (neutral)	Armenier (wer?)

Ich kann mich erinnern, während der Arbeit an meiner Jerusalem-Mappe mit einem Bleistift ganz vorsichtig das Wort »Schalom« in großen hebräischen Lettern in die Mitte gesetzt zu haben, so dass es alle vier Parteien berührte. Hatte ich damals einfach meinen Rufnamen dazugeschrieben? Oder wünschte ich der Stadt Frieden – einen Frieden, der alle Völker vereint? Als ich merkte, was ich getan hatte, griff ich panisch zum Radiergummi und ließ die vier hebräischen Buchstaben verschwinden. Meine Angst war so groß, dass ich das Blatt zerriss und später wieder zusammenklebte – unschwer zu erkennen, hält man das Blatt an einem Tag wie diesem ins helle Frühlingslicht von Jerusalem.

Auf der Mekor Chayim bekomme ich das Gefühl, die Stadt hinter mir gelassen zu haben; dabei habe ich von Max' Wohnung bis hierher kaum zwanzig Minuten gebraucht. Ich stehe auf einem stillen, schlecht gepflasterten Straßenabschnitt. Ich laufe bis zum Ende der Straße, aber die Hausnummern enden bei der Sechsundsechzig. Ich frage eine junge Frau nach der 83, aber sie sieht mich an, als hätte ich gefragt, ob zwei plus zwei vier ergäben. Ich spreche einen jungen Mann und frage, ob in dieser Gegend Araber wohnten, aber er schüttelt den Kopf und geht weiter. Ich erreiche das letzte Haus am Ende der Straße. Im Vorgarten sitzt ein älteres Paar und trinkt Limonade. Wenn sich hier überhaupt jemand auskennt, dann diese Leute.
»Ich suche einen Abu Dalo«, sage ich, »kennen Sie ihn?«
»Abu Dalo?«, fragt die Frau und rührt Zucker in ihre Limonade. »Ist das ein arabischer Name?«

»Ja.«
»Hier wohnen seit 1950 keine Araber mehr.«
»Die meisten sind ’48 oder ’49 weggezogen«, fügt der Mann hinzu. Er fährt sich mit dem Finger über das vergilbte Zahnfleisch und zupft Essensreste aus seinen Zahnlücken.
»Wohin?«, frage ich.
»Beit Safafa«, sagt die Frau. Sie hat große, fleischige Hände. »Das ist eine arabische Siedlung. Sie brauchen nur den Bahngleisen für ein paar Hundert Meter in südlicher Richtung zu folgen. Sie können es nicht verfehlen.«
Ich bin baff. Davon hatte Rana nichts gesagt. »Eine Freundin von mir hat einmal in einem Haus gewohnt, das einem gewissen Abu Dalo gehört. Sie hat behauptet, es stehe in der Mekor Chayim.«
»Das ist diese Straße. Wir sagen Ihnen doch, dass es hier seit über fünfzig Jahren keine Araber mehr gibt.«
Ich bin schon ganz enttäuscht, als ich den Mann zu seiner Frau sagen höre: »Warum geht er nicht zu Ketter?«
»Wer ist Ketter?«
»Ketter wohnt seit Ewigkeiten hier«, sagt die Frau und rührt noch mehr Zucker in ihre Limonade. »Ketter weiß alles.«

David Ketters Haus steht hinter einem schmiedeeisernen, von Efeu überrankten Gitterzaun. Er grüßt misstrauisch, bleibt hinter der zwei Meter hohen Barrikade stehen und wägt ab, ob ich vertrauenswürdig bin. *Wer hat dich geschickt? Was willst du?*, fragt sein Blick. Ketter hat eine sanfte, leise Stimme. Als ich sage, ich sei auf der Suche nach einem Haus, das von einem Juden und einem Araber bewohnt werde, zieht er die rechte Augenbraue hoch. Als ich sage, die Nachbarn seien der Ansicht, hier lebten seit über fünfzig Jahren keine Araber mehr, nickt Ketter knapp und streicht sich mit der Hand über den dünnen, grauen Schnurrbart. Er trägt eine verspiegelte Sonnenbrille und fährt mit langen Fingern durch die Eukalyptusblätter.
»Ich habe keine Ahnung, wovon Sie reden, aber vielleicht sollten Sie einfach hereinkommen. Wir könnten uns ein paar alte Straßenkarten ansehen und das Rätsel lösen«, sagt er mehr zu den Pflanzen als zu mir.

Ketters Garten ist eine penibel gepflegte, symmetrische Anlage mit Kakteenbeeten und kunstvoll verlegten Steinpfaden. Ich nehme hinter dem Haus Platz, er holt Tee und Karten. Wir unterhalten uns auf Hebräisch, wobei er mich zum Sprechen ermuntert, meine Grammatik korrigiert und mir Begriffe in Erinnerung ruft, die ich seit meiner Kindheit nicht mehr gehört habe. Ketter wurde 1931 in diesem Haus geboren und hat in allen Kriegen von 1948 bis 1986 gekämpft. Jetzt ist er in Rente und vertreibt sich die Zeit damit, die Waffen zu zeichnen, die er im Laufe der Jahre benutzt hat – detailgetreue Bleistiftskizzen von Granaten und Mauser-Gewehren und Geheimverstecken, in denen die Waffen vor den Briten verborgen wurden. Ketter schreibt zudem an einem Buch über die Geschichte seiner Straße – ein Buch, das wohl niemand jemals lesen wird.

Ketter ist ein Zionist alter Schule. Er ist weltlich eingestellt und verachtet die gläubigen Fanatiker, die aus Nordamerika einwandern. Er ist begeisterter Waffen- und Kartensammler und Gärtner. Nachdem uns verschiedene Straßenkarten aus fünf Jahrzehnten keine entscheidenden Hinweise liefern, führt er mich zu seiner Sammlung im Gartenschuppen.

Im Alter von vierzehn Jahren schloss sich Ketter der Hagana an. Er hat Waffen hinter diesem Haus vergraben und die britischen Waffeninspekteure hinters Licht geführt. Schon in jungen Jahren habe er sich als Gärtner und Scharfschütze hervorgetan, erklärt er in nüchternem Tonfall. In seinem Gartenschuppen dienen leere Granathülsen als Stifte- und Werkzeughalter. Er zeigt mir das Granatenmodell, an dem er gerade arbeitet, eine Nachbildung eines Sprengkörpers aus den Fünfzigern. Stolz erzählt er vom Bombenanschlag auf das King-David-Hotel. »Die Welt schimpfte uns ›Terroristen‹, dabei haben wir um unser Überleben gekämpft. Damals wurde eine Nation geboren.«

Ketters schlimmste Erinnerungen aus jener Zeit betreffen den gnadenlosen Umgang der Hagana mit Juden, die für die Briten spioniert hatten. »Wir waren Juden und haben andere Juden abgeschlachtet«, sagt er und tupft weißen Klebstoff auf einen Metallsplitter, der sich von seinem Granatenmodell gelöst hat. Dann fügt er hinzu: »Wir wussten, was zu tun war. So wie Ben-Gurion Begins

Waffenversteck am Mittelmeer sprengen musste, mussten wir die Verräter töten. So läuft es nun mal, wenn eine Nation entsteht.«
Hinter einem alten Radio aus den 1930ern, das Ketter restaurieren will, entdecke ich das gleiche Farbfoto wie in Zaidas Keller.
»Ilan Ramon«, sage ich und zeige darauf. Ich bin stolz, ihn erkannt zu haben.
Ketter nickt bedächtig. Traurig sagt er: »Ja, ein großer, großer Mann.«
»Kannten Sie ihn?«
»Mein Junge, ganz Israel kannte ihn.« Ketter stützt sich mit einer Hand an der Werkbank ab. »Er war unser Licht in dunklen Zeiten. Als die Palästinenser Baraks Friedensangebot ablehnten und die zweite Intifada ausriefen, verging keine Woche ohne Bombenanschläge. Wir lebten in ständiger Angst. Dass wir trotzdem in der Lage waren, einen Mann in den Weltraum zu schicken, spendete uns Trost. Es erinnerte uns daran, dass wir Großes schaffen, wenn nicht sogar Wunder vollbringen können.«
Ketter spielt geistesabwesend mit einer Klammer. Obwohl Ramon ein säkularer Jude war, hatte er beschlossen, im Weltall die Kaschrut zu befolgen. Ketter sagt, Ramon habe sogar den Sabbat eingehalten. Er, das Kind von Holocaust-Überlebenden, trug eine kleine digitale Tora bei sich. Der jüdische Glaube erstreckt sich bis ins All. Ich erinnere mich an die Fernsehbilder vom Vorjahr. Die entsetzten Reaktionen der Menschen, als das Shuttle beim Wiedereintritt in die Erdatmosphäre verglühte. Keiner der Astronauten hatte eine Chance. Und der seltsamste Zufall an jenem Tag: Die *Columbia* explodierte über dem texanischen Palestine. Leichenteile, Metall und Trümmer regneten auf die Straßen der Stadt.

Wir setzen uns wieder in den Garten und brüten über den Landkarten. Ketters Frau kommt heraus und bringt uns einen Teller mit Sesamkeksen. Ketter betrachtet mich ratlos. Er ist der Ansicht, ich müsse Rana missverstanden haben. »Das Haus, das du suchst, gibt es nicht.« Er tunkt einen Sesamkeks in seinen starken, süßen Kaffee. »Wir leben hier nicht mit Arabern zusammen, verstehst du?«
»Vielleicht gibt es eine Ausnahme?«
»In manchen Gegenden vielleicht, in Akko oder Jaffa. Aber nie

im selben Haus. Und nicht in meiner Straße!« Am meisten beschäftigt Ketter der Gedanke, es könne in der Mekor Chayim einen arabischen Hausbesitzer geben. Wieder und wieder studiert er die Straßenkarte.

»Ich verstehe nicht, warum Sie so energisch bestreiten, dass es jemals Frieden geben kann«, sage ich und versuche, mit der Zunge die Sesamkörner aus meinen Zahnlücken zu fischen.

»Weil du ein Idiot bist«, sagt Ketter, ohne den Blick von der Karte zu heben.

»Danke«, sage ich höflich.

»Nimm es mir nicht übel.« Ketter sieht mir ins Gesicht. »Du bist Kanadier. Du hast keine Ahnung, wie es ist, hier zu leben. Es wird niemals Frieden geben. Wir müssen hier leben, und die wollen unser Land.«

Der Konflikt zwischen Generationen und Geografien ist schwierig, wenn nicht unmöglich aufzulösen. Ketter hat Blutvergießen und Antisemitismus am eigenen Leib erlebt. Er hat sein Land verteidigt und fast mit dem Leben bezahlt. Ich habe von Krieg und Unterdrückung keine Ahnung. Ich weiß nur, was ich in Zeitungen und Büchern gelesen oder in der Bialik gelernt habe. Ich kenne die Karten, die ich wieder und wieder abgemalt habe, Abstraktionen auf Papier, denen ich mich nun im richtigen Leben annähern möchte. Ich werde die Situation nie wirklich begreifen, weil ich nicht in ihr lebe.

»Wir haben ihnen ein Stück Land angeboten, aber die verlangen alles.«

»Wie wäre es mit Verhandlungen?«

»Es gibt keine Verhandlungen. Historisch betrachtet, gehört das Land uns, außerdem haben wir jeden einzelnen Krieg darum gewonnen. Wir werden terrorisiert, aber plötzlich hebt Europa den Zeigefinger und nennt *uns* Terroristen. Europa – wo alle Probleme begonnen haben.« Ketter schweigt und betrachtet die Karte. »Warte mal.« Ich kann ihm beim Denken zusehen. »Wahrscheinlich wohnt dieser Araber, von dem du sprichst, nicht in der Straße, sondern in dem Viertel Mekor Chayim.« Ketter hält das Granatenmodell in der einen, einen Keks in der anderen Hand. »Aber um das zu finden, brauche ich eine andere Karte.«

Kapitel 17

Heute Morgen hat Ketter angerufen. Nach ein paar erfolglosen Abstechern in die Stadtarchive von Jerusalem und ziellosem Umherwandern in der südlichen und westlichen Umgebung der Mekor Chayim, wo ich wahllos Leute ansprach und nach Abu Dalo fragte, fing ich an, die Hoffnung zu verlieren. Dann fand Ketter eine Karte in seinem Keller.

»Da«, sagt er und zeigt auf eine abgelegene Seitenstraße in einem Bebauungsplan von 1951. Sie endet als Sackgasse, und Ketter ist der Meinung, dort könnten Araber gebaut haben. Ich marschiere durch vergilbtes Grasland und überquere die alten Bahngleise. Ein Trampelpfad durchschneidet verdorrte Äcker, die nichts als Steine hervorbringen. Und Stille, ein seltenes Gut in diesem Land. Die offene Ebene ist von Stacheldraht, kaputten Zäunen und verfallenen Betonbauten durchsetzt. Hier draußen wirken sogar das in der Ferne sichtbare, moderne Einkaufszentrum und die riesigen Werbetafeln gedämpft.

Der Trampelpfad führt zu einer schmalen, unbefestigten Straße. Ich biege nach rechts ab und frage den ersten Mann, dem ich begegne, ob hier ein Abu Dalo wohne. Der Mann ist dabei, seinen Garten umzugraben. Er richtet sich nicht einmal auf und keift auf Hebräisch zurück: »Das Arschloch wohnt da drüben.«

Er zeigt auf einen kleinen Bungalow auf der anderen Straßenseite. Im Vorgarten liegen kaputte Ziegelsteine und verkohlte Autoreifen. Das Haus hat zwei Türen – separate Eingänge der zwei Wohnungen, wie ich vermute. Ich wähle die rechte und klopfe. Eine Frau öffnet langsam die Tür und späht mich über die Kette hinweg an. Sie ist Mitte dreißig und trägt ein blaues Kopftuch, das ihr langes schwarzes Haar nur zum Teil bedeckt.

»Was wollen Sie?«, fragt sie argwöhnisch auf Hebräisch.

»Ich wollte das Haus sehen«, sage ich.
»Welches Haus?«
»Dieses.«
»Hier gibt es kein Zimmer zu vermieten, falls es das ist, wonach Sie suchen.«
»Ich will kein Zimmer mieten. Ich möchte das Haus sehen, in dem Rana gewohnt hat.«
»Rana?«, fragt die Frau. »Wer ist das?«
»Sie hat vor fünf Jahren hier gewohnt.« Ich denke mir schnell etwas aus und füge hastig hinzu: »Sie möchte, dass ich die Wohnung, in der sie mal gewohnt hat, fotografiere.«
»Ich kenne keine Rana.«
»Nicht?«
»Was wird ihr vorgeworfen?«
»Gar nichts. Sie ist nach Kanada gezogen. Wir sind Freunde.«
»Sprechen Sie Englisch?«
»Ja, natürlich.«
Es ist, als erweckte die Neutralität meiner Muttersprache Vertrauen – die Frau beruhigt sich und entfernt die Kette. »Möchten Sie hereinkommen?«, fragt sie.
Sie heißt Mary und ist palästinensische Christin. Sie kennt Rana nicht, erlaubt mir aber, ein paar Fotos zu schießen. Ich fotografiere die unebenen Böden, die schiefen Ziegelwände. Ich versuche mir vorzustellen, wie eine ganze Familie hier unterkommen soll, denn die Wohnung ist klein und bietet kaum mehr als einer oder zwei Personen Platz.
»Wo ist Abu Dalo?«, frage ich in der Annahme, Mary sei seine Tochter.
»Abu Dalo wohnt in dem Haus hinter diesem Haus«, erklärt sie. »Die Häuser gehören ihm, das auf der gegenüberliegenden Straßenseite auch.«
»Es gibt also mehr als ein Haus?«
»Ja. Abu Dalo besitzt drei Häuser.«
Dann ist Abu Dalo eine Art Großindustrieller?
Es klopft an der Haustür. Ein Mann mit weißer Stachelfrisur und marineblauem Trainingsanzug unterhält sich auf Arabisch mit Mary. Sie übersetzt für mich.

»Das ist Abu Dalo«, sagt sie. Ich bin so aufgeregt, dass ich auf ihn zuspringe und seine Hand schüttle. Meine Begeisterung scheint ihn zu erschrecken. »Er möchte wissen, was Sie hier wollen.«
Ich erzähle noch einmal von Rana, diesmal gehe ich mehr ins Detail. Ich erwähne, dass sie in Jerusalem studiert habe, aber das scheint meinem Gegenüber nichts zu sagen.
»Rana?«, sagt er schulterzuckend, dreht sich zu Mary um und fragt: »Wer ist Rana?«
»Sie hat jahrelang hier gewohnt«, sage ich.
Abu Dalo zuckt noch einmal die Achseln. Seine Miene sagt: *Ich habe keine Ahnung, wovon dieser verrückte Ausländer spricht.*
Ich sage, Rana habe mit anderen Palästinensern und einem Juden namens Shimon zusammengewohnt.
»Shimon?«, sagt Mary. »Der wohnt nicht hier.«
»Wo dann?«
»Im Haus gegenüber.«
Sie zeigt auf den weißhaarigen Mann, der mir den Weg hierher gewiesen hat. Haus Nr. 3. Ich verstehe gar nichts mehr.
Das »Gespräch« mit Abu Dalo führt zu nichts. Er hat es eilig und versteht nicht, worum es mir geht. Zugegebenermaßen klingt meine Geschichte nicht gerade vertrauenserweckend, und in meiner großen Freude darüber, das Haus – oder die Häuser – gefunden zu haben, entgeht mir, dass ich eigentlich keinen vernünftigen Grund habe, hier zu sein. Etwas Besseres als die Sache mit Rana fällt mir nicht ein, und das nützt mir nichts, weil sich niemand an sie erinnern kann. Was mehrere Fragen aufwirft: Hat Rana jemals hier gewohnt? Habe ich sie missverstanden und Bedeutung in eine Sache projiziert, die an sich bedeutungslos ist? Warum wollte ich glauben, dass ein Jude und ein Palästinenser zusammenwohnen? Es ist, wie Ketter sagte: Ich bin ein Idiot.
Ich kann Abu Dalo überreden, sich mit mir zu verabreden und in Ruhe zu unterhalten, wenn er mehr Zeit hat. Die Geschäfte liefen im Moment hektisch, erklärt Mary ungefragt. Ich versuche, Abu Dalo zu entlocken, womit er sein Geld verdiene, aber da sitzt er schon wieder in seinem silbernen Mercedes Cabrio und düst die Schotterstraße hinunter. Kaum der verarmte Palästinenser, den ich mir vorgestellt hatte.

Ich erkläre Mary, dass ich mich für das Verhältnis zwischen Abu Dalo und Shimon interessiere. Sie fängt zu lachen an.
»Was ist daran so komisch?«, frage ich.
Sie sagt: »Weil die beiden kein Verhältnis zueinander haben.«
»Aber leben sie nicht seit Jahren Tür an Tür?«
»Sie reden nie.«
Ich kann es kaum glauben.
Mary lächelt nervös. »Kann dir doch egal sein.«
»Ich möchte erfahren, wie es die Leute miteinander aushalten.«
»Shimon«, flüstert sie, »ist schlimmer als Hitler!«
»Hitler?«
»Er ist böse, sehr böse.«
»Hat er jemanden ermordet?«
»Ich rede nicht mit ihm«, sagt Mary.
»Warum nicht?«
Sie kichert nervös und sagt: »Komm wieder und frag Abu Dalo. Am Freitagabend hat er meistens Zeit.«
Als ich das Haus verlasse, ist mir schwindelig. Ich habe seit neun Uhr morgens nichts mehr getrunken. Ich überquere die Straße, bleibe stehen und stütze mich vor Shimons Haus an einem Telefonmasten ab, um nicht umzukippen. Die Sonne brennt mir auf den Kopf, es geht mir nicht gut. Ich beobachte den alten Shimon bei der Arbeit. Er wischt sich mit der Linken den Schweiß von der Stirn. Ich möchte ihn ansprechen, fürchte aber, das Bewusstsein zu verlieren. Ich wende mich gen Süden und laufe, bis ich auf die alten, von hohem Gras überwucherten Bahngleise stoße. Irgendwo zwischen Jerusalem und dem Ortseingang von Beit Safafa – die Moschee und die Stacheldrahtzäune pieksen von unten in die weichen Schäfchenwolken am weiten blauen Himmel – krieche ich in einen abgestellten Güterwaggon. Ich sehe Bretter mit rostigen Nägeln, eine benutzte Spritze und eine zerfetzte Matratze, die an der Wand lehnt. Wahrscheinlich gibt es hier Ratten, aber ich habe keine Kraft mehr, mir einen sicheren oder sauberen Ort zu suchen. Ich lege mich zwischen arabischen und hebräischen Flüchen und Parolen zum Schlafen nieder. Ich träume die Wörter des Güterwaggons, bis die Graffiti an den Wänden zerfließen. Sie erwachen zum Leben, entwickeln ein Bewusstsein, torkeln im Sonnenlicht

umher. Die Sätze arrangieren sich zum Dialog – ein arabisches Schimpfwort wird von einem hebräischen Gedicht beantwortet und umgekehrt. »Fick deine Mutter«, »Gott ist 7«, »zweitausend Jahre Hoffnung«, »Juden = Nazis«. Gebete und Flüche in Brudersprachen und Schwestergesten. Schon bald kommen die Sätze aus den Mündern zweier Männer, deren Gesichter ich deutlich erkennen kann. Shimon trägt ein M-16-Sturmgewehr über der Schulter und hält eine Bibel in der linken Hand. Abu Dalo reibt an Dynamitstangen, als wollte er Shimons Zukunft vorhersagen. Abu Dalo und Shimon. Shimon und Abu Dalo. Die beiden werden zu den Wörtern des Güterwaggons und brüllen in Graffitisprache aufeinander ein. Ich wache auf und lese ein schwarz gesprühtes Wort auf blauem Hintergrund: »blind«.

Kapitel 18

Mein Kopf schmerzt, mein Atem geht schwer, meine Beinmuskeln brennen. Ich schwitze den gestrigen Sonnenstich aus. Es tut gut, sich zu bewegen.

Will man mit dem Fahrrad nach Bethlehem, muss man zunächst die steilen Anhöhen Judäas bewältigen. Abgesehen von den Sattelzügen, die mich auf die Kriechspur abdrängen, den ohrenbetäubend lauten Düsenjets am Himmel und den Warnschildern, auf denen »Betreten verboten« steht, fühle ich mich unglaublich frei. Das Ritual der Reise, die Euphorie der Neugier. Ich kann es kaum erwarten, Jesus zu sehen. Ich freue mich auf seinen Geburtsort, wie sich ein Rock'n'Roll-Fan auf Graceland freut. Abu Dalo treffe ich erst in ein paar Tagen, also habe ich Zeit, mir die Gegend anzusehen. Ich habe vor, mit Shimon zu reden, sobald ich Abu Dalos Version der Geschichte gehört habe.

Zu beiden Seiten der Straße öffnet die Wüste ihre Arme und lässt den Reisenden am Wunder des Wachstums teilhaben – Gestrüpp, Kakteen, von der Sonne gebleichte Felsen. Ich komme an der Ausfahrt nach Hebron vorbei, der alten Stadt der Patriarchen und der Heimat des kahanitischen Heiligen Baruch Goldstein. In der Ferne erhebt sich ein mächtiger Berg, das Sonnenlicht verwandelt die Steinhütten in Silbermünzen. Hinter der Stadt endet ein Regenbogen im Nichts.

Vor mir entdecke ich einen Kontrollpunkt ohne Warteschlange. Der israelische Beamte betrachtet die blau-weiße Israelflagge hinten an dem grünen Mountainbike, das mir Max für den Ausflug geliehen hat. Bethlehem mit dem Fahrrad zu erkunden, war seine Idee. Da er zu der Flagge nichts weiter sagte, rechne ich nicht damit, deswegen ein Problem zu bekommen. Der Beamte wirkt misstrauisch und überrascht zugleich. Er fragt mich, wohin ich wolle. Ich sage: Zur Geburtskirche. Ich zeige meinen Reisepass vor, er lässt mich passieren, dann merke ich, warum auf dieser Straße so wenig Reisende unterwegs sind: Mitten auf der Autobahn steht eine hohe Betonmauer, darüber eine gigantische, leicht zerfledderte israelische Flagge. Die Sperranlage.

»Hier kommst du nicht durch, Bruder«, spricht mich ein Mann mit Beinprothese in ganz ordentlichem Englisch an. Er und sein Freund stehen vor einem verrammelten Kiosk. Der Beinlose will auf mich zugehen, aber seine Prothesen sind zu lang und drohen, sich aus der Hüfte zu lösen.

»Willkommen im Ghetto von Bethlehem, Palästina«, sagt der Freund und hebt den Beinlosen hoch, bis dessen Kunstbeine in der Luft baumeln. Das Ganze sieht aus wie eine besonders geschmacklose Bauchrednernummer.

»Vielen Dank«, sage ich.

»Du bist ein Israeli«, sagt der Bauchredner.

»Kanadier«, korrigiere ich.

»Wozu dann diese Flagge?«, fragt der Beinlose.

»Das Fahrrad gehört nicht mir.«

Keine zwei Handbreit von meinem Gesicht entfernt führen der Bauchredner und seine Puppe eine hitzige Debatte. Sie streiten auf Arabisch, aber ich merke auch so, dass es um die Flagge geht. Der Beinlose schüttelt den Bauchredner, der wiederum auf den Beinlosen einbrüllt. Auf einmal kippt die Stimmung. Die beiden verstummen. Die plötzliche Stille fühlt sich bedrohlich an. Ich ahne, gleich wird etwas passieren.

Der Bauchredner reißt das Fahrrad mit beiden Händen an sich. Ich komme bäuchlings auf dem Boden liegend und mit dem Mund voller Staub wieder zu mir. Ich hebe den Kopf und sehe sie verschwinden; der Beinlose sitzt auf dem schwankenden Rahmen und klammert sich am Hals des Bauchredners fest, der in die Pedale tritt, während die blau-weiße Flagge im Fahrtwind flattert. Ich bin noch ganz benommen vom Sturz (bin ich gestolpert oder wurde ich gestoßen?), aber noch bevor ich einen klaren Gedanken fassen kann, haben meine Beine die Initiative ergriffen und sprinten die Schotterstraße nach Bethlehem hinauf. Die beiden biegen in eine Seitenstraße ab, während ich sie verfolge und immerzu »Mein Fahrrad! Mein Fahrrad!« schreie. Der Soldat, keine zweihundert

Meter hinter mir, schaut untätig zu und richtet seine Aufmerksamkeit auf einen Laster, der sich dem Kontrollpunkt von der palästinensischen Seite aus nähert. Ich hätte mir Hilfe gewünscht; eine Leuchtkugel, einen Warnschuss, irgendeine Form der Unterstützung für den bedrängten Touristen.

Die beiden Männer fahren steil bergauf, was nicht mehr lange gut geht, muss der Bauchredner doch für seinen Freund mitackern. Ich hole sie ein und keuche: »Kann ich bitte mein Fahrrad wiederhaben?«

»Ich dachte, das Fahrrad gehört dir nicht?«, sagt der Beinlose.

»Das stimmt. Es gehört einem Freund.«

»Einem Israeli?«

»Ja.«

»Du kannst es nicht wiederhaben.«

»Hört mal, das mit der Flagge tut mir echt leid.«

»Du bist jetzt in Palästina, verstehst du, was das bedeutet?«, fragt der Beinlose.

»Klar«, sage ich. Meine Intuition hat mich diesen Berg hinaufgescheucht, aber nun wünschte ich, ich hätte nicht auf sie gehört. Ist ja nur ein Fahrrad. Es wäre nicht das Ende der Welt, würde ich ihnen das blöde Ding einfach überlassen. Der Bauchredner setzt den Beinlosen auf eine verrostete Mülltonne. Wir stehen vor einem unbewohnten Apartmenthaus: geborstene Fenster, Matratzen mit Einschusslöchern, die womöglich als Schutzschild gegen Armeefeuer gedient haben. Die Straße ist mit Glasscherben, verrostetem Schrott und Klopapierfetzen übersät.

Ich beschließe, das Fahrrad meines Freundes aufzugeben, und trete stillschweigend den Rückzug an. Der Bauchredner macht mir in Zeichensprache klar, dass er an der Innenseite seines Oberschenkels ein Messer mit langer Klinge trage. Ich weiß nicht, ob er nur blufft. Ich stelle mich dumm und ziehe eine ungeöffnete Zigarettenschachtel aus der Tasche.

»Du hast Zigaretten?«, fragt der Beinlose.

Zum Glück habe ich am Morgen zwei Schachteln gekauft. Ich hole auch die zweite heraus und gebe jedem Mann eine.

»Lucky Strike«, sagt der Bauchredner. »Das nenne ich eine Zigarette!«

»Die rösten den Tabak, oder?«, fragt der Beinlose.

Ich erkläre, dass ich den Herstellungsprozess nie mit eigenen Augen verfolgt, aber dasselbe gehört hätte (will heißen, ich habe den Aufdruck auf der Verpackung gelesen). Ich bitte um eine Zigarette. Der Bauchredner gibt mir eine, dann rauchen wir in einträchtigem Schweigen.

»Was für eine bescheuerte Idee, mit so einer Flagge hier aufzukreuzen«, sagt der Beinlose. »Das bringt doch nur Ärger.«

Ich erkläre ihnen, dass ich keinen Ärger, sondern bloß einen Ausflug machen wollte.

»Wenn du an deinem Fahrrad eine israelische Flagge hast, musst du eine palästinensische dazu hängen«, erklärt der Bauchredner.

»Klingt vernünftig«, sage ich.

»Wir sind vernünftige Menschen«, sagt der Beinlose und zündet sich an der Kippe der alten eine neue Zigarette an.

»Woher bekomme ich eine palästinensische Flagge?«, frage ich.

Der Bauchredner sagt: »Wir verkaufen dir eine.«

»Wie viel?«

»Fünfzig Dollar.«

»Fünfzig? Das ist lächerlich!«

»Das ist natürlich ein stolzer Preis«, sagt der Bauchredner, und der Beinlose fügt hinzu: »Du musst verstehen, wir leben hier in großer Armut.«

»Hier kommen nie Touristen vorbei.«

»Hört mal«, sage ich, weil ich nicht weiß, wie man in solchen Momenten am besten feilscht, »ich habe Verständnis für eure Lage. Aber ich habe keine fünfzig Dollar.«

»Wie viel hast du denn?«, fragt der Bauchredner.

»Dreißig.«

»Die reichen uns.«

»Ich habe wirklich nicht mehr.«

»Das ist mehr, als wir haben.«

»Wir haben nichts.«

»Wir beide haben zwanzig Mäuler zu stopfen. Wie viel hast du dabei?«, fragt der Beinlose. Die Argumente haben mich überzeugt; ich rücke meine letzten dreißig Dollar heraus. »Außerdem ist in dem Preis eine Gratis-Führung durch die Geburtskirche enthalten«, sagt der Bauchredner.

»Mit euch?«
»Nein, nein, das erledigt mein Bruder«, sagt der Beinlose.
»Dein Bruder? Wo ist er?«
»Er sitzt im Laden und trinkt.«
»Ich glaube, ich brauche keinen Fremdenführer.«
»Aber deswegen bist du doch hier? Um die Sehenswürdigkeiten anzuschauen?«
»Ja, kann sein«, sage ich.
»Außerdem bekommst du das hier«, sagt der Bauchredner und zieht eine Halskette aus seiner Brusttasche.
»Ich brauche keine Halskette.«
»Bitte, nimm sie als Geschenk.«
»Ich werde sie nicht tragen.«
»Dann gib sie deiner Mutter.«
An der Kette hängt ein großes Holzkreuz. Irgendwie ahne ich, dass meine Mutter sich nicht darüber freuen wird. Ich nehme die Kette dennoch an. Heute ist nicht der Tag zum Neinsagen.

Der Bauchredner und der Beinlose bringen mich zu einem christlichen Souvenirladen gleich neben dem Flüchtlingslager von Bethlehem. Dann machen sie sich auf die Suche nach einer palästinensischen Flagge, wobei sie versprochen haben, höchstens eine Stunde zu brauchen. Ich frage mich, ob ich gerade ausgeraubt werde, muss aber zugeben, dass ich noch am Leben bin und die beiden sich, seit sie mein Geld und meine Zigaretten bekommen haben, sehr freundschaftlich aufführen. Der menschenleere Souvenirladen quillt über vor christlichem Kitsch: Schreibblocks mit Marienaquarellen, schillernde Maria- und Jesus-Postkarten, Jesus-Schlüsselanhänger, die auf Pfiffe reagieren, dazu *Gott – das Brettspiel* und *Johannes – das Kartenspiel* und die Heiligen Drei Könige als Intarsien auf einem Backgammon-Brett. Zwei Männer namens Abdul und Ishmael sitzen beim Backgammon, einer trinkt Kaffee, der andere süßen Wein aus Bethlehem. Auch ich bekomme ein Glas.
»Ich liebe Schesch Besch«, sage ich.
»Wie kann man Schesch Besch lieben?«, fragt Abdul, der Bruder des Beinlosen.
Abdul streicht sich über den Schnurrbart. Er ist ganz auf das Spiel

konzentriert. Er nippt an seinem starken Kaffee. »Seit zwei Jahren tun wir nichts anderes, als Schesch Besch zu spielen. Mal verliert man, mal gewinnt man, am Ende ist es egal. Schesch Besch bedeutet warten. Es ist das Spiel der Verdammten.«
Ich beobachte eine Partie nach der anderen, während mir immer weiter nachgeschenkt wird. Ishmael trinkt mit mir. Er trägt eine dunkle Sonnenbrille und sagt kein Wort. Nur Abdul bricht gelegentlich das Schweigen, um sich über Politik auszulassen.
»Das haben sie uns gegeben. So sieht ihr Frieden aus«, sagt er. »Seit zwei Jahren war kein Tourist mehr in meinem verdammten Laden. Die Touristen haben Angst. Zu Recht! Die Soldaten beschießen uns, wann immer es ihnen passt. Terroristische Bedrohung? Dass ich nicht lache! Du hast ein Sechserpasch gewürfelt.«
»Hehehe.« Ich merke jetzt erst, dass Ishmael blind ist. Abdul sagt Ishmael, was er gewürfelt hat, und Ishmael sagt Abdul, wie er ziehen will. Es ist beeindruckend, offenbar hat Ishmael alle Spielzüge im Kopf, nicht zu vergessen die Position der Steine auf dem Brett. Durch diese Einschränkung ist das Spiel bestimmt viel spannender, als Abdul zugeben will, aber ich halte mich mit Kommentaren zurück. Ich frage Abdul, ob er im Flüchtlingslager wohne.
»Nein, Gott sei Dank. Die Leute da haben es wirklich nicht leicht.«
Ich frage ihn, ob er woanders leben möchte.
»Woanders? Hier ist meine Heimat.« Er zündet sich eine Zigarette an und sieht mich zum ersten Mal an. »Warum fragst du? Willst du mir bei der Flucht helfen?«
»Wie?«
»Ist egal. Gibt so oder so kein Entkommen.«
Noch ein Glas, noch eine Runde Schesch Besch. Der Wein auf leeren Magen und die vielen Gespräche machen mich benommen. Während ich mich frage, ob ich die Kirche jemals sehen werde, tauchen der Bauchredner und der Beinamputierte mit der palästinensischen Flagge auf. Sieht danach aus, als hätte jemand ein weißes Stück Stoff bemalt – die Umrisse stimmen nur ungefähr, die Linien sind schief und krumm. Die Farben Palästinas hängen blass an einem Besenstiel. Mit Klebeband wird die provisorische Flagge an meinem Fahrrad befestigt, dann nicken alle zufrieden, weil die neue Flagge größer als die israelische ist. Größer, jedoch

gefährdet, jeden Moment abzufallen, abzubrechen, vom Wind verweht zu werden. Ich betrachte den sich verdüsternden Himmel und befürchte, dass ein Regenguss die stümperhafte Malerei abwaschen wird.

Ishmael fängt zu kichern an. Es ist ansteckend.

»Wieder Sechserpasch«, sagt Abdul und spuckt seine Zigarettenkippe in den Aschenbecher. »In diesem Teil der Welt haben die Blinden das Glück gepachtet.«

Ich werde die Kirche sausen lassen und stattdessen in südöstlicher Richtung ins Westjordanland radeln. Abdul hat mir eine Straßenkarte gezeigt: Dörfer, Olivenhaine, alte Wüstenpaläste. Kinder rennen mir nach und lachen über die zwei Flaggen, die im Wind flattern, eine straff gespannt, die andere schlaff und riesig. Unerklärlicherweise bleiben beide Flaggen, wo sie sind. Die Kinder lachen und zeigen mit dem Finger auf mich. Ein Mann pflügt seinen Acker, zwei Ochsen ziehen den Pflug. Als ich vorbeifahre, richtet er sich auf und wischt sich den Schweiß aus dem Gesicht.

Kapitel 19

Als Jacob, Ruthie und ich an der Westküste Philosophie studierten, waren die beiden unzertrennlich. Anfang der Neunziger, als die Postmoderne auf dem Campus regierte, trumpfte Ruthie als Theoriegenie auf. Sie hatte radikale Ansichten, verehrte Simone de Beauvoir und Jacques Derrida, gab sich sexuell freizügig und herrlich provokant. Sie stammte aus San Francisco. Inzwischen ist sie nach Israel ausgewandert und religiös geworden. Sie hat einen Mann namens Menachem geheiratet und einen kleinen Sohn bekommen, Herschel. Sie bedeckt ihr Haar, das nur noch ihr Mann sehen darf (früher leuchtete es in einem göttlichen Rotblond). Sie wurde zu einer modernen Kreuzfahrerin und landete im Zuge der Alija in Israel, um Gottes Wort, seine Botschaft, die Tora oder was auch immer zu empfangen. Aus der feministischen Revoluzzerin wurde eine jüdisch-orthodoxe Hausfrau und Mutter.

Als Ruthie konvertierte – oder, wie die Orthodoxen es nennen, die *tshuva*, die *Heimkehr* durchmachte – schrieb sie Jacob einen Brief. Sie bat ihn, alle Liebesbriefe zu verbrennen, die sie ihm geschrieben hatte. Briefe, in denen die Begriffe »glitschiger Wackelpudding«, »Leder« und »General Anal« vorkamen. Ich weiß nicht, ob Jacob ihr den Gefallen tat. Ruthie erklärte, nicht mehr »der Mensch von damals« zu sein. Ich frage mich, was für ein Mensch sie heute ist.

»Wie ich gehört habe, hast du eine nette jüdische Freundin?«, fragt sie.

Es ist früh am Freitagmorgen, wir sind in Westjerusalem bei Ruthie zu Hause. Sie gießt heißes Wasser in einen Becher und rührt drei Teelöffel Nescafé hinein. Instantkaffee trinken wir seit unserem gemeinsamen Studium. Am liebsten mit aufgewärmter Milch. In das so bereitete Getränk lassen sich am besten gekaufte Haferkekse, wahlweise mit oder ohne Rosinen, tunken.

»Sie heißt Judith.«

»Yehudit. Sie hat Holofernes getötet.«
»Genau. Sie hat ihn abgefüllt, verführt und dann geköpft. Meine liebste Frauengestalt in der Bibel.«
Ruthie lacht. »Du hast dich kein bisschen verändert.«
»Du dich schon.«
»Zum Positiven, Baruch Haschem!«
Judith hat vor drei Tagen angerufen, ich habe mich immer noch nicht zurückgemeldet. Ich weiß, dass mich ein Gespräch mit ihr nur aus dem reißen würde, was ich hier gerade erlebe – was immer das ist. Ich will ganz und gar in diese Welt abtauchen. Es muss sein.
Ruthie schaukelt vor und zurück und stillt ihren Sohn Herschel unter einer weißen Häkeldecke. Eine blaue Wollmütze bedeckt ihr Haar.
Ich sage: »Als ich dich das letzte Mal gesehen habe, warst du bekifft und hast Nietzsche gelesen.« Unruhig rutscht sie auf dem weißen Schaukelstuhl herum. Ich lasse den Blick durchs Zimmer schweifen. In den Regalen lauter Bücher über das Judentum, den Talmud, die Familie. Ich entdecke eine Ausgabe von Spinozas *Ethik*. »Ihr habt eine schöne Wohnung«, sage ich.
»Das Leben ist einfach hier. Wir brauchen nicht viel.«
Ich trinke einen Schluck Kaffee. Er ist keine arabische Köstlichkeit, aber es hat etwas Tröstliches, an unserem alten Ritual festzuhalten, zu unserer Gewohnheit von vor zehn Jahren zurückzukehren.
»Erzähl mir von deinem Leben in Jerusalem.«
»Was soll ich sagen? Baruch Haschem, es ist nicht immer leicht, aber ich habe meinen Mann und bin gesund. Ich studiere die Tora und bin noch genauso neugierig wie früher. Das Judentum verlangt von uns, Fragen zu stellen.«
»Zuletzt habe ich gehört, du würdest deinen Doktor in Philosophie machen.«
»Ich kam her und habe mich in Gott verliebt. Bei ihm kriegt das Nichts höllisch auf die Fresse.«
Ich schweige.
»Ich habe mir die Entscheidung nicht leicht gemacht, auch das Leben hier ist nicht leicht. Ich bin weit weg von meiner Familie. Besonders als meine Schwester starb, war es schwierig, hier zu sein. Aber ich habe mich für Gottes Weg entschieden, und dafür muss

ich Opfer bringen. Schon Avraham Avinu hat uns das gezeigt, als er Isaak auf den Berg Moria brachte. Zu glauben ist nie einfach.«

»Ziehst du deinen Glauben jemals in Zweifel?«

»Was wäre das Judentum ohne Zweifel?«

Ruthie hebt Herschel in die Luft. Er reißt die strahlend blauen Augen auf. Er lächelt.

»Was ist mit den vielen Selbstmordanschlägen?«, frage ich.

»Was soll damit sein?«

»Wie fühlt es sich an, in so einer Umgebung ein Kind großzuziehen?«

»Es ist gefährlich, keine Frage. Aber ich glaube an mein Leben hier. Seit zweitausend Jahren schicken wir Gebete nach Jerusalem. Und nun haben wir zum ersten Mal seit Jahrtausenden die Gelegenheit, auch körperlich vor Ort zu sein. Das ist eine unglaubliche, historische Gelegenheit.«

Ich sitze auf einem ungepolsterten Stuhl. Ich würde gern aufstehen und mich recken. Ich frage: »Du wurdest nicht im jüdischen Glauben erzogen, oder?«

»Wir sind nie in die Synagoge gegangen und haben den Sabbat nicht eingehalten. Aber als ich hier aus dem Flugzeug stieg, habe ich mich verwandelt.«

»Inwiefern?«

»Ich habe meine Skepsis abgelegt.«

Am liebsten würde ich sie fragen, ob sie sich an den Glauben klammere, um nicht den Problemen ins Auge blicken zu müssen, die das Leben für uns alle bereithält. Aber das wäre nur mein eigener Midrasch, meine Interpretation. Hinter ihrer Entscheidung steht mehr als der Wunsch nach einer Krücke. Abgesehen davon strotzt das weltliche Mainstream-Ideal – verdienen, verdienen, verdienen, um zu kaufen, kaufen, kaufen – nicht gerade vor Sinn. Aus diesem Grund haben Ruthie und ich Foucault, Marx und wen auch immer studiert. Wir waren jung, wir wollten es mit der ganzen Welt aufnehmen und ihr *Bedeutung* abringen. Im einundzwanzigsten Jahrhundert ist die Orthodoxie zu einer verführerischen Alternative geworden. Das Judentum gründet auf einer strengen Ethik, einer engen Gemeinschaft und einem von Ritualen bestimmten Handeln – egal, ob es ums Händewaschen, Kochen, Aufwachen oder um Sex geht. Jede Handlung wird zum Gebet um Achtsamkeit, wie Rabbi Spero sagen würde. Sogar der intellektuelle Schlagabtausch hat einen festen Platz, was für Ruthies philosophischen Geist sehr verlockend sein muss. Ich beobachte, wie sie ihr Kind hält, es auf Hebräisch anspricht, *malachi, olami*, mein Engel, meine Welt. Sie glaubt an die Einheit von Herz und Verstand. Ich muss zugeben, ich beneide sie um ihren Glauben.

Ruthie legt Herschel ab und tunkt einen koscheren Haferkeks in ihren Kaffee. »Warum hast du sie nicht mitgebracht?«, fragt sie.

»Wen?«

»Yehudit.«

»Ich arbeite. Ich recherchiere für ein Theaterstück.«

»Davon habe ich gehört. Du suchst nach einer Geschichte über den Frieden.«

»Nach einem Haus«, sage ich.

»Hast du ihn gefunden, deinen Frieden?«, fragt sie.

Ich antworte: »Natürlich nicht. Dieses Land ist verrückt.« Ich zerbreche einen Keks in der Mitte. Herschel lutscht an seinen Fingerchen. Ich füge hinzu: »Die Menschen hier sind sehr leidenschaftlich.«

Wir lachen über diese Untertreibung und leeren, einer das Spiegelbild des anderen, gleichzeitig unsere Kaffeetassen.

»Wie geht es Jacob?«, fragt sie.

»Er wird im Herbst heiraten. So wie mein Bruder Aaron.« Ich verschweige, dass sich beide Nichtjüdinnen ausgesucht haben. Ich trommle mit den Fingern auf die Tischplatte. »Ich sehe Jacob nur noch selten. Aber du weißt ja, wie das ist. Wir kennen einander, seit wir vier Jahre alt waren, wir werden immer befreundet sein.«

»Wie ich gehört habe, ist er Lehrer geworden?«

»Die Wege des Herrn sind unergründlich.«

Wir lachen wieder. »Er war gekränkt, als du ihn gebeten hast, deine Briefe zu vernichten«, sage ich.

»Ich bin jetzt ein anderer Mensch.«

»Er hat sich etwas aus dir gemacht.«

»Die Frau, in die er verliebt war, gibt es nicht mehr.«

»Man kann seine Vergangenheit nicht einfach auslöschen. Lehrt uns das Judentum nicht gerade das?«

Bei dieser Antwort zuckt Ruthie zusammen. Ich weiß nicht, wieso ich für Jacob spreche. Schließlich kann mir egal sein, was aus der Beziehung der beiden geworden ist. Vor zehn Jahren haben wir geschimpft und debattiert und wollten die Welt mit dem Gedankengut von Zwanzigjährigen revolutionieren. Inzwischen haben sich unsere Wege getrennt. Es sollte mir egal sein. Aber irgendwie fasse ich Ruthies Konversion zur Orthodoxie – ihre Überzeugung, ihren Glauben – als persönliche Herausforderung auf. Ich möchte die Ruthie, die ich kannte, nicht loslassen und mich gleichzeitig vergewissern, für mich die richtigen Lebensentscheidungen getroffen zu haben. Die Verlockung, meinem Glauben nachzugeben, ist riesengroß; mich den Ritualen, der Religion, Gott vorbehaltlos hinzugeben.

»Du wohnst bei meinem Freund Max?«, fragt Ruthie, um das Thema zu wechseln.

»Er ist toll. Danke für den Kontakt.«

»Er hat erzählt, du bist nach Ramallah gefahren?«

»Ich habe einen palästinensischen Freund besucht.«

»Deine Weltoffenheit habe ich immer bewundert, Jonathan.«

»Danke.«

»Aber du hast keine Ahnung vom Leben hier.«

Mein erster Gedanke ist, Ruthie zu sagen, sie solle die Klappe halten. Langsam regt mich dieser Satz wirklich auf. Unserer alten Freundschaft zuliebe gebe ich nach und sage: »Es muss schwierig sein, in einem Land zu leben, das ständig von der ganzen Welt beobachtet wird.«

»Gott hat es so gewollt«, antwortet sie. »Wir geben den moralischen Standard vor, die Messlatte, an der sich der Rest der Welt vergleichen muss. Wir tragen große Verantwortung.« Ruthie steht auf. Sie legt Herschel in seine Wiege. Sie schaukelt das Holzbettchen hin und her.

»Ein süßer Junge«, sage ich.

»Willst du heute den Sabbat mit uns feiern?«

»Ich habe schon was vor.«

»Dann musst du in ein paar Wochen zum Sederabend kommen. Bitte. Ich bestehe darauf.«

Als Ruthie das sagt, mustert sie aufmerksam mein Gesicht. Hinter ihrer neuen Erscheinung – die bedeckten Schultern, die versteckten Haare, die Augenringe, die die junge Mutter verraten – kann ich die Ruthie von früher erkennen, die schöne, wilde Ruthie mit den grünblauen Augen. Auf einmal sind wir wieder in British Columbia, sie trägt ein schwarzes Trägertop, das ihre schmalen Schultern entblößt, ihre Schönheit, die mich nervös macht. Ich erinnere mich daran, wie wir beide unter einem Erdbeerbaum auf dem Campus einschliefen. Sie war an mich herangerollt und hatte ihren Kopf auf meine Brust gelegt. So lagen wir da, nichts als gute Freunde, einen ganzen Nachmittag lang.

»Gern«, sage ich, »dann komme ich zum Seder.«

»Du wirst meinen Mann kennenlernen. Ihr werdet euch gut verstehen. Er hat eine künstlerische Ader.«

»Du kannst kochen?«, frage ich.

Sie verzieht das Gesicht. »Ich lerne noch.«

Ich sage, ich müsse los. Ich erzähle ihr nicht, dass Abu Dalo mich an diesem Tag, am Vorabend des Sabbat, erwartet und ich mich noch auf das Gespräch mit ihm vorbereiten muss. Ich stehe auf, um Ruthie zu umarmen. Sie hebt abwehrend die Hände, bevor ich ihr zu nahe kommen kann. »Nein, das geht nicht.«

Ruthie, meine alte Freundin, der ich nicht einmal mehr die Hand schütteln darf.

»Nur mein Mann.«

Kapitel 20

Abenddämmerung. Eine Alarmsirene heult. Der Krach erschreckt mich zu Tode. Ich lasse den Stift fallen, renne aus Max' Wohnung auf die Straße und rechne mit dem Schlimmsten. Mit schluchzenden, vor Kummer rasenden Müttern und Vätern. Mit Helfern des ZAKA-Rettungsdienstes, die Leichenteile einsammeln und für die Beerdigung in Plastikbeutel stecken. Wut und Entsetzen, Reporter, Soldaten, ein alter Mann, der klagend niemand Bestimmtes anruft oder Gott – warum, warum? Stattdessen sehe ich nur ein paar chassidische Juden mit ihren Tallittaschen vorbeieilen. Ein kleines Mädchen, das fröhlich hüpft. Einen alten Mann mit weißer Robe, der in aller Ruhe vorbeischlendert.

Auf der Straße dreht sich jemand nach mir um. Es ist Max. Er hat den Beutel mit seinem Tallit in der Hand, lächelt mich an und ruft: »Schabbat Schalom!« Dann bemerkt er die Panik in meinem Gesicht. »Ist alles okay?«

»Die Sirenen!«

Max schlägt mir auf den Rücken. »Der Schabbes fängt an. *Das* bedeuten die Sirenen!«

Erleichtert und mit dem Gefühl, mich zum Idioten gemacht zu haben, folge ich Max in die Wohnung. Er erklärt mir den Ablauf. Wir überlegen gemeinsam, welche Lampen wir den Sabbat über brennen lassen wollen, damit wir in den nächsten vierundzwanzig Stunden keine Schalter umlegen müssen. Wir entscheiden uns für Bad, Flur und eine Lampe im Obergeschoss. Mein erster Sabbat in einem gläubigen Haushalt, seit ich nicht mehr zu Hause wohne.

Max fragt ein letztes Mal, ob ich ihn wirklich nicht zum Sabbat-Abendessen bei Ruthie begleiten wolle. »Sie möchte so gern, dass du ihren Mann kennenlernst«, sagt er.

»Ich würde gerne mitkommen, aber ich bin schon verabredet.«

»Wo gehst du hin?«
»Mekor Chayim.«
Max reibt sich die Augen und setzt seine Brille auf. »Also gut«, sagt er und überzeugt sich noch einmal davon, dass alles für den Ruhetag vorbereitet ist. Er nimmt seinen Tallit, schüttelt mir die Hand und sagt: »Schabbat Shalom.«

Nachlaot zählt zu den schönsten Vierteln von Jerusalem. Die Mauern wirken weich; die Steine fühlen sich an, als gäben sie beim geringsten Druck nach. Alle Gassen, Häuser und Plätze sind aus diesem porösen Sandstein gebaut. Hier schreitet man durch die Geologie, man kann sie atmen, spüren.
Nachlaot entstand im neunzehnten Jahrhundert, als die jüdische Immigration Fahrt aufnahm. In der Altstadt wurde es bald zu eng, so dass sich viele Juden in der heute als Stadtmitte bekannten Gegend niederließen. In den 1960ern und 1970ern zog das Viertel viele Künstler an, inzwischen ist es religiös geworden. An fast jeder Ecke steht eine Synagoge. Wenn man durch die Straßen läuft, hört man ein und dasselbe Gebet auf unzählige Arten gesungen – als jemenitische Klage, als Hippie-Riff im Stil von Schlomo Carlebach, als äthiopischen Singsang, als aschkenasisches Trauerlied. Der Text ist fast immer gleich, aber die Melodien sind so verschieden, dass man kaum glauben kann, dasselbe Gebet zu hören. Mein Hirn fühlt sich an, als würde es gekitzelt. Die Stimmen rühren an das Sprach- und Musikzentrum in meinem Kopf, wo die Blaupausen liegen, die mir als Kind mitgegeben wurden. Es ist, als sängen die wild in meinem Hirn umherschießenden Neuronen. *Danke, dass Du uns nach Jerusalem mitgenommen hast!*
Ich biege nach links in eine schmale Gasse ab. Ich weiß nicht, wo ich bin. Es fühlt sich nicht richtig an, ausgerechnet den ersten Sabbat hier zu schwänzen. Ich rede mir ein, dass ich noch genug Freitagabende in dieser Stadt erleben werde und die Gelegenheit, mit Abu Dalo zu sprechen, beim Schopf packen muss. Außerdem laufe ich *zu Fuß* nach Mekor Chayim, ein Marsch von mindestens fünfundzwanzig Minuten. Es ist mein Sabbat-Kompromiss.
Ich versuche einen anderen Durchgang in der Hoffnung, etwas wiederzuerkennen. Nachlaot ist ein Gewirr aus Gassen und Höfen,

ein spärlich ausgeleuchteter Irrgarten. Kerzen in den Fenstern erhellen die dunklen, schmalen Steingassen. Es riecht durchdringend nach Hühnersuppe und ofenfrischem Challa. Ich habe mich verlaufen. Zunächst ergreift mich Panik, aber dann beruhige ich mich und kann meine Verwirrung genießen. Der steinerne Irrgarten hat etwas Tröstliches. Ich halte mich an dem Gedanken fest, dass mich der unbeleuchtete Pfad an ein bestimmtes Ziel bringen wird. Der Irrgarten ist in Wirklichkeit ein Labyrinth. Ich marschiere in der Hoffnung hinein, eine Entdeckung zu machen.
An einer Straßenecke sitzt ein Mann und bettelt mit ausgestreckter Hand. Ich durchsuche meine Taschen, habe aber, weil der Sabbat beginnt, kein Kleingeld dabei. Ein einzelnes Auto rast durch die Parallelstraße. Ein vertrauter Anblick: die Straße nach Rechavya. Ich biege nach links ab, lasse Nachlaots Mauern hinter mir und bin auf dem Weg zu Abu Dalo.

Sein Haus steht hinter dem von Mary und versteckt sich hinter Olivenbäumen. Abu Dalo wohnt in einer Villa.
Er empfängt mich an der Tür und schüttelt freudig meine Hand. Heute Abend wirkt er vollkommen verändert und begrüßt mich wie einen alten Freund. Er führt mich durch einen engen Flur in den dritten Stock hinauf. Im Treppenaufgang hängen zahlreiche Fotos. Eines davon zeigt, wie er mir erklärt, das geteilte Beit Safafa während der Waffenruhe mit Jordanien im Jahr 1948: Eine Hälfte der Stadt war jordanisch, die andere israelisch. Er habe, erklärt Abu Dalo und zeigt auf ein Bild, im israelischen Teil gewohnt. Auseinandergerissene Familien treffen einander am Zaun, versuchen, einander über dem Stacheldraht zu berühren.
Im Hauptzimmer des dritten Stocks gibt es kaum Platz genug zum Stehen, so vollgestopft ist es mit einer bizarren Souvenirsammlung – kitschige Gemälde von Bauchtänzerinnen in Kairo, russische Holzpuppen, Essstäbchen mit dem leuchtenden Schriftzug »Peking«. Abu Dalo läd mich ein, inmitten des Chaos auf einem klapprigen, unbequemen, uralten und offenbar selbst gezimmerten Hocker Platz zu nehmen – »unser bestes Stück«, wie er mit großer Geste versichert. Mary ist als Dolmetscherin dabei. Abu Dalo stellt mir seine Frau Fathiya vor. Sie ist ganz in Schwarz gekleidet –

schwarze Jeans, schwarzer Pullover. Auf dem Tisch stehen Kaffee und Kekse. Mary setzt sich neben mich.
Sie erklärt mir, Abu Dalo habe sich nach unserer ersten Begegnung doch noch an Rana erinnert. Seit Mitte der Neunziger hätten viele Menschen in dem Haus gewohnt; Abu Dalo wolle sich für seine Schroffheit entschuldigen. Die Entschuldigung kommt mir seltsam und unpassend vor.
»Du bist Schriftsteller?«, fragt Abu Dalo auf Englisch.
»Ja«, antworte ich.
»Ich auch!«, ruft er.
»Sie sind Verleger«, berichtigt ihn Mary.
»Nein, ich bin Schriftsteller«, sagt Abu Dalo.
»Er ist Verleger«, sagt Mary. »Unten im Keller steht eine Druckerpresse.«
»Du schreibst einen großen Artikel für die Zeitung?«, fragt Abu Dalo.
»Ein Theaterstück«, erkläre ich.
Fragend sieht Abu Dalo Mary an, die die Übersetzung nachliefert. Er klatscht in die Hände: »Theater!« Er reibt die Handflächen aneinander wie ein Kind. »Richard Gere«, sagt er und zeigt auf sich.
»Ich versuche mein Bestes«, sage ich, »aber das Stück ist noch nicht fertig.«
Mary erzählt es ihm, woraufhin er ein verstörtes Gesicht macht.
»Wann wirst du das Stück schreiben?«, fragt sie.
»Sag Abu Dalo, ich muss die Geschichte des Hauses erfahren, bevor ich das Stück schreiben kann.«
Kaum, dass Mary das übersetzt hat, springt Abu Dalo auf und läuft aus dem Zimmer. Er kommt mit einem Stapel Kopien zurück: Visa für sich und seine Frau, als sie als Pilger in Mekka waren, Fotos von der Wohnung in Kairo (in die sie, sagt Abu Dalo, nicht könnten, weil Israel sie nicht aus- und Ägypten sie nicht einreisen lasse), ein Kontoauszug über 1,5 Millionen Schekel. So viel, behauptet er, habe er dem Staat beim Rückkauf des Hauses bezahlt.
»Er möchte, dass du die Dokumente an dich nimmst«, sagt Mary.
Abu Dalo lächelt breit.
»Wozu?«, frage ich.
»Für deine Recherchen«, sagt Mary.

Abu Dalo verschränkt seine Hände in der universellen Geste für »Handschellen«. Mary sagt: »Schick sie nach Kanada. Nimm sie nicht als Gepäck mit, der Zoll würde dich verhaften.«
Ich stecke die Kopien ein und beschließe, sie später bei Max genauer in Augenschein zu nehmen. Dann kann ich immer noch entscheiden, was ich damit anfangen soll. Ich entdecke einen arabischen Zeitungsausschnitt mit einem Foto von Abu Dalo, der breit grinsend ein Dokument in die Kamera hält. Ich frage, was es mit dem Artikel auf sich habe. Mary sagt: »Da hat er den Prozess um das Haus gewonnen.«
Mit Marys Unterstützung breitet Abu Dalo die Details für mich aus: »1908 hat mein Vater das Haus gebaut, in dem Shimon heute lebt.« Als Shimons Name fällt, spuckt Fathiya auf den Boden. »1948 kam es zur Nakba.« Abu Dalo hält inne und lauscht Marys Übersetzung, wobei er sie nicht aus den Augen lässt, die Hände energisch auf die Knie stützt und jedes ihrer Worte mit einem Nicken bekräftigt. »Die jüdische Armee sagte uns, wir müssten gehen, deswegen flohen wir nach Beit Safafa. Als wir nach einer Woche zurückkamen, war Shimon in unser Haus eingezogen.«
»Wie alt waren Sie damals?«
»Drei. Wir schliefen vor dem Haus und Shimon darin. Er lachte uns aus.«
»Er ist schlimmer als Hitler«, fügt Fathiyah hinzu.
»Mein Vater schmiedete einen Plan. Er wehrte sich. Er wollte nicht klein beigeben.«
Ich sage: »Er hat sich im Schlafzimmer verschanzt, nicht wahr?«
Nun brechen Abu Dalo, Fathiyah und Mary in schallendes Gelächter aus. Sie streiten auf Arabisch, lachen und schlagen sich auf die Knie. »Niemand«, sagt Mary schließlich, »weiß genau, ob die Geschichte stimmt.«
»Abu Dalo kann sich nicht erinnern?«
»Seine Brüder könnten es noch wissen, aber die reden nicht mehr mit ihm.«
»Warum nicht?«
Mary beugt sich vor und dämpft ihre Stimme: »Er hat sie wegen des Grundstücks verklagt.«
»Seine eigenen Brüder?«

»Habibi«, sagt Abu Dalo. Er nennt mich »Schätzchen«. »Ich habe so viel Geld vor Gericht verloren, dafür hätte man eine Villa in Frankreich kaufen können. Und was haben meine Brüder getan?« Einer ist Lehrer, der andere Arzt. Beide sind sehr erfolgreich. Sie wohnen nebenan.

Mary bringt uns auf 1948 zurück. »Nach zwei Wochen baute sein Vater direkt neben dem Haus einen Unterstand.«

»Hat er mit Shimon geredet?«

»Es gab viel Geschrei.«

»Haben Sie sich das Haus geteilt?«

Abu Dalo kratzt sich am Kopf. Er weiß es nicht. Er erinnert sich daran, dass sein Vater die Sache vor Gericht brachte. In den folgenden Jahren errichtete die Familie ein zweites Haus direkt gegenüber. Ein einfaches Gebäude, in dem heute Mary wohnt. Sie sagt: »Nach zwölf Jahren gerichtlicher Auseinandersetzung entschied der Richter, dass Shimon in dem Haus bleiben darf.«

Ich erinnere mich an Ranas Worte. Wer damals an einem bestimmten Tag nicht zu Hause war, galt als abwesend (die meisten der Abwesenden waren geflohen oder nach Jordanien, Gaza, Syrien oder in den Libanon abgeschoben worden). Wer abwesend, aber noch im Land war, galt als »anwesender Abwesender« oder »interner Flüchtling«. Abu Dalos Familie wäre in diese Kategorie gefallen; sie verließen das Haus für eine Woche oder länger, um den Ausgang des Krieges abzuwarten, hatten aber immer vor, zurückzukehren. Aus diesem Grund hatten sie auch all ihre Habseligkeiten im Haus gelassen. Dass Shimon einfach dort einziehen und wohnen durfte, war damals gängige Praxis. Viele Juden bezogen die verlassenen Häuser von Palästinensern.

Mary sagt: »Der Richter hat jedoch ein ungewöhnliches Urteil gefällt. Shimon durfte zwar weiterhin in dem Haus wohnen, aber es gehörte immer noch Abu Dalo.«

»Dann ist Shimon also Abu Dalos Mieter?«

»Ja.«

»Wie lange läuft der Mietvertrag?«

»Lebenslang«, sagt Mary.

Ernst fügt Abu Dalo hinzu: »Mein Vater ist gestorben, weil er nicht in sein Haus zurück konnte. Er starb an gebrochenem Herzen.«

Mary ergänzt: »Und es wurde noch schlimmer, als Azulays Tochter einzog.«
»Wer ist Azulay?«
»Azulay war ein marokkanischer Jude. Er hatte sich das Haus seit 1948 mit Shimon geteilt.«
Abu Dalo: »Wir lebten auf dieser Straßenseite in unserem Haus und die Juden drüben in ihrem.«
»Wo ist Azulay heute?«
»Er ist gestorben«, sagt Fatiyah und löffelt Zucker in ihren Tee.
»Er ist gestorben«, sagt Mary, »und dann zog seine Tochter aus Tel Aviv hier ein. Sie behauptete, das Haus stünde ihr zu.« Abu Dalo zeigt auf sein Foto in der Zeitung, während Mary spricht. »Als Azulays Tochter einzog, verklagte Abu Dalo sie. Die Tochter behauptete, seit sechs Monaten hier zu wohnen. Hätte sie das beweisen können, wäre ihr das Haus rechtmäßig zugefallen.«
Abu Dalo fügt hinzu: »Aber in Wahrheit hat sie seit fünfzehn Jahren nicht mehr mit ihrem Vater geredet. Also sage ich zu ihr: Hau ab. Ich habe sie verklagt und gewonnen.«
»Dann kamen Rana und die andere Palästinenserin …«
»Wann war das?«
»1997.«
»Was hat Shimon dazu gesagt, dass Palästinenserinnen bei ihm einziehen?«
Alle schweigen. Mary sieht Abu Dalo an, Abu Dalo sieht Fathiyah an, Fathiyah reibt an einem Kratzer in der Tischplatte. Rana hatte gesagt, das Leben als Shimons Nachbarin sei größtenteils schwierig und unangenehm gewesen, aber es habe auch gute Momente gegeben. Sie sagte: »Wenn er betrunken war, haben wir uns gut unterhalten. Außerdem kam er zu meiner Verlobungsfeier. Er hat sich wirklich für mich gefreut, als er erfuhr, dass ich heiraten würde.«
Abu Dalo hält einen langen Monolog auf Arabisch. Mary und Fathiyah hören aufmerksam zu, sie hängen an seinen Lippen. Seine Rede klingt leidenschaftlich, ein ständig zwischen Wut und Tragik schwankendes Plädoyer. Dann steht Abu Dalo auf und schlägt mit der Hand auf den Tisch, nur um sich höflich wieder zu setzen. Ich möchte unbedingt wissen, was er gesagt hat. »Na ja, die Miete war niedrig. Abu Dalo hat ihnen einen guten Preis gemacht.«

»Das hat er gesagt?«
Abu Dalo nickt.
»Hm«, sage ich und setze mich auf. »Wohnen immer noch Araber drüben bei Shimon?«
»Nein«, sagt Mary. Abu Dalo kratzt sich am Kopf.
»Was ist mit Shimon?«
»Er bezahlt seine Miete an Abu Dalo«, sagt Mary.
»Sehr wenig«, sagt Abu Dalo und fügt ergänzend hinzu: »Ich warte darauf, dass er stirbt.«
»Was für ein Verhältnis haben Sie zu Shimon?«, frage ich.
Eine hitzige Debatte entspinnt sich. Mary und Abu Dalo tauschen Argumente aus. Dann sieht mich Abu Dalo verächtlich an. »Wir haben kein Verhältnis«, sagt er und schickt sich an, das Zimmer zu verlassen.
»Überhaupt kein Verhältnis?«, sage ich und folge ihm. »Rana hat gesagt, Sie hätten sich manchmal unterhalten. Auf Arabisch.«
Abu Dalo bleibt stehen und sagt: »Das Grundstück gehört mir, das Haus gehört mir, und er gehört auch mir.«

Die Diskussion mit Abu Dalo und Mary über die Geschichte des Hauses verwirrt mich. Ich versuche, mir die Jahreszahlen zu merken – wer wann wo wohnte, wann was gebaut und wie es aufgeteilt wurde –, aber das meiste deckt sich nicht mit Ranas Erzählungen. Nie hatte sie Azulay erwähnt. Außerdem hatte sie gesagt, Shimon habe das Haus 1967 besetzt, nicht 1948, wie Abu Dalo behauptet. Ich frage mich, wie Shimon das Ganze sieht.
Ich hatte das Haus für außergewöhnlich gehalten, weil ich dachte, Shimon und Abu Dalo teilten es friedlich. Was offensichtlich nicht der Fall ist. Außergewöhnlich ist nur, dass Abu Dalo überhaupt geblieben ist. »Früher wohnten hier viele Palästinenser«, sagt Abu Dalo, »reiche Leute.« Er wuchs als Palästinenser in einem jüdischen Viertel auf. Er besuchte eine jüdische Schule und wurde von den anderen Jungen als dreckiger Araber beschimpft. Vor ein paar Jahren waren seine Kinder von der Schule nach Hause geschickt worden, weil es in der Woche einen Bombenanschlag gegeben hatte. Die jüdischen Schüler hatten seine Kinder bezichtigt, Terroristen zu sein. Der Staat mache es ihnen schwer zu bleiben,

erzählt Abu Dalo, und zerre sie wieder und wieder vor Gericht. Er räumt ein, dass es ihm manchmal zu viel geworden sei; zeitweise seien er und seine Frau in andere Viertel umgezogen. Und dennoch kam er immer wieder hierher zurück. Warum?
Abu Dalo geht ins Nebenzimmer und kommt mit einem alten Messingschlüssel zurück. Er zeigt ihn mir, aber ich darf ihn nicht berühren. »Der ist von meinem Vater Ibrahim. Dieses Haus hier hat er ebenfalls gebaut. Er wurde hundertfünfzehn Jahre alt. Er weigerte sich, zu sterben, bevor nicht sicher war, dass wir bleiben können. Er bestand darauf: Wir müssen auf unserem Land bleiben.« Abu Dalo zieht eine Grimasse. »Gesegnet sei der alte Sturkopf.«

Draußen ist es dunkel. Auf der anderen Straßenseite, in Shimons Fenster, flackern die Kerzen. Zuckende Schatten, lebendige Gesichter an der Esszimmerwand. Sabbat: das Ende der Arbeitswoche, ein Abend und ein Tag der Ruhe. Ich denke an Judith und frage mich, ob sie heute Abend in der Minsk ist, um zu beten und mit den alten Männern zu essen. Ich muss auch an Rana denken. Sie hat erzählt, dass sie, als sie in dem Haus wohnte, nur eine dünne Wand von Shimon getrennt habe. Sie konnte die Lieder hören, die seine Familie am Sabbat sang, und sie fühlte eine Wärme, die sich wochentags nicht einstellte. »Ich hörte die Schönheit des Judentums«, hatte sie gesagt, »und ich erinnerte mich daran, dass Juden und Muslime jahrhundertelang friedlich Seite an Seite lebten.« Ich bilde mir ein, Shimon in seinem Schaukelstuhl sehen zu können. Seine Frau, seine Kinder und Enkel sind bei ihm. Am liebsten würde ich anklopfen und um Einlass bitten. Shimon liest aus seinem Siddur vor, die Kinder hören zu. Worum geht es heute, welches der Gebete wird er singen?

Kapitel 21

Einige Tage später. Ein Telefonat.

JUDITH: Wir geht die Arbeit mit Barak voran?
ICH: Ich habe ihn noch nicht getroffen.
JUDITH: Warum nicht? Ich dachte, du hättest mich deswegen nicht angerufen. Ich dachte, du wärst zu beschäftigt.
ICH: Ich war beschäftigt. Aber ich treffe ihn heute.
JUDITH: Und wie ist es dort? Hast du den Boden geküsst, als du aus dem Flugzeug gestiegen bist?
ICH: Nein, ich habe die Landebahn nicht geküsst.
JUDITH: Warst du schon in Yad Vashem?
ICH: Nein.
JUDITH: In der Davidszitadelle?
ICH: Nein.
JUDITH: An der Klagemauer?
ICH: Ich habe noch nichts Touristisches unternommen. Aber ich war im Westjordanland. Und das Haus. Ich habe es gefunden. Aber es ist alles ganz anders, als ich dachte. *Pause.* Hallo? Judith? Bist du noch dran?

Vier Soldaten filzen mich, bevor ich auf den Mahane Yehuda darf. Ich nehme die Abkürzung zur Jaffa Road, wo ich in ein Sammeltaxi steigen und zu Barak nach Tel Aviv fahren werde. Die Sicherheitskontrollen sind normal, aber auf dem Markt geht es heute seltsam ruhig zu. Das Geschrei der Händler, die Orangen, Auberginen und Hummus anpreisen, ist zu einem heiseren Flüstern gedämpft. Die Obsthändler bieten ihre Ware lustlos feil, so als wollten sie keine Geschäfte machen, außerdem laufen nur wenige Käufer herum. Ein Dutzend Soldaten mehr als üblich hat den Markt im Auge. Sie tragen Pilotenbrillen und kugelsichere Westen. Sie haben M-16-

Gewehre, Sprengstoffdetektoren und Funkgeräte. Ihre Körpersprache sagt: *Wag es nicht, mir oder meinem Volk zu nah zu kommen.* Ich frage mich, was los ist.

Ich fühle mich in diesem Land noch nicht ganz wohl, aber ich fange an, mich an das Leben hier zu gewöhnen. Es ist nicht leicht. Während ich durch die langen Gänge des Marktes laufe, fällt mir der Stadtplan ein, den Max mir gezeigt hat und auf dem alle Attentate seit Beginn der zweiten Intifada eingetragen sind. Max sagte: »Diese Karte hat aus mir, dem Linken, einen Rechten gemacht. Mit dieser Karte hat meine Liebe aufgehört.«

Ich wollte wissen, wie er das meine. Ich fragte seine Freunde, ob Max bei einem Anschlag seine Freundin verloren habe? Sie sagten: »Baruch Haschem, Max ist Single, seit wir denken können. Ein Gutes hat sein Junggesellenleben für sich: Er hat niemanden, den er verlieren könnte.« Später hat mir Max erzählt, dass er dicht macht, sobald er aus den Nachrichten von einem Selbstmordanschlag erfahre. Kaum, dass er eine Frau kennengelernt habe, ziehe er sich schon wieder zurück und meide sie. »Ein anderer Mensch bringt dich dazu, dich der Welt zu öffnen«, sagt er, »und weich zu werden. In Amerika mag das okay sein. Hier ist es das nicht.«

Ich wollte etwas entgegnen. Ich wollte sagen: Aber wer möchte so leben? Ich ließ den Blick über die roten und blauen Stecknadelköpfe schweifen, die er in den Stadtplan von Jerusalem gesteckt hatte. Plötzlich bekamen die westlichen und östlichen Grenzmarkierungen eine neue Bedeutung, die antiken, heiligen Stätten erfüllten sich mit Angst und Schrecken. Ich verspürte den Wunsch, die Stecknadeln herauszuziehen, aber ich wusste, dass nur eine durchlöcherte Karte zurückbliebe.

An einem Zeitungskiosk fällt mein Blick auf die aktuelle Ausgabe der *Herald Tribune*. Auf der Titelseite sehe ich das Bild eines Mannes mit langem weißen Bart, der im Rollstuhl sitzt. Ich lese, dass Scheich Ahmad Jassin, geistiger Anführer der Hamas, gestern Früh von drei Hellfire-Missiles getötet wurde. Sie trafen ihn, als er eine Moschee in Gaza-Stadt verließ.

»Rechnet mit Vergeltung«, sagt Rantisi, Mitbegründer der Hamas. »Israel wird in seinen Grundfesten erbeben.«

Der Zeitungsverkäufer will, dass ich mich beeile, die blöde Zeitung entweder kaufe oder es lasse. Hauptsache, ich entscheide mich endlich. Ich beschließe, statt der Zeitung einen Apfel zu kaufen, den ich aber nicht esse.
Da drüben kauft ein Mann in chassidischer Tracht Gurken. Eigentlich sollte er in Ordnung sein. Er trägt *pejes* und einen dünnen Bart. Er ist jung und ganz in Schwarz gekleidet, so als käme er direkt aus dem achtzehnten Jahrhundert. Aber heute ist er der perfekte Verdächtige. Sein Mantel fällt ihm locker über die Hüften, möglicherweise hat er etwas zu verbergen? Nennen wir die Dinge beim Namen: Die Haut dieses vermeintlich sephardischen Juden ist viel dunkler als die eines Aschkenasim. Seine Hautfarbe ist ein Warnsignal, eine Möglichkeit.
Ein weitverbreitetes Ratespiel im Nahen Osten: Wer ist der Selbstmordattentäter? Heute ist ein guter Tag dafür. Weiter vorn versucht eine faltige alte Frau, eine übergroße Wassermelone aufzuheben, bekommt sie aber nicht vom Tisch. Sogar sie könnte eine Attentäterin sein. Verdammt, am Ende steckt die Bombe in der Melone. Warum nicht? Terroristen sind erfinderisch. Nichts ist unmöglich.
Die Wassermelonenoma dreht sich zu mir um. »Junger Mann, würden Sie mir bitte helfen?«
»Auf keinen Fall«, sage ich und gehe weiter. Bleibe vor den Zeitungen stehen.
»Von diesem Augenblick hat Jassin lange geträumt. Scharon hat die Pforten zur Hölle geöffnet.«
Auf einmal sehe ich Mrs. Blintzkrieg vor mir. Ich frage mich, was sie dazu sagen würde.
In der Siebten war Mrs. Blintzkrieg meine Klassenlehrerin. Sie lehrte uns das Fürchten und schließlich Ehrfurcht. Einmal hob sie ein ganzes Lehrerpult hoch, um verlorengegangene Zettel zu sichern. Das Pult muss fünfzig Kilo gewogen haben. Mit einer Hand stemmte sie den Metalltisch an, mit der anderen hob sie die Blätter auf. Ich war mir sicher, das Pult würde runterkrachen und ihre Hand zerquetschen. Aber Blintzkrieg zögerte nicht, sie bat nicht um Hilfe, sie versagte nicht. Sie war furchtlos, womit der Unterschied zwischen ihr und mir, zwischen Israel und Kanada klar

umrissen war. Ich sehnte mich nach einer solchen Überzeugung, nach solcher Stärke. Ich wollte sein wie Blintzkrieg.
Nach ihrer Stärke sehne ich mich immer noch, aber mit ihrer selbstgerechten Art käme auch sie in meiner Lage nicht weiter. Wir stecken mitten in der zweiten Intifada, und soeben wurde ein Mitbegründer der Hamas vom israelischen Militär getötet. Der Gazastreifen ist in Aufruhr. Die Hamas wird zurückschlagen. Die Israelis fragen sich nur: Wann? Ich sollte es so machen wie die meisten Einwohner Jerusalems und mich einfach zu Hause verstecken, bis sich die Lage beruhigt hat.
Ich beiße in den Apfel. Er schmeckt alt und verwurmt, und ich entscheide mich doch noch für eine Zeitung. Während ich die Zahlen überfliege (zehn Umstehende getötet, siebzehn verletzt), schleudere ich den angebissenen Apfel in die nächste Mülltonne. Dort landet er mit einem lauten Knall. Die Leute schrecken hoch und schauen in meine Richtung. Zum ersten Mal seit meiner Ankunft in Israel bemerke ich, dass ich nicht der einzige bin, der Angst hat. Wenn Blintzkrieg hier wäre …
Jemand stupst mich an. Ich fahre herum. Der Zeitunsgverkäufer verlangt seine zehn Schekel.
Ich starre auf meine Schuhe. Rantisi hat Recht. Schon bebe ich. Ich fühle mich kein bisschen wohl. Ich habe mich an nichts gewöhnt.

Die Jaffa Road ist leer. Im Minibus nach Tel Aviv sitzen bloß zwei andere Fahrgäste. Ein Mädchen in meinem Alter mit Bikini und Handtuch um die Hüfte und ein alter Mann. Er stinkt nach Fisch und hat einen Aktenkoffer auf den Knien.
»Wohin fährst du?«, fragt das Mädchen.
»Zum Habima-Theater«, sage ich. »Und du?«
»Zum Strand.«
Was für ein Tag, um schwimmen zu gehen, möchte ich ihr sagen, aber dann halte ich mich zurück. Wovon habe ich schon eine Ahnung? Bei so vielen Soldaten ist heute vermutlich einer der sichersten Tage, um sich im Freien aufzuhalten. Im Radio laufen israelische Songs, die uns Mut machen sollen. Naomi Shemer trällert ihr »Jerusalem aus Gold«, »Jeruschalajim schel Sahaw«, eines meiner Lieblingslieder als Kind.

So vertrocknet die Brunnen,
so leer der Marktplatz.
Keiner, der den Tempelberg besucht
in der alten Stadt.

Der alte Mann schließt die Augen und lässt sich von der Sonne wärmen. Ich versuche, mir den Helikopterpiloten vorzustellen, der die Raketen abgeschossen hat. War er nervös? Wohl kaum. Die werden darauf trainiert; diese Soldaten bekommen eine mit Mut und Überzeugung angereicherte Spezialnahrung. *Nerven wie Drahtseile.* Ich denke über die Redewendung nach. Ich sehe eiserne Haut und Sehnen wie die Stahltrossen einer Hängebrücke.
Die Gedanken des Piloten:
Meine Schwester oder Cousine verlor ein Auge oder einen Körperteil oder ihr Leben in einem Bus, vor einem Wartehäuschen, auf einem Marktplatz. Jassin mag im Rollstuhl sitzen, aber er wünscht meinem Volk den Tod. Ich soll mitfühlen? Mit einem Mörder? Mit dem Bösen schlechthin? Kommt mir gar nicht in den Sinn, mich schuldig zu fühlen. In Israel geht es nur ums Überleben.
Und wenn ich auf den Knopf drücke und die verdammte Rakete die verkackte Bestie trifft, werde ich nicht aus dem Himmel über Gaza-Stadt stürzen; ich werde hören, wie er stirbt, es wird Musik in meinen Ohren sein.

Seine Gedanken in meinem Kopf und im Radio die Musik:

Jeruschalajim schel Sahaw
veschel nehoscheth veschel or
halo lekhol schirajikh ani kinor.

Jerusalem aus Gold und aus Kupfer und aus Licht,
lass mich für all deine Lieder die Geige sein.

Der Alte stochert zwischen seinen Zähnen herum. Immer wieder bricht er in Gelächter aus.
»Ist alles in Ordnung?«, frage ich.
»*Beseder, beseder, hakol beseder.*« Alles bestens.

Mit Ehrfurcht denke ich an den Piloten, der die Rakete abgefeuert hat. Es ist nicht dieselbe Ehrfurcht, wie ich sie als Kind für die Operation Entebbe empfand, für den beherzten Zugriff und die wundersame Befreiung von hundert Geiseln. Entebbe gebot Ehrfurcht, moralisch war die Lage eindeutig. Es war klar, was zu tun war. Meine Bewunderung für den Piloten ist anders. Ehrfürchtig begegne ich seiner Überzeugung, die es ihm erlaubt, lasergesteuerte Raketen auf einen Menschen zu schießen, ohne sich zu fragen, ob das richtig ist. Der Pilot hat die Überzeugung, die mir fehlt. Er führt die Todesstrafe von oben aus und glaubt, der Prozess via Rakete sei notwendig, gut und gerecht. Für alle Juden und für die Menschheit.

Ich stelle mir vor, wie Mrs. Blintzkrieg fragt: »Was ist schlimmer? Ein toter Terrorist oder jemand, der unschuldige Kinder umbringt?«

»Hätte man ihn nicht einfach ins Gefängnis stecken können? Ich meine, was ist denn mit den unschuldigen Zivilisten, die daneben standen und von den Raketen getötet wurden?«, frage ich.

»Schalom, die Dinge sind unendlich komplizierter! Natürlich wollen wir keine unschuldigen Zivilisten töten. Aber wie sonst soll man an die Terroristen herankommen? Schwierige Situationen erfordern schwierige Entscheidungen.«

Ich wüsste nicht, was ich Blintzkrieg entgegnen könnte. Ich weiß nicht, wie ich mit dieser Gewalttat umgehen soll. Ich weiß, dass man meine Moral im besten Falle zimperlich nennen kann, von Kriegsrecht habe ich keinen blassen Schimmer. Ich habe Angst vor den Selbstmordattentätern und vor den Jassins, die sie auf die Welt loslassen. Aber genauso fürchte ich den Dialog mit Bomben und Raketen und seine Folgen für die Menschen. Der Glaube an die Gewalt wird einer ganzen Nation eingebrannt. Blut im Kopf, Blut auf dem Boden.

»Endlich lerne ich dich kennen.«

Die Hand des Regisseurs Barak fühlt sich an wie ein Hammer, kalt und hart. Er ist klein und jünger, als ich nach unseren Telefonaten gedacht hatte, aber immer noch ein paar Jahre älter als ich. Er raucht Kette, hat Zähne wie Pommes frites und redet schnellfeuermäßig auf mich, in mich ein.

»Also dieses Haus«, sagt er.
Wir sitzen im Café Habima, ein eleganter, sparsam eingerichteter Laden. Ich weiß nicht, wo ich anfangen soll, aber wie die meisten Israelis kennt Barak keine Aufwärmphase. Wir springen gleichsam direkt in den heißen Brei. Ich erzähle ihm von Rana und von Toronto und von meiner Begegnung mit Abu Dalo. Ich erzähle ihm auch, dass ich während der vergangenen Tage zweimal versucht habe, mit Shimon zu reden, der aber nie zu Hause war. Die Nachbarn sagen, er sei bei seiner Tochter in Tel Aviv zu Besuch.
Der Hintergrund der Geschichte könnte Barak nicht gleichgültiger sein sein. »Erzähl mir von deinem Stück«, sagt er mit lauter, kehliger Stimme.
Ich habe mir etwas überlegt. »Wir schreiben das Jahr 2004. Ein Palästinenser kehrt zurück und meldet Ansprüche auf das Haus an. Der Israeli, der in dem Haus wohnt, sagt: Vergiss es. Aber dem Palästinenser gelingt es, sich einzuschleichen und in seinem früheren Schlafzimmer zu verschanzen. Weil beide ihre jeweils eigenen Gründe haben, der Klärung durch ein israelisches Gericht aus dem Weg zu gehen, verhandeln sie und einigen sich darauf, das Haus zu teilen.«
Barak verzieht das Gesicht. Er wirkt verärgert. »Das ist keine zeitgenössische Story. Die passt eher ins Jahr '48 oder '67.«
»Was soll das heißen?«
»Im einundzwanzigsten Jahrhundert haben wir aufgehört, miteinander zu reden. Wir gehen in diesem Land nicht mehr menschlich miteinander um. Warum verhandeln deine Figuren? Die eine kann die andere einfach erschießen.«
Der Einwand ist berechtig. »Dann wäre es kein Stück mehr.«
»Bedenke, was gestern passiert ist. Jassin war ein Terrorist. Kein Zweifel. Aber hier geht es nicht darum, einen gefährlichen Mann zu töten. Es geht um Signale, und eine Hellfire ist ein ziemlich eindrucksvolles Signal. Scharon wird sich aus dem Gazastreifen zurückziehen, aber er will nicht als der Schwächere dastehen.«
»Was wird passieren?«
»Es wird zur Vergeltung kommen. Wenn nicht in der nächsten Woche, dann im nächsten Monat. Wenn nicht im nächsten Monat, dann im nächsten Jahr oder Jahrzehnt. Wir brüten eine neue Ha-

mas-Generation aus. Das ist die Konsequenz unserer ›Sicherheitspolitik‹.«
Barak drückt seine Zigarette im Aschenbecher aus. »Zurück zu deinem Haus. Die Ausgangslage, von der du erzählt hast, ist recht ungewöhnlich. Ein Araber in Westjerusalem – kommt selten genug vor. Geht es dir darum – Abu Dalo ist stur? Ist das deine Botschaft?«
Ich sage, dass mir bei meiner Ankunft das Haus als starke Metapher vorgeschwebt sei: zwei Völker versuchen, auf demselben umkämpften Stück Land zu leben. Ich hatte auch gedacht, der Umstand, dass sie es teilten – obwohl beide überzeugt sind, der rechtmäßige Eigentümer zu sein –, mache das Ganze zu einem Märchen über den Frieden. Noch während ich rede, begreife ich, wie naiv ich war. Warum sollten sie ein Haus teilen?
Barak fragt: »Warum interessierst du dich so für den Frieden?«
Die Frage überrascht mich. »Interessiert das nicht jeden?«
»Tut es das?« Er winkt die Kellnerin heran und bestellt einen weiteren Espresso. »Na gut. Dann schreib über den Frieden. Warum nicht über den Frieden zwischen deinem Staat und den Indianern? Warum schreibst du nicht über die Streitigkeiten in deiner Heimat?«
»Weil mir nicht gleichgültig ist, was hier passiert.«
»Willst du dauerhaft hier leben?«
»Nein.«
»Warum beschäftigt dich das Haus dann so sehr?«
Ich antworte nicht, weil ich keine Antwort weiß. Ich dachte, ich sei hergekommen, um ein Theaterstück zu schreiben, aber Baraks Fragen stoßen mich auf den Kern der Sache: Warum Frieden? Und ist es wirklich Frieden, wonach ich suche?
Barak probiert einen neuen Ansatz. »Abu Dalo wartet auf Shimons Tod. Wenn wir die Metapher auf das ganze Land ausweiten, heißt das, die Palästinenser warten auf unseren Tod, damit sie wiederkommen und unsere Häuser beziehen können. Das wird nie passieren. Wir sind hier, sie sind hier – das ist die Realität. Wissen wir beide. Nur die Fanatiker leugnen diese Tatsache. Ja, deine Geschichte ist ungewöhnlich. Dass ein Palästinenser im jüdischen Teil der Stadt wohnt, entspricht nicht der Norm. Dann wiederum bringt es uns auf die immergleichen Fragen zurück. Zwei Men-

schen streiten um die Geschichte und um Grund und Boden. Das ist interessant, aber worauf willst du hinaus?«

Er fährt sich mit dem Daumen über die aufgesprungenen Lippen und schaut aus dem Fenster. »Du bist der Autor, aber wenn du mich fragst, solltest du dich mit dem eigentlichen Problem befassen: der Besatzung.« Im Eingang sitzt ein Wachmann. Wir sind die einzigen Gäste im Café. Die Stadt draußen wirkt totenstill. »Es geht nicht darum, wie wir zu einer friedlichen Lösung kommen. Das kannst du den Politikern überlassen, den Landvermessern, den Churchills und Roosevelts. Die Frage ist doch: Wie hat die Besatzung unsere Moral verformt? Was macht sie mit uns, den Menschen? Ich bin nicht wie ihr Nordamerikaner, die sich mit einer Petition ans Parlament wenden, weil sie finden: Krieg ist falsch. Nicht jeder Krieg ist falsch! Die Aggression, die Besatzung ist das Problem. 1967 waren wir auf einmal für eine Million Palästinenser verantwortlich, darunter viele Flüchtlinge. Damals dachten wir, wir wären besser als die Europäer; wie ein strahlendes Licht wollten wir über den Nationen leuchten, denn bei uns würde es zu einer Vermischung der Kulturen kommen, zu einer aufgeklärten Besatzung.« Aus Baraks nüchternen Worten höre ich Hoffnung heraus. Er erstickt sie sofort: »Was für ein idiotischer Gedanke! Letztlich ist jede Besatzung nur – Besatzung. Die wollen nicht von uns regiert werden, und wer könnte es ihnen übelnehmen? Und heute spitzen sich die Probleme zu, ob wir nun sanfte Besatzer waren oder nicht. Und ich würde meinen, so sanft waren wir nicht.« Barak tippt mit dem Löffel auf die Untertasse. »Vor ein paar Jahren habe ich in England Edward Bonds *Gerettet* inszeniert. Es gibt da eine berühmte Szene, wo eine Mutter ihr Kind im Kinderwagen vergisst. Der Vater und seine Kumpel sind da, aber anstatt sich um das Baby zu kümmern, steinigen sie es zu Tode. Er hasst das Kind, die Verpflichtung, er will es loswerden. In gewisser Hinsicht sind wir Besatzer wie diese Eltern. Am liebsten wäre uns, es gäbe die Palästinenser nicht mehr. Wir wünschten, das Problem würde einfach verschwinden. Was sagt das über uns aus?«

Barak lässt die Frage nachhallen. Vor mir erhebt sich die unausgesprochene Antwort: Verleugnung. In diesem Land, in mir.

Ich denke an die Jahre zurück, während derer ich mich weigerte,

Zeitungsberichte über Israel zu lesen. Als die erste Intifada begann, war ich vierzehn und neu in der High School. Ich war seit vier Monaten kein Schüler der Bialik mehr und kam damit nicht gut klar. Am Forest Hill Collegiate verstand ich weder die Regeln noch die Sprache.

In jenem Oktober war auf der Titelseite von *The Globe and Mail* ein Junge mit Pflasterstein in der Hand abgebildet, das Kind war Linkshänder und dabei, das Geschoss auf einen israelischen Panzer zu schleudern (ein halbwüchsiger Sandy Koufax, war mein erster Gedanke). Verschlafen versuchte ich, die Details zu verstehen. Soundso führte den Demonstrationszug auf einem Universitätscampus im Westjordanland an. Die Armee rückte an, die Studenten wollten Krawall. Schüsse fielen, acht Menschen wurden getötet und viele weitere verletzt.

Die Nachricht überraschte mich. Steine sind keine Patronen, und eine Demonstration ist kein Krieg. So viel hatte ich selbst mit vierzehn schon verstanden. Was wollten diese Leute? Ich wollte es wissen. Ich starrte auf das Titelblatt und versuchte, zu verstehen. In meinem Kopf hörte ich die Stimme von Mrs. Blintzkrieg: »Die fordern unseren Tod, Schalom. Sei dankbar, dass wir Panzer haben und nicht bloß Gebete, um uns zu verteidigen.«

Mrs. Blintzkriegs Worte trösteten mich. Ich vermisste die Bialik, und ihre Stimme rief mir die dunklen, stickigen Flure in Erinnerung. Das Israel, an das ich mich gern erinnerte, das Israel meiner Kindheit: Land der Helden, der furchtlosen Blintzkriegs, Arnons, Dajans und Ben-Gurions. An jenem Oktobermorgen brach ich die Zeitungslektüre ab. Die Wörter *Rückkehrrecht*, *Kontrollpunkt* und *Flüchtling* waren angesichts der jüdischen Geschichte leicht zu ignorieren. Die alte Lektion: Die Juden sind auf ewig verdammt, Opfer zu sein. So blieb mir das Westjordanland fremd, ein schwarz-weißer, embryoförmiger Fleck auf der Landkarte. Ungewollt. Unbekannt.

Barak: »Während du und ich hier sitzen und Espresso trinken, ist die israelische Armee nur ein paar Kilometer entfernt dabei, Raketen auf Gaza-Stadt zu schießen.« Das Wort Gaza spricht er aus, als wollte er einen Pflock in die Erde rammen. »Du wirst sehen, in ein paar Tagen hat Tel Aviv Jassin vergessen. Die Leute werden

rauskommen und feiern, als gäbe es kein Morgen. In diesem Land zu leben, erfordert die absolute Verleugnung. Aus diesem Grund gehe ich nach Berlin.«
Berlin? Soll das ein Witz sein? »Wann hast du das beschlossen?«
»Ich denke schon länger darüber nach. Weißt du, ich will inszenieren, aber hier ist nichts weiter gefragt als erbärmliche Unterhaltung. Immer wieder *Anatevka*. Oder *Das Haus am* verdammten *See*.«
»Was ist mit meinem Stück?«
»Was hast du geschrieben?«
»Noch nichts. Ich wollte in Tel Aviv damit anfangen.«
Er knallt die Zigarettenschachtel ein paar Mal auf die Tischplatte. »Wenn du willst, helfe ich dir. Wir können uns hier zum Kaffee treffen und diskutieren. Ich werde erst in einigen Monaten abreisen.«
»Wie sieht es mit Schauspielern aus?«
»Wir werden welche finden. Zuerst einmal musst du das Stück schreiben.«
Sieht danach aus, als wäre ein Aufenthaltsstipendium in Israel anders organisiert als in Kanada. Oder vielleicht habe ich mir das mit der Einladung bloß ausgedacht? Barak erklärt, er könne mir in Tel Aviv leider keine Unterkunft mehr anbieten. Gerne habe er mich bei sich aufnehmen wollen, aber da er und seine Freundin zur Zeit »einige Probleme« hätten, könne er keine Gäste beherbergen. Ich höre, was er sagt, aber ich verstehe kein Wort. Ich bitte die Kellnerin um einen Schluck Wasser. Sie sieht mich verwundert an und weist auf das Glas in meiner Hand. Ich trinke. Geht es besser? Nein.
»Barak, ich kann das nicht schreiben. Ich bin ein Idiot. Es ist so, wie alle sagen.«
Er sieht mich an. Ahnt er, wie groß meine Angst vor dem Leben und vor der Kunst ist? Ich habe eine Höllenangst davor, die Straße zu überqueren, Bus zu fahren, Falafel zu essen, ganz zu schweigen von diesem Theaterstück. Ich denke an Shimon, wie zögerlich ich an seine Tür geklopft habe. Müde tappte meine Hand gegen das kühle Holz. Ich wollte gar nicht gehört werden. Ich wollte seine Version der Geschichte nicht hören, die alles noch komplizierter machen würde.

Barak schlägt einen anderen Ton an. Zum ersten Mal macht er mir Mut. »Vielleicht willst du einfach nur den Frieden verstehen? Immerhin verlangt der Frieden eine gewisse Unschuld.«
»Ich bin ein Außenstehender. Wie sollte ich irgendwas verstehen?«
»Manchmal braucht es die Sichtweise eines Außenstehenden, um die Ordnung im Chaos zu erkennen.«
Vor dem Café ein lauter Knall. Wir lassen Löffel und Zigaretten sinken, stehen auf, um nachzusehen. Ein Taxi hat sich um einen Poller gewickelt, der Fahrer steht schimpfend an seiner eingedrückten Stoßstange. Wir setzen uns wieder und atmen durch. Barak holt zwei Zigaretten aus der Schachtel und bietet mir eine an. Aus einem mir unerfindlichen Grund bin ich nicht mehr nervös. »Nur in einem Land wie diesem«, sagt Barak, »kann ein Unfall ein Segen sein.«

Kapitel 22

Der Strand ist menschenleer. Tel Avivs Hitze setzt mir zu. Ich lege mich mit nacktem Oberkörper in den Sand und schließe die Augen. Ich bin seit zwei Wochen in Israel. Zum ersten Mal fühle ich mich einsam, unerträglich einsam.

Ich schlafe ein und träume von den *Madrigals*. Ich höre Judith, die mir vorliest, mein Körper schwebt über dem Sand. Meine Füße zeigen gen Westen. Die raue See reflektiert die Sonne; ein flammender Friedhof mitten auf dem anschwellenden Meer.

»Sachte, ganz sachte«, sagt Judith. Ihre Hand liegt auf meiner Schulter, aber ich kann sie nicht sehen. Sie riecht nach Vanille.

Die Fischerboote mühen sich ab, den Rückweg nach Jaffa zu schaffen. Eine aufgebrachte Wolkenfront kommt daher. Eine Wolke greift nach mir, reißt mich in die Luft, in die Finsternis hinauf.

»Ich verliere mich.«

Die Worte in meinem Kopf klingen wie Meeresrauschen.

Kapitel 23

Tag fünf der »Jassin-Woche«, immer noch sind die Straßen menschenleer. Niemand unternimmt unnötige Wege. Einkaufszentren sind unbedingt zu meiden. Restaurants, Galerien, Clubs – vergiss es. Weil Fafafelbuden zu den beliebtesten Anschlagszielen gehören, halte ich einen guten Meter Abstand zu der Frau, die vor mir in der Warteschlange steht. Man muss die Zeit im Freien gegen das Risiko abwägen, die Kosten gegen den Nutzen. Für mein Lieblingssandwich in Tel Aviv – *sabeech*, gegrillte Aubergine, gekochte Eier und Hummus in Pitabrot – bin ich fast bereit, ein Körperteil zu opfern. Auf der Hauptstraße namens Shenkin Street reihen sich unzählige originelle Cafés und Klamottenläden aneinander. Die angrenzenden Straßen sind von weißen Häusern aus den 1920ern und 1930ern gesäumt. In der Weißen Stadt blüht die Bauhaus-Architektur – dank der jüdischen Architekten, die aus Europa hierher geflohen sind, die weltweit größte Ansammlung von Häusern in diesem Stil. Geschwungene Balkone, Flachdächer und schlichte moderne Fassaden ohne Zierwerk verraten, das hier einst das Berlin des Mittelmeerraums entstehen sollte. Achtzig Jahre später drohen viele Türen und Balkone einzustürzen.

Auf der Shenkin ist nichts los. Diese Woche gleicht das Viertel einer Geisterstadt. Die Angst ist weiß. Ich gehe zum Café Habima, vor dessen Eingang zwei Wachmänner stehen. Ich muss die Angst in einen abgelegenen Winkel meines Verstandes abdrängen, wo die anderen unwillkommenen Gäste sitzen: Enttäuschung, Verwirrung, das Gefühl, ein Betrüger zu sein.

Ich schreibe, bringe Wörter zu Papier.

»Was darf es sein, Shakespeare?«, fragt die Kellnerin.

»Ein Bier, bitte.«

Ich ziehe den Umriss meiner Hand auf dem Blatt nach.

Zwischen den Linien: nichts.

Seit fünf Tagen treffe ich Barak täglich. Morgens gehe ich ins Café und versuche, zu schreiben, nachmittags maile ich Barak meine Notizen und Entwürfe. Abends setzen wir uns zusammen, um über meine Ideen zu reden. Es läuft nicht gut.
Da ich nicht bei Barak unterkomme, schlafe ich auf Rivkas Sofa. Rivka hat ein Loft in der Innenstadt, ist bildende Künstlerin und die Cousine eines Freundes aus Toronto. Rivka spricht aus, was immer ihr in den Sinn kommt, riecht nach sauer gewordenem Frischkäse und trägt furchtbare Achtziger-Klamotten (Schulterpolster, Seidenkittel, breite Olivia-Newton-John-Schweißbänder an Stirn und Handgelenken).
Rivka betreibt eine besonders lächerliche Form von Yoga an Seilen. Nach einer unruhigen Nacht schlage ich auf dem Sofa die Augen auf und sehe sie keine zwei Meter entfernt von der Decke baumeln. Mitten im Chaos aus Paletten, Farbflecken und benutzten Kaffeetassen hängt sie in zwei Seile gewickelt vor mir wie eine verstörte Meerjungfrau am Bugspriet.
»Deine Freundin hat angerufen, als du nicht hier warst.«
»Danke.«
»Sie klang verärgert. Wo warst du?«
Draußen vor dem Loft steht ein alter Mann auf einem wackeligen Holzpodest und putzt die Fenster. Offenbar trägt er eine Art Klettergurt. Rivka taucht ab und streckt die Beine in die Höhe. Ihr Mund steht offen, ich kann die schaumige Spucke in ihren Zahnlücken erkennen. Ich beantworte die Frage nicht.
»Mein letzter Freund war Reisender, so wie du. Er ging in den Sinai. Zehn Jahre später, und er treibt sich immer noch da rum. Vielleicht ist eine Beziehung nicht das Richtige für dich. Manche Leute bewahren sich lieber ihre Unabhängigkeit von anderen Menschen, Orten, Dingen. Ich habe ein Buch zu dem Thema. Es geht um Leute, die Substantive nicht ertragen können. Du darfst es gern lesen.«
»Danke.«
Der Fensterputzer macht einen Schritt zurück und baumelt in der Luft. Seine Bürste schlägt gegen den Fensterrahmen. Er seilt sich ab.
»Willst du heute zu einer Vernissage mitkommen?«

Ich wäge meine Möglichkeiten ab: Judith zurückrufen, der ich nichts zu sagen habe. Eine weitere lausige Szene schreiben und Baraks »Worauf willst du hinaus?« über mich ergehen lassen. Zurück nach Jerusalem fahren und mit Shimon, besser bekannt als »Hitler«, sprechen.
Der Fensterputzer macht einen unglaublich entspannten Eindruck. Er hängt siebzehn Stockwerke über der Stadt in einem Klettergeschirr und zündet sich eine verdammte Zigarette an. Er scheint es nicht eilig zu haben, mit der Arbeit fortzufahren.
Ich setzte mich auf und kratze mich am Kopf. »Klar, Vernissage klingt toll.«

Wir zuckeln in Rivkas klobigem braunen Volvo nach Galiläa, um die Vernissage im Kibbuz En Harod zu besuchen. Ich werde Judith anrufen, aber das Ganze ist nicht so einfach. Unser Gespräch letzte Woche fühlte sich nicht gut an. Ich stelle mir vor, mit ihr zu reden:

JUDITH: Wie ist es da?
ICH: Ich weiß nicht.
JUDITH: Wie meinst du das, du weißt nicht?
ICH: Es ist anders, als ich dachte.
JUDITH: Ist es schön?
Ein Taxi schneidet uns.
RIVKA: Geh, fick deine Mutter, die Nutte!
TAXIFAHRER: Da fick ich doch lieber dich, Schreckschraube!
RIVKA: Auf dass deinem Erstgeborenen beim Bris der Schwanz abgeschnitten werde!
Pause.
ICH: Ja, Judith. Wunderschön.

Rivka und ich verlassen Tel Aviv und fahren in nördlicher Richtung nach Galiläa. Wie schnelle Metronomzeiger zucken die Wasserstrahlen der Bewässerungsanlagen über die sattgrünen Felder. Am Himmel zieht ein unbekannter Vogelschwarm über uns hinweg. Wir erreichen die Abzweigung nach Dschenin, biegen nach rechts ab und fahren weiter gen Norden. Erreichen den Kibbuz und das Schild »En Harod«.

Kapitel 24

Mrs. Blintzkrieg: »Ist irgendjemand perfekt? Wer perfekt ist, hebe bitte die Hand.«
Blintzkrieg hat einen Köder ausgeworfen, sie will auf etwas Bestimmtes hinaus. Fingerbaum und Engelblott tuscheln.
»Ja, Motti Engelblott, du bist dicht dran. Aber in Physik und Geometrie perfekt zu sein, ist längst nicht alles. Es bedeutet nicht, dass man zu leben weiß. Die Mathematik der Moral ist eine ungenaue Wissenschaft, und glaubt mir, nichts ersehne ich mehr als den Tag, an dem wir alle die Hand heben und behaupten können: ›Wir sind die perfekten Menschen. Wir haben das Böse aus unserem Herzen verbannt.‹«
Was zum Teufel redet sie da? Wir schweigen, warten auf den Haken. Blintzkrieg marschiert vor der Tafel auf und ab. Wir beobachten jede ihrer Bewegungen argwöhnisch.
»Im Kibbuz, wo ich aufwuchs, wurde unsere Seele feinjustiert. Man erzog uns dazu, bessere Menschen zu sein. Da gab es kein Wir gegen Die; es gab nur Uns und Uns. ›Die‹ gab es nicht.«
Ah, schon wieder der Kibbuz. Ich atme erleichtert auf. Nichts liebte Blintzkrieg mehr, als von ihrer perfekten Kindheit zu reden. Ich mochte die Geschichten. Zum einen hielten sie Blintzkrieg bei Laune. Zum anderen ließen sie mich träumen. Ich hatte genug von meinen eigenen Dreizehnjährigen-Sorgen (Warum habe ich so viele Pickel? Wann soll ich bloß die vielen Bar-Mitzwa-Dankeskarten schreiben?). Ich sehnte mich nach der Stärke der Kibbuznikim, nach den körperlichen und moralischen Muskeln, die es angeblich braucht, um eine bessere Welt zu erschaffen.
»Wenn wir in den Hainen standen und Orangen pflückten, schien die Sonne auf unsere Hände. Wenn wir auf dem Acker Weizen säten, kommunizierten wir mit der Erde. Wenn wir des Nachts eine wichtige Entscheidung debattierten, argumentierten wir aus

dem Herzen heraus. Meine Kinder. Seht euch an, alle achtzehn. Ihr seid die einzigen Achtklässler hier. Nicht weniger als hundertfünfundzwanzig eurer Altersgenossen sind von der Schule abgegangen. Sie haben es nicht geschafft. Aber euer Verstand, euer Körper war stark genug. Ihr wart schlau genug. Ihr seid wie die mutigen Chaluzim, die die Sümpfe trocken legten und die Malaria besiegten.« Ich kann nicht anders, als stolz zu sein. Es ist, als würde ich zum Ritter geschlagen, weil ich das strenge Regiment der Bialik überstanden habe.

Blintzkrieg bleibt stehen und klatscht in die Hände. »In zwei Monaten werdet ihr von der Schule abgehen. Bei der Abschlussfeier werdet ihr ein Theaterstück über das Leben im Kibbuz aufführen.«

Ein Theaterstück?

»Ihr werdet die Schauspieler und Sänger sein. Große, mutige Künstler! Es wird nicht reichen, den Text auswendig zu können. Ihr müsst zum Kibbuz werden. Gemeinsinn. Kooperation. Zusammenleben.«

Ich schaue mich um. Was wissen wir schon vom Leben im Kibbuz? Na ja, wir haben Bücher darüber gelesen. Ein oder zwei Referate zum Thema gehalten. Aber so zu tun, als lebte man dort?

Mrs. Blintzkrieg zieht einen großen Müllsack unter ihrem Pult hervor. Sie holt neunzehn weiße Zionistenhüte im Stil von *Gilligans Insel* heraus und verteilt achtzehn davon. Den neunzehnten hält sie sich über den Kopf, als wollte sie sich selbst krönen. Sie setzt sich den Hut auf und nickt, und wir wissen, wir müssen es ihr gleichtun. Ich setze mir einen Hut auf und komme mir albern vor.

»Nun räumt eure Tische ab und schiebt sie an den Rand. Wir brauchen einen Acker! Einen Gemeinschaftsraum! Eine Cafeteria! Wer will den Traktorfahrer spielen?«

Schüchtern hebt Fingerbaum die Hand.

»Wunderbar! Los geht's.«

Ich beuge mich über den grau gekachelten Boden und fange zu graben an. Ich pflanze Setzlinge ein. Ich singe traurige Lieder und sehne mich nach einem unbekannten Land. Dabei kenne ich es. Ja, ich kenne es!

Rivka und ich fahren über eine lange Schotterstraße. Wir kommen an einer riesigen, mit schwarzen hebräischen Lettern bemalten Scheune vorbei. Die Buchstaben sind meterhoch. Zu unserer Rechten erheben sich die Berge von Gilboa. In den Feldern stehen vereinzelte Holzgebäude. Ich fühle mich an das Camp Schalom erinnert, wo kleine Hütten im Muskokawald standen. Aus dem Gebüsch am Straßenrand steigen drei Jugendliche mit zerkratzten Gesichtern.

»Der Sozialismus. Bloß eine andere Art, Inzest zu verharmlosen«, sagt Rivka und kurbelt ihr Fenster runter. »Ich seid noch zu jung zum Ficken!« Sie wendet sich achselzuckend zu mir um und sagt: »Findest du das nicht auch seltsam?«

Sie findet einen Parkplatz.

»Stimmt es, dass es hier keinen Privatbesitz gibt?«

»Verrückt«, sagt sie.

»Was?«

»Dass so ein Ort überhaupt existiert.«

Das Kunstmuseum Mischkan le-Omanut (Herberge der Kunst) in En Harod ist beeindruckend. Auf den ersten Blick wirkt es übertrieben groß und fast bedrohlich, wie es das Bild des Jezreel-Tals prägt. Es thront breit auf einem Felsen und macht unmissverständlich auf sich aufmerksam. Sonnenstrahlen fallen seitlich durch die hohen Fenster ein. Der Effekt ist großartig; das natürliche Licht erhellt die Exponate überaus zart, statt ihnen mit Grellheit zu schaden. Ausgestellt wird heute das Werk einer jungen Israelin, die mit Anfang dreißig starb. Die Bilder sind bunt und lebendig. In den Räumen drängeln sich Künstler aus Tel Aviv.

Das Baujahr des Museums erstaunt mich: 1948. Das erste Kunstmuseum des Landes wurde zu einer Zeit gegründet, als die Nation um ihre Anerkennung rang. Außerdem widerspricht es meinen Vorstellungen vom Kibbuz als Landwirtschaftsbetrieb nach dem Vorbild der sowjetischen Kolchose. Weitab der Stadt hatten sich die damaligen Kibbuz-Gründer überlegt, Kunst anzubauen und Kultur zu züchten. Die Kunst war ihnen nicht weniger wichtig als Essen und Trinken oder Unterkünfte für die Horden von jüdischen Einwanderern, die aus Nordafrika, Osteuropa und den arabischen Nachbarstaaten anreisten. So wie die Bauhaus-Architekten von Tel Aviv hatten die Gründer von En Harod sich vorgenommen, die europäische Kultur in der palästinensischen Wildnis weiterleben zu lassen.

Rivka stellt mich der Kuratorin Helene vor, einer zierlichen Rothaarigen Ende fünfzig in einem smaragdgrünen Hosenanzug. Sie spricht Englisch und Französisch mit einem eleganten deutschen Akzent, der ihren Worten den Anschein von Korrektheit und Genauigkeit gibt.

»Wie findest du die Gemälde?«, fragt sie.

»Sie gefallen mir«, sage ich. »Die Fotografien interessieren mich ebenfalls.« Eine Reihe von Wüstenfotos ist ausgestellt. Die Steine wirken verzweifelt, die Sonne verschwimmt zu einem grauen Fleck.

»Du musst unbedingt die Fotografin kennenlernen. Sie stammt aus Paris.« Helene führt mich zu einer jungen Frau, die im Innenhof an einer Säule lehnt. »Aimee, darf ich dir Jonathan vorstellen. Er liebt deine Arbeiten.«

Ich schüttle Aimees schlaffe, kalte Hand. Sie sieht mich nicht an, ich verstehe sie kaum.

»Ich hasse diesen Scheiß«, murmelt sie und ascht in einen Topf mit einem Eukalyptusbäumchen.

Helene unterbricht unsere sprudelnde Konversation. »Jonathan, du musst uns unbedingt zum Mittagessen begleiten. Wir fahren in ein arabisches Dorf. Du musst das Hummus probieren. Das beste von ganz Israel!«

Ein arabisches Dorf? Zum Mittagessen? Helene wendet sich den anderen Besuchern zu.

»Ich wusste gar nicht, dass es Israelis gibt, die mit Palästinensern befreundet sind«, sage ich zu Aimee.

Aimee beobachtet eine Krähe, die auf dem Museumsdach gelandet ist, und sagt kein Wort.

Marc, der französische Kulturattaché in Israel, chauffiert Aimee und mich durch die Felder Galiläas. Juden, die ihre Freizeit bei Arabern verbringen? Was für Leute wohnen in diesem Kibbuz? Wir halten an einer Tankstelle neben der Straße. Marc steigt aus. Ich bleibe im Auto sitzen, bis er an die Scheibe klopft.

»Wir sind da«, sagt er.
»Wir sind an einer Tankstelle«, sage ich.
Er schlägt aufs Autodach. »Le restaurant, Monsieur.«
Ich steige aus. Hinter den Zapfsäulen steht ein flaches Gebäude.
»Ich dachte, wir fahren in ein arabisches Dorf«, flüstere ich Aimee zu, als wir auf das Restaurant zulaufen.
Sie sagt: »Wenn du das Dorf sehen willst, musst du fünfhundert Meter in die andere Richtung laufen.«
»Gehen wir später noch hin?«
Sie bleibt stehen und funkelt mich böse an. »Die würden niemals auch nur einen Fuß in ein arabisches Dorf setzen. Sie behaupten aber gern, in einem zu sein.«

Das Restaurant, ein Familienbetrieb, wirkt bescheiden. Lastwagenfahrer bestellen Gerichte aus dicken Bohnen und schlürfen starken arabischen Kaffee. Familien auf dem Weg in die Berge von Gilboa oder an den See Genezareth legen hier eine Pause ein, um zu essen. Wir sitzen zu zehnt um einen großen runden Tisch. Die Stimmen sind laut, es geht um Kunst.
»Sie wäre weniger renommiert, wenn sie nicht so jung gestorben wäre«, sagt Rivka, nicht ohne dabei ein bisschen Feta und Joghurtsauce über den Tisch zu spucken.
Leah, eine Keramikkünstlerin, sagt: »Das ist gemein.«
»Wenn ehrlich gemein ist, bin ich gemein«, sagt Rivka. »Sieh dir bloß ihre Komposition an. Total simpel.« Sie löffelt sich Tabouli auf den Teller.
»Ihre Kompositionen sind genial«, widerspricht Helene. »Du bist bloß neidisch, weil sie eine ganze Ausstellung für sich hat.«
»Selbstverständlich bin ich neidisch«, sagt Rivka, »du hast meine Arbeiten seit zehn Jahren nicht gezeigt, Helene. Seit zehn Jahren! Stattdessen stellst du diese sentimentale Kacke aus. Mich macht das wütend.«
Darauf weiß niemand etwas zu sagen, wir essen geräuschvoll weiter. Helene wendet sich mir zu und stellt die unvermeidliche Frage: »Was tust du hier in Israel?«
Alle sehen mich an. Ich erzähle ein bisschen von meiner Herkunft und von dem Haus, das zu finden ich gekommen bin. Einige

nicken. Rivka, die meine Geschichte schon kennt, konzentriert sich auf ihr Essen.
»Das ist eine ungewöhnliche Geschichte«, sagt Leah.
Ein Mann namens Nachman fügt an: »So etwas habe ich nie gehört. Ein Araber in Westjerusalem?«
»Er heißt Abu Dalo.«
»Er hat mit dir gesprochen?«
»Ja, er hat mich zum Kaffeetrinken zu sich nach Hause eingeladen.«
»Wusste er, dass du Jude bist?«
»Ich habe es nicht ausdrücklich gesagt.«
Das scheint die Tischgesellschaft zu erleichtern.
»Wenn ein Israeli so was versuchen würde, sähe die Sache ganz anders aus«, sagt Leah.
»Immerhin haben sie sich getroffen«, sagt Nachman.
»Ist das so besonders? Habt ihr nie mit Palästinensern zu tun?«, frage ich.
»Natürlich«, sagt Leah.
»Wir sitzen gerade in einem arabischen Restaurant, nicht wahr?«, gibt Nachman zu bedenken. Ich schaue mich um. Sieht danach aus, als würde hier ein jüdisches Publikum von palästinensischen Kellnern bedient.
»Ich war mal in Ramallah«, sagt eine Frau am anderen Tischende.
»In den Neunzigern.«
»Damals war alles anders«, sagt Leah.
»Aber wie sieht es hier in Israel aus?«, frage ich. »Kennt ihr Palästinenser?«
»Klar. Natürlich reden wir mit denen. Falls es einen Grund gibt.«
»Stellst du palästinensische Maler aus, Helene?«
»Einmal haben wir versucht, eine Ausstellung mit Künstlern aus Nablus zu organisieren. Aber daraus wurde nichts. Ich war in ständiger Sorge, man könnte uns als patriarchalisch wahrnehmen, als auf das Werk Einfluss nehmend. Dergleichen sollte nur auf Augenhöhe geschehen.«
Die anwesenden Künstler nicken zustimmend. »Es wäre falsch, sie zu unseren Bedingungen auszustellen.«
»Die haben schon genug gelitten«, sagt Nachman.

Der Restaurantbesitzer reibt sich den rechten Ellenbogen mit der linken Hand. Er scheint nicht zuzuhören.

Rivka sagt: »Dein Haus ist gar nicht so besonders.« Sie rollt eine Falafel mit der Hand über ihren Teller. »Wir haben ihnen ihr Land und ihre Häuser weggenommen. Ist doch egal, wenn einer von ihnen ein bisschen länger bleibt. Letztendlich kriegen wir auch sein Haus.«

»Und das findest du in Ordnung?«, fragt Leah.

»Nein, kein bisschen. Das ist ein echtes Problem. Echt.«

Nachman fragt: »Was sollen wir tun?«

»Was sollen wir tun?«, wiederholt Rivka schulterzuckend. »Wer bin ich, Gandhi?« Sie stützt den Kopf auf die Hand. »Ich leiste Widerstand im Kleinen. Ich weigere mich, die besetzten Gebiete zu besuchen.«

»Niemand hier unterstützt die Besatzung«, sagt Leah.

»Da sind wir uns alle einig«, sagt Helene.

»Aber innerhalb Israels«, versuche ich es noch einmal. »Trefft ihr euch mit Palästinensern? Habt ihr palästinensische Freunde?«

Niemand antwortet. Nachman und Leah zucken jedesmal zusammen, wenn ich statt Araber Palästinenser sage. Langsam nervt es. Ich erinnere mich an Ranas Klage darüber, dass die Regierung sie als israelisch-arabisch brandmarke. Sie sah sich gegen ihren Willen israelifiziert. Mir wird klar, dass die Wortwahl unser schlechtes Gewissen beruhigen soll; sie löscht die Geschichte aus. Als Israel 1948 gegründet wurde, entstand gleichzeitig die Idee vom israelischen Araber. Die Palästinenser sind die Leute in den besetzten Gebieten, die Abwesenden. Das moralisch-gesellschaftliche Problem entstand vor vielen Jahrzehnten, als ein paar übereifrige Militärs die falschen Entscheidungen trafen. Es ist leichter, gegen die Besiedlung des Westjordanlands und des Gaza-Streifens zu protestieren, denn die Lösung liegt auf der Hand: sofortiger Rückzug. Gebt ihnen einen eigenen Staat. Aber was ist mit der Ungerechtigkeit in Israel? Wo die Palästinenser doch angeblich gleichberechtigte Bürger sind.

Schließlich sagt Rivka: »Die Lage ist kompliziert. Wir sind ihre Nachbarn, aber sie halten uns für Feinde. Dabei mögen wir sie. Wir wünschen ihnen nur das Beste.«

»Dürften sie im Kibbuz wohnen?«, frage ich.
»Araber? In einem Kibbuz? Bist du verrückt?«, sagt Rivka.
Ich merke, wie lächerlich meine Frage war. Immerhin stellten die Kibbuzim bei der Besiedlung Palästinas die entscheidenden jüdischen Vorposten dar. Vom Anfang des zwanzigsten Jahrhunderts bis zum Sechstagekrieg verteidigten sie das Land gegen arabische Angreifer. Und obgleich sie nur einen Bruchteil der Bevölkerung ernähren konnten, bildeten die Kibbuzim das geistige und moralische Rückgrat der zionistischen Bewegung. Hier wohnten und wuchsen die starken, mutigen Israelis heran, die das Land bestellten. Von hier kamen die besten Soldaten. Dann wiederum ist meine Frage, betrachtet man, was ein Kibbuz überhaupt ist, vielleicht doch nicht so abwegig. Während der Proben pflegte Mrs. Blintzkrieg zu sagen: »Im Kibbuz fiel nicht eine einzige Entscheidung, der nicht eine stundenlange öffentliche Debatte im Speisesaal vorangegangen wäre. Es war die perfekte Sozialdemokratie.« Sie feuerte uns an, stachelte unseren Stolz an: »Der Kibbuz ist das Sinnbild der Gerechtigkeit, nicht bloß in wirtschaftlicher Hinsicht, sondern in menschlicher. Hier werden alle gleich behandelt.« Was, wenn nun ein Palästinenser, der sich dem Land ebenso stark verbunden fühlt und sich nach der Utopie einer sozialistischen Künstlerkolonie sehnt, in En Harod leben will? Würden die Bewohner des Kibbuz ihn aufgrund seiner Herkunft ablehnen? Was taugt die Demokratie im Kibbuz, wenn die Antwort ja lautet? Gibt es eine Demokratie der Auserwählten?
»Wir pflegen gute Kontakte zu den Palästinensern«, sagt Helene leise. »Einige arbeiten bei uns in der Molkerei.«
Plötzlich fällt mir eine neue Frage ein. »Was war da, bevor der Kibbuz gegründet wurde?«
»Natürlich ein arabisches Dorf.«
»Dürfen aus diesem Grund keine Araber bei euch wohnen?«
»Sie können uns besuchen, wann immer sie wollen«, sagt Helene.
Nachman wirft ein: »Hör mal, die leben in ihrer Gemeinschaft und wir in der unsrigen. So läuft das hier. So ist es für alle am besten.«
Der Sohn des Restaurantbesitzers, ein Zehnjähriger, kommt an den Tisch und fragt, ob wir noch etwas bestellen möchten. Für eine Sekunde schweigen alle.

»Kaffee«, sagt Aimee. »Ich hätte gern einen arabischen Kaffee.«
Ich weiß selbst nicht, wieso, aber ich bin erleichtert, dass sie das gesagt hat.
»Das ist eine gute Idee«, sagt Leah. »Ich nehme auch einen.«
»Kaffee für alle«, sagt Helene und holt zu einer weiten Geste aus. »Mag jemand keinen Zucker?«
Der Restaurantbesitzer wartet die Bestellung erst gar nicht ab. Er ist längst zum verdreckten Waschbecken geschlurft und hat das Wasser aufgedreht. Er füllt einen Kupferkessel und stellt ihn auf den alten Gasherd. Eine bläuliche Flamme schlägt an das feuchte Metall.

Ich muss an Rana denken. Erst jetzt, als ich in den Kaffeesatz am Boden meiner Tasse starre, verstehe ich ihre Geschichte. Ich begreife, dass es Stufen des Zuhörens gibt, eine ganze Archäologie des Verstehens. Rana hat mir die Fakten geliefert, ihre Fakten, aber ich habe sie nicht voll und ganz verstanden. Ich wollte nicht. Erst jetzt fällt mir ein, dass sie erwähnte, in der Schule hätten sie keine zeitgenössischen palästinensischen Dichter wie Mahmud Darwisch lesen dürfen. Niemand habe sie die Geschichte und Kultur ihres Volkes gelehrt. Für Palästinenser, die in Israel lebten, seien derlei Themen tabu, hatte Rana in Toronto gesagt. Wenn ein Lehrer die Nakba erwähne, riskiere er seinen Arbeitsplatz. Wie also sah Ranas Unterrichtsstoff aus? Der Unabhängigkeitskrieg. Hebräische Sprache und Literatur. Der Tanach. Die Hatikva. Sachen, die mir in der Bialik beigebracht wurde, weil meine Eltern dafür bezahlten.
Damals wollte ich ihr nicht so recht glauben. Es war wie bei der Sache mit dem Jüdischen Nationalfonds; ich hatte mir überlegt, das Ganze später zu überprüfen, schließlich gibt es immer zwei Seiten, die man berücksichtigen muss. Später kümmerte ich mich nicht mehr darum. Vielleicht hatte ich Angst, auf unbequeme, unangenehme Wahrheiten zu stoßen. Meine Baba hätte sich womöglich im Grab umgedreht. Ich sehe euch an, Rikva, Nachman, Helene. Ihr seid Künstler, Linke aus dem Kibbuz, vernünftige Städter aus dem modernen Tel Aviv. Merkt ihr nicht, was vor sich geht? Oder geht es euch wie mir, verschließt ihr euch davor, weil ihr die Wahrheit nicht hören wollt? Ich zittere, seht ihr meine Hände nicht?

Es liegt nicht nur an diesem höllisch starken Kaffee. Meine Gedanken lösen sich auf, der Boden schwankt. Es gibt so vieles, das ich lieber nicht wissen möchte.

Am nächsten Morgen sitze ich im Kibbuz auf der Veranda vor einer der Hütten und trinke Kaffee, um wach zu werden. Rivka ist am Vorabend nach Tel Aviv zurückgefahren, aber ich wollte bleiben. Ich überlege noch, ob ich Marcs Angebot annehmen und ihn und Aimee auf ihrem Ausflug zu die Golanhöhen begleiten soll. Ich kann förmlich spüren, wie sehr ich mich verlieren will. Eigentlich sollte ich jetzt in Tel Aviv sein, mit Barak arbeiten. Bestimmt versucht er gerade, mich zu erreichen, und fragt sich, wo die nächsten Szenen bleiben. Wir sind für heute Nachmittag verabredet. Ich hatte ein unbequemes Gästebett und habe kaum ein Auge zugetan. Ich lag wach und fragte mich panisch, was ich eigentlich schreiben wolle. Ich sollte in Jerusalem sein. Ich sollte mit Shimon reden. Ich sollte mich reinhängen.

Als ich nicht mehr schlafen konnte, setzte ich mich auf die Veranda in der Hoffnung, die Bewohner des Kibbuz bei der Feldarbeit beobachten zu können. Stattdessen sah ich nur drei Halbstarke, die auf einer asphaltierten Fläche ihre Hip-Hop-Tanzschritte übten. Sie waren gar nicht schlecht, besonders ein Neunjähriger mit knöchelhohen Converse machte seine Sache gut. Vermutlich En Harods größtes Breakdance-Talent. Dieses Land verwirrt mich immer mehr. Wie würde es hier aussehen, wenn ich keine Erwartungen hätte, wenn mein Kopf nicht mit Vorstellungen aus Jahren und Jahrzehnten vollgestopft wäre? Ich wünschte, am Ben-Gurion-Flughafen stünde ein Typ mit Phaserpistole, der die Erinnerung der Neuankömmlinge löscht. Wenigstens könnte man die Dinge dann so sehen, wie sie sind, oder wenigstens ein bisschen klarer.

Dann wiederum hat Yonni sein Bestes versucht, nicht wahr?

Während ich mich noch frage, was ich mit mir anfangen soll, kommt ein alter Mann auf mich zu. Er zieht einen alten Pflug hinter sich her und ist dreckig von der Arbeit. Ich nehme ihn genauer in Augenschein.

»Zaida Ben, bist du's?«

Er nimmt ein Taschentuch und wischt sich über die Stirn.
Er sagt: »Das Gute an der Arbeit ist, dass man dabei ehrlich und anständig bleibt. Müßiggang ist die Krankheit des modernen Menschen.«
Er hat Recht. Ich bin einer der schlimmsten Aufschieber meiner Generation. Zaida lässt den Pflug mit einem lauten *Fump* zu Boden fallen und reibt sich die Hände. Eine Staubwolke steigt auf.
»In der Bialik warst du ein guter Schüler. Du warst fleißig. Du hast jeden Tag bis Mitternacht gelernt. Weißt du noch, wie ich dir vom städtischen Manitoba-Kibbuz erzählt habe?«
»Natürlich. Du hast mir die Pläne gezeigt.«
»Abschaffung der Geldwährung. Von Psychiatriepatienten bewirtschaftete Gemeinschaftsküche. Solarbetriebene Recycling-Anlagen. Alles mitten in Winnipeg unter acht geodätischen Glaskuppeln. Zum Durchgucken. Alles muss transparent sein!« Er zeigt auf meine Brust. »Mit dir stimmt was nicht.«
»Ich möchte dich etwas fragen.«
»Du fragst zu viel und unternimmst zu wenig. Ich habe den Manitoba-Kibbuz entworfen, weil ich an die Zukunft glaube. Ich wollte eine bessere Welt erschaffen.« Fest legt er mir seine Hände auf die Schultern.
»Wären in deinem Kibbuz auch Palästinenser erlaubt?«
»Ich möchte nicht über Araber reden. Ich möchte über deine Aufgabe reden. Was willst *du* erschaffen?«
»Ich weiß es nicht.«
»Worauf liegt dein Fokus?«
»Den habe ich verloren.«
Er schweigt und betrachtet mich. »Was ist mit dir passiert? Warum tust du nicht, wofür du gekommen bist?«
»Zaida, ehrlich gesagt, fürchte ich mich vor dem Haus. Ich habe Angst, mit leeren Händen herauszukommen. Ich habe Angst, nichts zu begreifen und nichts schreiben zu können.«
Zaida gräbt seine Finger in meinen Rücken und fängt an, mich zu massieren. »Du musst dem Haus etwas mitbringen«, sagt er. »Eine Opfergabe. Vielleicht erscheint dann alles in einem anderen Licht.«
Zaida greift zum Pflug. Langsam geht er auf den trockenen, steinigen Acker hinter der Hütte zu. Meine Schultern schmerzen.

Wahrscheinlich hat mein Großvater Recht. Bevor ich zu Shimon gehe, sollte ich weiter ausholen, tiefer graben. Wenn ich meine Hausaufgaben mache und die richtigen Fragen stelle, wird sich das Haus vielleicht erkenntlich zeigen und mir eine Antwort geben.

Kapitel 25

Im Osten Jerusalems steigt die Spannung. In drei Tagen wird das Pessachfest gefeiert. Das und die Angst vor der Vergeltung für Jassins Tod haben zu überpeniblen Sicherheitskontrollen geführt (die Angst war in En Harod nicht spürbar; dort sind Jerusalems Probleme abstrakt und weit entfernt). An jeder Straßenecke verlangt ein Soldat meinen Ausweis, zwischendurch sprechen mich Zivilpolizisten an und stellen Fragen. Mir wird schwindelig vor Stress. Ich warte an einer der palästinensischen Bushaltestellen. Arabische Graffiti, säuerlicher Gestank, ernste Mienen. Ich habe Samer angerufen und um ein Treffen gebeten, aber diesmal wollte ich nicht von einer Limousine abgeholt werden. Ich wollte einfacher reisen. Die Leute an der Bushaltestelle starren mich an. Ihre Blicke warnen mich: *Armut ist ansteckend. Komm uns nicht zu nah, sonst erwischt es dich auch; du wirst langsam an der Scham sterben.*

Der Bus scheint über keine Stoßdämpfer zu verfügen; niemand spricht ein Wort. Vom ersten in den zweiten Ganz zu schalten, verlangt dem Fahrer übermenschliche Kräfte ab. Eine Palästinenserin stillt ihr Baby unter einem schwarzen Tuch. Wir steigen alle zusammen aus. Die Leute haben riesige Stofftaschen mit Decken, Töpfen und Knoblauchzehen dabei. Ich helfe einer alten Frau, ihre Habseligkeiten zum Kontrollpunkt zu tragen. Samer wartet in seinem TV-Panzer von einem Land Rover auf mich. Er hält mir die Tür auf, dann geht es ab in die Berge.

Bei unserer ersten Begegnung hat Samer von seinem einhundertfünfjährigen Großvater Zuhdi erzählt. Gestern früh im Kibbuz entschied ich mich gegen den Trip zu den Golanhöhen. Stattdessen rief ich Samer an und sagte: »Ich muss mit deinem Großvater reden.« Ich hoffte, der Alte könnte mir eine neue Perspektive aufzeigen. Er hat das gesamte zwanzigste Jahrhundert miterlebt

und ist vermutlich einer der ältesten Bewohner des Westjordanlands. Solange der Mann nicht vollkommen dement ist, *muss* er etwas zu erzählen haben.
Diesmal nehmen wir eine andere Straße, die uns an einen, wenig frequentierten Kontrollpunkt führt. Nach kurzen Verhandlungen lassen uns die Soldaten durch. Wenige Kilometer weiter halten wir an, und Samer zeigt mir die Siedlung und die imposante Militäranlage oben auf dem Hügel. Sie erinnert an einen gigantischen weißen Helm. Als wir aussteigen, klingelt Samers Handy. Er unterhält sich auf Hebräisch. »Ja, alles in Ordnung«, sagt er und beendet das Gespräch. »Ein Leutnant von der Armee«, erklärt er. »Wollte wissen, was wir hier machen. Ich habe ihm erzählt, dass ich einem Kanadier die Gegend zeige.«
»Werden wir verfolgt?«
»Nein, beobachtet.« Samer deutet auf die Militäranlage und lächelt wie für ein Foto. Er winkt lässig. »Keine Angst, wir verstehen uns blendend.«
Wir fahren weiter, immer der schmalen Straße nach.

Mazra'a al-Sharqiya im Westjordanland, wo Samer auf die Welt kam und Zuhdi Shalabi bis heute wohnt. Er sitzt auf einem Findling in der Sonne, trägt eine braune Wollmütze und einen dunkelgrauen Anzug. Er stützt sich auf einen schwarzen Gehstock und scheint nicht zu bemerken, dass Samer und ich die Türen des gepanzerten Autos zuschlagen. Wir betreten den Pfad, der zum Haus hinaufführt.
»Handbremse«, sagt Zuhdi plötzlich.
Samer wirft mir einen Blick zu und sprintet zum Auto zurück. Tatsächlich, die Handbremse ist nicht angezogen.
»Idiot«, murmelt Zuhdi leise.
Langsam steht er auf und schlurft auf sein Haus zu.

Wir kommen im Großelterntempo vorwärts. Nach jedem Schritt bleiben wir stehen, um die milde Frühlingsluft einzuatmen. Zuhdi lehnt an seinem Stock und bewundert einen Busch, befragt einen Stein. Am steilen, steinigen Hang ragen die Wurzeln der Olivenbäume aus der Erde. Die verwitterten, knorrigen Äste sehen aus wie Hände, die den Himmel stützen. Zuhdis Gesicht sieht aus wie gegerbtes Leder, wie gesprungener Stein. In der Ferne kauert die israelische Militärbasis auf dem Berg. Sie strahlt Arroganz aus; sie sieht und will gesehen werden.

Samers Schwester bringt ein Tablett mit *manakish* – arabische Pizza, wie Samer erklärt –, dünnes, mit *zatar* bestrichenes Fladenbrot. Wir tunken das Brot in selbstgemachtes Olivenöl. Samer und ich schlingen. Zuhdi isst nichts – er nimmt nur zweimal am Tag etwas zu sich, bei Sonnenaufgang und Sonnenuntergang. Darin, behauptet er, liege das Geheimnis seiner Gesundheit. Er klingt wie mein Großvater.

Samer erzählt Zuhdi sofort, dass ich Jude bin. Zuhdi nickt. »Früher habe ich zusammen mit einem Juden eine Bäckerei betrieben«, sagt er. »Das war in Jerusalem, in den 1920ern. Joseph, so hieß er.« Er beugt sich vor, Samer dolmetscht: »Wie du wissen musst, kamen die Juden und die Araber damals miteinander aus. Es gab Probleme, aber die waren nichts im Vergleich zu dem, was heute los ist. Wir haben uns arrangiert. Dann wurde alles anders, und die Schuld daran gebe ich den Briten. Sie haben uns gegeneinander ausgespielt.«

»Wie meinen Sie das?«

»Sie haben nach beiden Seiten geblufft und das Land beiden Parteien versprochen. Und als es ihnen dann zu heiß wurde, sind sie einfach abgezogen. Sie haben uns in den Bürgerkrieg gestürzt.«

Samers Schwester bringt den obligatorischen Kaffee. Zuhdi trinkt Wasser aus einem großen Glas. Ich beobachte ihn und versuche, ihn einzuschätzen. Nun gut, die Briten haben ihren Anteil am Chaos. Aber sie werden nicht wiederkommen, um es zu richten. Und warum hat Zuhdi sofort erzählt, dass er mit einem Juden zusammengearbeitet habe? Gibt er uns wirklich nicht die Schuld an der momentanen Lage? Immerhin halten Israelis sein Land besetzt. Das sollte ihn doch stören. Erzählt er mir bloß, was ich hören will?

Das Problem ist nur, dass die Geschichte von Zuhdi und Joseph tatsächlich genau das ist, was ich hören will. Nach solchen Beispielen habe ich gesucht, nach Möglichkeiten der Koexistenz. Als Philosophiestudent war ich ein großer Fan des chassidischen Denkers Martin Buber. Er war überzeugt, der Erfolg eines jüdischen Staates hänge von seinen Beziehungen zu den arabischen Nachbarn ab – und die Zukunft des Nahen Ostens davon, dass sich alle Beteiligten in Zurückhaltung übten, anstatt den anderen Staaten ihren Willen aufzuzwingen. Als ich Zuhdis Geschichte höre, frage ich mich, wie viele Bubers es damals noch gegeben habe. Oder, um genau zu sein, wie viele Zuhdis und Josephs.

Aber Zuhdi interessiert sich nicht für derlei Überlegungen. »Das zwanzigste Jahrhundert«, sagt er und räuspert sich. »Über eine andere Zeit kann ich wohl nicht sprechen. Zu viel hat sich verändert.« Er streicht eine Fussel von seinem Jackett. »Ich fuhr als erster im Westjordanland einen Lastwagen. Ich habe ihn 1936 gekauft. Er war beige und hat bergauf laut gerattert. Die Leute sind zur Seite gesprungen und haben sich zu Tode erschreckt. Ich war ein ausgezeichneter Fahrer und bekannt für mein Können. Zwischenzeitlich habe ich für die Briten gearbeitet. Als sie abzogen, haben die Jordanier die Führung übernommen.«

»Wie war das?«

»Auch die Jordanier waren Besatzer, aber sie haben uns größtenteils in Ruhe gelassen. Die Israelis wollen nicht nur das Land besetzen, sondern unsere Köpfe. Sie wollen uns demütigen. Wir sollen sagen: ›Danke, dass unser Leben jetzt so viel besser ist als unter den Arabern.‹« Zuhdi schaut aus dem Fenster und beobachtet einen Vogel, der sich auf der Motorhaube von Samers Truck niedergelassen hat. »Manchmal glaube ich, dass sie in Wahrheit genauso viel Angst haben wie wir. Vielleicht sogar noch mehr.« Er dreht sich zu mir um. »Letztendlich ist Besatzung immer schlecht. Der Mensch braucht seine Freiheit. Es ist wie mit dem Autofahren.«

»Wie bitte?«, sage ich.

»Er will über Autos fachsimpeln«, sagt Samer.

»Ach so.«

»Früher habe ich den Bus von Amman über Ramallah nach Damaskus gelenkt. Ab 1967 ging es nach Jerusalem und Tel Aviv. Ich fahre sehr gern. Zu fahren erlaubt mir, im richtigen Tempo über die Welt nachzudenken.« Zuhdi blickt auf den Olivenhain hinaus. »Stillstand bedeutet, dass auch die Gedanken stillstehen. Es ist der Tod.«

Samer nippt an seinem Kaffee. »Er ist verbittert. Wir haben ihm vor zehn Jahren seinen Führerschein weggenommen.«
Zuhdi dreht sich um und zeigt auf Samer: »Nichts habe ich mehr geliebt. Und ihr habt es mir genommen!«
»Er war fünfundneunzig«, erklärt Samer.
Ich sage: »Ich kann Sie verstehen. Meinem Großvater ist das Gleiche passiert. Seine Töchter haben ihm den Führerschein weggenommen. Er ist richtig böse geworden.«
Das hört Zuhdi gern. »Was hat ein Mann vom Leben, wenn er nicht mehr fahren darf?« Er zeigt auf Samers Land Rover, als wollte er fragen: Was würdest du sagen, wenn ich dir den wegnähme? Samer zuckt bloß die Achseln.
Ich stelle mir vor, mein Opa säße hier in Palästina neben mir auf der Veranda. Ich wünschte, er hätte Zuhdis Führerscheingeschichte gehört. Bestimmt hätte sie ihn überrascht. Vielleicht hätten die vielen Übereinstimmungen Zaida so verblüfft, dass er Lust bekommen hätte, Zuhdi einen Vortrag über Churchill und die Vorzüge des Manitoba-Kibbuz zu halten. Sicher hätte Zuhdi dem seltsamen Mann aus Kanada neugierig zugehört. Und dann hätte er Zaida Ben von den Trucks erzählt, die er schon gefahren habe, und von seinen Bussen. Es wäre gar nicht schlimm. Die beiden wären gar nicht so verschieden.
Zuhdi schwelgt in Erinnerungen. »Ich kenne mich mit Autos aus, und ich kenne meine Nachbarn. 1982. Es war fünf Uhr morgens, draußen war es noch dunkel. Ich war mit einem leeren Bus unterwegs. Plötzlich höre ich einen lauten Knall. Ein Reifen war geplatzt; ich dachte, sicher habe ich einen spitzen Gegenstand überfahren. Ich stieg aus dem Bus, kniete neben dem Reifen nieder und entdeckte viele kleine Löcher im Blech. Ich war verwirrt. Wie kamen die da hin? Dann spürte ich, wie etwas meinen Rücken streifte. Plötzlich wurde mir klar, warum ich einen Platten hatte. Ich wurde beschossen. Von den Siedlern.« Zuhdi trommelt mit den Fingern auf die Tischplatte und wartet auf Samer, der mit dem Dolmetschen kaum hinterherkommt. »Ich habe mich tot gestellt. Als die Schüsse aufhörten, bin ich aufgestanden und zum Dorf zurückgelaufen.«
»Haben Sie jemals versucht, sich zu rächen? Zurückzuschlagen?«

»Nein, aber später brannten einige Häuser in der Siedlung ab. Ich hatte nichts damit zu tun, und ich weiß nicht, wer das Feuer gelegt hat.«
Ich rücke näher an Zuhdi heran. »Verachten oder hassen Sie die Juden für solche Taten?«
»Natürlich nicht. Man kann einen einzelnen Menschen hassen, vielleicht zwei. Aber nicht ein ganzes Volk.«
»Was dachten Sie, als immer mehr Juden in Palästina eintrafen?«, frage ich.
Zuhdi beugt sich vor. »Als in den zwanziger und dreißiger Jahren die ganzen Boote landeten, bekamen wir Angst. Wo würden all diese Menschen leben? Was wollten die Fremden von uns? Die hatten ja keine Ahnung vom Leben hier. Natürlich hatten wir Angst. Und dann behaupteten sie plötzlich, das Land gehöre ihnen. Nun ja, wenn man es genau nimmt, gehört das Land niemandem. Das Land ist das Land, und auf ihm leben die Menschen. Alle brauchen dasselbe: Wasser. Fruchtbaren Boden. Es ist ganz einfach. Bloß ist es leider so, dass niemand teilen will. Jeder will der Herr im eigenen Hause sein.«
»Wünschten Sie, die Juden wären niemals hergekommen?«
Zuhdi zieht die rechte Augenbraue hoch und streicht sich über den Bart.
»Diese Frage kann ich nicht beantworten.«
»Warum nicht?«
»Du bist auch hergekommen, nicht wahr?«

Am Abend fädeln Samer und ich uns in die Warteschlange am Kontrollpunkt von Qalandia ein. »Danke fürs Zuhören. Im Ernst, wir sind darauf angewiesen, dass man uns anhört. Ich habe dir mein Dorf nicht aus reiner Selbstlosigkeit gezeigt.« Die Seitenscheiben sind heruntergefahren, wir hören den chaotischen Verkehrslärm. Alle warten darauf, nach Israel eingelassen zu werden. »Ich habe eine kanadische Bekannte, sie stammt aus Vancouver. Sie ist mit einem Mann aus Tel Aviv verheiratet. Ich habe sie und ihren Mann eingeladen, aber er weigert sich, mitzukommen. Sie hat sich beschwert und zu ihm gesagt: ›Ich bin deine Frau. Interessierst du dich nicht für meine Freunde?‹«

Ganz in der Nähe ist eine Gruppe von palästinensischen Bauarbeitern damit beschäftigt, die Mauer hochzuziehen. Einer der Männer ist dabei, einen Dutzende Meter langen Stacheldraht zu entwirren. »Wir haben uns dann am Kontrollpunkt getroffen«, sagt Samer. »Er war kreidebleich, hat kein Wort gesprochen und ist meinem Blick ausgewichen. Ich habe die beiden durchs Westjordanland kutschiert. Während der Mittagspause ist er nicht zur Toilette gegangen – bestimmt hat er gedacht, da ist ein Loch im Boden. Später, in Ramallah, kamen wir an einem Plattenladen vorbei. Endlich hat er was gesagt. ›Können wir da rein?‹ Klar, warum nicht, sage ich. Er hat mich um einen CD-Tipp gebeten. Ich dachte: Woher soll ich wissen, was du gerne hörst?, aber ich habe nichts gesagt. Ich habe ihm irgendwas empfohlen, wahrscheinlich Fayruz. Da sagte er: ›Ich wusste ja nicht, dass ihr so lebt.‹ Ich fragte: ›Wie leben wir denn?‹ ›So normal.‹ Ich wusste nicht, was ich darauf antworten sollte. Es ist lächerlich, wir müssen alle Besucher davon überzeugen, dass wir menschliche Wesen sind. Aber so ist es nun mal.«
»Samer.« Ich möchte ihm etwas Tiefgründiges sagen, ohne lächerlich oder sentimental zu klingen. Und dann sage ich nur: »Danke.«
Er klatscht mir auf den linken Oberschenkel und ruft: »Gott sei Dank haben wir uns kennengelernt. Gott hat uns zusammengeführt.«

Zurück in Ostjerusalem bleibe ich stehen, um vier Soldaten zu beobachten. Es ist früh am Abend, sie lehnen in der Altstadt an einer Mauer und plaudern. Ein Teenager kommt vorbei. Sie fragen den Jungen nach seinem Ausweis. Sie richten ihre Taschenlampen auf die Karte, dann auf sein Gesicht. Dann drücken zwei Soldaten den Jungen an die Mauer. Ein dritter filzt ihn. Bald fallen die ersten Schläge. Immer nur auf Brust und Unterleib, nie ins Gesicht. Der vierte Soldat, der an der Ecke steht und die Gegend im Auge behält, entdeckt mich. Er kommt näher, richtet seine Uzi auf mich, verlangt meinen Ausweis. Ich gehorche.
Der Junge ist achtzehn, höchstens neunzehn Jahre alt. »Was zum Teufel willst du hier?«, fragt er.
»Nichts«, sage ich.

»Dann hau ab. Sofort.«
Der Soldat brüllt mich an, aber er zittert. Das Seltsame ist: Ich zittere ebenfalls. Die anderen drei prügeln weiter auf den Palästinenser ein. Der junge Soldat fordert mich nochmals zum Gehen auf, will mir aber meinen Pass nicht zurückgeben. Er lässt mich nicht aus den Augen. Er steht wie angewurzelt da, reißt die blauen Augen auf. Der Helm ist ihm zu groß. Was er wohl denkt?

ICH: Weißt du, du musst da nicht mitmachen.
SOLDAT: Ich mache nur meinen Job.
ICH: Job hin oder her, frage dich selbst: Ist es wirklich nötig, den Jungen zu verprügeln?

Aber ich sage nichts. Schließlich sagt der Soldat: »Diese Gegend ist unsicher. Bitte gehen Sie weiter.« Er gibt mir meinen Pass und geht zu den anderen zurück. Sie haben aufgehört, auf den Jungen einzudreschen. Er schnappt vornübergebeugt nach Luft.

Ich habe mich wieder verlaufen. Verdammt sei diese Stadt.
Auf der Suche nach einem Weg nach Nachlaot, wo Max wohnt, entdecke ich einen alten Mann mit Kippa, der in eine Kopfsteinpflastergasse abbiegt. Ich studiere das Straßenschild. Ganz in der Nähe muss die Bäckerei von Zuhdi und Joseph gewesen sein. Ich folge dem alten Mann. Er verschwindet in einem Durchgang. »Joseph«, rufe ich ihm nach. Ich biege um die Ecke, aber er ist verschwunden. Wo bin ich? Ich stehe vor einem alten steinernen Gebäude. Drinnen brennt Licht. Im Schaufenster des Ladens liegen Postkarten aus. Das Licht fällt auf ein gerahmtes Poster, Steine leuchten in Gold und Orange. Der Felsendom liegt halb im Schatten. Unter dem Bild prangt ein fetter Schriftzug: BESUCHEN SIE PALÄSTINA. Zaida Bens Poster.
Als Kind habe ich an dieses Poster geglaubt: Die Stadt der Gärten und der kühlen Steinmauern, der üppigen Bäume unter der glühenden Sonne. Einfach und schön. Der zionistische Künstler präsentiert ein Jerusalem ohne Bewohner, die einander im Namen eines Gottes, einer Ideologie, einer Idee abschlachten. An jener Schönheit hänge ich immer noch. Ich will mir einreden, das

Haus, vor dem ich stehe, habe einst die Bäckerei von Zuhdi und Joseph beherbergt; es ist vier Uhr morgens, die Hände schlagen im Gleichtakt auf den Teig ein. Ich weiß, dass diese Geschichte erfunden oder wenigstens lange her ist. Diese Stadt glüht nicht in Gold und Orange. Ihre heiligen Steine sind mit Vogeldreck und Menschenblut beschmiert, in ihren Gassen boxen Soldaten Menschen in den Unterleib.

Die Tür ist verschlossen. Ich kann eine Gestalt hinter dem Tresen erkennen. Es ist acht Uhr abends und schon dunkel. Ich muss da rein. Ich klopfe an, ein Mann öffnet die Tür, ich frage: »Ist das Poster zu verkaufen?« Er bejaht und rollt es vorsichtig zusammen, damit es in die Pappröhre passt. Mir gefällt, dass er das Papier behandelt, als wäre es eine alte, heilige Schrift. Als könnte mir dieses Souvenir das Leben retten.

Ich muss an Judith denken, an ihre Worte vor meiner Abreise: »Du bist immerzu auf dem Sprung. Warum bleibst du nicht hier, um an unserem Problem zu arbeiten? Es wird sich nicht von allein lösen.« Sie hat Recht. Ich ziehe es vor, mich mit den Problemen einer fremden Stadt abzulenken. So wie mein Großvater beschäftige ich mich lieber mit etwas anderem, anstatt mich und meine Beziehungen zu analysieren. Aber ich mache mir nichts vor. Vielleicht wird meine Suche ein Ende haben. Vielleicht wartet in diesem israelisch-palästinensischen Labyrinth eine Antwort auf mich, eine Erkenntnis, wie sich die Mythen der Vergangenheit und die Fakten der Gegenwart in Einklang bringen lassen. Frieden. Nicht nur zwischen den Völkern, sondern mit mir selbst.

Kapitel 26

Gestern Abend bin ich, betrunken von zu viel Raki, auf Max' Sofa eingedöst. Kurz vorm Einschlafen hatte ich eine Vision von Shimon.

Er setzte sich zu mir und sagte: »Du bist wirklich ein Idiot.«

»Danke.«

»Sich mit ein paar Palästinensern zu unterhalten, bringt gar nichts. Die erzählen dir nur, was du hören willst. Das sind Araber, schon vergessen? Es ist, wie dein Großvater sagte: Sie stechen dich ab und lächeln dabei.«

Als ich aufwache, habe ich einen schlechten Geschmack im Mund und das starke Bedürfnis, Judith anzurufen. Ich brauche den Austausch mit ihr, ich muss mit jemandem reden, der nicht Teil dieser Welt ist.

Sie hatte mir eine Mail geschrieben und gefragt, ob alles in Ordnung sei. Sie verfügt über den sechsten Sinn der Liebenden, über den »Wo-zum-Teufel-steckst-du?«-Sinn. Ich bin seit vier Wochen unterwegs, und wir haben erst einmal telefoniert. Plötzlich ist es mir peinlich, mich nicht gemeldet zu haben. Morgen ist der letzte Sederabend vorm Pessachfest, ich möchte ihr alles Gute wünschen. Ich stehe am Damaskustor und kaufe eine Telefonkarte, als ein alter Mann auf mich zuhumpelt.

»Feiertag? Hat hier jemand Feiertag gesagt?« Sein Akzent klingt nach Jersey. Ich schaue mich nach seinem Gesprächspartner um. Ich glaube, er meint mich. »In Jerusalem ist jeder Tag ein Feiertag, wusstest du das nicht?« Er wühlt in den Taschen seiner ausgebeulten grünen Anzugsjacke und fischt eine zerkrümelte Zigarette heraus. Er zündet sie an und raucht sie mit vier kräftigen Zügen zur Hälfte auf. »Sag bloß nicht, du würdest hier Urlaub machen.« Er hat neun Finger. Seine Augäpfel sind gelb. »Da wärst du in Kalifornien oder Neumexiko besser aufgehoben. Verdammt, selbst

in Milwaukee oder Winnipeg wär es schöner!« Er kichert, hustet, spuckt Schleim aus. »Ich heiße Charlie.«
Er streckt mir eine Hand entgegen. Die Haut scheint ihm nur lose an den Knochen zu hängen. Er erzählt, er habe Fuß-, Bein- und Kehlkopfkrebs. Sein rechtes Bein, eine Prothese, habe er gebraucht gekauft. Er sagt: »Ich bin ein wandelndes Puzzle! Jeden Morgen setze ich mich zusammen und hoffe, dass alles noch passt. Was ist mit dir?«
»Ich muss meine Freundin in Kanada anrufen.«
»O Palästina, Heimat, Vaterland«, krächzt er. Er klingt, als würde er jeden Moment aus den Latschen kippen. »Komm mit mir, ich reiche dir die Hand.«

Charlie raucht eine Zigarette nach der nächsten. Inzwischen ist er bei Nummer drei. »Krebs nervt. Und schmerzt. Im Fuß. Überall eigentlich. Aber was ist der Schmerz schon anderes als eine kleine Erinnerung an das Gefängnis, in dem wir sitzen?« Ich habe keine Ahnung, wovon er spricht. In Ostjerusalem entdecke ich einen verrosteten Fernsprecher. Ich rufe bei Judith an, aber sie ist nicht zu Hause. Ich spreche ihr kurz auf Band, frohes Pessachfest, mach dir keine Sorgen, mir geht es gut, ich rufe bald wieder an. Die Stimme auf ihrem Anrufbeantworter erinnert mich an sie, an die ganze Judith: am Anfang ganz ernst, im Mittelteil spielerisch, zum Schluss ein »Bis bald«; das »bis« ein kleiner Kringel, bevor ihre Stimme beim »bald« brüchig wird. So als könnte sie sich nicht länger zusammenreißen. Als hielte sie den Abschied nicht aus.
»Sei nicht traurig, Junge«, sagt Charlie, »das steht dir nicht. Hör mal. Ich hab da was, das könnte dich aufheitern.« Die Kauleisten in Charlies Unterkiefer sind von silbernen Kappen überzogen. »Qalandia!«
»Wie bitte?«
»Das Flüchtlingslager.«
Ich zögere. »Wie soll mich ein Flüchtlingslager aufheitern?«
»Nach dem Besuch wirst du froh sein, nicht dort leben zu müssen.«

Wir gehen zum baufälligen Busbahnhof von Ostjerusalem. Ich helfe Charlie in den Bus. Ich habe nichts zu verlieren, und Shi-

mon kann warten – oder? Ist ja nicht so, als zöge er weg. Vielleicht habe ich Glück und sehe ein paar interessante Gestalten, vielleicht schaffe ich es endlich, etwas Interessantes zu schreiben. Ich möchte Barak beeindrucken. Ich möchte den dummen Touristen in mir austricksen.
Hinter dem Busbahnhof zieht sich die tägliche Schlange der Wartenden, die eine Arbeitserlaubnis für Jerusalem beantragen wollen, bis um die nächste Häuserecke. Charlie prahlt mit Fotos seiner Enkelkinder – drei in Minnesota, zwei in Milwaukee.
»Zwanzig Jahre habe ich da gelebt. Dann haben sie mich rausgeschmissen.«
Er hatte auf Kreuzfahrten zu den Kaimaninseln als Pianist gearbeitet. Sie war Bardame gewesen und zehn Jahre jünger. Sie hatten einander auf dem Schiff kennengelernt, in Las Vegas in einem Drive-In geheiratet und waren nach Milwaukee gezogen.
»Ich kann nicht behaupten, es würde mir fehlen, fünfhundertmal täglich ›The Entertainer‹ zu spielen. Aber die Bezahlung war gut. Und dazu gab es literweise Whisky gratis, um die Finger zu ölen.«
»Was haben Sie in den USA gemacht?«
»Hab mir Ärger eingebrockt«, sagt Charlie und schaut sehnsüchtig aus dem Fenster. Mehr und mehr Leute steigen zu. »Sie hat sich scheiden lassen. Nach dem elften September wurden alle paranoid. Die Regierung, die Nachbarn, meine eigene Frau. Eine irre Szene war das, Kleiner. Ich komme nach Hause, und meine Sachen liegen im Vorgarten. Zum Glück habe ich nicht viel besessen.« Im Busbahnhof scharen sich ein paar Kinder um einen kaputten Schaukelstuhl und schlagen ihn mit einem Hammer in Stücke.
»Und jetzt?«
»Jetzt lebe ich mit meiner Frau in Beit Hanina.«
»Sie haben ein zweites Mal geheiratet?«
»Junge, ehrlich gesagt, war ich die ganze Zeit mit beiden verheiratet.« Er schlägt mir kräftig auf den Rücken. Ich staune. »Überleben, mein Freund. In der Liebe geht es ums nackte Überleben.« Wieder gibt er sich dem Kichern und Husten hin, ich frage mich, wie lange er es noch machen wird. »Mehr als der Glaube an die Liebe ist mir nicht geblieben, Kleiner.«
Jetzt muss ich lachen. Charlie bleibt ernst.

»Die Lösung des Problems heißt nicht Verhandlung, sondern Sex. Wenn die Israelis lernen würden, die palästinensischen Frauen zu lecken, und die Palästinenser die israelischen Frauen, wäre der Weltfrieden in Reichweite. Junge, das wäre die Cunnilingusrevolution! Orgasmen statt Mauern.«
Diesmal lacht Charlie so heftig, dass ich denke, das war's, nun ist er hinüber. Aber dann stirbt er doch nicht; stattdessen schließen sich die Bustüren, und der Motor springt an. Es geht los.
»Du kommst tatsächlich mit«, sagt Charlie, »ich hätte gewettet, du machst einen Rückzieher. Im Ernst, du wirst Qalandia lieben.«

Wir sind auf der mir mittlerweile vertrauten Straße zum Kontrollpunkt unterwegs. Der Bus hält an, alle drängen hinaus. Charlie zeigt geradeaus: »Du gehst einfach da durch und folgst der Straße. Das Flüchtlingslager liegt auf der rechten Seite.«
»Wo wollen Sie hin?«
»Ich wohne da drüben.« Also nicht im Westjordanland. Er sieht meine Verunsicherung. Diesmal erwartet mich kein Samer.
»Keine Angst, mein Junge. Was glaubst du? Dass die dich fressen werden?« Der Gedanke war mir tatsächlich gekommen. Was, wenn ich die letzten Male bloß Glück hatte? »Ruf mich an, falls es ein Problem gibt.« Er kritzelt seine Telefonnummer auf eine Streichholzschachtel. »Komm später zum Mittagessen vorbei.«
Ich schüttle Charlies Hand. Er schlurft in Richtung der Wohnblocks davon. Ich rücke mir meine Schiebermütze zurecht. Betrachte mein Spiegelbild in der Seitenscheibe des Busses. Ich sehe aus wie Tewje, der Milchmann. Langsam gehe ich auf den Kontrollpunkt zu.

»Entschuldigung, wo geht es hier zum Flüchtlingslager?«, frage ich einen Taxifahrer in der Warteschlange. Er zeigt auf eine Ansammlung baufälliger Hütten, die in wenigen hundert Metern Entfernung neben der Straße nach Ramallah am Hang stehen. »Da hinten«, sagt der Zeigefinger. Der Taxifahrer sieht mich nicht an, so als riskierte er mit einem Blick, selbst dort zu landen, zum Flüchtling zu werden.
Die Autoschlange in Richtung Israel zieht sich kilometerweit. Ich biege nach rechts ab und lasse die plärrenden Hupen und die wü-

tenden, rotgeschwitzten Gesichter hinter mir. Ich bin auf einer betonierten Straße unterwegs. Die Steigung ist unglaublich steil, ich muss immer wieder stehen bleiben und durchatmen. Am Ende der Straße erhebt sich ein Minarett. Anders, als ich dachte, besteht das Flüchtlingslager nicht aus Zelten. Diesen Zahn hatte mir Charlie schon während der Busfahrt gezogen. »Klar, am Anfang gab es Zelte. Jede Menge. Wir schrieben das Jahr 1949 und waren überzeugt, bald wieder nach Hause zu dürfen. Aber der Flüchtlingsstrom riss nicht ab. Die Zeit hat die Strukturen verfestigt: Das Lager ist kein Provisorium mehr. Qalandia«, sagte er, verharrte auf dem Wort. Aber sein Verharren war keine Ruhepause, hier gibt es keinen Frieden. Hier riecht es bitterscharf, nach verbranntem Brot. »Eines der ältesten Lager im Westjordanland.«

Ich habe keinen Halt mehr. Ich hatte gedacht, Charlie würde mich begleiten, stattdessen hat er mich am Kontrollpunkt allein gelassen. Strahlend weiß hebt sich die Moschee von den grauen Fertighäusern ab. So als wäre sie frisch gestrichen, zwanghafte Helfer, penibler Gott.
Auf der Bergkuppe wende ich mich nach links. Im Eingang der Moschee stehen drei bärtige Männer. Sie beäugen mich misstrauisch, ich gehe schnell weiter. Ich suche nach einem Unterschlupf. Vor mir sehe ich halbfertige Häuser. Lange Eisenfinger ragen aus den Betonblöcken und zeigen himmelwärts. Eine Treppe endet im Nichts. Ein fleischloses Skelett, ein Haus ohne Wände.
Das Irre an meiner Reise: Ich muss die Gegenstände vor meinen Augen entziffern, dem Unbekannten eine Bedeutung abgewinnen. Dabei ist die Welt, die ich zu dekodieren versuche, selbst noch im Entstehen. Auf mit verbogenen Eisenteilen übersäten Flächen spielen Kinder mit leeren Granaten und Schrapnellen. Auf einem Balkon steht ein Junge, keine acht Jahre alt, und schreit einen Hahn an. Jemand hat eine Baugrube ausgehoben und nichts gebaut, nun klafft ein Loch im Boden.
Als mich die Kinder entdecken, flitzen sie die Straße hoch. Hier gibt es keinen Asphalt mehr, nur schmale Schotterstraßen. Mütter und Großmütter hängen Wäsche auf, schließen die Fensterläden, sobald sie mich sehen. Die Jungs bewerfen einander mit

Müll, so fest sie nur können schleudern sie rostige Vergaser und zerdrückte Öldosen durch die Luft. Eine Radkappe kommt mir wie eine Frisbeescheibe entgegen geflogen. Ich ducke mich weg, hebe sie auf. Ein zahnloses Kind spuckt in meine Richtung aus. Die Radkappe ist so scharf wie eine Rasierklinge. Jemand hat sich die Zeit genommen, die Kante spitz zuzufeilen.
Der Tag ist heiß und trocken. Ich trinke einen Schluck Wasser und gehe zur Moschee zurück. Die vertraute, blau-weiße Flagge der Vereinten Nationen flattert über einem gedrungenen Flachdachgebäude – eine Schule. Charlie hat es mir im Bus erklärt: 1948, nach dem Krieg, wurde das »Hilfswerk der Vereinten Nationen für Palästina-Flüchtlinge im Nahen Osten«, kurz UNRWA, gegründet, um die über siebenhunderttausend palästinensischen Flüchtlinge zu versorgen. Das Hilfswerk besteht bis heute, es versucht, den Menschen in fast sechzig Lagern im Libanon, in Syrien, Jordanien, dem Westjordanland und Gaza Bildung, humanitäre Hilfe und medizinische Versorgung zukommen zu lassen. In diesen Lagern leben über eine Million Flüchtlinge und ihre Nachkommen, insgesamt sind über vier Millionen Palästinenser auf der Flucht.[5] Es handelt sich um das größte und längste Flüchtlingsdrama aller Zeiten.
Ich betrete das Schulgelände in der Hoffnung, jemanden zu finden, der meine Sprache spricht und mir die Umgebung zeigen kann. Was lernen die Schüler hier? Das, was Rana lernte oder vielmehr nicht lernte? Wie viele Kinder gibt es hier überhaupt?
Der Eingangsbereich macht einen ordentlichen Eindruck. Über eine Steintreppe gelange ich in einen großen weißen Saal mit niedriger Decke. Ich versuche, die Treppe hinunterzuschleichen, aber die Stufen sind zu hoch und meine Absätze machen Krach. Unten empfängt mich ein Mann mit schwarzem Bart. Er redet aufgeregt auf mich ein, in Arabisch. Was ich hier wolle?
Ich ziehe meinen Notizblock heraus und versuche es pantomimisch. »Ich bin Schriftsteller.«
Wortlos verlässt er den Raum und knallt die Tür hinter sich zu. Ich bleibe im Halbdunkel zurück. Ich versuche, die Tür zu öff-

5 Quelle: Webseite der UNRWA unter http://www.un.org/unrwa/publications/index.html

nen, aber der Griff klemmt. Ich rüttle daran, aber nichts passiert. Und jetzt? Ich stehe im Dunkeln und atme schwer. Ich hätte dem Bärtigen sagen sollen, dass mich ein sterbenskranker Verrückter hergeschickt hat, weil er meinte, es würde mich bilden. Ich frage mich, ob die Kinder in Qalandia jemals einem Juden begegnet sind, der nicht der Armee angehört. Ich beschließe, vorsichtshalber kein Hebräisch zu reden. Die Tür geht auf, der Bärtige kommt mit drei Zwölfjährigen zurück. Er murmelt etwas. Einer der Jungen ist groß. Der zweite spielt mit zwei Steinen, als wären es Würfel. Der dritte kaut Kaugummi und produziert rosa Blasen von der Größe seines Gesichts.

»Kommen Sie mit«, sagt der große Junge zu mir. Er trägt ein rotes Sweatshirt mit einem aufgestickten X.

»Malcolm X«, sage ich.

Der Große schweigt und lässt seine Fingerknöchel knacken. Sie führen mich eine Treppe hinunter. Die Dunkelheit ist erdrückend. Als sie eine Tür aufstoßen und wir in einer Gasse stehen, fühle ich mich wie neugeboren. Ich sehe einen Jungen, der mit einem Stock eine Katze schlägt. Ich erinnere mich, wo ich bin.

Da ist Beckham. Er ist der Komiker. Er nennt sich Beckham nach dem britischen Fußballgott, ist aber selber so klein, dass es kaum zum Wasserträger reichen würde. Auf seiner Oberlippe wächst Flaum. Da ist Ibrahim. Er ist der Kleinste, spricht durch zusammengebissene Zähne und reißt zotige Witze auf Arabisch. X hat breite Schultern und kann ein paar Brocken Englisch. Sie führen mich auf ein betoniertes Fußballfeld. Beckham fängt an, im Kreis zu rennen und einen imaginären Ball zu treten. Ibrahim spuckt aus. Ich frage mich, ob sie sich nach Rasen sehnen, so wie Jacob und ich damals, ob dieses Anliegen überhaupt Bestandteil der langen Liste ihrer Sorgen ist.

Die Jungen besuchen die High School und wurden von ihrem Lehrer, dem bärtigen Mann, beauftragt, mir das Flüchtlingslager zu zeigen. Qalandia: ein Dorf aus Schlackenbeton. Ausgetrocknete Erde, aufgeplatzte Straßen. Die Männer sitzen im Café und spielen Schesch Besch. An der Ecke gibt es Zigaretten und Zeitungen. Ständig fallen Strom und Wasser aus, sagen die Jungen. Es stinkt nach Kläranlage. Am höchsten Punkt des Lagers zeigt X zu einer Siedlung auf einem fernen Hügel. Die Häuser erheben sich wie gereckte Fäuste, scheinen zu rufen: *Haut ab.* Aber wie wird man eine Stadt mit zehntausend Flüchtlingen los? Beckham klettert in die Ruine eines Stalles und schildert mit Gesten, wie hier eine Rakete einschlug. »Da wohnten die Kühe«, sagt X. Ibrahim begleitet den Raketenflug mit *Star-Wars*-Geräuschen, Beckham verrenkt sich wie beim Tanztheater, um zu demonstrieren, wie das Kuhhirn umherspritzte.

Die Jungen führen mich in die nächste Straße. Sie zeigen mir zerborstene Fensterscheiben und die Einschusslöcher vom letzten Militärangriff. Ein Kind nähert sich. Die Jungen begrüßen ihn, nennen ihn »Crazy Boy«, während er verstockt vor uns stehen bleibt und sich hin und her wiegt. Ich greife in meine Hosentasche und biete ihm ein Stück Schokolade an, das er wegschlägt. Die anderen schimpfen mit ihm, weil er so unhöflich ist, und erklären mir: *Vollwaise, keine Schule, kein Benehmen.* Ibrahim tut so, als balancierte er auf einem Surfbrett. *Crazy Boy ist nicht ganz richtig im Kopf*, will er damit sagen. X und Beckham lachen. Sie sind nervös. Crazy Boy ist wie erstarrt. Ich greife in meinen Rucksack und biete ihm einen orangen Stift an. Er schnuppert daran, als könnte der Stift vergiftet sein. Er trägt einen rostigen Schlüssel um den Hals und sieht aus, als hätte er tagelang nichts gegessen.

»Was ist das für ein Schlüssel?«, frage ich.

»Zuhause«, sagt er. Dann zeigt er in Richtung der Siedlung, auf Jerusalem. Ohne Vorwarnung schmeißt er mir den Stift ins Gesicht, rennt davon, kauert an der nächsten Ecke nieder, um Steine aufzusammeln. Ein Tier bei der Nahrungssuche.

Ich möchte, dass uns Crazy Boy begleitet, aber die anderen sagen nein. Sie führen mich auf den Friedhof. Am Grab eines Freundes bleiben wir stehen. Beckham nimmt seine schwarz-graue Kappe ab und drückt sie an die Brust. X weint leise. Ibrahim schaut zur Seite und kickt Steinchen weg. Ich denke an Barak und seine einzige Hoffnung: »Eines Tages werden wir es satt haben, einander zu töten, das Blut unserer Kinder zu vergießen. Dann erst wird die Gewalt ein Ende haben.« Das Mantra des Realisten.

Wir verlassen den Friedhof und treten den Rückweg zur Schule an. Ich will wissen, wie ihr Freund umgekommen sei. X sagt: »Er hat Kaffee getragen.« Ibrahim tut so, als schleppte er einen schweren Sack. Beckham ergänzt: »Für Mutter.« Man hielt es für Sprengstoff. Der Junge war elf Jahre alt.

Der Bärtige erwartet uns in der Schule. Er ist freundlicher, weniger schroff.

»Gute Tour?«, fragt er. Sein Englisch ist kaum besser als das von X.

»Ja«, sage ich dankbar.

Auf dem Pult des Mannes stapeln sich Schulbücher. Ich frage, ob ich einen Blick hineinwerfen dürfe. Mathebücher. Ich will mehr über das palästinensische Schulsystem wissen. Was liest man im Westjordanland? Amichai oder Darwisch? Bei einem unserer Treffen in Toronto hatte mir Rana von einer Kontroverse in der Knesset erzählt. Es ging um die Lyrik von Mahmud Darwisch. Im Jahr 2000 wollte Ehud Baraks Bildungsminister Jossi Sarid fünf Gedichte Darwischs als Wahlmöglichkeit in den multikulturellen Lehrplan aufnehmen. Der Antrag auf Erweiterung des Lehrplans ließ das rechte Lager toben, Barak musste sich einem Misstrauensvotum stellen. Er überstand die Abstimmung, beendete die Debatte aber mit der Feststellung, Israel sei für Darwisch »noch nicht bereit«.

»Fast zwanzig Prozent der Bevölkerung Israels ist palästinensisch«, sagte Rana. »Wofür ist Israel noch nicht bereit? Für die Realität?«

»Darwisch?«, frage ich und zeige auf den Bücherstapel.

Der Bärtige sagt: »Selbstverständlich.« Er zeigt mir die arabischen Texte; hier wird nach einem jordanischen Lehrplan unterrichtet. Der Lehrer öffnet die unterste Schublade und nimmt ein zerfleddertes Buch heraus. »Darwisch«, sagen seine Lippen. Ein Flüstern.

Laut rufend kommen Schüler herein. Sie sind aufgeregt, weil Besuch da ist. Ich hole meine Kamera heraus, sie posieren. Die elfjährigen Mädchen klimpern mit den Wimpern und tun so, als würden sie sich schminken. Die Jungen zielen mit ihren Linealen und werfen Kreidestücke wie Handgranaten. Der Lehrer lädt mich zu einer Schulfeier am nächsten Tag ein, aber ich muss ablehnen. Ich sage ihm nicht, dass das Pessachfest beginnt und ich den Abend mit Ruthie und ihren Freunden verbringen werde.

X bietet an, mich zum Kontrollpunkt zu begleiten. Ein Pulk aus zwölf, dreizehn Kindern eskortiert mich zum Ausgang. Sie greifen nach mir, wühlen in meinen Taschen, zerren an meinem Rucksack. Sie wollen sehen, was ich dabeihabe. Ich nehme meinen blauen Spiralblock heraus und verteile die Seiten. Potenzielle Flieger, Hüte, Segelschiffe, Liebesgedichte. Gierig reißen sie mir das Papier aus der Hand.
X schiebt die Kinder aus dem Weg, wir gehen die Treppe hinunter. Vor der Tür steht Crazy Boy, einen Lederbeutel voller Steine in der Hand. Er lässt den Beutel fallen, schnappt sich einen Besenstiel und fängt an, wie ein Leibgardist auf und ab zu marschieren. Ich spiele mit und salutiere, als wäre er ein Soldat. Crazy Boy findet mich nicht komisch. Er nimmt den Besenstiel und haut ihn mir in den Nacken. Ich versuche, ihm den Stiel zu entwinden, aber er holt zum Schlag aus und landet einen Volltreffer gegen meine Brust. Ich schnappe nach Luft und krümme mich zusammen.
»Darwisch«, höre ich es flüstern.
»Verpiss dich«, schreit X den Jungen an, der sich seinen Lederbeutel schnappt und wegrennt.

Am Kontrollpunkt herrscht Hochbetrieb. Es ist schon spät – in einer Stunde geht die Sonne unter. Dem Taxifahrer zufolge beträgt die Wartezeit für Autofahrer, die nach Israel wollen, dreieinhalb Stunden. X führt mich zum Fußgängerübergang. Hier wartet man nur wenige Minuten. Bevor ich mich verabschiede, besteht X darauf, dass ich Sam kennenlerne. Sam ist fünfzig Jahre alt und sein Englisch beinahe fließend. Er verbringt seine Tage in der Nähe der Baustelle, verbrennt Müll und Papierreste am Maschendrahtzaun. X erklärt ihm, dass ich mich für Palästina interessiere, Sam holt zu einer Geschichtsstunde aus. Während er redet, fallen die ersten Schüsse. Ich drehe mich um und sehe, dass der Lärm aus der Nähe des Lagers kommt. Auf der anderen Seite des Zauns, auf einem Hügel ein paar hundert Meter entfernt, steht ein israelisches Armeefahrzeug.
Die Leute am Kontrollpunkt gehen ein wenig schneller. X ist nirgends zu sehen, er ist abgehauen. »Was ist los?«, frage ich Sam, aber der ist ganz in seinen Vortrag vertieft.

»Das Grundstück auf der anderen Seite des Zauns zum Beispiel, da hätte niemand gedacht, dass ...«

PENG PENG PENG

»1936 zum Beispiel kam es zu einer plötzlichen Durchmischung der Kräfte, Ost und West, niemand konnte das vorhersehen, Widersprüche und Verwirrung ...«
Noch mehr Schüsse. X kommt durch die Menge auf mich zugestürmt. Er hält eine Flasche Orangenlimonade in der Hand.
»Was zum Teufel?«, sage ich.
»Hier, trinken«, sagt X, »ruhig bleiben.«
»Warum schießen die?«
»Crazy Boy.« Er imitiert einen Steinwurf.
Liegt es an mir oder redet Sam wirres Zeug? Sein Blick ist irre, seine Augen sind trüb, aber er wirkt ungleich gefasster als ich. Ich frage mich, was ich tun muss, um ihn zu verstehen. Er rattert die üblichen Jahreszahlen hinunter: '48, '67, '73, '56. Aber ich höre auch andere Zahlen: 22, 58, 33, 91. Was will er mir sagen?

PENG PENG PENG

»Was machen Sie beruflich?«, fragt Sam. Die erste verständliche, vernünftige Frage.
»Ich bin Schriftsteller«, antworte ich.
»Ein Schriftsteller hat die Macht, zu hören und gehört zu werden.«
Noch mehr Schüsse. Drei Soldaten sind hinter Crazy Boy her. Er schmeißt mit Steinen, und ich könnte schwören, sie auf den Militärjeep krachen zu hören. Meine Brust schmerzt immer noch von dem Schlag mit dem Besen. Sam bückt sich und zieht eine Zeitschrift aus dem Stapel der zu verbrennenden Zeitungen. Er reißt eine Seite aus und hält sie mir hin. Er sagt: »Zeig das den Leuten in Kanada.« Eine Anzeige für Western Union, nur auf Arabisch. Die gebildet aussehende Frau auf dem Foto zählt amerikanische Dollarnoten. »Erzähl ihnen, was hier los ist«, sagt er.
Die Soldaten sitzen wieder im Jeep. Das Fahrzeug rollt auf uns zu. Ich bleibe wie angewurzelt stehen, die Limoflasche immer noch in

der Hand. Ich schaffe es nicht, den Verschluss aufzudrehen. Meine Hände und Beine gehorchen mir nicht mehr.
Sam rückt die rote Truckerkappe zurecht und bewundert sein Müllfeuer. Ich möchte ihn als verrückt abstempeln, aber etwas an seiner Art, an seinem Satz über Schriftsteller und Macht hält mich an der Stelle fest. Ich betrachte das vertraute Logo von Western Union, die für mich unleserliche Schrift. »Zeig das den Leuten in Kanada«, hat er gesagt. Ich möchte etwas schreiben, das so bedeutsam ist wie Sams Überzeugung. Dabei schaffe ich es nicht einmal, die Anzeige zu lesen. Weitere Schüsse fallen. Wo ist Crazy Boy? Ich schaue mich um. Dutzende Menschen rennen den Hügel hinunter. »Geh.« Sams letztes Wort. Die Kugeln sausen uns um die Ohren. Ich stopfe die Anzeige in meine Hosentasche und renne zum Kontrollpunkt. Sagen Sie NICHT auf Wiedersehen. Drehen Sie sich NICHT um. Verwandeln Sie sich NICHT in eine Salzsäule. Der Soldat wirft einen Blick in meinen Pass, einen zweiten in mein Gesicht. Er sagt nichts, fragt nichts. Ich passiere den Metalldetektor und bin wieder in Israel.

Ich gehe auf der Hauptstraße durchs Charlies Wohnort. Ich rufe ihn nicht an, ich weiß nicht, was ich tun soll. Ich winke ein Taxi heran und merke zu spät, dass ich nur noch vier Dollar bei mir habe. »Wie weit komme ich damit?« Wir fahren nach Jerusalem. Der Taxifahrer setzt mich in einer unbekannten Gegend ab. In der Straße ein Schild:

Unzüchtig bekleideten Frauen
sowie Touristen und gruppen
ist der Zutritt strengstens untersagt.
NEHMT RÜCKSICHT !!!

Die Straßen sind leer, abgesehen von einigen wenigen Männern, die mit Taschen voll Brot unterwegs sind. Es ist der Abend vor dem Pessachfest, die Leute beeilen sich, ihr Chametz noch vor Sonnenuntergang zu verbrennen. Pessach: Wir erinnern uns an den Auszug aus der Sklaverei und in die Freiheit. Ab morgen essen wir nur noch Matzen, ungesäuertes Brot. Wir Juden verbrennen,

wovon wir zu viel haben: Arroganz, Ego, unsere aufgeblasenen Gedanken.
Ich erkenne die Gegend aus Filmen wieder, die ich gesehen habe. Ich befinde mich in Mea Shearim, dem Orthodoxenviertel Jerusalems. Auf Metallgittern wird Chametz verbrannt, Altare für Hefe und Qualm. Ich gehe ein Stück und hole dann meine Kamera heraus. Eine Frau hängt weiße Wäsche auf ihren Balkon. Vor meinen Füßen landet ein Stein. Ein zweiter trifft mich am Ellenbogen.
»Geh weg«, sagt eine Stimme.
Ein kleiner Junge, zehn oder elf Jahre alt. Er hat schwarze *pejes*, trägt eine schwarze Kippa und einen schwarzen Anzug.
»Wohin?«, frage ich.
Der Vater tritt aus einem Hauseingang und zerrt den Jungen am Handgelenk fort. Der Junge dreht sich noch einmal um und streckt mir die Zunge heraus. Sein Vater zieht ihn mit sich, er hat Brot und Gebetbücher dabei und hat es eilig, das vergangene Jahr zu verbrennen.

Kapitel 27

Einen Tag später, am Tag von Ruthies Seder, stehe ich mit leeren Händen vor Shimons Tür. Ich habe nichts mitgebracht, ich weiß nichts. Ehrlich gesagt, weiß ich noch weniger als am Tag meiner Ankunft.

Ich möchte zu Shimon sagen: »Sie kamen als Flüchtling auf einem Boot aus Europa. Wahrscheinlich wird Ihr Elternhaus seit dem Krieg von einem Polen oder einem Russen bewohnt. Wie können Sie ein Haus beziehen, das einem anderen gehört? Wie leben Sie mit diesem Wissen?«

Das Haus ist schmaler als der Bungalow, in dem Mary wohnt. Ich betrete das Grundstück und stehe unter einem Baldachin aus Jasmin. Die Architektur ist arabisch – mehrere Säulen stützen das flache Verandadach. Ich klopfe mit Nachdruck an, aber niemand öffnet. Ich gehe um das Haus herum und schieße ein paar Fotos. Auf dem Rasen liegt Kinderspielzeug, darüber eine Wäscheleine voller Kleidung. Shimon kommt mit einer Armladung Lebensmittel um die Ecke, mit Tüten voll Matzen und Wein.

»Was willst du hier?«, fragt er auf Hebräisch.

»Verzeihen Sie mein Eindringen«, sage ich und versuche, mit einem möglichst starken Akzent zu sprechen. »Ich würde Ihnen gern ein paar Fragen zu Ihrem Haus stellen.«

»Wer bist du?«, fragt Shimon und stellt die Tüten ab.

»Ich bin Kanadier.«

»Für wen arbeitest du?«

»Für niemanden.«

»Was zum Teufel willst du hier?«

»Ich möchte mehr über die Geschichte dieses Hauses erfahren.«

»Warum?«

»Weil ich darüber schreiben möchte.«

»Hau ab.«

»Lieber Shimon …«
»Woher kennst du meinen Namen?«
»Abu Dalo und Rana …«
»Siehst du diese beiden Hände? Sie haben das Haus gebaut. Jeden Stein, jede Säule und jeden Balken. Und dann kam dieses Arschloch, um mir alles streitig zu machen.«
»Wirklich?«
»Und wenn du jetzt nicht verschwindest, werden dich diese beiden Hände dazu zwingen.«
»Aber Shimon …«
»Hau ab. Sonst rufe ich die Polizei.«
Meine Füße gehorchen nicht. Sie wollen mir sagen: Noch nicht, es gibt noch so viel herauszufinden! »Shimon«, möchte ich sagen, »erzählen Sie mir *Ihre* Geschichte.« Aber seine schwarzen Augen und der geradezu prophetisch erhobene Finger, der auf das Gartentor zeigt, befehlen mir zu gehen. Ich gehorche.
Vor dem Haus steht Abu Dalo und bewässert Shimons Vorgarten. Zum Spaß spritzt er seinen fünfjährigen Enkel nass.
»Herr Schriftsteller, was machst du hier?«, fragt er.
»Ich wollte Shimon etwas fragen«, sage ich.
Meine Antwort erbost Abu Dalo. »Rede niemals mit diesem Mann über das Haus, verstanden?«
Ich erkläre Abu Dalo, es gebe keinen Grund zur Verärgerung. Und dass Shimon sowieso nicht mit mir reden wolle.
»Allein das Thema anzusprechen, könnte mir große Schwierigkeiten bereiten«, sagt er. Sein Enkel versteckt sich hinter seinem rechten Bein. Wütend fügt er hinzu: »Lass uns in Ruhe. Lass uns in Frieden.«

Kapitel 28

Ich bin müde und durcheinander. Die gestrige Schießerei und die Abfuhr von Simon haben mir den Rest gegeben. Ich habe das Gefühl, mir etwas Übles eingefangen zu haben. Seit ich bei Ruthie angekommen bin, habe ich Schweißausbrüche. Sie stellt mir ihren Ehemann Menachem vor, der uns durchs Sederessen führen wird. Er ist Amerikaner und hat vor vier Jahren die Alija vollzogen. Er spricht mit breitem, jersey-jüdischem Akzent und klingt so weise wie die fünfundachtzigjährigen Opas in der Sauna des jüdischen Gemeindezentrums.

»Nun, Jonathan, was hast du von Israel gesehen?« Er kehrt beide Handflächen nach oben, als hätte er soeben einen Bibelvers zitiert. Ich muss auf meine Worte achten. Ich mag nicht ganz auf der Höhe sein, habe aber mein diplomatisches Gespür noch nicht verloren. *Lieber nicht das Westjordanland erwähnen.* Ich erzähle ihm, dass ich Jerusalem, Tel Aviv und Galiläa besucht habe. Die anderen Gäste – Chana, Leah, Rivka, Rainbow – stöhnen auf, als der Name Tel Aviv fällt.

Rainbow sagt: »Tel Aviv ist Babylon.«

»Die Architektur hat mir gefallen«, sage ich.

Niemand kann verstehen, warum sich mein Interesse an Israel nicht auf die heiligen Stätten beschränkt; darum geht es hier schließlich, oder? Als ich En Harod erwähne, wird das Stöhnen noch lauter.

»Ich kann die Kibbuznikim nicht ausstehen«, sagt Rainbow.

»Ruhig, ruhig«, wirft Menachem ein. »Heute ist Pessach. Wir sollten keine anderen Juden beleidigen.«

»Das sind keine Juden«, sagt Rainbow. »Das sind kommunistische Spinner.«

»Haben sie nicht bei der Staatsgründung eine wichtige Rolle gespielt?«, frage ich.

Keine gute Idee. »Gott hat diesen Staat gegründet«, stellt Rain-

bow richtig und zeigt mit dem Finger auf mich, als wäre ich einer von *denen*. »Und nur jene, die zu Ihm beten, die Ihm gehorchen, halten es am Laufen.«
Ich sacke in mich zusammen und widerspreche nicht.

Menachem beginnt mit der Zeremonie. »Zunächst sprechen wir über den Ablauf des Abends. Warum legen wir beim Fest der Freiheit einen so großen Wert auf Ordnung?«
»Weil es ohne Struktur keine Freiheit gibt. Es ist ein Paradox«, antwortet Ruthie. »Wir brauchen das freie Umherstreifen und gleichzeitig ein Zuhause.« Bei diesen Worten sieht sie mich an.
Wir sind zu elft. Neun von uns sind innerhalb der letzten fünf Jahre aus Nordamerika eingewandert. So wie Ruthie haben sie sich aus ihrem alten Leben gelöst, um ultrareligiös zu werden. Leah hat früher Kunst studiert, Chana war Tänzerin, Rainbow war Anhängerin der Grateful Dead und hat auf Parkplätzen Drogen verkauft, fünf Dollar pro Schuss. In gewisser Hinsicht unterscheidet sich der Judaismus gar nicht so sehr von den Grateful Dead. Die Hebräer sind eine Art antiker Wüstenkult, die ersten Hippies am Berg Sinai, die um einen Schuss von dem guten Zeug beteten, um ein Wunder, die Erlösung.
Ruthie segnet die Kerzen uns heißt die Feiertage willkommen. Menachem hält seinen Sohn Herschel an der Taille fest, hebt ihn in die Höhe. Wir schauen Herschels kleinen Füßen beim Tanzen zu.
Später am Sederabend zählen wir die Zehn Plagen auf. Blut, Frösche, Ungeziefer, Geschwüre. Menachem sagt: »Wir gießen Wein auf unsere Teller, denn es gefällt Haschem nicht, wenn eine Seiner Kreaturen umkommt.«
Die Haggada ist mit einer gesunden Prise Gewalt gewürzt. Mir war das schon als Kind aufgefallen, es hatte mich jedoch nie gestört. Ganz im Gegenteil, ich war stolz darauf, dass Gott uns auf so grausame Weise rächte. Nach den vielen Jahren der Sklaverei hatten wir es verdient, einmal obenauf zu sein. Außerdem geht es beim Pessachfest nicht nur um Gottes Stärke. Es zeigt seinen Humor. Das mit den Fröschen war eine seiner besten Nummern, keine Frage. Aber heute Abend setzt mir die Zeremonie zu. Von

der Tötung der Erstgeborenen bis hin zum Opferlamm – dieses Land, dieser Glaube triefen vor Blut.
Moses teilte das Rote Meer und machte den Hebräern den Weg frei, ich aber muss immerzu an die Tausenden von Ägyptern denken, die bei der Verfolgung ertranken. Wir fragen nicht, warum Gott unseretwegen so viele Plagen losgeschickt hat. Am Tisch wird um die genaue Anzahl gestritten. »Wie viele Plagen hat Gott tatsächlich auf die Erde geschickt? Nicht zehn, nicht zweihundert, sondern zweihundertfünfzig.« Dass er die Ägypter zu Matsch gehauen hat, beweist seine unendliche Liebe und Zuneigung. Wir, auf denen ständig herumgehackt wird, bedanken uns bei Haschem, der uns verteidigt wie ein Elternteil, der sein Kind in der Schule vor den Schikanen der anderen in Schutz nimmt.
Ruthie zeigt auf den Sederteller auf dem Tisch: gesottenes Ei, Bitterkraut, Matzo, Petersilie, Charosset. Wir sind aufgefordert nachzufragen, wofür jede Speise steht. Als Kind habe ich dieses Ritual geliebt. Ich legte Listen von Fragen an, die ich meinem Vater stellen würde, denn zum Feiertag gehört auch, das Streitgespräch herauszufordern.
Bei jeder Segnung des Weins sind wir angehalten, ein ganzes Glas zu leeren. Nummer zwei haben wir eben geschafft. Ich liege ein Glas vorn, weil ich heimlich nippe, wann immer ich die Gelegenheit bekomme. Ich bin beschwipst. Der billige Wein beruhigt meine Nerven, schon bald finde ich ihn ganz süffig. Die Schleusen öffnen sich, ich werde von Erinnerungen an frühere Pessachfeste überschwemmt.
Am Sederabend kam meine Familie zusammen. Mein Vater saß am Kopf des Tisches, meine Mutter in der Nähe der Schwingtür zur Küche. Sie hatte Tage damit zugebracht, Babas berühmten gefilten Fisch zuzubereiten. Dazu Hühnersuppe mit Matzen, Rinderbrust und Mandelbroit. Eine Symphonie der Speisen. Wie die Weisen es befahlen, nahm mein Vater auf einem Kissenstapel Platz. Er sang falsch, aber sein Gesang hatte etwas Tröstliches. Er war unverstellt, vertraut.
Wir kannten die Lieder aus der Bialik. Joseph sang die vier Fragen, Aaron die zweite Stimme, ich versuchte mich in melodischen Improvisationen. Nur zu dieser Gelegenheit sangen wir im Familien-

kreis. Mein Vater hob sein Weinglas zum Halachma und sagte das alte aramäische Gebet auf, demnach jeder Hungrige, egal ob jüdisch oder nicht, an den Tisch geladen sei. Er erzählte peinliche Witze, meine Mutter lachte. Mein Vater küsste meine Mutter auf die Stirn und sagte: »Das Essen ist köstlich«, meine Mutter errötete und gab sich bescheiden.

Der letzte Sederabend mit meiner Familie ist drei Jahre her. Mein Vater war vier Monate zuvor ausgezogen. Er nannte es eine »vorübergehende Auszeit«, aber wir wussten alle, er würde nicht zurückkommen. Zwei Tage vor dem Pessachfest starb meine Baba Jesse. Die ganze Familie reiste zur Beerdigung nach Winnipeg. Die jüdische Tradition sieht die Schiwa vor, die nur dann nicht eingehalten werden muss, wenn ein hoher jüdischer Feiertag in die Trauerwoche fällt. Die Schiwa für meine Großmutter wurde vom Gebot, das Pessachfest zu begehen, übertrumpft.

Als wir aus Winnipeg zurückkamen, waren wir kaputt von der Beerdigung und der Reise. Wir bestritten den Sederabend so gut wir konnten. Mein Vater führte uns zum letzten Mal in unserem Elternhaus durch das Ritual. Er war angespannt und hatte es eilig. Es wurde nicht gescherzt, meine Mutter entschuldigte sich für das Essen, das sie bei Perl's bestellt hatte, weil ihr keine Zeit zum Kochen geblieben war. Der gefilte Fisch war zu süß, das Rindfleisch trocken. Am Ende sangen wir das Chad Gadja. Mein Vater nahm seinen Mantel, küsste meine Mutter auf die Wange und ging.

»Wenn du möchtest, bleibe ich noch«, sagte ich zu ihr. Ich wollte nicht bleiben, nicht an diesem Abend, nicht in diesem Haus. Sie wusste es.

»Nein, schon gut«, sagte sie. »Ich bin zu müde.«

Ich hätte bei ihr bleiben sollen, aber ich ging. Ich wollte nicht in diesem Trauerhaus übernachten. Ich fragte: »Wollen wir noch etwas trinken, bevor ich gehe?«

»Wenn ich jetzt was trinke«, sagte meine Mutter, »fange ich zu weinen an. Und wenn ich zu weinen anfange, kann ich nicht mehr aufhören.«

Wir essen Matzen und Bitterkraut, erst einzeln, dann zusammen mit dem Charosset. Ein dünner Faden bindet mich an meinen Glau-

ben. Die anderen am Tisch nicken bedächtig, senken den Kopf, glauben an die Gebete, essen ehrfürchtig. Ich tue nur so. Ich bin ein Schwindler, der sich an seine Vergangenheit klammert: Bialik. Meine Eltern. Mein Elternhaus. Judith. An Gott zu glauben heißt, eine Beziehung zu Ihm zu haben. Damit diese Beziehung funktioniert, muss ich neunzig Prozent meines Wissens ausblenden. Warum sitze ich hier? Was ist diese Ehe anderes als eine Lüge?
Ruthie setzt sich leidenschaftlich dafür ein, Gottes Gebote zu befolgen. »Er hat uns in die Freiheit geführt. Er wird es wieder und wieder tun.« Amen, sagen die anderen.
Ich möchte fragen: »Welche Freiheit?«, stattdessen schenke ich mir Wein nach. Es gelingt mir nicht, den alten Traditionen Leben einzuhauchen. Ich kann nicht mehr.

Das Essen wird in Tontöpfen serviert. Ein Festmahl aus Hühnchen und Roastbeef, danach einen Kugel. Neben mir sitzt Martin. Er hat als einziger von uns gedient und lebt seit Ende der 1980er-Jahre in Israel. Ich frage ihn: »Was war dein schlimmstes und was dein schönstes Erlebnis beim Militär?«
Martin sagt: »Am schlimmsten war Gaza. Ich wurde zusammen mit einer Beduineneinheit reingeschickt. Wenn der Schießbefehl kam, streckten sie sich oben auf den Panzern aus und rauchten. Es war lachhaft. Ich weiß ja, man soll keine Vorurteile schüren«, sagt er und beugt sich vor, »aber die Beduinen sind schlimmer als Faultiere. Die Faulheit liegt ihnen im Blut.«
»Und was war das Schönste?«
»Einmal wurde ich zusammen mit drei Kameraden nach Ramallah abkommandiert. Eines Tages bekamen wir den Befehl, uns vier Tage lang im dritten Stock eines palästinensischen Wohnhauses einzurichten. Wir haben die Nächte durchgemacht und gequatscht, Pizza gegessen, abwechselnd geschlafen und Infrarotbrillen getragen. Und auf jeden Terrorverdächtigen geschossen. Das hat Spaß gemacht.«
Der Wein schmeckt immer besser. Ich beschließe, das Beste aus dem Abend zu machen, indem ich beim Lesen der Haggada den Einfältigen spiele, denjenigen, der direkte und naive Fragen stellt. Immerhin bin ich Ausländer und Tourist. Ich bin ein Idiot.

»Was würde passieren, wenn ein Jude nach Qalandia fahren, durch den Kontrollpunkt laufen und ins Flüchtlingslager gehen würde?«
»Man würde ihn in Stücke reißen«, sagt Martin. »Ohne Zweifel.«
Ich zeige mit der Gabel auf Martin. Ich weiß nicht, warum, aber ich verspüre das starke Bedürfnis, es ihm zu sagen. Ich will mein Herz ausschütten. »Ich habe genau das getan. Und weißt du, was? Niemand hat mich in Stücke gerissen.«
»Du hast Glück gehabt. Du weißt, was den Reservisten damals passiert ist?«
»Ich bin nicht bescheuert. Es ist ja nicht so, dass ich mit Kippa auf dem Kopf da reingelaufen wäre, um ›Am Jisrael Chai‹ zu singen. Ich habe das Lager besucht, und die Palästinenser waren sehr gastfreundlich.«
Ich merke, dass alle zuhören. »Was hast du da gewollt?«, fragt Ruthie.
»Drei Schulkinder haben mich rumgeführt.«
»Hattest du Angst?«, will Chana wissen.
»Ja«, sage ich und schenke mir noch ein Glas Wein ein. Ich sollte den Mund halten, aber ich will, dass diese Leute von meiner Angst erfahren. Als die Israelis zu schießen anfingen, machte ich mir fast in die Hose. Und Crazy Boy jagte mir ebenfalls einen höllischen Schrecken ein. Ich wusste nicht mehr, wer mich umbringen würde, die oder wir. Ich sehe mein Weinglas. Es ist schon wieder leer, ebenso die Flasche daneben.
Rainbow sagt: »Du hast wirklich Glück gehabt. Die sind wie Tiere.«
»Wer?«
»Sie will damit nur sagen, dass der Hass der Araber auf die Juden unauslöschlich ist«, sagt Martin.
Rainbow: »Er hat Recht. Als Ariel Scharon den Tempelberg besucht hat, sind die Muslime ausgeflippt. Sobald es um religiöse Belange geht, werden die Araber hysterisch.«
Ich kann mich nicht länger zurückhalten. »Wir sind im Recht und die Araber im Unrecht. Sogar die säkularen Zionisten sind Idioten. Hört euch mal an! Was ist das für ein Gott, dessen Elite sich so tyrannisch aufführt?«
»Dein Problem ist, dass du dich dafür hasst, ein Jude zu sein.«

»Das stimmt nicht, Rainbow. Ich liebe das Judentum. Ich liebe das Essen am Freitagabend und die Segnung des Weins. Ich liebe die Lieder, die Ethik, die Texte. Verdammt, ich liebe mein Volk!« Ich schaue mich im Raum um. Liebe ich diese Leute? Eigentlich nicht. »Ich kann es aber nicht leiden, wenn man mir einreden will, wir würden permanent angegriffen.« Ich stehe auf. Ich muss ganz dringend pinkeln. Ich stütze mich am Tisch ab.
»Ich möchte dich etwas fragen«, sagt Rainbow und streicht sich in aller Ruhe die Locken aus dem Gesicht. »Wer wird denn angegriffen, wenn eine Palästinenserin sich in der Dizengoff-Passage in die Luft sprengt? Ich habe meinen Verlobten bei einem Selbstmordattentat verloren. Und du?«
»Hör mal, das mit deinem Verlobten tut mir leid. Das ist schrecklich. Aber es ist noch lange kein Grund, ein anderes Volk zu unterdrücken und so zu tun, als wäre es unser gutes Recht.«
»Das Leben hier ist komplizierter, als ihr es euch in euren nordamerikanischen Kitschfantasien ausmalt.«
»Rainbow, die Anschläge werden nicht aufhören, nur weil eine Mauer gebaut wird.«
»Wann denn?«
Ich atme tief ein. »Ich weiß es nicht.«
Menachem sagt: »Ich finde, wir sollten den Nachtisch essen. Ruthie, was meinst du?«
»Ich hole den Kuchen.«
Ich verlasse das Zimmer und gehe zum Badezimmer, aber das ist abgeschlossen. Ruthie fängt mich im Flur ab.
»Was tust du da, Jonathan? Was redest du für Sachen?«
»Ist mir so rausgerutscht.«
»Dir fällt nichts Besseres ein, als uns zu kritisieren.«
»Ich wollte nur ein paar Fragen stellen.«
»Ich will solche Fragen nicht hören. Nicht heute.«
Ich kratze mich am Kopf. »Gestern war ich in einem Laden in der Altstadt. Ich habe das Modell des Dritten Tempels gesehen. Es war riesig. Ich habe gefragt: ›Wie wollt ihr den bauen?‹ Der Charedi hat geantwortet: ›Das wirst du sehen, wenn der Dritte Tempel aus dem Himmel fällt und direkt auf der Al-Aqsa-Moschee landet.‹ Glaubst du diesen Quatsch?«

»Natürlich nicht. Wir sind nicht alle Fanatiker, Jonathan. Du bist falsch gepolt!«

Ich bin falsch gepolt? »Keiner stellt Fragen. Alle warten darauf, dass Gott die magische Antwort schickt. Die Religion ist dieses heilige Ding, an das man nicht rühren darf.«

»Du hast keinen Glauben. Das ist die Erklärung.«

»Ich glaube nicht daran, dass es verboten sein sollte, den vor Tausenden von Jahren in einem Buch erhobenen Anspruch auf ein Stück Land anzuzweifeln.«

»Jonathan, heute ist Pessach. Hast du keine anderen Sorgen? Wie geht es Judith?«

»Ich will nicht über Judith reden. Ich will über die Besatzung reden.«

»Warum machst du dir über die Besatzung so viele Gedanken?«

Ruthie reibt sich das rechte Handgelenk mit der linken Hand.

»Darum. Ich fühle mich besetzt.«

»Wovon?«

Die Vorstellung ist lächerlich, aber ich spreche es dennoch aus.

»Von meinem Glauben.«

Kapitel 29

Die Vorstellung lässt mich nicht mehr los. Ich kann meinen Glauben nicht abschalten. Babas Stimme in meinem Kopf: Wie wirst du unseren Glauben weiterführen?
Ich verabschiede mich von Ruthie. Ich gehe schnell, fühle mich verfolgt, kann es nicht abschütteln. Ich nehme Kurs auf die Altstadt. Verliere mich in den steinernen Gassen. Will gar nicht wissen, wohin ich laufe, dabei kenne ich das Ziel. Ich stehe im jüdischen Viertel und betrachte die Kotel von oben. Ich kann sie nicht länger meiden; ich muss hinunter. Ich schreite durch die Metalldetektoren, werde gefilzt, dann bin ich frei. Ich drücke meine Lippen an die Klagemauer. Bewaffnete Soldaten verneigen sich im Gebet. Ihre Haltung eine Frage: Wie weit würdest du für deinen Glauben gehen?
Seit zweitausend Jahren beten wir gen Osten, in Richtung dieses Ortes, dieser Steine. Die Mauer, die einzigartige: Überbleibsel des Heiligen Tempels. Steht man einmal vor ihr, lässt sich ihre Kraft nicht leugnen. Die Frage: »Glaubst du an das Heilige?« verschrumpelt und löst sich auf. Aus gutem Grund möchte Judith hier getraut werden. Es ist der Ort aller Orte. Während der Arbeit an meinem Jerusalem-Referat in der Bialik wurde ich allein vom Anblick der Bilder trunken. Ich starrte auf die Risse in den alten Steinen, auf die schwarzen Moospolster in den Ritzen. Die Bilder verfolgten mich. Ich war mir sicher, dahinter warte Gott. Jetzt stehe ich hier und sehe mich mit der atmenden, lebendigen, heiligen Unglaublichkeit konfrontiert.
Dieser Ort ist von komplexen Schichten überlagert, die meinen jüdischen Begriff von Glauben übersteigen. Die Gegend um die Kotel hat uns nicht immer gehört, sie ist voller Grenzen, Grenzmarkierungen, Knotenpunkte. In Max' Wohnung habe ich Bücher über die tausend Einwohner gefunden, die hier bis 1967 zwischen

Altertum und Moderne lebten. Sie wurden nach dem Krieg in Bussen nach Jordanien und sonstwohin gekarrt und ihre Häuser von Bulldozern dem Erdboden gleichgemacht. Damit ich hier beten kann. In Frieden.

Als ich am Jerusalem-Referat arbeitete, stellte ich mir vor, welche Gebete die Leute zu Papier brachten und dann in die Ritzen der Mauer steckten. Jede Nacht kam ein Engel herbei und sammelte alle Zettel ein, den riesigen Haufen. Hinter dieser Mauer erhebt sich ein Berg der Sehnsüchte. Gott liest die Nachrichten, damit Er nicht so allein ist. Ich suche nach einem Stift, als mir jemand auf die Schulter tippt. Ich drehe mich um.

»Papa?«

Er ist für den Synagogenbesuch gekleidet, so wie damals, als ich ein Kind war. Er trägt einen grauen kastenförmigen Achtzigerjahre-Anzug und eine dunkelblau gestreifte Krawatte. Dicke, schwarz gefasste Brillengläser, schwarze Kippa auf dem Kopf. »Du wirkst ein bisschen unausgeglichen«, sagt er.

»Ich fühle mich komisch.« Die Schweißausbrüche, die ich bei Ruthie gespürt habe, haben sich zu einem handfesten Schüttelfrost ausgewachsen. »Vielleicht ist mein Blutzucker zu niedrig.«

Die Ausgeglichenheit meines Vaters hat mich immer beeindruckt, seine Geistesgegenwart und Standfestigkeit im Angesicht von Widrigkeiten. Er ist da, wenn man ihn braucht, und hat stets die passende Medizin dabei. Er greift in meine Jackentasche und zieht eine rote Packung LifeSavers heraus. Woher weiß er, dass ich sie bei mir trage, wenn ich es selbst vergessen habe? Ich stecke mir ein Bonbon in den Mund und fühle mich sofort besser. »Kannst du dich an Josephs Bar Mitzwa erinnern?«, fragt er. Er legt mir eine Hand auf die Schulter. »Du hast die Gemeinde durch die Lieder geführt. Ich war nie ein guter Sänger. Aber du, du warst der Chasan, du hast jeden Ton getroffen.« Er hebt die Hand, berührt die Mauer mit den Fingerspitzen. »Den Ton zu treffen heißt, ganz bei sich zu sein. Damals hattest du deine *Mitte* gefunden.«

»Ich war erst sechzehn!«

»Du solltest versuchen, sie wiederzufinden.«

»Wie?«

»Bete!«

Er rückt sich die schwarze Kippa zurecht. Der Gesang der Männer ringsum, ihr Wehklagen, umwogt uns.
»Diese Gebete gefallen mir nicht.«
»Du hast mit dem Gedanken gespielt, Gott eine Nachricht zu schreiben. Ein ganz persönliches Gebet. Ich finde die Idee gut, du solltest es tun.«
Mein Vater legt mir seine zweite Hand auf die Schulter. Ich habe das Bedürfnis, etwas Bedeutungsvolles zu sagen, bringe aber nichts anderes heraus als: »Warum hast du mich als Kind nie nach Israel geschickt?«
»Weil ich dieses Land nicht ausstehen kann«, sagt er. Und dann lässt er mich stehen und reiht sich in die Gruppe der Betenden ein. Ich esse noch einen LifeSaver und gehe ihm hinterher, kann ihn aber nicht wiederfinden. Ich habe mich in einem Wald aus schwarzen Bärten und weißem Tallit verlaufen.

Rabbi im weißen Kittel, segne mich
Schwinge die Tora und segne mich
Denn du bist weise und gelehrt

Ich brauche die Ausgeglichenheit, von der mein Vater gesprochen hat, ich suche nach einer Stütze, an der ich mich aufrichten kann. Ich starre die Mauer an, als wüsste sie die Antwort. Aber die Mauer schweigt. Und Gott ebenso.
Ich schreibe: »Warum zweifle ich an Dir?« Ich reiße den Zettel aus dem Block und schiebe ihn in eine Mauerritze.
Ich möchte hier in Jerusalem bleiben, aber ich habe keine Steine im Blut. Ich bin weich im Kopf, mein Herz ist schwach. Ich gehöre nicht hierher. Ich weiß nicht, wohin. Ich lausche einer Stimme. Presse mein Ohr an die Wand. Ich höre Barak reden.
»Wenn du durcheinander bist, fahr in den Sinai. In der Wüste sieht man wieder klar.«

Kapitel 30

Ich sitze in einem Bus, der durch die Negev in Richtung Sinai fährt. Mein Kopf hämmert von zu viel billigem Wein und schlechten Gedanken. Ich sehne mich nach Reinheit, ich möchte den chaotischen Sederabend vergessen.

Vor zwei Wochen, bei unserem letzten Treffen in Tel Aviv, habe ich Barak von meiner wachsenden Verwirrung berichtet. »In diesem Land kann man nicht für oder gegen etwas sein«, habe ich zu erklären versucht, »es gibt tausend verschiedene Meinungen, und alle schreien durcheinander.« Barak antwortete: »Fahr in den Sinai, da ist es ruhig und alle Probleme erscheinen klein und unwichtig.« Wir saßen im Café, er holte zu einer weiten, magischen Geste aus. Ich glaubte ihm. Ich würde die Gummigeschosse, den Verkehrslärm von Tel Aviv und die Fanatiker von Jerusalem gegen Wüstensand, Sonne und Meer eintauschen. All das lag in Baraks Geste.

Wir halten mitten im Nirgendwo. Zwei junge Soldaten steigen zu und gehen den Mittelgang entlang. Sie bleiben stehen und wollen den Ausweis der Frau vor mir sehen. Nur die Frau und ihre beiden Kinder werden kontrolliert – Palästinenser. Einer der Soldaten fordert die drei auf, auszusteigen. Ich denke mir, dass die Soldaten das Gepäck nicht vor aller Augen durchsuchen wollen – die Frau hat zwei Baumwolltaschen dabei –, aber die Familie steigt nicht wieder ein. Niemand scheint es zu bemerken oder zu beanstanden. Der Fahrer legt den Gang ein und fährt los; die getönten Scheiben schützen uns vor der Sonne. Ich drehe um und versuche zu erkennen, was mit der Familie passiert. Ich sehe die Blechhütten der Beduinen, zwischen Fels und Straße eingeklemmte Baracken.

Ich fühle mich von meinem Glauben besetzt.

Ich höre meinen Satz wieder und wieder, wie einen schlechten

Popsong. Ich höre ihn laut gesungen, als Refrain wiederholt. Ein Ohrwurm, aber was hat er zu bedeuten?
Vom eigenen Glauben besetzt zu werden. Es ist, als hätte ich behauptet, in einem Gefängnis geboren zu sein. Immer noch kann ich Ruthies Gesicht sehen, ihre vor Schreck geweiteten Augen. »Du bist ja verrückt«, sagt ihr Blick. »Du bist vollkommen irre geworden.«
Ich habe einen Kater. Gleich muss ich kotzen.

Mein Religionslehrer in der Bialik, Alon Eloni, war eine Wohltat und das Gegenteil der strengen Blintzkrieg. Alons Stimme lullte mich ein, manchmal hörte ich zu, manchmal schlief ich ein. Er war ein Lehrer, der mit sich reden ließ, oft ging ich nach dem Unterricht zu ihm. Ich lauschte seinen Ausführungen über Literatur, Philosophie und Kunst. Anspielungen auf eine Welt jenseits meines Tellerrands.
Einmal erklärte er uns, die Griechen seien für ihre Kunst und ihre Philosophen berühmt, die Araber für Dichtung und Mathematik, die Römer für Gesetze und Politik und die Juden für ihre Ethik. »Deswegen ist es die Pflicht eines jeden einzelnen von euch, und damit meine ich auch dich, Schalom Garfinkel, ja, du kannst jetzt aufwachen, vielen Dank fürs Zuhören, es ist eure Pflicht, gut und gerecht zu sein. Ihr habt keine Wahl. Gott hat uns erwählt, nach seinen Geboten zu leben.«
Ich war dreizehn Jahre alt und schenkte Alons Worten nicht allzu viel Beachtung. Ich hatte genug Mühe, im Unterricht wach zu bleiben. Heute könnte ich mich in den Hintern treten dafür, nicht besser aufgepasst zu haben, immerhin versuchte sich hier jemand an der Beantwortung der Frage, die mich durchs Leben verfolgte: Warum bin ich auserwählt? Und wozu? Im Nachhinein erscheint mir Alons Antwort unbefriedigend und wie ein ärgerliches Klischee. Ich hätte nachfragen sollen.
Der Bus hält im Niemandsland. Ein Mann mit schwarzem Filzhut und schwarzer Sonnenbrille steigt zu. Er geht leicht gebeugt und nimmt neben mir Platz. Als er die Sonnenbrille abnimmt, erkenne ich Alon, eine gealterte, ergraute Ausgabe des Alon von damals. »Nun, Schalom. Endlich bist du in Israel.«

»Ich war vorher nicht bereit.«
»Du hast es vor dir hergeschoben. Eine Kunst, die du schon als Schüler beherrscht hast.«
»Darf ich Sie was fragen?«
»Nur wenn die Frage qualitativ hochwertig ist. Das ist eine Kunst für sich, weißt du. Heidegger hat das gesagt.«
Ich räuspere mich. Meine Frage ist lächerlich, aber ich muss sie loswerden. »Warum müssen sich Juden bemühen, gute Menschen zu sein?«
»Wenn sich niemand darum bemühte, würden wir alle im Chaos leben. Denk immer an Hobbes: Ohne Moral und Gesetze sind wir Barbaren, die in Angst und Schrecken leben.«
»Ich weiß, ich weiß«, sage ich, »aber warum müssen wir besser sein als die anderen?«
Alon rückt seinen Filzhut zurecht. »Als Gott auf dem Berg Sinai Moses die Tora übergab, erließ Er sechshundertdreizehn Regeln, die wir befolgen sollten. Wir sollten der Welt mit gutem Beispiel vorangehen.« Der alte Alon holt ein Eiersandwich aus seiner blauen Reisetasche und beißt hinein.
»Ist der Gedanke nicht seltsam, dass Gott ein Lieblingsvolk hat?«, frage ich.
»Gott hat kein Lieblingsvolk. Wir alle sind Seine Kinder.«
»Aber Er hat uns erwählt.«
»Ein Volk dazu zu erwählen, besonders gesetzestreu zu sein, bedeutet nicht, es über die anderen zu erheben. Es bedeutet lediglich, dass wir eine besondere Pflicht zu erfüllen haben. Und wir versagen – wieder und wieder werden wir dem Anspruch nicht gerecht. Das Streben ist es, was uns zu Juden macht.« Alon reibt sich die Hände, als wäre ihm kalt. Das in Wachspapier gewickelte Sandwich liegt auf seinem Schoß. »Aber es stimmt, Judenhasser werden den Aspekt des Erwähltseins herausgreifen, um zu beweisen, wie arrogant wir sind. Sie werden behaupten, wir hielten uns für besser als die anderen Nationen. Selbstverständlich sind wir das nicht. Auch Juden sind nichts als dumme Menschen.«
Alon packt das Sandwich weg. Er holt eine Tube Handcreme aus seiner Tasche und drückt etwas davon auf seine Handfläche.
»Wärst du doch als Schüler vor zwanzig Jahren genauso aufmerk-

sam gewesen. Dann hätten wir im Unterricht eine echte Debatte führen können. Du warst damals wirklich mittelmäßig«, sagt er und tätschelt mein Knie. Der Bus hält, Alon steht auf. »Dich gegen deine Auserwählung aufzulehnen, ist tatsächlich sehr jüdisch, Schalom. Du bist wie die Kinder Israels, du hast dich in der Wüste verirrt und schwankst zwischen Glaube und Zweifel. Möglicherweise gibt es nichts Jüdischeres als das.«

In Eilat steige ich aus und fahre mit einem Taxi bis zur ägyptischen Grenze weiter. Sobald ich den Zoll hinter mir gelassen habe, stehe ich in einer anderen Welt. Zehn Beduinen kauern rauchend an der Straße. Ich frage, ob mich jemand nach Ras Hasatan oder Neweba bringen könne, aber niemand reagiert. Ich frage noch einmal; keiner macht einen Mucks. Entnervt füge ich hinzu, jeden Preis zu bezahlen, Hauptsache, ich käme schnell dorthin. Ein hochgewachsener Mann bietet mir eine Zigarette an. Ich rupfe sie ihm aus der Hand und ärgere mich darüber, dass niemand mit mir spricht. Ein israelischer Tourist, der an einem Pfosten lehnt, sagt: »Komm runter, Bruder. Im Sinai ticken die Uhren anders.« Ich imitiere den Israeli, setze mich hin und lasse die Umgebung auf mich wirken: Fliegen im Gesicht, Qualm in der Luft. Auf einmal habe ich es nicht mehr eilig, der staubigen, menschenleeren Straße Richtung Scharm El-Scheich, Kairo, Pyramiden, Alexandria zu folgen.
Baraks Stimme in meinem Kopf: »Fahr nach Ras Hasatan, miete eine Strandhütte und schau aufs Meer. Lass dich überwältigen. Iss, trink. Du brauchst nicht nachzudenken. Der Sicherheitswahn, die Paranoia – all das hat im Sinai keinen Platz. Das Wasser«, sagt er, »tut dem Körper und der Seele gut.«

Nach zwei Monaten in Israel beobachte ich Fischerboote, die auf dem Wasser schaukeln. So, als wäre es das einzig Wichtige – die Bewegung der Wellen, die tänzelnden Boote, das Essen, das die Männer aus dem Wasser ziehen.
Ein wunderschönes israelisches Paar sitzt kiffend auf der Veranda. Chayim und Tamara aus Tel Aviv laden mich ein, mich zu ihnen zu setzen. Chayims glatte Brust ist sonnengebräunt, er hat den

muskulösesten Rücken, den ich je gesehen habe, bretthart. Tamara trägt »Unendlichkeit« auf den rechten Knöchel tätowiert und hat sich die schwarzen Dreadlocks zu einem einfachen und doch sehr eleganten Pferdeschwanz hochgebunden. »Wir sind vor dem Pessachfest geflohen«, erklärt Chayim und streichelt die linke Hand seiner Freundin, während er mir den Joint reicht. Sie freuen sich wie Kinder darüber, Pessach zu schwänzen und haufenweise Treyf zu essen, ohne auch nur ansatzweise ein schlechtes Gewissen zu haben.

»Klar haben wir Pessach gefeiert, mit einer Viertelunze Pilzen und einer Flasche Jack Daniels!«, sagt Tamara, als ich den Joint an sie weiterreiche. Ich erzähle von meinem Sederabend, Tamara schüttelt den Kopf. »Die denken, der Judaismus bestünde aus einem Haufen Regeln, an die man sich halten muss wie bei einer Fahrprüfung. Dabei kommt es auf das hier an«, sagt sie, deutet auf ihr Herz und inhaliert tief. Zu tief. Sie hustet Qualm aus.

Ich mag Tamara und Chayim. Sie wirken unglaublich vernünftig, haben eine Haltung zu ihrem Glauben gefunden. Ich lege mich an den Strand und starre aufs Meer. Es ist so still, dass ich schreien, vor Glück laut heulen möchte. Ich drehe mich nach Tamara und Chayim um. Sie reden nur, wenn es sein muss.

Was will ich an diesem Kifferstrand? Wahrscheinlich möchte ich wie Tamara uns Chayim sein, frei und ohne Schuld. Ich will die Gedanken an den Sederabend bei Ruthie abschütteln. Ich will finden, was Barak versprochen hat.

Der Joint ist aufgeraucht. Eine Wolkenfront schiebt sich auf den Strand zu. Chayim holt ein Backgammonbrett. Er und Tamara fangen zu spielen an; sie befinden sich im Gleichklang, das Meer ist das Metronom ihrer Bewegungen. Sie kennen einander seit fünf oder sechs Jahren, sie haben da wirklich eine gute Sache laufen. Sie berührt ganz sacht sein schmales Handgelenk, wenn er ein Fünferpasch wirft. Er betrachtet die Narbe über ihrer rechten Augenbraue, wenn sie sich zu ihm beugt. Hinter ihren gebräunten Schultern, am anderen Ende des Strandes, taucht ein kleiner, alter Beduine auf einer Sanddüne auf. Er schimpft mit dem Kamel, das er an einem langen, fransigen Strick hinter sich herzieht. Er nähert sich, Chayim stöhnt.

»Wir kaufen nichts«, sagt er zu dem Beduinen.
»Ich habe nichts zu verkaufen«, antwortet der Beduine in einer Mischung aus Hebräisch und Arabisch. Er heißt Kabina und spuckt ein zerkautes Stück Lakritzwurzel aus. »Du«, sagt er in seinem seltsamen, mir nicht ganz verständlichen Dialekt, »ich bringe dich in die Wüste.«
Ich schaue Chayim und Tamara fragend an, aber sie sind mit sich und dem Spiel beschäftigt. Warum nicht? Was habe ich zu verlieren?

Kabina ist anders als die Beduinen, die ich mir als Kind vorgestellt habe. Er trägt eine blaue Goretextasche über der Schulter und an den Füßen Flip-Flops statt selbstgemachter Sandalen aus Seilen, wie man sie auf alten Fotos sieht. Kabina humpelt leicht und bedeckt seinen Kopf mit einem weißen Tuch. Seine lange graue Robe ist schmutzig vom Wüstenstaub.
Ich gebe ihm achtzig ägyptische Pfund, damit er Proviant kaufen kann. Kabina verschwindet, und ich verbringe den restlichen Nachmittag damit, am Stand spazieren zu gehen und nicht über Dinge nachzudenken, die mir vor kurzem noch so viel Kopfzerbrechen bereitet haben. Ich schwimme im Meer. Döse im Sand ein. Meine Haut freut sich über das Salz und die Sonne. Ich sitze in einem weiten offenen Zelt, esse Beduinenessen und trinke wässriges ägyptisches Bier. Ich rauche Wasserpfeife mit Apfeltabak und trinke Kaffee. Was für ein Leben.
Als es dunkel wird, ist Kabina immer noch nicht vom Einkaufen zurück. Ich frage herum, die Touristen zucken bloß die Schultern. Alles ist allen egal, irgendwie hat diese Gleichgültigkeit etwas für sich. Ich schreibe die Summe, die ich Kabina gegeben habe, ab. Es ist okay. Vielleicht ist es sogar besser, hier am Strand zu bleiben. Aber am nächsten Morgen klopft es an der Tür meiner Hütte. Es ist noch nicht einmal sechs Uhr, und Kabina steht mit Maiskolben und Dosen voll Frühstücksfleisch vor mir. Ein Sack dunkles Mehl, drei Wassercontainer. Ich helfe ihm, die Ledertaschen mit den Vorräten am Kamelsattel festzuschnüren. Dann hilft er mir mit einem Schubs hinauf. Obwohl das Kamel kniet, komme ich mir ganz schön hoch vor. Zwei Wolldecken werden mir in den Rücken gestopft. Mein Schritt schmerzt jetzt schon.

Wir starten in Ras Hasana und trotten die erste halbe Stunde in absoluter Finsternis am Meer entlang. Der Sternenhimmel ist atemberaubend. Aus östlicher Richtung kriecht das Licht heran. Hunderte Israelis (und Deutsche und Australier) sind hier, um zu kiffen, zu schnorcheln, Beduinenspeisen zu probieren. Sich in der Schönheit der Natur zu verlieren. Und sie ist schön, kein Zweifel. Wir überqueren eine Straße, als die Sonne aufgeht. Der Weg ist wie ein langgezogenes Gähnen. Die Berge fallen zum Meer hin ab. Am Straßenrand hockt ein Beduine und wartet auf einen Gast oder einen Windstoß, oder vielleicht schaut er sich nur die Landschaft an. Wir lassen das Meer hinter uns und folgen einem ausgetrockneten Flusslauf. Um die erste Biegung, um die zweite, das war's. Jetzt gibt es nur noch Kabina, mich, das Kamel und eine unendliche Steinwüste.

Kabina redet nicht mit mir. Er schimpft mit seiner Kamelstute, die er drecksfaul nennt und ein Faultier und so weiter. Das Kamel erträgt die Schmähungen mit unterwürfigem Grinsen. Es kaut, was immer Kamele kauen, und sieht dabei unheimlich arrogant aus. Ich frage Kabina, ob er eine Pause brauche, ob er auch einmal reiten wolle. Statt eine Antwort zu geben, schlägt er dem Kamel gegen die Beine. Er sagt, er dürfe nicht auf dem Kamel sitzen, das sei schlecht für seinen Rücken.
Inzwischen muss es elf Uhr sein. Die Sonne knallt mir auf den Kopf. Meine weiße Kufiya schützt mich kein bisschen. Das Kamel und ich machen Rast, während Kabina vorausläuft, um den besten Weg zu erkunden. Ich trinke einen Schluck Wasser. Die Sonne ist unbarmherzig, nichts entkommt ihr. Ich sehe einen Steinhaufen. Zum Zeitvertreib trete ich dagegen. Der Haufen fällt in sich zusammen. Zuerst meine ich nur, einen Stein unter vielen zu sehen, aber dann erkenne ich ihn, er schläft ganz friedlich. Herschel, Ruthies kleiner Sohn, liegt in weiße Laken gewickelt auf dem harten Wüstenboden. Er trägt eine kleine weiße Robe. Offensichtlich hat man ihn ausgesetzt; nun ist es meine Pflicht, mich um ihn zu kümmern. Plötzlich denke ich: Was, wenn er tot ist? Zögerlich beuge ich mich über ihn. Eine winzige Hand schnellt in die Höhe und schlägt mir ins Gesicht.

»Aufwachen, Garfinkel!«, tönt es.
»Was?«, sage ich.
»Du hast mich verstanden.« Herschel richtet sich auf. Er nimmt im Lotussitz auf einem Felsen Platz und wickelt sich die weiße Robe um den Kopf. Auf einmal sieht er aus wie ein Miniatur-Gandhi. Meine Backe brennt immer noch von seinem überraschend kräftigen Schlag.
»Ich habe nachgedacht über das, was du am Sederabend zu meiner Mutter gesagt hast. Deine Empfindung, besetzt zu sein, ist alles andere als absurd. Letztendlich ist jede Religion eine Art Gefängnis.« Herschel stellt das – wegen des Pessachfests mit koscherer Trinknahrung gefüllte – Fläschchen beiseite. »Rutscht man durch den Geburtskanal, fragt der Geburtsengel einen nicht, was es sein darf. Monotheismus? Heidentum? Atheismus?«
»Stört dich das nicht?«, frage ich. Herschels Eloquenz verwundert mich. Er hat einen übergroßen Kopf und dicke rote Babylippen.
»Kein bisschen.« Kritisch mustert er das Kamel. Das Kamel dreht den Kopf weg und starrt gen Horizont.
»Sieh dir deine Eltern an«, sage ich. »Die haben sich für ihr meschugges Leben wenigstens bewusst entschieden. Du wurdest einfach hineingeboren.«
»Zürne deinem Glauben nicht.«
»Ich zürne nicht. Ich hinterfrage.«
Nachdenklich lutscht Herschel an seiner rechten Hand, ein Vierfingersandwich im zahnlosen Mund. »Hinterfragt der Palästinenser, der im Flüchtlingslager zu verhungern droht, seinen Glauben, wenn die Hamas ihm Nahrung gibt und seinen Kindern eine Schule baut? Du hast ein Luxusproblem.«
»Warum sollte ich meinen Glauben nicht hinterfragen? Und warum sollte der Palästinenser im Flüchtlingslager es nicht genauso tun? Ist das nicht ein Teil des Problems?« Mir ist so verdammt heiß, dass ich kostbares Trinkwasser vergeude und mir in einem dünnen Strahl auf den Kopf gieße. »Es macht mich wirklich wütend. Man trichtert uns in der Kindheit Einstellungen ein, die wir als Erwachsene nicht mehr loswerden. Ich habe eine lächerliche, sentimentale Sehnsucht nach einem Glauben, dessen Gebote ich

nicht einmal befolge. Wie soll ich mir über irgendetwas eine klare Meinung bilden?«
»Sei einfallsreich«, sagt Herschel. »Man muss einfallsreich sein bei der Interpretation des Glaubens. Dann merkt man, wo man steht.« Er versucht tatsächlich, sich aufrecht auf den Stein zu stellen. Er stützt sich mit beiden Händchen an mir ab.
»Woran glaubst du?«, frage ich.
»Neee, Garfinkel«, sagt Herschel, »die Frage ist: Woran glaubst *du*?«

Ich bin am Verdursten. Ich habe eine kleine Wasserflasche geleert und will gerade zur nächsten greifen, als Kabina zurückkommt. Er reicht mir das Wasser, ich trinke gierig. Mir ist schwindelig vor Hitze. Ich lasse Kabina und das Kamel allein und betrete einen Irrgarten aus Felsen, um zu pinkeln. Roter Stein, links herum, rechts herum. Meine Ohren fangen die kleinsten Geräusche auf: die schwache Brise, die Sonne in meinem Haar. Das Geflüster ebbt ab. Die plötzliche, von den Felsen ausgestrahlte Stille ist fast unerträglich. Sie drischt auf mich ein, bis ich benommen bin. Ich fürchte, umzukippen.
Als ich zurückkomme, macht Kabina ein besorgtes Gesicht. »Wir suchen eine Oase«, sagt er. »Jude, du musst dich ausruhen. Du hast zu viel Sonne abbekommen.«

Die Oase entpuppt sich als schmales Tal mit ein paar Palmen. Kabina sattelt das Kamel ab, ich lege mich in den Schatten und trinke Wasser. Er trägt trockene Palmwedel zusammen und entfacht ein Lagerfeuer. Er gibt Wasser und Mehl in eine blaue Plastikschüssel. Mit den Händen rührt er einen Teig an, den er knetet und ausrollt. Bald ist das Feuer abgebrannt, und Kabina breitet den flachen Teig auf der Glut aus. Nach wenigen Minuten wendet er ihn mit einem Stock und bedeckt ihn mit Glut und Asche. Als die Pita fertig ist, reißen wir sie auseinander. Sie schmeckt nach Asche und ist köstlich. Am Himmel kreisen drei Geier.
Der Aufstieg aus der Oase ist mühsam. Das Kamel ist alt und störrisch. Es bückt sich nach jedem Halm und jedem Blatt, das aus den Steinhaufen ragt. Starrt man lange genug auf den Felsen, meint man, ihn lesen zu können. Gesichter, Hieroglyphen, Buch-

staben. Von unbekannter Hand eingravierte Alphabete. Wir erreichen den Rand des Canyons, vor uns breitet sich die Wüste aus. Zwei Akazien krümmen sich, wie um der Sonne zu entgehen. Wir folgen dem ausgetrockneten Flusslauf. Die Formen im Staub verraten, wo hier früher das Wasser floss. Der Sinai besteht nicht aus Sand. Es besteht aus schroffen Felsen, Quadern und Scheiben aus Gestein.

Die nächste Oase liegt in einer breiten Talsohle. Wir richten uns für die Nacht ein. Kabina macht Feuer, ich gehe im Tal spazieren, bis ich zwischen riesigen Findlingen stehe. Ich fühle mich wie von einem großen Magneten vorwärts gezogen. Ich könnte ewig weiterlaufen und nie mehr umkehren. Immer weiter, wo entlang, da entlang, nach Norden, nach Westen. Eine allmächtige Stimme ruft mich, nötigt mich, weiter zu gehen. Ich laufe über einen schmalen Steinpfad. Ich habe Kabinas Feuer aus den Augen verloren. Die Stille schrumpft mich auf Zwergengröße. Ich möchte mich verneigen, dem Schweigen ergeben.
Letztendlich treibt mich der Hunger zurück an die Lagerstätte. Als ich Kabina und das Feuer gefunden habe, hat die alte Frage eine neue Gestalt angenommen: Wäre es dir lieber gewesen, niemals besetzt zu werden? Eine absurde Frage. Es ist, als wollte ich fragen: Wäre es dir lieber, nie geboren zu sein? Ich werfe einen Blick zurück auf die Findlinge, zwischen denen ich gestanden habe. Vielsagende Umrisse, Stein und seine Bedeutungsschichten. Etwas fließt immer noch durch diese trockenen Flussbetten. Ich weiß nicht, was. Vielleicht war dies das eigentliche Anliegen von Glaube und Gebet: den namenlosen Orten einen Namen zu geben. Zurückzufinden hierher, wo Gott beginnt.

Als ich zehn Jahre alt war, verliebte ich mich in Moses. Er war mir Jesus und Jakob in einer Person: Moses war gütig und geduldig, aber er griff durch, wenn es die Lage erforderte. Er war so anders als die anderen Helden meiner Kindheit: Groucho Marx, Laika, Sandy Koufax. Ich mochte Moses' Mangel an Selbstvertrauen: »Wer bin ich, ein Volk aus der Sklaverei in die Freiheit zu führen?« Und doch stand er seinen Mann, wenn es darauf an-

kam. Seine Willensstärke und seine Fähigkeit, Gott einzulullen, beeindruckten mich, aber am meisten beeindruckte mich seine Geduld. »Vergesst nicht«, sagte Alon, »dass Moses einen Haufen Nörgler durch die Wüste führen musste.« Die Kinder Israels hatten an allem etwas auszusetzen. Das scheinbar unüberwindliche Rote Meer, der Wasser- und Nahrungsmangel, Moses' lange Abwesenheit, als er Gottes Wort empfing. Vierzig Jahre lang ertrug Moses ihr Gemecker. Und das von Gott. Er war von Zweiflern umgeben und hielt doch an seinem Glauben fest. Er sollte das Gelobte Land zu Lebzeiten nicht erreichen.
Heute Abend stelle ich mir Moses anders vor. Er ist mit seiner Geduld am Ende. Er schlägt gegen den Stein und schreit himmelwärts: »Okay, Gott, was ist mit Deinem Versprechen? Du hast uns aus der Sklaverei befreit, und jetzt? Wo sollen wir hin? Und was sollen wir tun, wenn wir dort sind?«

Beim Abendessen erzählt Kabila vom Sechstagekrieg.
»Uns war egal, auf wessen Seite wir standen. Loyal waren wir nur uns selbst gegenüber. Wir haben für uns gekämpft.«
Er lässt die Dose auf dem Feuer nicht aus den Augen. Er rührt im Corned Beef, das auf heißen Kohlen steht.
»Die Wüste hat sich im Laufe der Jahre verändert. Inzwischen haben wir hier Touristen und Vorschriften. Aber am Ende bleibt das Land das Land. Es ist mein Zuhause.«
Ich frage: »Was bedeutet ›Zuhause‹?«
Er blickt nicht vom Feuer auf. Er ignoriert meine Frage. Als wollte er sagen, solche Fragen stelle man nicht.

Kabina und ich rauchen und trinken Kaffee. In der Ferne sitzen deutsche Touristen um ein zweites Lagerfeuer. Sie stimmen in die Beduinengesänge ein.
Kabina gibt mir eine Wolldecke, auf der ich schlafen soll. Er räumt ein paar Steine beiseite und legt sich auf den nackten Wüstenboden. Wenige Minuten später schnarcht er. Ich wickle mich in die Decke ein und friere trotzdem. Seit Sonnenuntergang ist der Wind stärker geworden. Die Steine speichern die Wärme nicht. Der Himmel ist voller Konstellationen, die ich noch nie gesehen

habe. Sternschnuppen. Ich fühle mich von den Felsen verlacht. Ich bin hellwach.

Meine Gedanken kreisen um das Haus in Jerusalem. In meiner Vorstellung ist Shimons Haus leer. Es gibt keine Möbel, nur weiße Wände und hohe breite Fenster. Ich kenne weder die Geschichte des Hauses noch die seiner Bewohner. Kein Wunder, dass ich nichts zu Papier bringen konnte. Ich stecke fest, bin in einer Sackgasse angekommen, das betrifft meine Reise genauso wie mich selbst. Aus diesem Loch komme ich nur heraus, wenn ich erfinderisch bin. Ich muss Shimon erfinden, Abu Dalo und mich selbst.
Ich sehe eine schwere steinerne Eingangstür und gehe hinein. Ich schließe die Tür hinter mir, eine zweite Tür am anderen Ende des Raumes springt auf. Ich gehe hindurch und betrete ein Labyrinth. Ich gehe von Zimmer zu Zimmer, ohne etwas zu sehen. Sobald ich stehen bleibe, mich nicht mehr rühre, höre ich ein Weinen. Bin ich das, oder kommt es aus der Dunkelheit? Egal: Unter der verwirrenden Schicht aus Glaube, lärmendem Nationalismus und »Ich-war-zuerst-hier«-Geschrei meldet sich eine zaghafte Stimme: das menschliche Sehnen nach dem Heiligen. Ein ewiges Gebet.
Ich möchte glauben, dass Gott uns die Wahl lässt. Das wir die Freiheit haben, zu entscheiden, uns moralisch zu verhalten. Indem wir das tun, interpretieren wir die Gebote des Sinai für unseren Alltag neu. Wir sind frei, unser Tun anzuzweifeln, unbequeme Fragen zu stellen, eine persönliche Verbindung zu den Traditionen aufzubauen. Diese Freiheit haben wir nicht bekommen, um in Ekstase zu verfallen; genauso wenig handelt es sich um eine Gehorsamkeitsprüfung. Wir sollen versuchen, bessere, gerechtere Menschen zu sein. Deswegen müssen selbst die Bewohner Jerusalems am Sederabend singen:

Nächstes Jahr in Jerusalem
Nächstes Jahr sind wir frei

Moses' vierzigjähriger Marsch war ein Gebet, das zu seinen Lebzeiten unerhört blieb. Immer hörte er sein Volk wehklagen. Was hörte er nachts? Ich höre Gesang, leise und fern. Fast kann ich die Sprache verstehen. Im Licht des Mondes – voll, im Nisan – hole ich mein Tagebuch heraus. Ich möchte auf Hebräisch schreiben, zum ersten Mal seit meiner Kindheit. *Schin.* Ich drücke den Stift aufs Papier und habe das Gefühl, zum ersten Mal seit meiner Ankunft hier aufrichtig zu sein. *Lamed.* An die meisten der Gebete, die in der Synagoge gesungen werden, glaube ich nicht mehr. Ich praktiziere die Rituale nicht. *Waw.* Warum schreibe ich jetzt? Ich nehme Kontakt zu diesem Ort auf. *Mem-sofit.* Fühle mich gebunden durch die dunklen Flammen der alten Schriftzeichen. *Schalom.* Das Wort, Gruß und Verabschiedung zugleich, bringt mir Frieden.

Erst jetzt, als Erwachsener, beginne ich zu begreifen, wie bedeutend Chayim Nachman Bialik war, der Namenspatron meiner Schule. Bialik war ein Dichter aus Odessa, der während des britischen Mandats nach Tel Aviv kam. Er war einer der ersten, die in modernem Hebräisch dichteten. Er legte sich mit den Orthodoxen seiner Zeit an, die der Ansicht waren, Hebräisch sollte dem Gebet vorbehalten bleiben. Er packte seinen Glauben bei der Wurzel – der Sprache. Sehnsüchtig verkündete Alon Eloni: »Wie wundervoll muss es gewesen sein, die Sprache der Juden neu zu entdecken. Die Worte zu formen, mit denen eine ganze Nation reden, schreiben, lesen und träumen würde.« Bialik schrieb in Moses' uralter Sprache, gleichzeitig schrieb er sie neu.
Meine Hand schmerzt. Ich kann das Geschriebene nicht entziffern. Aber die Sprache zwingt mich zum Weiterschreiben. Kaum noch kann ich den Gesang am anderen Feuer hören, die erleuchteten Gesichter erkennen. Die Schatten tanzen. Im Mondlicht schimmert ein Meer aus Steinen.
Ich lege den Stift weg und überlege, was noch zu tun ist. Werde ich jemals die Gelegenheit bekommen, mit Shimon zu sprechen? Ich schließe die Augen und warte auf den Schlaf. Ich sehe keine Mauern von Jerusalem und auch nicht die roten Felsen des Sinai. Es riecht nach Kiefern. Kaltes Wasser auf meiner Haut, in meinem Haar. Ich sehe Muskoka. Algonquin. Killarney. Die Autobahn, die sich durch präkambrische Felsen windet. Toronto. Die Graffitis an

den Torbögen des Kensington Market. Judith. Ihr blasses Gesicht hinter der Fensterscheibe. Eine Frage.

Kommst du nach Hause?

Landung

»Exil ist mehr als ein geografisches Konzept. Man kann in seinem Heimatland im Exil sein, im eigenen Haus, in einem Zimmer. Das Phänomen betrifft nicht nur Palästinenser. Bin ich süchtig nach Exil? Vielleicht.«

—Mahmud Darwisch, *Palästina als Metapher*

Kapitel 31

Die Heimreise nach Kanada verläuft alles andere als glatt. Am Flughafen von Toronto rufe ich Judith von einem Münztelefon aus an. Sie macht auf der Stelle Schluss. Sie sagt, sie habe keine Lust, mit mir zu reden, ich sei eine seelische Belastung, ein Geschwür in ihrem was auch immer. »Ich muss den Ballast loswerden, du verstehst schon, die Altlasten«, sagt sie am Telefon. Ich stehe im Ankunftsterminal am Gepäckband und warte auf meine Tasche. »Warum hast du dich vier Wochen lang nicht gemeldet?«, fragt sie. Bevor ich antworten kann, erklärt sie, sie habe genug von meinen Fragen, von meiner Suche nach diesem und jenem, meiner ständigen Ambivalenz. Sie wartet auf eine Entgegnung, aber ich schweige. Dann legt sie auf.

Am nächsten Tag bin ich auf dem Fahrrad meiner Mutter in Torontos Innenstadt unterwegs. Ich kann bei ihr wohnen, bis ich mich gefangen habe und weiß, was ich mit meinem Leben anfangen soll. Ich habe keinen Plan, keine Freundin mehr und kein Zuhause. Es sollte mich beunruhigen, tut es aber nicht. Ich biege nach Westen auf die Dundas Street ab und fühle mich unglaublich erleichtert, als ich an das Ende meiner Beziehung mit Judith denke, an die Unabänderlichkeit ihres Entschlusses. Außerdem bin ich für den Ausgang meiner Reise dankbar. Ich bin nicht in Qalandia umgekommen. Keine Qassam ist mir auf den Kopf gefallen, am Falafelstand bin ich keinem Selbstmordattentäter begegnet. Ich habe Israel und Palästina überlebt.

Auf dem Rad unterwegs zu sein, fühlt sich gut an. Es ist Frühling in Toronto. Ich überlege, Rana anzurufen und ihr von meiner Reise zu erzählen, aber ich weiß nicht, was ich ihr berichten soll. Was habe ich eigentlich gelernt? Die ewige Frage, mit der sich der Reisende nach der Heimkehr konfrontiert sieht: Hat sich etwas verändert?

Genau das denke ich, als ein blauer Toyota mich und die Straßenbahn zu überholen sucht. Das denke ich, als mich das blaue Auto seitlich rammt und ich über den Lenker auf den Gehweg fliege. Und als die Sekunden sich ausdehnen und ich mich, helmlos, auf den Aufprall gefasst mache, als der chinesische Gemüsehändler in Zeitlupe einen Apfel an seiner Schürze reibt, denke ich: Jesus Christus, ich werde sterben.

Judith besucht mich im Krankenhaus. Sie bringt mir Ziegenmilchseife und Handcreme mit Vanille-Honig-Duft mit. Sie steht am Fenster, während ich im Morphinrausch, mit einer Bettpfanne aus Plastik und drei Metallschrauben im Oberschenkelknochen im Bett liege. Wir schweigen und vermeiden es, einander in die Augen zu sehen. Unsere Geister unterhalten sich.

JUDITH: Ich habe mir gewünscht, du wärst gestorben.
ICH: Wirklich?
JUDITH: Nein. Ich wollte, dass du beinahe stirbst und dann zurückkommst und sagst: »Ich liebe dich. Lass uns heiraten und ein Kind bekommen.« Hast du aber nicht. Wirst du nicht.

Die beiden Geister stehen nebeneinander und schauen in den düsteren Himmel über Toronto. Sie halten Händchen und betrauern das Ende. Ihr Geist lehnt an der Schulter meines Geistes und weint. Der echte Jonathan und die echte Judith: stumm.

Wir heiraten nicht. Wir stehen nicht unter einer Chuppa in der Minsk und sagen ja, ja, ja. Wir unterschreiben keine Ketubba, setzen unsere Namen nicht auf Hebräisch und in schwarzer Tinte unter den Vertrag, während uns der Rabbi wachsam über die Schultern blickt. Wir lauschen keiner Aufforderung, unsere Abstammungslinien mit Ehrfurcht, Liebe und Hingabe fortzuführen. Keine guten Wünsche von der Familie, keine Schewa Brachot von unseren Freunden. Kein Streit zwischen Cousins, keine Diskussionen wegen der Sitzordnung. Kein Gläserklirren, keine Debatten über die Farbe der Tischtücher und ob der Wein koscher sein muss, ob es Huhn geben wird oder Fisch, wie schick die Gäste sich kleiden sollen, ob wir nach Geschlechtern getrennt feiern und wie modern, wie orthodox die Feier wird – keine dieser Fragen gibt es zu verhandeln. Ich setze meinen Fuß nicht auf ein Glas, um zu fühlen, wie es auf dem roten Teppich der Minsk zerbricht. Der Rabbi schüttelt mir nicht die Hand und sagt auch nicht: »Jetzt bist du ein Mann.« Kein Morris, der mir einen Schnaps bringt und mich auf die Wange küsst. Niemand stemmt uns auf unseren Stühlen im Kreis der Horatänzer in die Höhe, kein weißes Taschentuch verbindet unsere Hände. Kein Kind im Bauch, keine Zukunft in unserem Schoß. Wir werden keiner Nation ins Leben helfen, kein Messias wird aus unserer Mitte kommen, unser Haus wird keinen Propheten hervorbringen. Und jetzt gibt es keinen Frieden zwischen uns, keinen Dialog, keine Worte, zumindest nicht für die nächsten Jahre.

Es ist Freitag, Mincha, ich bin wieder in der Minsk. Ich hätte eigentlich das Okay der Ärzte, die über meine Entlassung entscheiden, abwarten sollen, aber ich wurde unruhig und wollte unbedingt aufstehen, und sei es nur für eine Stunde. Die sechs oder sieben Blocks vom Toronto Western bis zur Synagoge habe ich auf meinen neuen Aluminiumkrücken zurückgelegt. Ich setze mich ganz nach hinten, um einen guten Blick auf die Männer zu haben. Nichts hat sich verändert: Sie singen falsch und geben sich Mühe, die Gebete sinnvoll zu betonen. Ich bin gekommen, um ein Kaddisch aufzusagen und der Vergänglichkeit der Dinge zu gedenken. Es geht um mehr als die geplatzte Hochzeit mit Judith. Ich habe meinen Glauben verloren, oder zumindest hat sich das, woran ich zu glauben meinte, verändert.
Der Rabbi grüßt mit einem Nicken, ohne näher zu kommen. Steht es mir ins Gesicht geschrieben? Mit meiner Reise nach Israel habe ich alle in dieser Schul verraten. Yankl, den Ingenieur, den Rabbi, die Jungs. Und auch die Abwesenden: Mrs. Blintzkrieg, meine Großeltern, Judith. Ich lehne mich zurück. Ich fühle, wie sich die drei Schrauben in meinem Oberschenkel ins Fleisch bohren. Es ist, als schleppte ich die Gewalt mit mir herum. Ich sitze hinten in der Minsk, aber in Wahrheit stehe ich immer noch am Kontrollpunkt von Qalandia und meine Rippen schmerzen von

Crazy Boys Schlag. Yakov singt: »Schma Jisrael, Adonai Elohenu, Adonai Echad«, und ich höre den Hagel aus Gummigeschossen. Ich verlasse die Synagoge und steige vorsichtig die vierzehn Stufen der Vortreppe hinunter. Ein Taxi setzt zurück und rammt einen Lastwagen. Das Geräusch von Metall auf Metall lässt mich fast ausrutschen. Alles ist möglich, überall und jederzeit. So will es die Welt. Auf dem beschwerlichen Weg über den Kensington Market denke ich an Sam und die arabische Werbung für Western Union. Immer noch habe ich die Hochglanzseite mit der gebildet wirkenden Frau vor Augen, die amerikanisches Geld zählt.

Sams Stimme: »Ein Schriftsteller hat Macht. Du hörst, und du wirst gehört.«

Ich weiß, ich bin nicht in der Lage, den Konflikt zwischen Israel und Palästina zu lösen. Aber ich möchte der Sache gerecht werden und etwas von Bedeutung erschaffen oder entdecken, etwas, für das ich mich nicht schämen muss. Ich will schreiben, und das Geschriebene soll nicht gelogen sein.

Zurück im Krankenhaus klappe ich meinen Laptop auf.

Kapitel 32

Drei Monate später: Heute heiratet mein Bruder Aaron. Bei dieser Feier kommen Toronto und Neufundland, Judentum und Katholizismus zusammen. Die Hochzeit findet eine Fahrstunde nördlich von Toronto in einem Kurhotel namens Mysthaven statt. Junge Kiefern und Birken säumen die langgezogene Einfahrt. An ihrem Ende ragt die rostige, zwanzig Meter hohe Eisenstatue einer Schwangeren mit Fötus im Bauch in die Höhe. Der Fötus erinnert mich an ein riesiges, metallisches Stachelschwein. Der Augusttag ist schwül, die ersten Gäste treffen ein. Der Bräutigam trägt die Tracht eines indischen Prinzen, die er in Little India hat nähen lassen. Die goldbestickte Robe aus weißer Seide ist knöchellang, seine Füße stecken in traditionellen spitzen Pantoffeln, die glitzern und funkeln, wie es sich für königliches Schuhwerk gehört. Wahrscheinlich kleidet sich Aaron wie ein indischer Prinz, weil ihm der Stil einfach entspricht; Scheiß auf den Smoking, sagt er damit, ich will für einen Tag König sein.
Umringt von Nichten und Neffen, die ihm Rosenblätter vor die Füße streuen, läuft er am Seeufer entlang. Er ist vor seiner geliebten Anne eingetroffen, die sich für ein smaragdgrünes Kleid mit Silberpailetten entschieden hat. Auf dem Rücken trägt sie kleine Feenflügel, auf dem Kopf einen Blumenkranz. Ein Baptistenprieser leitet die Zeremonie. Weder Anne noch Aaron sind Baptisten, aber der Priester steht ihrem jeweiligen Glauben aufgeschlossen gegenüber, nur darauf kommt es den beiden an: Einbeziehung, Offenheit, Anerkennung der Menschen, die sie sind. Eine Chuppa schwebt über den Brautleuten. Neben ihnen steht ein Tisch mit einem großen Silberkreuz und einem silbernen Kelch mit Rotwein. Darauf steht auf Hebräisch eingraviert: *Bore pri hagafen.* Gesegnet sei die Frucht des Weinstocks.
Gelübde werden abgelegt, Reden gehalten, Gedichte und Gebete

aus einem Mischmasch der Religionen aufgesagt: buddhistisch, jüdisch, indianisch, hinduistisch, katholisch. Während sich die Gäste zum Feiern auf die Festwiese begeben, taucht Baba Jesse neben mir auf. Sie trägt ein gelbes Sommerkleid und rosa Lippenstift. Sie sagt: »Verrückte Hochzeit, was?«
Ich stütze mich auf meinen Gehstock, habe erst vor kurzem wieder zu gehen begonnen. Ich sehe, dass sie es ernst meint. »Du bist damit einverstanden?«
»Nu, immerhin sind sie glücklich.«
»Willst du mir damit sagen, die Religion sei dir plötzlich egal?«
Sie seufzt. Sie riecht wie immer bei Familienfesten – nach starkem, billigem Rosenparfum. »Natürlich ist mir die Religion nicht egal. Aber sie lieben einander, was ich von mir und meinem jüdischen Ehemann nicht behaupten kann.« Sie öffnet ihre Handtasche und bietet mir ein Stück selbstgebackenes, in eine Serviette gewickeltes Mandelbroit an. »Bitte sehr, damit du nicht hungern musst.«
»Danke, Baba.«
»Die Katholiken verstehen nichts vom Essen. Aber sie ist ein nettes Mädchen, und er ist glücklich. Selbstverständlich werden sie ihre Probleme haben. Auf welche Schule werden sie ihre Kinder schicken? Wird der Sohn beschnitten? Bekommt die Tochter eine Bar Mitzwa? Was soll's. Diese Fragen stellen sich früh genug. Lass uns die Simcha genießen.«

Tante Rachel weigert sich, mit meinem Vater zu reden, meine Mutter versucht etwas unbeholfen, seiner Freundin aus dem Weg zu gehen. Aber alles in allem kommen wir als Familie ganz gut miteinander aus. Annes Familie ist witzig. Ihre Verwandten haben kistenweise Screech mitgebracht, jenen berüchtigten neuseeländischen Rum, zu Ehren der Frischvermählten kippen wir ein Glas nach dem nächsten. Auf der Wiese spielt eine keltische Klezmer-Band auf; sie fängt mit »Greensleeves« an und macht mit »Rozhinkes mit Mandlen« weiter. Alle Gäste werden eingeladen, sich zur Hora auf der Wiese zu versammeln.
Jacob hat seine Verlobte Claudia mitgebracht. Wir bleiben den ganzen Abend zusammen, stoßen mit Sangria auf die Schwangerenstatue an. Ich habe Jacob seit Monaten nicht gesehen.

»Wie war es in Israel?«, fragt er.
»Gut«, antworte ich.
»Wie ich höre, hast du die besetzten Gebiete besucht.«
»Ja.«
Die Hora – mehr ei- als kreisförmig und voller Löcher – dreht und dreht sich. Die Leute amüsieren sich. Der Abend verspricht, lustig zu werden. Auf der Veranda gibt es Krabbencocktail, auf der Wiese chassidische Tänze.
»Ich habe Ruthie besucht«, sage ich.
»Wie geht es ihr?«
»Sie hat ein Kind.«
»Schön für sie.«
Die Band spielt eine ergreifende Version von »Sunrise, Sunset«. Mir dreht sich der Kopf. Die Hitze, der Mix der Kulturen, die süße Sangria.
»Hast du Palästinenser kennengelernt?«
Der Tag ist warm, der Wein steigt mir in den Kopf. Jacob und ich sind beim dritten, dann beim vierten Glas.
»Ich habe ein paar sehr schöne Erfahrungen gemacht.«
Jacob: »Ich verstehe nicht, wieso die ganze Welt mit ihnen sympathisiert. Ich würde auch mit ihnen sympathisieren, wenn sie friedliche Absichten hätten. Aber keiner ihrer Anführer hat eine brauchbare Vision.«
Wir haben uns auf dünnes Eis begeben. Ehrlich gesagt, kann ich nicht einschätzen, wie Jacob zu Israel steht. Wir haben nie darüber geredet.
Diplomatisch sage ich: »Klar. Arafat ist ein korruptes Schwein.«
Darauf trinken wir.
Jacob sagt: »Ich frage mich, wo der palästinensische Gandhi bleibt?«
Dieselbe Frage habe ich bei meinem ersten Treffen mit Samer gestellt: Wo bleiben die friedlichen Demonstrationen? Aber ich will Jacob widersprechen. Ich habe das Gefühl, mich für eine Seite entscheiden zu müssen und sage: »Wenn in Palästina ein neuer Gandhi auftauchen würde, würde die israelische Armee mit Raketen auf ihn schießen.«
Jacob zuckt zusammen. Eine weitere Runde Sangria. Jacob sagt:

»Du solltest Alan Dershowitz lesen: *Plädoyer für Israel.* Der Mann hat ganz gute Ansichten.«
»Zum Beispiel?«
»Zum Beispiel ist der Großteil der Israelkritik antisemitisch motiviert. Klar, das Land hat Probleme, so wie jedes andere auch. Aber warum nehmen es die Europäer und die Medien ständig unter die Lupe? Die Leute sollten sich lieber um die Menschenrechtsverletzungen in China oder Darfur kümmern! Warum gibt es so viele UN-Resolutionen gegen Israel? Insgeheim sind die meisten Nichtjuden gegen einen jüdischen Staat.«
Jacob hat nicht ganz Unrecht. Die Grenzen zwischen Antizionismus und Antisemitismus sind fließend. Aber bedeutet das Erbe des Antisemitismus, dass man sich nicht mehr kritisch äußern darf? Verlangt die Bedrohung – real oder vermeintlich – absoluten Patriotismus, unbedingte Loyalität? »Na ja, ich denke, man sollte fair bleiben. Manche Kritik ist berechtigt«, sage ich.
»Dein Problem ist nicht Israel, sondern die Bialik. Ich kann es dir nicht verübeln. Unsere Schule war die reinste Irrenanstalt. Aber du solltest dein politisches Urteilsvermögen nicht davon beeinflussen lassen. Du hasst diese Schule«, sagt Jacob.
»Nein.«
»Du willst dich rächen.«
»Nein, so einfach ist das nicht. Du wurdest in einen Schrank gesperrt, und heute findest du gezielte Tötungen okay.«
»Ich wurde nicht in einen Schrank gesperrt.«
»Klar wurdest du! Von Mrs. Blintzkrieg, in der Fünften.«
»In dem Jahr waren wir nicht mal in derselben Klasse.«
»Doch, natürlich.«
»Ich mochte die Bialik.«
»Du hast es da gehasst! Du bist mit zwölf abgegangen.«
»Ich fand es spannend.«
»Du warst eine hyperaktive Nervensäge, die keine fünf Minuten stillsitzen, geschweige denn lesen konnte.«
»Was willst du mir sagen?«, fragt er.
Ich überlege, trinke einen Schluck Wein. Ich weiß selbst nicht, worauf ich hinauswill. Ich drehe mich nach Zuhörern um. Für einen Moment habe ich vergessen, dass ich auf der Hochzeit meines

Bruders bin. Zum Glück beachtet uns niemand. »Ich will damit sagen, dass es nicht allein die Schuld der Bialik ist. Klar, die haben versucht, uns ein verzerrtes Weltbild einzutrichtern, aber welche Schule versucht das nicht? Ich will damit nur sagen, dass wir einen Teil der Verantwortung tragen.«

»Warum?«

»Weil wir nichts hinterfragt haben.«

Jacob tritt von einem Fuß auf den anderen. Es ist schon seltsam. Wir haben damals Gott weiß wie viele Stunden mit Landeskunde zugebracht, aber bis heute haben wir unsere Meinungen darüber kein einziges Mal ausgetauscht. »Ich finde, die Palästinenser sollten einen eigenen Staat bekommen«, sagt Jacob, »aber sie müssen ihn sich verdienen.«

»Man verdient sich kein Existenzrecht.«

»Die wollen einfach keinen Frieden.«

»Wir auch nicht.«

»Sie haben uns von Anfang an gehasst.«

»Wir sind in ihr Land gekommen und haben gesagt: ›Das Land gehört jetzt uns.‹ Hast du erwartet, dass sie die Waffen strecken und uns mit offenen Armen empfangen?«

»Du findest also, es sollte keinen Staat Israel geben?«

»Das habe ich nicht gesagt. Aber wir sollten die besetzten Gebiete räumen. Ihnen ihren Staat geben. Sonst haben wir demnächst südafrikanische Verhältnisse.«

»Ach, red keinen Unsinn.«

»Mit Ghettos und Townships.«

»Halt die Klappe.«

»Und wenn die Israelis dann die ersten Konzentrationslager bauen, haben sich die Palästinenser endlich ihren eigenen Staat verdient.«

Ich kann meine Worte nicht länger kontrollieren. Sie gehören mir nicht mehr. Die Debatte ist ohnehin beendet. Jacob boxt mich in die Schulter, ich falle ihn an und klammere mich fest. Wir sind wieder Fünftklässler und balgen uns im Keller meines Elternhauses. Der Alkohol und die seltsame Feier schwingen in unseren Haken mit. Jacob schlägt mit voller Kraft auf mich ein, bis Joseph und Claudia dazwischen gehen.

»Red nicht so einen Scheiß, Mann«, sagt Jacob.
»Du bist ein Idiot«, sage ich.
Joseph trennt uns und zwingt uns zum Handschlag. Claudia verfügt, dass der Nahe Osten für den Rest des Abends nicht mehr zur Sprache komme. Ich sehe Jacob betreten an. Wir sind außer Atem, so wie nach dem Basketball. In gewisser Hinsicht war ich vor meiner Israelreise besser dran. Ich war diplomatischer, hatte mich im Griff.
Glücklicherweise können Jacob und ich die Sache vergessen. Ein paar Drinks später witzeln wir schon wieder. Erzählen einander, was unsere ehemaligen Kommilitonen machen. Erinnern uns daran, wie wir von Jacobs Mutter beim Kiffen erwischt wurden, wie wir Mr. Silverberg in der Abstellkammer einsperrten und wie Mr. Heathcliffe betrunken zum Unterricht erschien und unsere vierzehnjährigen Mitschülerinnen anbaggerte. Unsere gemeinsame Vergangenheit reicht so weit zurück, dass wir niemals nur auf einer Kommunikationsschiene hängenbleiben. Es ist wie damals, als wir Kinder waren; wir begraben den Streit und tun so, als wäre nichts passiert. Oder wir ahnen beide, dass das Gespräch nirgendwo hinführt; genauso gut kann man schweigen.
Ich schaue zur Festwiese hinüber. Annes Stiefvater steht in der Mitte der Hora und leitet eine Zeremonie namens »Küss den Kabeljau«. Die Gäste müssen einen Fisch küssen und bekommen anschließend einen Schluck Screech, womit das Ritual beendet ist. Drumherum geht die Hora weiter. Noch ein Glas, noch ein Schluck. Die Musik klingt immer besser.
»Wie heißt das Lied?«, frage ich.
»Oyfn pripitchik.«
»Ach ja. Meine Oma hat das beim Einschlafen für mich gesungen.«
Jacob sagt: »Es geht um den Rabbi, der seinen Schülern das *Alef-Bet* beibringt.«
»Und wenn sie sich vertun, haut er ihnen mit einem Stock auf den Kopf«, sage ich.
»Verdammt, in der Bialik ging es zu wie auf einem fremden Planeten.«
»Manchmal habe ich das Gefühl, ich bin immer noch dort.«
»Das klingt ja furchtbar!«

»Nein«, sage ich, »es hat mich zu dem gemacht, der ich bin. Ich bin froh, dort gewesen zu sein.«

Jacob sieht mich ungläubig an. »Scheiße, du bist echt schwer zu verstehen.«

»Und du bist Lehrer.«

Jacob boxt mich spielerisch in den Oberarm, so als wäre er für die zweite Runde bereit.

»Komm, lass uns tanzen«, sage ich.

»Was ist mit deinem Bein?«

»Ganz langsam.«

Jacob stützt mich am Ellenbogen und führt mich zum Kreis der Tanzenden. Er ergreift meine Hand, dann reißt uns die Hora mit. Der Geiger fidelt munter, der Klarinettist folgt ihm dicht auf den Fersen, das Akkordeon schiebt uns an. Wie heißt das Lied? Es liegt auf der Zungenspitze meiner Erinnerung.

Kapitel 33

Vier Jahre ist es nun her, dass ich Rana zum ersten Mal begegnet bin. Sie besucht mich in meiner Wohnung, weil sie etwas zur Untermiete sucht. Ich wohne im Portugiesenviertel von Toronto und plane eine weitere Reise, unter anderem nach Israel. Rana studiert und braucht eine Unterkunft.

Sie sieht sich um. Das »BESUCHEN-SIE-PALÄSTINA«-Poster hängt gerahmt im Wohnzimmer. Ich habe mir eine Menge Literatur über den Nahen Osten zugelegt: Jehuda Amichai, Mahmud Darwisch, David Grossman, Samih al-Kassem. Rana blättert in einer Textsammlung von Edward Said.

»Es wäre schön, hier zu wohnen, dann könnte ich alles lesen«, sagt sie.

Endlich frage ich Rana, was mich seit Jahren beschäftigt: »Warum trägst du kein Kopftuch mehr?«

»Ich habe nie eins getragen.«

»Doch, damals im Kino.«

»Das war meine Freundin Mary.«

»Bist du sicher?« Sie sieht mich an, als wäre ich verrückt. »Dein Mann hat dich nicht dazu gezwungen?«

Rana lacht. »Natürlich nicht. Er war strenggläubig, aber hat mich tun lassen, was ich wollte. In der Hinsicht war er in Ordnung.«

Ich hätte schwören können, dass sie im Kino ein Kopftuch trug. Dann wiederum sieht sie ganz anders aus als damals. Weniger wie ein Klischee. Sie ist nicht mehr die exotische Schönheit aus dem Orient. Sie ist eine Freundin.

Wir gehen in die Küche, ich setze Teewasser auf. Sie erzählt von ihrer frischen Trennung. Sie hat es nicht leicht; ihr Ex ist Anwalt und will sie zur Schnecke machen. Trotzdem schmiedet sie Pläne. Sie will einen Bachelor in Sozialarbeit machen und hat für den Sommer einen Praktikumsplatz in Ghana gefunden. Trotz eines

Jobangebots in Gaza hat sie sich für Afrika entschieden. Es ziehe sie nicht nach Palästina zurück, sagt sie. Sie möchte ein neues Leben anfangen. Rana erzählt, dass sie ihrer Mutter die Trennung gebeichtet habe, dem Vater aber noch nicht. »Seit der zweiten Intifada ist er immer religiöser geworden. Es wird ihm nicht gefallen. Weißt du, wir haben traditionell geheiratet, das ganze Dorf war eingeladen.« Wir sitzen am Küchentisch und warten darauf, dass das Teewasser kocht.

»Ich würde dein Dorf gern sehen«, sage ich.

»Wozu? Es ist hässlich. Da gibt's nichts zu sehen.«

»Ich würde gern sehen, wo du herkommst. Meine Arbeit in Israel ist noch nicht erledigt.«

Beim Wort »Israel« scheint Rana zusammenzuzucken. Es gibt immer noch viele Themen, über die wir nicht sprechen. Zum Beispiel, warum sie ihre Heimat »Palästina« nennt, während ich immer von »Israel« spreche. Warum in ihrem Pass unter Herkunftsland »Jerusalem« steht. Woran wir tief in unserem Herzen glauben.

»Entschuldige bitte«, sage ich.

»Was?«

»Die Unordnung.«

Es ist peinlich. Im Spülbecken stapelt sich schmutziges Geschirr; im Schlafzimmer häufen sich die Klamotten, in Flur und Wohnzimmer haben sich Türme aus Büchern und anderem Papierkram gebildet.

Sie sagt: »Das finde ich nicht so schlimm. Du machst einen entspannten Eindruck. Irgendwie häuslich.«

Der Teekessel pfeift. Ich öffne die Packung mit den Pfefferminzblättern und löffle sie in die gusseiserne Kanne. Rana steht im Flur und studiert die Buchrücken.

»Kannst du dir die Miete leisten?«, frage ich.

»Mit einem Studienkredit ist alles drin«, sagt sie.

Sie zieht ein Buch aus dem Regal. Es ist Alan Dershowitz' *Plädoyer für Israel.* Sie blättert es auf.

»Fandest du es gut?«, fragt sie.

»Eigentlich nicht«, sage ich. Nach der Hochzeit und dem Streit mit Jacob hatte ich beschlossen, mir das Buch zu besorgen und nachzulesen, was er meinte.

»Seltsam, ich habe überhaupt keine Ahnung, wie du über Palästina denkst. Du hast dich immer sehr bedeckt gehalten«, sagt Rana.
»Das liegt daran, dass ich nicht genug darüber wusste.«
»Und heute?«
»Heute weiß ich ein bisschen mehr.«
Ich schenke Rana ein kleines Glas Pfefferminztee ein.
»Wann fliegst du wieder?«, fragt sie.
»Dezember.«
Rana holt ihre Zigaretten heraus und bietet mir eine an. Ich lehne ab. Nach meinem Unfall haben die Ärzte dafür gesorgt, dass ich mir das Rauchen wieder abgewöhnte. »Soll ich draußen rauchen?«, fragt sie.
»Nein, schon gut.«
»Du solltest es mir nicht erlauben.«
»Ich mag Passivrauchen. Erinnert mich an Jerusalem.«
Sie zündet sich eine Zigarette an, wir trinken schweigend unseren Tee. »Was wirst du tun, wenn du dort bist?«
»Ich werde mich auf die Suche nach Leuten machen, die bauen.«
»Häuser?«
»Nein, Brücken. Zwischen den Menschen.«
»Du sprichst von den Radikalen?« Wir müssen beide lachen.
»Außerdem gibt es da noch jemanden, den ich sprechen möchte. Letztes Mal habe ich es nicht geschafft, ihn zu interviewen.«
Rana drückt die halb gerauchte Zigarette aus. Sie schmeckt ihr nicht. »Weißt du, was ich eben gesagt habe, ist Quatsch. Natürlich sollte ich wieder mal hinfahren, auf Besuch. Ich muss meine Eltern wiedersehen. Meine Familie fehlt mir sehr. Außerdem wäre es bestimmt interessant, das Land mit dir zu bereisen. Wir könnten, wie du so schön gesagt hast, gemeinsam bauen.«
Innerhalb der nächsten Monate werde ich wieder nach Israel fliegen. Ich habe Kontakt zu Zochrot und der Oase des Friedens aufgenommen, zwei israelischen Gruppen, die sich für Frieden und Versöhnung einsetzen. Rana erzählt mir, keiner ihrer kanadischen Bekannten habe sich je für ihre Heimat interessiert. Und niemals besuchten Juden – israelische oder ausländische – ihr Dorf. Sie hätten zu viel Angst. Ich rede mir ein, anders zu sein.

Rückkehr

»Forget your perfect offering.«

—Leonard Cohen, *Anthem*

Kapitel 34

Die alten Bahngleise führen nach Beit Safafa. Meine Schuhspitzen stoßen im Rhythmus meiner Gedanken gegen das rostige Eisen. Wieder und wieder sage ich mir: Deine Besessenheit ist lächerlich. Ich bin fast zehntausend Kilometer weit gereist, um mit einem grantigen alten Mann zu sprechen, der mich vor drei Jahren von seinem Grundstück geworfen hat. Warum lasse ich es nicht bleiben? Warum hänge ich so an der Vorstellung vom geteilten Haus? An diesen Fremden, ihrem Leben, dem Land, das nicht meines ist? Ehrlich gesagt möchte ich gar nicht dorthin zurück. Aber nach dem Fahrradunfall habe ich mir geschworen, nach Israel zu fliegen und zu einem Abschluss zu kommen. Mein Streit mit Jacob auf der Hochzeit hat mich in meinem Entschluss bestärkt. Ich kann nicht anders, als meine erste Reise nach Israel und Palästina als Fehlschlag zu betrachten. Ich bin erschrocken, habe den Überblick und dann das Gleichgewicht verloren. Qalandia, Crazy Boy, die Schießerei haben mich wieder zu einem Pubertierenden werden lassen. Ich war blind vor Wut auf das Land und auf meine alten Lehrer. Ich bin zurückgekommen, weil ich neue Hoffnung schöpfen will, weil ich mich nicht mit der Verzweiflung und Ratlosigkeit abfinden kann, die ich bei der Abreise gefühlt habe. Während der letzten Jahre habe ich es nicht geschafft, mich von meinem Glauben abzuwenden. Anscheinend werde ich Gott nicht los. Ich halte an der Überzeugung fest, das Judentum könne Gutes in die Welt bringen. Das einundzwanzigste Jahrhundert ist im Eimer, umso wichtiger erscheint mir die überlieferte Rolle des Juden als Zeuge und Priester der Moral. Was von meinem Judentum übrig ist, gründet sich auf den Zohar und dem Tikkun Olam: *Lasst uns danach streben, unsere Zerrissenheit zu heilen, Halleluja.*

Nach der Israelreise habe ich an dem Theaterstück geschrieben, aber die Geschichte des Hauses war Fiktion, meine Erfindung.

Ich bin auch nach Jerusalem zurückgekommen, weil ich die ganze Geschichte hören und um Shimons Perspektive ergänzen will.

Soweit ich es beurteilen kann, hat sich nur wenig verändert; die Landschaft jedoch sieht anders aus, als ich sie in Erinnerung hatte. Das Einkaufszentrum wirkt näher, der Weg zwischen den Häusern ist asphaltiert – verlief hier beim letzten Mal nicht eine Schotterstraße? Zu beiden Seiten der Bahngleise liegt Müll: verrostete Federkernmatratzen, leere Flaschen, kaputte Stühle. Und doch ist die Gegend besonders. Die weite Ebene, aus der schroffe Objekte aufragen. Steine, Stille, Vorgärten voll Geröll. Hinter Marys Bungalow wachsen Olivenbäume. Ein an einen Metallpfahl geketteter Hund schläft. Ich habe Shimon einen Brief geschrieben und bitte um einen Gesprächstermin; so kann er sich vorbereiten. Ich habe den Brief dabei. Ich habe vor, ihn in Shimons Briefkasten zu werfen, der unglücklicherweise direkt neben der Haustür hängt; ich werde gezwungen sein, das Tor zu öffnen und das Grundstück zu betreten.
Shimon sitzt auf der Veranda vor dem Haus. Sein Gesicht ist glattrasiert, er raucht eine Zigarette. Er wirkt weniger gebrechlich als beim letzten Mal, hat die Ellenbogen auf die Knie gestützt und fährt sich mit einer Hand durchs volle, schlohweiße Haar. Ich versuche vergeblich, mich hinter einem Jasminstrauch zu verstecken. Er hat mich schon gesehen.
»Kann ich dir helfen?«, ruft er.
»Wem, mir?«
»Nein, ich rede mit dem Laternenpfahl. Aber da der Laternenpfahl nicht antwortet, kannst du mir vielleicht sagen, was du hier zu suchen hast?«
»Wohnen Sie hier?«, frage ich.
»Scharf kombiniert, Einstein. Ich wohne hier.«
»Also … ich arbeite gerade an einem Projekt über Jerusalems Architektur.« Ich schnappe nach Luft, bringe die Worte nur mit Mühe über die Lippen. »Ihr Haus. Es ist sehr hübsch.«
»Mein Haus? Mein Haus ist nichts.«
»Es ist sehr alt, nicht wahr?« Ich verlasse mein Versteck und trete vor die Veranda. »Was glauben Sie, wann es erbaut wurde?«

Shimon steht auf, Qualm umhüllt seinen Kopf. Er trägt eine weiße Schürze mit schwarzen Öl- und Fettflecken. Der Stoff ist mit einem verwaschenen Gemüsemuster bedruckt – Karotten, Auberginen. Shimon wischt sich die Hände ab und zeigt auf die Säulen: »Die sind wahrscheinlich von Neunzehnhundert.«
»Wissen Sie, wer das Haus gebaut hat?«, frage ich.
»Wer wohl? Ein Araber«, sagt er und schnipst gegen den Stein.
Ein Araber? Er ist einer Meinung mit Abu Dalo?
»Natürlich hat es ein Araber gebaut, sieht man an den Säulen. Ich finde, sie sind das Schönste am ganzen Haus. Abgesehen von den Muscheln.« Er zeigt auf den Betonboden der Veranda, in den zahlreiche Muscheln eingelegt sind, und zwinkert mir zu. »Hab ich selbst gemacht. Die Muscheln sind aus Marokko. Möchtest du einen Kaffee?« Er fragt mich, als wären wir alte Freunde.
»Ja«, sage ich, »sehr gern.«
Ich öffne das Gartentor, steige die Stufen hoch und setze mich zu Shimon.
Er raucht Zigaretten der Marke Time und bietet mir eine an. Ich greife zu. Es ist mir egal, in diesem Moment gegen die Anweisung der Ärzte zu verstoßen. Für dieses Gespräch würde ich meine linke Hüfte opfern und meinen Diabetes entgleisen lassen.
»Shimon Dajan.«
»Sind Sie mit Mosche verwandt?«
»Nein!« Er nennt mich *Motik*, Hebräisch für »Süßer«. »Mosche Dajan hatte nur ein Auge«, sagt er und bedeckt sich mit der Hand das halbe Gesicht. »Shimon hat zwei.« Zack, er kann sehen. Er kichert, seine Stimme ist heiser vom jahrelangen Rauchen.
»Seit wann wohnen Sie hier?«
»Wozu willst du das wissen?«
»Wie ich schon sagte, ich interessiere mich für …«
»Oh, er interessiert sich, na klar, alle interessieren sich. Geh und mach erst mal einen *Ulpan*, um dein Hebräisch auf Vordermann zu bringen. Wo bist du zur Schule gegangen?«
Ich sage es ihm.
»Ich habe einen Cousin in Montreal, vielleicht kennst du ihn?«
»Wie heißt er?«
»Scheiß-Geizkragen! Als ich ihn besuchte, musste ich im Hotel

wohnen. Und selbst dafür bezahlen!« Er hebt beide Hände in die Höhe wie zum Gebet. Aus dem Gebet wird eine Frage – die geöffneten Handflächen sollen zeigen, wie mittellos er ist. »Was soll man da machen? Alle müssen sterben, egal ob arm oder reich. Willst du was trinken?«
»Etwas Alkoholisches?«
»Pssst!« Er schaut sich um, ob uns jemand hört. »Selbstgemachten Fruchtsaft«, sagt er, »aus Weintrauben aus Hebron. Nicht gerade französisch, aber nicht zu verachten.«
Er führt mich langsam durch den Garten, zeigt mir Wollbäume, Eukalyptus und Jasmin. Wir betreten den Schuppen, vor dem ich ihn vor drei Jahren gesehen habe. Drinnen ein Durcheinander aus Werkzeugen, Drähten und Glasscheiben. Von der Decke hängt eine nackte Glühbirne. Shimon hält zwei Kabel aneinander und fordert mich auf, eine Hand auf die damit verbundene Metallplatte zu legen. Ich fühle die Wärme und bilde mir ein, der Strom durchfließe mich.
»Elektrischer Strom. Wunderbar, oder?«, sagt er. »Ich bastle eine Warmhalteplatte. Für den Sabbat.«
Er kann die Platte am Abend benutzen und bis zum nächsten Tag eingeschaltet lassen, ohne gegen die Vorschriften zu verstoßen. Er zieht eine verstaubte, verschmierte Korbflasche aus der Ecke und füllt zwei Gläschen mit lila Flüssigkeit. Der Wein schmeckt süß, viel zu süß, ich trinke ihn trotzdem.
Ich frage: »Gefällt es Ihnen in Jerusalem?«
»Nein, ich kann die Stadt nicht leiden.«
»Wirklich?«
»Paris! Das nenne ich eine Stadt!«
»Dann sprechen Sie Französisch?«
»Ich stamme aus Marokko, *Motik*. Aus Meknès. Ich kam als Franzose auf die Welt.«
Wir verlassen den Schuppen und nehmen den Wein mit hinaus in den warmen Dezembertag. Shimon besteht darauf, die Fremdsprache zu sprechen, nach ein paar Gläsern Wein klappt es ganz gut; ich kann mich mit meinem Zehntklässlerfranzösisch verständlich machen.
»Wie kommt es, dass Sie hier gelandet sind?«, frage ich.

»Ich bin Jude. Was soll ich sagen? Ich bin hier gelandet. 1948 angekommen. Hier gab es nichts, keinen Strom, kein Fließwasser. Nur das Haus.« Er zeigt auf die Wohnblöcke von Qatamon, die in der Ferne auf einem niedrigen Hügel stehen, und auf die Häuser ringsum. Er erzählt mir, auf der Fläche, die sich von hier bis zu David Ketters Haus erstrecke, habe es früher ein riesiges Flüchtlingslager gegeben. »Fünfzigtausend Juden waren in Zelten untergebracht, alle waren auf der Suche nach einer Bleibe. Es war furchtbar.«
»Haben Sie in dem Lager gelebt?«
»Warum willst du über das Lager reden? Trink deinen Wein und frag nicht so viel.«
Mir bleibt nichts anderes übrig, will ich Shimon weitere Informationen entlocken. Er will lieber rauchen und trinken, statt über die Vergangenheit zu reden. Inzwischen bin ich angetrunken, dabei ist es nicht einmal Mittag. Wir gehen zurück zur Veranda und setzen uns in die Sonne.
»Was wissen Sie über das Haus da drüben?«, frage ich und zeige auf die Tür, die mir Mary vor drei Jahren geöffnet hat.
»Das gehört einem Araber.«
»Wie heißt er?«
»Wen kümmert's? Das Haus gehört ihm.« Shimon zündet sich eine neue Zigarette an der Kippe der alten an. Schenkt sich großzügig nach und leert sein Glas mit einem einzigen Schluck. »In Meknès haben wir bis zum Tod meines Vaters in einem Palast gewohnt. Warum wir nach Israel gekommen sind? Weil die Jewish Agency uns Arbeit versprochen hat. Und ein Zuhause. ›Das gelobte Land‹, so haben sie es genannt. Etwas Blöderes habe ich nie gehört. Kein Tag vergeht, an dem ich kein Heimweh habe, Motik. Die Araber in Marokko«, erklärt er und gestikuliert mit beiden Händen, »sind gute Menschen. Weißt du, was ein guter Araber in Israel ist?«
»Nein.«
»Ein toter Araber. *Motik*, sieh mich nicht so an! Ja, früher war ich mit Ibrahim Abu Dalo befreundet, dem alten Trottel. Er hat mich geliebt. Er hat dort gesessen, wo du jetzt sitzt. Wir waren Freunde.«
»Was ist passiert?«
Shimon erzählt, die Familie Abu Dalo sei 1948 während des Krie-

ges nach Beit Safafa geflohen. Obgleich Abu Dalo gesagt hatte, sie seien nur eine Woche dort gewesen, schildert mir Shimon eine andere Version: Erst nach über einem Jahr seien die Abu Dalos zurückgekehrt und hätten bemerkt, dass Shimon und drei andere jüdische Familien in ihr Haus eingezogen waren. Shimon war erst im März 1949 hinzugekommen, zusammen mit seiner Mutter und zwei Schwestern. Die Familie war aus Marokko eingewandert, die Jewish Agency hatte das Haus für sie gemietet.

»Eine Familie pro Zimmer«, sagt er. »Eingepfercht wie die Sardinen.«

»Wo war Ibrahim?«

Shimon zeigt auf Marys Haus. »Nach ihrer Rückkehr bauten sie jenes Haus.«

»Und dieses Haus hier haben sie auch gebaut?«

»Ja, bauen konnten sie gut.«

»Und Sie beide haben sich gut verstanden, obwohl Sie hier eingezogen waren?«

»Klar, wieso nicht? Wir haben den Krieg gewonnen, die Araber sind geflohen, wir haben ihre Häuser besetzt. So war es, oder?«

»Ja, so war es.«

»Aber Ibrahim wollte nicht aufgeben. Er war ein Dickkopf. Jeden Monat ist er zur Armee gelaufen und hat darauf bestanden, dass das hier ihm gehört«, sagt Shimon und zeigt auf den Boden zu seinen Füßen. »Dann eines Tages, nach fünf oder sechs Jahren, hat der Staat gesagt: Okay, du bekommst dein Land zurück. Und so bekam er sein Haus zurück.«

»Hat Sie das nicht gestört?«

»Was sollte es mich stören? Mir ist egal, ob ich meine Miete dem Staat oder Abu Dalo zahle. Ich will keinen Streit. Ich will ein Zuhause.«

Ibrahims Verwandlung vom guten Freund zum Schuft geschah in den Siebzigern, als er Shimon loswerden wollte, um seinem Sohn, einem Arzt, eine Praxis in dem Haus einzurichten. Shimon willigte in den Umzug ein, solange man ihm adäquaten Ersatz böte. Es fand sich ein Haus im nahen Qatamon, eine Bruchbude, die Shimon ablehnte. Er bestand darauf, das neue Haus müsse so hübsch wie das alte sein. Ibrahim verklagte ihn und verlor, weil

Shimon Kündigungsschutz genoss. Immerhin wohnte er seit fünfundzwanzig Jahren hier.

»Ibrahim war wütend. Oh, wie böse er auf mich war! Und dann weigerte der arabische Dreckskerl sich doch tatsächlich, die Miete von mir anzunehmen. Na und, mir doch egal! Ich wohne gern mietfrei.«

»Warum weigerte er sich, Ihr Geld anzunehmen? Es war sein Haus.«

Auf einmal verfinstert sich Shimons Blick. Der Alkohol am Vormittag, die dezemberliche Wärme, die Erinnerungen – alles vermischt sich und erregt seinen Zorn. »Ich habe die Küche gebaut und den Garten angelegt. Den Schuppen errichtet. Seit sechzig Jahren wohne ich hier. Und nun sag du mir, wem das Haus gehört.«

Ich weiß keine Antwort. Ich wollte Shimon nicht verärgern. Ich dachte, die Tatsachen sprächen für sich – hatte er eben nicht selbst gesagt, Ibrahim habe das Haus gebaut und später offiziell vom Staat zurückbekommen?

»Du bist er. Du bist Ibrahim!«

Shimon starrt mich bedrohlich an. Mein erster Impuls ist, zu fliehen, aber ich reiße mich zusammen und versuche, seinem Blick standzuhalten. Ein Teil von mir wünscht, Shimon hätte damals gesagt: »Ich werde einem Flüchtling nicht sein Haus wegnehmen. Das ist nicht richtig.« Aber Shimon hat es nicht gesagt. Dann wiederum hatte ihm die Jewish Agency vielleicht nicht die ganze Wahrheit erzählt. Vielleicht ließ er sich von ihrem Mantra überzeugen: »Die Araber sind geflohen und wollen nicht zurück.« Schließlich kam er nicht her, um die Abu Dalos zu vertreiben; er und viele andere wurden von einer Agentur ins Land geholt, deren Ziel es war, das Land mit Juden zu besiedeln. Ihre Ideologie war Shimon fremd. Nun lebt er seit mehr als einem halben Jahrhundert hier. Steht ihm das Haus da nicht rechtmäßig zu?

Er zieht zwei Zigaretten aus der Schachtel und gibt mir eine. Ich nehme dankbar an. Wir rauchen, sein finsterer Blick verschwindet.

»Wozu reden wir über Araber? Ich möchte mich über Paris unterhalten.« Wir stoßen an, er zwinkert mir zu und leert sein Glas. »Als ich ankam, fand ich es schrecklich hier«, erzählt er. »Es gab nichts zu essen – kein Fleisch, kein Obst, kein Gemüse, nur Olivenöl.

Ich hasse Olivenöl. Deswegen bin ich abgehauen. 1951. Nach Montmartre.«
»Montmartre?«
»Für drei Jahre, *Motik*. Die besten meines Lebens.«
»Warum sind Sie zurückgekommen?«
Shimon lässt das Kinn auf die Brust sinken und sackt im Sitzen zusammen. Er wirkt leicht angetrunken. »Meine Mutter war mit meinen Schwestern allein«, erklärt er und hebt drei Finger. »Wir waren keine Zionisten. Sie wollte einfach ein Zuhause finden und in Frieden leben. Ich musste ihr helfen. Willst du wissen, wie ein Jerusalemer Haus aussieht? Ich werde es dir zeigen.«
Er steht auf und zeigt auf die kleinen Löcher in der Hauswand. Hier. Und dort. Und da. Von 1948. Die Beweisstücke stecken in den Fensterläden, in den Außenmauern.
»Wer hat geschossen?«, frage ich.
»Die Gewehre, mein Junge«, sagt Shimon und reicht mir noch eine Zigarette. »Was glaubst du, *Motik*? Wir haben alle geschossen. Damals herrschte Krieg.« Vorsichtig fährt er mit der Hand über den pockennarbigen Stein.

Der Alkohol gibt mir den Rest. Ich bin aufgekratzt, mein Blutzuckerspiegel geht durch die Decke. Ich muss höllisch dringend pinkeln. Ich bitte Shimon, das Haus betreten und die Toilette benutzen zu dürfen. Ich klopfe an, weil ich niemanden stören will, dann schwingt die Tür auf und lässt mich ein.
Als erstes fällt mir der Fußboden auf. Er ist eben und glatt, die Kacheln sind original erhalten. Eine blassgrüne Arabeske nimmt die Mitte des Raumes ein; ihr kreisförmiger Umriss ist von gelben Fliesen durchsetzt. Das Muster hypnotisiert mich. Das Haus stammt aus einer anderen Zeit, und nun entführt es mich, nimmt mich in eine unbekannte Vergangenheit mit. Die Decke ist hoch, die kühlen Steinwände sind kahl. Auf dem riesigen Eichentisch in der Mitte des Zimmers liegt ein weißes Tischtuch. Zwei Kerzenhalter, ein Zopfbrot und ein Silberkelch stehen für den Sabbat bereit.
Ich habe zu viel getrunken und einen üblen Tabakgeschmack im Mund. Ich lege mir beide Hände an die Wangen und starre in den Badezimmerspiegel.

»Und, wie findest du es?«, sagt eine Frauenstimme hinter mir. Ich drehe mich um, kann aber niemanden sehen.
»Was soll ich wie finden?«, frage ich den leeren Raum.
»Mich, du Dummkopf. Wie findest du mich?«
»Wen?« Ich verlasse das Badezimmer. Ein kitschiges Renaissancegemälde zeigt eine italienische Szene. Daneben Fotos aus Shimons Vergangenheit. Als Kind in Marokko. Als junger Soldat. Als Vierzigjähriger trägt er einen schwarzen Anzug, hat sich den Krawattenknoten gelockert und verlässt taumelnd eine Party.
»Du glotzt mich an«, sagt die Stimme.
»Ich sehe mir die Wand an.«
»Die Wand, den Fußboden, die hübschen Türbögen.«
»Das Haus?«
»Bingo!«
»Ich rede mit … dem Haus?«
»Jep.«
»Das ist seltsam.«
»Ich finde es normal. Shimon redet ständig mit mir. Abu Dalo auch.«
»Oh.« Ich kratze mir den Kopf. Ich weiß nicht, was ich sagen soll. Immerhin hatte ich heute nicht damit gerechnet, mit Shimon zu sprechen, geschweige denn mit dem Haus. Ich wühle in meinen Gedanken, als suchte ich einen bestimmten, als wäre mein Kopf ein unaufgeräumter Schreibtisch.
»Ich will wissen, wie du über mich denkst«, sagt die Stimme.
»Du bist, äh, etwas Besonderes.«
»Und?«
»Das macht mir Hoffnung. Ich will damit sagen, Barak lag falsch. Du stehst für Frieden.«
»Red weiter.«
»Na ja, die Situation ist nicht ideal. Abu Dalo und Shimon hassen einander. Sie halten ihr Gegenüber für böse und im Unrecht. Aber der Frieden hat mit Liebe nichts zu tun, nicht einmal mit Glück. Friede heißt, seinen verdammten Nachbarn am Leben zu lassen.«
Ich stelle das halbleere Weinglas ab und schenke mir einen Schluck Wasser ein. Ich wünschte, das Haus würde die Initiative ergreifen

und etwas sagen, mir einen Hinweis liefern, einen Tipp – wem es gehört, wen es lieber mag. Aber das Haus antwortet nicht. Es stellt Fragen.

»Was willst du von mir?«, fragt es.

Ich antworte, ohne nachzudenken. »Ich möchte, dass du dich mit Mrs. Blintzkrieg unterhältst. Sie soll mich in Ruhe lassen.«

Es klingt lächerlich, aber seit meiner Israelreise fühle ich mich von Mrs. Blintzkriegs Stimme verfolgt. Je mehr ich anzweifle, was ich als Kind gelernt habe, desto lauter tönt Mrs. Blintzkriegs Kommentar. Manchmal bilde ich mir sogar ein, sie zu sehen: im Theater, bei einem Jazzkonzert, im Café.

»Blintzkrieg kann man nicht zum Schweigen bringen«, sagt das Haus. »Du musst einen Weg finden, mit ihr umzugehen.«

Wahrscheinlich hat das Haus Recht. Aber wie soll ich mit Mrs. Blintzkrieg reden? Ich bin dreiunddreißig Jahre alt, habe sie seit zwanzig Jahren nicht mehr gesehen und immer noch Angst vor ihr. Sie ist stets präsent, um mich an mein Unwissen zu erinnern, mich damit aufzuziehen und bloßzustellen. Plötzlich werde ich unbeschreiblich müde. Ich lasse mich aufs Sofa sinken. Ich habe das Gefühl, neben dem Haus zu sitzen; als könnte ein Haus sich setzen! Jemand tätschelt meinen Kopf. Das tut gut, ich habe das Gefühl, mich zum ersten Mal seit Jahren richtig zu entspannen. Ich schließe die Augen und schlafe ein.

Ich werde von Stimmengewirr geweckt. Ich werfe einen Blick auf die Uhr und versuche, mich zu erinnern, wann ich hereingekommen bin, um die Toilette zu benutzen. Ich trete auf die Veranda, wo Shimon, seine Frau Dina und seine Tochter Niri sitzen. Sie machen sich über mich lustig, wollen wissen, ob ich gut geschlafen habe. Shimon redet mit mir wie ein Zaida und lädt mich ein, ihn zum Sabbatabend in die Synagoge zu begleiten. Dina drängt mich, zum Essen zu bleiben, es gibt Couscous, Lamm und Feigen. Köstlich. Ich erkläre, dass ich in Tel Aviv mit einer Freundin verabredet bin und lehne dankend, aber nicht ohne Bedauern ab. Ich mag Shimon und hätte den Sabbat gern in seinem Haus verbracht.

»Komm jederzeit wieder«, sagt er.

Auf dem Rückweg gehe ich bei Abu Dalo vorbei. Ich stehe auf

der Straße vor dem Tor und klingle. Seine Frau meldet sich. »Ist Abu Dalo zu Hause?«
»Geh weg«, sagt sie, ohne nach meinem Namen zu fragen. Ich beschließe, ein andermal wiederzukommen, als plötzlich das Tor aufgeht und Hassan Abu Dalo persönlich und mit leimverschmierten Händen vor mir steht.
»Was willst du?«, fragt er.
»Können Sie sich an mich erinnern?«
»Ist es fertig?«
»Was?«
»Richard Gere.«
Ich sage, ja, das Stück sei so gut wie fertig, ich hätte nur noch ein paar Fragen.
»Komm ein andermal wieder. Ich habe zu tun.« Ich möchte ein Datum mit ihm ausmachen, eine Uhrzeit, irgendwas. »Ruf mich an«, sagt er und knallt mir das Tor vor der Nase zu. Ich habe seine Telefonnummer nicht.

Im Minibus nach Tel Aviv werde ich nüchtern und versuche, mir einen Reim auf die Dinge zu machen. Ich starre auf die Autobahn; ein Strom aus Autos, alle wollen vor Einbruch der Dunkelheit zu Hause sein. Das Brummen und Rattern lullt mich ein. Was ist das für ein Haus? Einerseits ist es ganz normal, es wird von Menschen bewohnt, die versuchen, das Beste aus ihrem Leben zu machen. Shimon ist grantig und alt (und manchmal betrunken). Er streitet mit der ihm seit sechzig Jahren angetrauten Frau. Er hat seine Fotos, sein Weinversteck und eine Schatzkiste voller Andenken, die nur für ihn von Wert sind.
Dann wiederum ist das Haus eine einmalige Ausnahme, ein Aussetzer in der Geschichte Israels. Abu Dalo, Ketter und Shimon sind sich im Grunde einig. Alle haben gesagt, es gäbe in ganz Qatamon und Mekor Chayim keine zweite palästinensische Familie. Die Abu Dalos flohen nach Beit Safafa, kehrten zurück und bekamen vom Staat das Haus zugesprochen. Warum? Ist anderswo in Israel etwas Ähnliches passiert? Ich will es herausfinden.
Die Frage führt mich nach Tel Aviv zu Eytan Bronstein, israelischer Jude und Gründer der Gruppe Zochrot, »Erinnern«. Vor meiner

Reise habe ich per E-Mail Kontakt zu ihm aufgenommen. Er ist einer jener Brückenbauer, mit denen ich sprechen will. Ich möchte ihn zu seiner Arbeit befragen und hören, welche Visionen er für den Frieden hat. Außerdem hoffe ich, die Geschichte des Hauses mit seiner Hilfe zu verstehen.

Kapitel 35

Eytans Geschichte begann im Canada Park. Er hatte ein Schild mit der Aufschrift »Willkommen im Dorfzentrum« gebastelt, es laminiert und auf den Überresten des Ortes Yalu errichtet. Das Schild informierte über die Bevölkerungsdichte, über die Zahl der Moscheen und Schulen und über den aktuellen Aufenthaltsort der früheren Bewohner. Eytan bastelte zwei weitere Schilder und stellte sie auf den ehemaligen Friedhöfen von Yalu und Imwas auf. Er verteilte Flugblätter mit seiner Telefonnummer.

Wenige Tage später wurden die Schilder abgerissen, Eytan bekam einen Anruf vom Jüdischen Nationalfonds. Der Mitarbeiter verlangte zu wissen, warum Eytan jene Schilder aufgestellt habe. Eytan erklärte, er wolle die Parkbesucher darüber aufklären, was sich früher auf dem Gelände befunden habe. Der Mitarbeiter sagte Eytan, seine Schilder seien illegal. Eytan sagte: »Na und? Sind doch nur Schilder.« Der Mitarbeiter machte sich Sorgen, Eytans Schilder könnten zu politisch sein; der Jüdische Nationalfonds wolle sich nicht in die Politik einmischen. Eytan wunderte sich laut darüber, dass man Ruhebänke, Wanderwege und Wasserquellen über den Ruinen eines Palästinenserdorfes errichten und das Ganze als unpolitisch bezeichnen dürfe, während ein Schild, das auf einen Friedhof hinweise, politisch sei. Der Mitarbeiter sagte, Eytan müsse sich, wolle er weiterhin Schilder aufstellen, eine Genehmigung besorgen.

Genau das tat Eytan. Am Ende landete die Sache vor dem Obersten Gerichtshof. Nach einem Jahr gewann Eytan den Prozess, und der JNF erklärte sich bereit, im Canada Park ein Schild mit folgender Aufschrift aufzustellen: »Im Dorf Imwas lebten zweitausend Menschen, im Dorf Yalu waren es eintausendsiebenhundert. Heute wohnen sie in Ramallah und Jordanien.« Keine Erwähnung fand der Umstand, dass die israelische Armee im Sechstagekrieg unter dem Kommando von Jitzchak Rabin auf dem fraglichen Grund drei palästinensische Dörfer dem Erdboden gleichgemacht hatte, obwohl die Dorfbewohner keinen Widerstand leisteten. Kein Sterbenswort darüber, dass die Dorfbewohner mit Waffengewalt gezwungen wurden, den langen Marsch nach Ramallah und weiter anzutreten; kein Kommentar dazu, dass der JNF auf den Ruinen der zerstörten Dörfer eine Grünfläche namens Canada Park anlegte – von dem Geld wohlhabender Spender aus Toronto. Eytan war dennoch zufrieden: Er hatte sich das Recht erstritten, seine Schilder aufstellen zu dürfen. Und weitete seinen Aktionsradius aus. Er gründete die Organisation Zochrot und machte es sich zur Aufgabe, Schilder aufzustellen, wo immer palästinensische Dörfer zerstört und von der Landkarte getilgt worden waren.

Das beengte Büro von Zochrot befindet sich unweit des Jitzchak-Rabin-Platzes in Tel Aviv. Eytan erinnert mich an Jacob. Sein Handschlag ist kräftig, sein Blick durchdringend. Er hat breite Schultern und kurzgeschorenes Haar; er sieht aus wie ein Soldat, nicht wie der schmächtige Pazifist, als den ich ihn mir vorgestellt hatte.
Unser Gespräch verläuft zunächst gezwungen. Ich habe das Gefühl, nicht mehr erzählt zu bekommen als die Infos, die auf der Webseite nachzulesen sind, mit einer Ausnahme: Eines der beiden Schilder, die der Nationalfonds auf Geheiß des Obersten Gerichts dauerhaft installieren musste – fest im Boden verankert, sagt Eytan –, ist auf mysteriöse Weise verschwunden. Auf dem anderen wurden die Namen der Dörfer mit Sprühfarbe unkenntlich gemacht. (Auf dem Schild steht auch, dass an dem Ort einst ottomanische, römische und byzantinische Siedlungen existierten. Diese Angaben wurden nicht übersprüht.) Eytan sagt: »Daran kann man sehen, wie wichtig die Geschichte in den Augen der meisten Israelis ist. Sie *berührt* die Leute. Die Schilder setzen ein starkes Zeichen.«
Als Eytan mich fragt, warum ich so interessiert sei, erzähle ich ihm, dass ich den Canada Park aus Kindertagen kenne. Damit hat er nicht gerechnet. »Wie meinst du das?«, fragt er. Ich erkläre, dass der Canada Park früher der Stolz der Bialik war. *Seht, was eure Spenden bewirken*, lautete die Botschaft der Lehrerinnen an

uns. *Sie verwandeln die Wüste in einen wunderschönen Picknickplatz. Kanadische Waldruhe mitten in der Wildnis von Eretz Yisrael.*
Eytan ist überrascht. »Dann kennst du den Park?«
»Ich war noch nie dort, aber ich kenne die Fotos.«
»Dann bist du … wow. Du kennst ihn aus der Schule.«
Schockiert sieht er mich an, so als wollte er sagen: »Wir stehen in Beziehung zueinander, du und ich, nicht wahr?« Oder: »Es gibt euch tatsächlich … die Diaspora-Juden … und ihr spielt eine Rolle in diesem Stück.« Stattdessen sagt er nur: »Wie interessant. Vielleicht kannst du mir nach unserem Gespräch bei etwas behilflich sein?«

Die immer noch andauernde Debatte um den Canada Park bringt uns auf das »Warum« von Eytans Geschichte. Auf seine Beweggründe, Zochrot zu gründen. Eytan wuchs in ähnlichen Verhältnissen wie ich auf. Er lernte, dass im Jahr 1948 auf wundersame Weise ein Sieg errungen wurde. Sieben arabische Staaten griffen an, aber Israel ging als Sieger aus dem Krieg hervor. Obwohl an dieser Geschichte etwas dran ist, verschwieg man uns die Kehrseite der Medaille: die Flüchtlinge. Findet die Massenflucht überhaupt Erwähnung, wird sie damit begründet, die arabischen Angreifer hätten die Palästinenser aufgefordert, das Land zu verlassen, bevor der Angriff auf die Juden erfolge. Mit anderen Worten: Israel hat beim Auszug der Palästinenser, bei der Enteignung und Vertreibung von über siebenhunderttausend Menschen keine Rolle gespielt. Eytan sagt: »Die Nakba ist die Kehrseite der Medaille. Der Tod Palästinas ist eine historische Wahrheit, ebenso wie die Geburt Israels. Wir Israelis hatten bei diesem Tod sehr wohl unsere Hände im Spiel. Und diese Tatsache ist bis heute Teil des jüdischen und israelischen Bewusstseins.«
Eytan will mehr, als Schuld zuzuweisen. Er möchte das israelische Bildungssystem ändern. Die Bialik hat mir Feindbilder vermittelt und mich gelehrt, das Unbekannte zu fürchten. Eytan setzt sich für eine andere Lösung ein. Er ist der Ansicht, Bildung könne Barrieren überwinden und uns dazu anspornen, neue Perspektiven einzunehmen. Mitgefühl zu entwickeln.
Eytan sagt, Zochrot wolle mehr erreichen, als die Israelis weiterzubilden. »Ich interessiere mich für Landschaftsgestaltung. Der

Canada Park ist interessant, weil er ein drastisches Beispiel für den Umbau einer Landschaft ist. Der Park hat viele Besucher. Es ist schön da, es gibt einen Picknickplatz und so weiter. Aber es geht hier nicht bloß um Erholung. Die Geschichte des Ortes wird auf unzähligen Schildern vermittelt. Beeindruckende Schautafeln erzählen von der jüdischen, römischen und byzantinischen Vergangenheit, aber die Jahrhunderte palästinensischen Lebens werden unterschlagen. Wenn man genau hinschaut, kann man in den Wäldern noch die Ruinen erkennen. Auf dem Friedhof gibt es arabisch beschriftete Gräber.« Als Eytan das erste Schild aufstellte, lehnte er sich gegen die Geschichtsschreibung auf, die er aus der Schule kannte.

Ich frage mich, wie viele Unterstützer Zochrot in Israel hat. Wer hat schon Lust, sich mit dem hässlichen Erbe seines Heimatlandes auseinanderzusetzen? Gibt es in Nordamerika Schilder, die auf die vertriebenen Indianervölker hinweisen? Es ist viel bequemer zu sagen: »Vergangen ist vergangen. Vergiss es. Das Leben ist anstrengend genug.« In Israel ist die Lage umso komplizierter, als die historischen Tatsachen umstritten sind. Über die Rolle Israels bei der Nakba herrscht kein Konsens. Obwohl die »Neuen Historiker« wie Benny Morris und Ilan Pappe Israels Rolle bei den Massakern in Deir Jassin und Dawayima ausführlich beschrieben haben, sind viele Israelis nicht in der Lage, sich anders als in der Opferrolle zu sehen. Die Geschichte hat es uns eingebrannt: Der Hass auf die Erwählten ist in den Köpfen der Nichtjuden auf ewig verankert.

Eytan sagt, für die Israelis sei es immer noch tabu, über die Nakba zu sprechen. Und dennoch berühre sie das Thema zutiefst. Wie sonst ließen sich die zerstörten Schilder im Canada Park erklären? Eytan berichtet auch, dass die Veranstaltungen von Zochrot immer größeren Zulauf fänden. »Manche Besucher stimmen mit unserer Ideologie nicht ganz überein, sind aber sehr interessiert daran, zu erfahren, was damals geschah. So wie du es nicht gewusst hast, wissen es viele Israelis nicht.« Er zeigt aus dem Fenster, Richtung Norden. »Keine fünfhundert Meter von hier kann man die Überreste eines palästinensischen Dorfes besichtigen. Es liegt an der Ibn Gvirol, ganz in der Nähe der Arlozorov Street. Es heißt

Sumol. Man steigt vom Gehweg aus ein paar Treppenstufen hoch und findet sich plötzlich in einem Dorf wieder. Du siehst sofort, dass diese Häuser seit Ewigkeiten hier stehen. Aber wen interessiert's? Die zionistische Haltung verlangt, diesen Teil der Geschichte zu ignorieren. Zochrot ist der Versuch, durch Bewahren und Erinnern ein neues Bewusstsein zu schaffen. Ich glaube, dieser Prozess ist wichtig für unser Land. Er macht uns zu besseren, friedliebenderen Menschen.«

Ich sehe ein, dass es wichtig ist, Israels Rolle als Mitverursacher des Flüchtlingsproblems anzuerkennen, wenn man zu einer Einigung zwischen Israelis und Palästinensern gelangen möchte. Aber sehr weit bringt es einen nicht. Immerhin geht es hier um Besitzansprüche. Hunderttausende Menschen wurden aus ihren Häusern vertrieben, nun wollen sie und ihre Nachkommen zurückkehren. Die Sehnsucht hat nicht nachgelassen, sie lebt in den Flüchtlingslagern von Qalandia, Dschenin und Dschabalija weiter. »Wie soll es weitergehen?«, frage ich.

Eytan sagt: »Die Leute sollten ihre Häuser zurückbekommen.«

»Aber inzwischen gibt es über vier Millionen Flüchtlinge. Ihr wohnt in deren Häusern!«

»Nicht alle werden zurückkehren. Man sollte es ihnen erlauben. Wäre das nicht fair?« Mit anderen Worten: Eytan glaubt, es sollte für alle Palästinenser ein Recht auf Rückkehr geben.

Das Rückkehrrecht basiert auf der UN-Resolution 194, die fordert, dass es jedem palästinensischen Flüchtling und seinen Nachkommen erlaubt werden sollte, in die 1948 im Krieg verlorenen Häuser zurückzukehren. Wurden die Häuser zerstört, besteht Anspruch auf Entschädigung. Das Rückkehrrecht ist eines der größten Hindernisse im nahöstlichen Friedensprozess; hauptsächlich aus diesem Grund lehnte Arafat im Jahr 2000 Ehud Baraks Angebot ab. Für die meisten Israelis kommt es gar nicht in Frage, den Palästinensern die Heimkehr zu erlauben. Eytan sieht das anders.

»Als wir Zochrot gründeten, wollten wir mehr über die Nakba erfahren, wir wollten darüber sprechen und eine Debatte über das Flüchtlingsproblem anstoßen. Aber sobald wir die Einzelschicksale der Flüchtlinge erfuhren, sahen wir uns praktisch gezwungen, Stellung zu beziehen. Ganz besonders im Fall der internen Flüchtlinge.« Eytan erinnert mich daran, dass jene Palästinenser als interne Flüchtlinge gelten, die nach der Staatsgründung im Lande blieben, offiziell aber als abwesend galten. Sie waren in der damaligen Rhetorik »anwesende Abwesende«. Der Staat konfiszierte ihr Land. Heute sind fünfundzwanzig Prozent der Palästinenser in Israel interne Flüchtlinge. Eytan fragt: »Wo liegt das Problem, wenn sie bereits im Land sind? Die Behauptung, wir dürften die Palästinenser nicht zurückkehren lassen, weil sie uns ins Meer treiben wollen, ist ein Mythos. Warum dürfen sie nicht in ihre Häuser zurück, wo sie doch schon hier sind?«

Ich weiß, warum nicht. Es ist die alte Argumentation, die ich als Kind gelernt und an die ich stets geglaubt habe: Wenn Israel nicht mehrheitlich von Juden bewohnt wird, verliert es seinen jüdischen Charakter. Das ergibt Sinn. Wir hatten es satt, immerzu die verfolgte Minderheit zu sein, wieder und wieder am Abgrund zu stehen; wir wollten unseren eigenen Staat, wir wollten selbst über unser Schicksal bestimmen. Und doch hat Eytan nicht Unrecht. Juden aus Sibirien und Assam zu importieren, um der steigenden Geburtenrate der Palästinenser etwas entgegenzusetzen, ist absurd. Während Millionen Menschen in Flüchtlingslagern im wahrsten Wortsinn dafür sterben würden, wieder in die alten Häuser zurückkehren zu dürfen, wäre es mir problemlos möglich, die israelische Staatsbürgerschaft zu bekommen – Flugticket von Kanada nach Tel Aviv inklusive.

»Wurde je irgendwem die Rückkehr erlaubt?«, frage ich.

»Vor über fünfzig Jahren entschied ein Gericht, die Bewohner von Ikrit und Biram [zwei Dörfern in Galiläa] dürften in ihre Häuser zurück. Das Militär hat ihnen die Heimkehr jedoch nie gestattet, aus ›Sicherheitsgründen‹. Der Staat verweigert ihnen bis heute die Rückkehr. Jeder weiß, dass die Gerichte sich vor dem Präzedenzfall fürchten. Wenn einer zurückkehren darf, was ist dann mit den anderen?«

»Dann ist bis heute niemand heimgekehrt?«

»Nicht, soweit ich informiert bin«, sagt Eytan.

Ich rutsche auf meinem Platz herum. Warum soll ich es ihm nicht erzählen? »Ich glaube, ich weiß von einem Fall«, sage ich.

Ich schildere ihm die Geschichte von Abu Dalo, Shimon und dem Haus.
Als ich erzähle, wie ich nach der richtigen Adresse gesucht habe, von Ketter und dem Marsch über die Bahngleise, sagt Eytan: »Klingt wie eine Geschichte aus einer anderen Welt.« Er trommelt mit dem Stift auf die Tischplatte. »Du willst sagen, der Staat hat Abu Dalo das Grundstück weggenommen und später zurückgegeben?«
»Ja.«
»Dann wäre das ein Beispiel für angewandtes Rückkehrrecht.«

Bevor ich gehe, muss ich Eytan versprechen, ihm das Haus zu zeigen. Er möchte Abu Dalo und Shimon interviewen und ihre Geschichte festhalten. Dann bittet er mich um einen weiteren Gefallen: Ich soll ihm bei der Formulierung eines Briefes an die Geldgeber des Canada Park helfen. Er möchte sie über die Verwendung ihrer Spenden aufklären. Er reicht mir eine Namensliste. Mir wird sofort schwindelig, ich fürchte umzukippen. Aus dem Augenwinkel sehe ich eine kleine, ältere Frau auf einmal neben mir sitzen. Eben war sie noch nicht da. Ich drehe mich um und erkenne Mrs. Blintzkrieg. Ihr Haar ist pechschwarz gefärbt. Sie hat dunkle Ringe unter den Augen.

MRS. BLINTZKRIEG: Schalom, du siehst nicht gut aus.
ICH: Ich kenne diese Namen. Das waren unsere Nachbarn.
MRS. B.: Genau. Du mäkelst an deinen Nachbarn herum. Wozu?
ICH: Mit ihrem Geld wurde ein muslimischer Friedhof bepflanzt.
MRS. B.: Warst du dort? Hast du es selbst gesehen?
ICH: Nein.
MRS. B.: Dann zieh keine voreiligen Schlüsse.
ICH: Sollten die Leute nicht erfahren, wozu ihr Geld verwendet wurde?
MRS. B.: Wer bist du? Cat Stevens? Es gab Krieg, es gab Verlierer. Zum Glück waren das nicht wir.
ICH: Diese Leute waren Zivilisten, keine Soldaten.
MRS. B.: Du redest so, weil du dich gleich mit deiner palästinensischen Freundin triffst.
ICH: Nein!

MRS. B.: Du willst sie beeindrucken. Wie durchschaubar, Garfinkel. Na schön. Schreib den Brief. Mach uns auf unsere Fehler aufmerksam. Selbsthassender Jude.

»Ich bin eigentlich nur gekommen, um mich zu informieren«, möchte ich zu Eytan sagen, als er seinen Computer nach der Rohfassung des Briefes durchsucht. Ich möchte sagen: »Vielleicht solltest du dir von jemand anderem helfen lassen. Ehrlich gesagt, bin ich nicht so politisch wie du.« Ich sehe mein Gesicht im beigen Kunststoffrahmen des Computermonitors. Ich denke: Wie weit würde ich für meine Überzeugung gehen? Ist ein Gedanke von Bedeutung, wenn er nicht in Taten mündet? Ich spüre Mrs. Blintzkriegs Blick in meinem Rücken, aber als ich mich umdrehe und meine Jacke anziehe, ist sie nicht mehr da.

Kapitel 36

Auf dem Weg hierher habe ich mich mindestens viermal verfahren. Es gibt Ausfahrtsschilder für Tiberius, Nazareth, Haifa und Akko, aber das Hinweisschild für Ranas Dorf entdeckt man erst, wenn man da ist. Wenn man den hebräischen Schriftzug *Tamra* sieht, muss man das Steuer herumreißen, um in der irren Haarnadelkurve nicht im Gegenverkehr zu landen.

Ich bin aufgekratzt von zu viel Koffein und der langen Autofahrt, eine willkommene Abwechslung nach dem Kater, den mir Shimons Sirupwein eingebracht hat. Es ist acht Uhr am Vorabend des Sabbat, der erste Tag von Chanukka, und ich stehe an einer baufälligen Tankstelle. Ich habe Rana seit Monaten nicht gesehen und küsse sie förmlich auf beide Wangen. Ranas Vater steht rauchend neben der Zapfsäule und hat beide Hände in den Taschen seines blauen Inter-Mailand-Kapuzenpullis vergraben. Er beobachtet mich aufmerksam.

»Willkommen in Tamra«, sagt er auf Hebräisch. Er schüttelt meine Hand und sieht mir fest in die Augen. »Fahr mir nach.«

Ich bin nervös, rede mir aber ein, dass ich nichts zu befürchten habe. Immerhin habe ich Ramallah und Qalandia überlebt. Tamra liegt nicht einmal im Westjordanland. Es gibt keine Kontrollpunkte und keine Durchsuchungen zu fürchten. Und doch geht es in Tamra wie in einer anderen Welt zu. Die Straßen sind holprig, das Laternenlicht ist trüb. In der Dunkelheit ruft eine Stimme zum Gebet.

Trotz meiner Nervosität bin ich voller Vorfreude. Ich werde Ranas Familie kennenlernen. Ich möchte sie und ihren Blickwinkel besser verstehen, und wie sie zu dem Menschen wurde, der sie heute ist. Wie leben Palästinenser in Israel, welche Hoffnung haben sie auf Frieden?

Ich sage mir, dass alles gut wird. Immerhin haben sie und ihr Vater mich am Ortseingang begrüßt. Das ist wohl die vielgerühmte arabische Gastfreundschaft. Bald jedoch merke ich, dass unser Treffen im Neonlicht der Tankstelle einen praktischen Hintergrund hatte. Die Straßen von Tamra sind nicht beschildert, es gibt auch keine Hausnummern. Während wir an baufälligen Häusern vorbeirollen, erklärt mir Rana die Architektur der palästinensisch-muslimischen Städte. Die Stadtplanung – oder das Fehlen einer solchen – macht alles etwas komplizierter.

Sie erzählt, 1948 hätten in Tamra zwei- bis dreitausend Menschen gelebt. Als die umliegenden Dörfer von der israelischen Armee zerstört wurden, strömten Tausende von Flüchtlingen hierher. Ein Drittel der Bevölkerung stellen die internen Flüchtlinge; insgesamt leben hier über fünfundzwanzigtausend Menschen, Tendenz steigend. Weil es für einen Palästinenser so schwierig ist, in Israel ein Grundstück zu erwerben, sind die Leute gezwungen, Häuser aufzustocken oder anzubauen, oftmals ohne Genehmigung.

Die Hauptstraße ist nur spärlich beleuchtet, ich kann kaum etwas erkennen. Wir biegen nach rechts in die Finsternis ab und fahren auf einer steilen Straße bergauf, weiter und weiter. Oben auf dem Hügel soll ich parken. Ich sehe ein beleuchtetes Fenster, höre Stimmengewirr.

Ranas Vater sitzt neben mir auf dem hufeisenförmigen Sofa. Er will mich testen. Ich soll von einem Zettel ablesen. Die Schriftzeichen sind hebräisch – er will herausfinden, ob es stimmt. Ob der Kanadier tatsächlich die Sprache Israels beherrscht. Ich lese der anwesenden Familie, etwa zwölf Personen, laut vor (Ranas Schwester Zainab erklärt, dass sie in Tamra etwa sechstausend Verwandte hätten; Ranas Clan oder *hamula* ist einer von vieren in der Stadt). Auf dem Papier steht, dass Ranas Vater bis zum Soundsovielten eine Rechnung bezahlen soll. Ich komme mir vor wie ein Drittklässler bei einer Lese- und Verständnisprüfung. Aber Ranas Vater ist beeindruckt.

»Warum Hebräisch?«, fragt er.

Die Frage kommt mir albern vor, aber aus seiner Perspektive scheint sie berechtigt. Spricht man in Kanada nicht Englisch und Französisch? Ich erkläre, dass ich im Alltag kein Hebräisch spreche.

Ranas Vater ist noch verblüffter. Dann erzähle ich, dass meine Eltern keine überzeugten Zionisten waren, sondern lediglich wollten, dass ihr Sohn an einer säkularen Schule eine jüdische Erziehung bekommt. Es gab nur wenige Schulen zur Auswahl, die Bialik schien eine gute Wahl zu sein.
Ich möchte mich erklären, rutsche in die Defensive ab. Ich berichte, dass die Gebete nicht zum Schulalltag gehörten, dass der Unterrichtsschwerpunkt im Fach Geschichte lag und die Lehrmethoden fragwürdig waren. Ich spüre einen bohrenden Blick im Nacken. Ich drehe mich um und sehe Mrs. Blintzkrieg in der Tür stehen.

MRS. BLINTZKRIEG: Gut gemacht, Schalom. Das nenne ich gute PR! Hat dir eigentlich irgendwas an der Bialik gefallen?
ICH: Klar, äh, Sie haben mir beigebracht, mich anzustrengen.
MRS. B.: Dann hast du nichts gelernt, als zu gehorchen?
ICH: Das habe ich nicht gesagt.
MRS. B.: Was hast du gelernt?

Ich merke, wie mich alle anstarren und warten, dass ich weiterspreche. Ich weiß nicht, was ich sagen soll. Ich finde keine Worte. Die Bialik hat mich stark geprägt. Ich schätze nicht nur die Disziplin, die uns dort beigebracht wurde, sondern auch die Leidenschaft, mit der wir lernten. Wie wir beim Theaterspielen zu Helden mutierten. Wie uns ein Buch zur Offenbarung wurde. Was wir sangen, glaubten und schrieben, bedeutete uns die Welt. Als ich vierzehn war, wollte ich unbedingt weg von der Bialik. Aber seit meinem Abschied sehne ich mich nach der Zielstrebigkeit von damals.
Weil ich nicht reagiere, kehren sie zum Familiengespräch zurück. Ob ich Zionist bin oder nicht, gläubig oder ungläubig, scheint keinen zu interessieren. Dann wiederum verstehe ich kein Wort von dem, was sie sagen, sobald das Gespräch vom Hebräischen ins Arabische rutscht. Ich bin nach Tamra gekommen, um Rana und ihre Familie kennenzulernen, aber nun sind *sie* es, die *mich* kennenlernen. Ich schaue zur Tür. Mrs. Blintzkrieg sieht mich ungläubig an und schüttelt den Kopf.

Nach dem üppigen Abendessen zeigt mir Rana den höchsten Punkt von Tamra. Es ist Mitternacht, als wir am Hang parken. Über dem Mittelmeer steht ein Halbmond, in der Ferne schimmert Haifa. Die Luft riecht nach Salbei und Minze. Für einen Moment vergesse ich, dass wir in einem übervölkerten Städtchen sind, einem Ghetto in den Bergen. Ich habe einen Augenblick des Friedens gefunden, eine Oase am Berghang mit wunderschönem Meerblick. Weiter oberhalb haben Jugendliche ihren Pick-up geparkt und dröhnen sich mit Gras und Whisky zu. Aus den Boxen schallt arabischer Techno. Rana und ich bleiben im Auto sitzen und rauchen dünne, billige Zigaretten. In Tamra gehört es sich für eine Frau nicht, öffentlich zu rauchen.

»Hier aufzuwachsen, war wie in einer Blase zu leben.«

»Wie meinst du das?«

Sie zeigt auf die Lichter am Ufer. »Einmal gingen wir in Haifa ins Schwimmbad, da war ich neun. Ich habe mit einem Jungen gespielt. Plötzlich hat er sich zu mir umgedreht und gesagt: ›Hau ab, du dreckige Araberin.‹ So was hatte ich noch nie gehört. Als ich meinem Vater davon berichtete, sagte er: ›Vergiss es.‹ Und sobald wir wieder hier oben waren, vergaß ich tatsächlich. Tamra und meine Familie haben mich alles vergessen lassen.«

»Du hast Glück gehabt, so viel Unterstützung zu erfahren.«

»Damals wusste ich nicht, wer ich bin.«

»Du meinst, dass du Palästinenserin bist?«

»Ja.«

»Was ist dann passiert?«

»Ich bin weggezogen.«

Im Alter von achtzehn Jahren ging Rana nach Jerusalem. Im selben Jahr verließ sie Israel zum ersten Mal, um im Sinai Urlaub zu machen. »Zum ersten Mal begegnete ich Arabern, die keine Israelis waren. Es war seltsam – sie nannten mich eine Palästinenserin. Ich fühlte mich unwohl. Warum nannte man mich so? Ich hatte schon kapiert, dass ich palästinensische Verwandte hatte. Sie lebten im Westjordanland, in Gaza, in Syrien und im Libanon. Ich kannte sie nicht. Ich hatte von der ersten Intifada gehört, aber keine Steine geworfen. Ich hielt die Palästinenser für Helden. Für Kämpfer. Und wer war ich?

Als ich in Ägypten im Hotel eincheckte, fragte mich der Mann hinterm Tresen nach meiner Nationalität. ›Palästinensisch‹, antwortete ich, ohne nachzudenken. Später zog mich der Israeli, der hinter mir in der Warteschlange gestanden hatte, beiseite, und sagte: ›Wie kannst du es wagen, dich so zu nennen? Weißt du überhaupt, wie gut du es bei uns hast? Du solltest stolz darauf sein, Israelin zu sein!‹«
»Wie hast du reagiert?«
»Ich bin knallrot geworden. Ich wusste nichts zu entgegnen. Ich fühlte mich schuldig, so als hätte ich den Mann verraten. Vermutlich geht es jedem so, der zum ersten Mal seine Herkunft hinterfragt.«
Ah, der Blintzkrieg-Komplex! Das Schlimmste ist, dass sie mir bei jeder Frage, die ich zu Israel stelle, das Gefühl gibt, einen Verrat zu begehen; wer einen kritischen Gedanken äußert, ist entweder Nazi oder Terrorist. Die Blintzkrieg in meinem Kopf: »Was weißt du denn, du Ausländer, du Diasporajude?! Während wir durchhalten und deinen Krieg ausfechten – ja, die Kriege hier in Israel gewinnen wir für alle Juden dieser Welt –, lehnst du dich zurück und kritisierst uns. Du bist der typische, verwöhnte, nordamerikanische Liberale.«
Ich höre Mrs. Blintzkriegs Stimme, aber ich weiß noch, was ich im Sinai erfahren habe: Man darf sein schlechtes Gewissen nicht betäuben, nur um sich der Gruppe anzupassen. Immer mehr Israelis und Juden haben mit der Aussage »Wer nicht für uns ist, ist gegen uns« zu kämpfen. Eytan zum Beispiel. Er war ein vorbildlicher Soldat. Aber als die Armee 1982 in den Libanon einmarschierte, kam ihm der Grund zu kämpfen abhanden. Er fand es moralisch inakzeptabel und ging für seine Überzeugung ins Gefängnis.
Ranas Biografie ist anders als meine oder Eytans, aber ich stelle überrascht fest, wie schwer es ihr fällt, Israel zu kritisieren. Allein sich Palästinenserin zu nennen, stürzte sie in eine existenzielle Krise. Es war eine Art Rebellion, gleichzeitig wollte sie herausfinden, was es bedeute, woran sie glaube. »Als ich dem Israeli nichts entgegensetzen konnte, wusste ich, dass ich mich informieren musste. In Jerusalem habe ich mich B'Tselem angeschlossen [einer israelischen Organisation, die sich für die Einhaltung der Menschenrechte in den besetzten Gebieten einsetzt]. Ich habe demonstriert. Ich habe

viel gelesen. Und sobald ich mich informierte, sah ich die Welt in einem anderen Licht. Ich erkannte, dass ich niemals Israelin sein würde. Zwar steht es in meinem Pass, aber das ist Unsinn. Um als Palästinenser in Israel zu überleben, muss man eine bestimmte Rolle spielen. Zum Beispiel sollte man in der Öffentlichkeit nicht Arabisch sprechen. Irgendwann hatte ich auf das Theater keine Lust mehr. Deswegen bin ich gegangen.«

Den nächsten Tag verbringen wir auf der Veranda. Unablässig kommen Verwandte und Bekannte vorbei – wie an jedem Tag, erklärt Rana –, um Unmengen Kaffee zu trinken und den neuesten Klatsch auszutauschen. Anwar, ein örtlicher Stadtplaner, der gerade am Haifa Technion seinen Doktor macht, ist als interner Flüchtling in Tamra aufgewachsen, nachdem seine Familie nach 1948 aus einem benachbarten Dorf vertrieben wurde. Er hält mir einen Vortrag und zeigt mir von der Veranda aus sein Tamra.
»Im Norden liegt der Steinbruch, den die Juden betreiben. Im Süden die Siedlung. Im Westen die Autobahn. Im Osten hat der JNF über den Ruinen eines Dorfes einen Wald angepflanzt. Wegen der Kiefern dort«, sagt er und zeigt auf den weit entfernten Hügel, »lässt sich auf dem Land nichts mehr anbauen. Der JNF wird dir erzählen, Israel sei auf die Bäume angewiesen, da sie lebensnotwendigen Sauerstoff produzierten. In Wahrheit tun die Bäume hier nichts Gutes.« Er erklärt mir das alte ottomanische Gesetz, demzufolge die Regierung jedes Stück Ackerland beschlagnahmen darf, dass für einen bestimmten Zeitraum brach liegt. Der Nationalfonds beobachtet genau, welches Land bestellt wird, um den Besitzer gegebenenfalls zu enteignen. (Ähnliches schreibt Susan Nathan in ihrem Buch *Sie schenkten mir Dornen.*) Das Land wird anschließend an einen Kibbuz oder Moschaw verpachtet oder mit Bäumen bepflanzt. Oftmals wird ein Acker nur deswegen nicht genutzt, weil es den palästinensischen Bauern an der nötigen Infrastruktur – Wasser, Elektrizität, Zufahrtswege – fehlt. Das »ungenutzte« Land wird »zurückgenommen« und in jüdisches Eigentum verwandelt.
»Wir werden zu Kriminellen, bloß weil wir überleben wollen«, sagt Anwar über die vielen illegalen Baustellen in Tamra. »Ist es ein Wunder, dass sich die Leute der Religion zuwenden? Wenn

einem nichts mehr bleibt, streckt man die Hand nach dem letzten Strohhalm aus, egal, wie dünn er ist.«
Mir ist nicht wohl dabei, diese Geschichten zu hören. Am liebsten würde ich sie als Propaganda abtun. Immer mehr Bewohner von Tamra verraten mir ihre Sorgen (und ihre Geheimnisse; einer flüstert mir zu, die nächste Intifada werde nicht im Westjordanland, sondern in Israel ihren Anfang nehmen). Ihre Aussagen sind ein Hilferuf. Hör uns an, wollen sie sagen. Selbst wenn nur die Hälfte stimmt, muss ich mich fragen: »Warum?« Warum enthält der Staat einer Stadt wie Tamra eine ordentliche Kanalisation vor? Warum gibt es für fünfundzwanzigtausend Menschen keine richtige Müllabfuhr? Warum gibt es keinen einzigen Park oder Kinderspielplatz? Was hat all das mit der Errichtung des jüdischen Staates zu tun?
Anwar sagt: »Die Mächtigen haben es so eingerichtet, dass wir, die Nichtjuden, uns aufreiben. Uns wird jede Lebensenergie geraubt, damit wir verschwinden. Dann habt ihr endlich euren Judenstaat.«
Anwar klingt müde. »Weißt du, als ich ein kleiner Junge war, habe ich viel über die Juden gelernt. Ihr stehlt das Land, ihr seid böse, ihr beherrscht das internationale Finanzgeschäft. Die ganze antisemitische Propaganda. Erst als Erwachsener habe ich gemerkt, wie wenig ich über euch weiß. Also habe ich eure Geschichtsbücher gelesen. Über den Holocaust in all seinen furchtbaren Auswüchsen. Und ich wurde sehr traurig, als ich begriff, dass ihr Juden aus all dem Leid nichts gelernt habt.«

Kapitel 37

»Wenn ihnen das nicht gefällt, sollen sie nach Dschaldschulija gehen, das hat einen arabischen Namen ... Ich soll Namen ändern, nur weil Dschamal es so will? Soll er doch seinen Allah ändern.« Sprach Yoel Lavi, Bürgermeister von Ramle, im November 2006. Er bezog sich auf den Antrag einiger palästinensischer Anwohner, verschiedene Straßennamen der Stadt ins Arabische zu ändern. Ramle ist eine der wenigen Städte in Israel mit gemischter Bevölkerung. Von seinen fünfundsechzigtausend Einwohnern sind etwa zwanzig Prozent palästinensischer Abstammung. Die palästinensischen Anwohner konnten sich mit Bezeichnungen wie »Straße der Ghettokrieger« und »Chayim Nachman Bialik« nicht identifizieren und verlangten Straßennamen, die ihrem kulturellen Hintergrund entsprachen. Am Ende wurde der Antrag abgelehnt, aber der inoffizielle, einem Journalisten gegenüber geäußerte Kommentar des Bürgermeisters gelangte an die Öffentlichkeit. Der Bürgermeister entschuldigte sich, blieb aber in der Sache fest. Wir leben in Israel, einem jüdischen Staat. Wer das nicht mag, soll auswandern. Ramle hat, was derlei Fragen angeht, eine bewegte Vergangenheit. Im Jahr 1948 vertrieb die israelische Armee fast alle palästinensischen Bewohner; es handelte sich um die größte Vertreibungsaktion im ganzen Krieg. Jitzchak Rabin hatte Ben-Gurions Befehl unterzeichnet (als man ihn fragte, was mit der Bevölkerung geschehen solle, holte Ben-Gurion zu einer berühmten Geste aus und wedelte mit der Hand, wie um zu sagen: *Weg, nur weg damit*). So wie die Einwohner des benachbarten Lydda wurden die fünfundvierzigtausend Palästinenser von Ramle aufgefordert, ihr Glück woanders zu suchen, vielen Dank und auf Wiedersehen, das ist hier jetzt ein jüdischer Staat. Die Aussage des Bürgermeisters war wie ein Zündfunke im Heuhaufen von Ramles Geschichte. Jede Anspielung auf Umsiedelung trifft ins Mark.

Eytan und Zochrot haben Ramle als Ziel der nächsten Beschilderungsaktion ausgewählt. Die Demonstration soll eine Antwort auf Lavis rassistischen Kommentar sein. Eine ordentliche Gruppe hat sich versammelt, etwa einhundert Personen. Die meisten sind mit dem Bus aus Tel Aviv gekommen. Rana und ich sind aus Tamra angereist. Als ich ihr erzählte, wohin ich will, war ihre Neugier geweckt; sie wollte mitkommen. Als ich ihr von Eytan erzähle, sagt sie: »Solche Israelis gab es vor acht Jahren nicht, als ich noch hier lebte.«
Die Straße ist schmal und voller Schlaglöcher. Ich bekomme sofort ein Bild von der Armut in Ramles Altstadt. Miri aus Tel Aviv erzählt mir, Ramle habe eine hohe Verbrechensrate, viele Drogensüchtige und eine ganz ordentliche Rapszene. Die Demonstration wird von Dr. Awni angeführt, einem Kinderarzt aus Ramle. Dr. Awni verkündet, die erste Straße werde nach Emil Habibi benannt. Ich bin ein großer Fan von Habibi und habe seinen satirischen Roman *Der Peptimist* gelesen. Es geht darin um einen Palästinenser, der mit seinem extraterrestrischen Freund ins Weltall flieht und in einer Reihe von Briefen seine Rolle als israelischer Kollaborateur in den ersten Jahren nach der Staatsgründung schildert. Habibi war Mitglied der Kommunistischen Partei und glaubte fest an die friedliche Koexistenz von Juden und Palästinensern. Er war ein Verfechter des UN-Teilungsplans von 1947.
Es kommt zu Aufruhr, als ein alter Mann mit weißem Haarschopf und weißem Kinnbart das Mikro an sich reißt und schreit, diese Straße werde »nur über seine Leiche« nach Emil Habibi benannt. Ich frage Miri, was los sei, aber sie ist ebenso verwirrt wie ich. Der Weißhaarige schwingt eine Rede über das Straßenschild, das er nun enthüllen werde; die Straße werde nach Soundso benannt, einem lieben Freund und berühmten Akademiker, der sich für die Menschenrechte eingesetzt habe und letztes Jahr verstorben sei. Dr. Awni und die anderen wirken mit der Programmänderung leicht überfordert. *Können wir uns nicht mal auf einen Straßennamen einigen?*, steht den Leuten ins Gesicht geschrieben. Am Ende einigen sich die Streithähne auf einen Kompromiss. Solange neue Schilder aufgestellt werden, ist die Reihenfolge egal. So verschwindet Emil Habibi in dem Sack mit den anderen grün-gelben Schildern, um später am Vormittag woanders einen Platz zu finden.

Wir marschieren von einer kaputten Gasse in die nächste. Samstägliche Stille, die meisten Geschäfte haben geschlossen. Wir schlendern gemächlich über den alten Marktplatz, einen der größten Israels. Die Leute schießen Erinnerungsfotos. Miri erzählt mir, dass es 1948 in Ramle hoch herging. Im Februar jenes Jahres hatte ein als Araber verkleidetes Mitglied der Hagana eine Bombe auf dem Markt gezündet, die sieben Menschen tötete und fünfundvierzig verletzte. Zu leicht gerät in Vergessenheit, dass sich beide Seiten terroristischer Mittel bedienten. Es ist, als wäre die Gewalt Teil der Landschaft, als wüssten die Menschen hier ihre Probleme nicht anders zu regeln.
Im selben Jahr kam es zur Vertreibung. Ursprünglich hatte die Armee den palästinensischen Anwohnern zugesichert, wer sich ergebe, dürfe bleiben; aber bald darauf änderte sie ihre Meinung. Miri zufolge kam Ben-Gurion im April '48 persönlich her, um sich inoffiziell für die Umsiedlung der Palästinenser stark zu machen und eine mögliche »fünfte Kolonne« im jungen Staate Israel zu verhindern.[6] Ramle und Lydda hatten die Folgen zu tragen.
Auf der Ausfallstraße müssen sich in jenem Sommer surreale Szenen abgespielt haben. Was sollte ein Jude, der gerade aus Europa eingereist war, bei diesem Anblick denken? Der Schotter flimmerte in der Julihitze, während sich der Menschenstrom langsam ostwärts gen Ramallah schob. Kinder und alte Leute starben an Unterernährung, an Durst und Erschöpfung. Es gab Berichte von israelischen Soldaten, die den Frauen an den Kontrollpunkten den Schmuck wegnahmen.

Ich muss an Moses denken. Hätte er die Israeliten in die blutige Schlacht gegen Jericho geführt, wenn er den Jordan überquert hätte und nach Kanaan gekommen wäre? In der Wüste erfuhr er von Gottes Plänen. Ich muss mich fragen, ob er den Mut gehabt

6 Diese These wird untermauert von Ari Shavits Artikel »Survival of the Fittest? An Interview with Benny Morris«, *Haaretz* vom 9. Januar 2004. In dem Gespräch behauptet Morris, Ben-Gurion sei damals nicht weit genug gegangen; hätte er die Palästinenser vertreiben wollen, hätte er es gründlich tun sollen: »After all, you can't make an omelet without breaking eggs. You have to dirty your hands.«

hätte, Gott am Ufer des Jordan die eine oder andere Frage zu stellen. Zu sagen: »Gott, ich glaube, das ist keine so gute Idee. Ich habe nichts gegen Selbstverteidigung. Aber jeden Mann, jede Frau und jedes Kind hinmetzeln? Warum so brutal, Gott? Was ist mit der Gerechtigkeit, von der du mir auf dem Berg Sinai erzählt hast? Was ist mit ›Du sollst nicht begehren deines Nächsten Haus?‹«
Josua, der General, stellte diese Fragen nicht. Aber wir dürfen ihn nicht verurteilen. Vielleicht hat er sich schwergetan, Gottes Befehl auszuführen. Vielleicht ging ihm die Frage »Eine Nation – zu welchem Preis?« kurz durch den Kopf, und dann fehlte ihm der Mut, sie zu stellen. Vielleicht dachte er: »Jetzt ist nicht der richtige Moment, zu zweifeln. Vierzig verdammte Jahre sind wir durch die Wüste gewandert, ausgerechnet *jetzt* soll ich mich Gottes Willen widersetzen?«
Aber der Krieg von 1948 hat mit dem Buch Josua nicht viel zu tun. Die Juden sind nicht in Israel angekommen, um die Eingeborenen zu vertreiben und zu ermorden. Es gab Jahre der steigenden Spannungen, der Aufstände und Zusammenstöße zwischen Juden und Palästinensern. Beide Seiten haben sich der Grausamkeit und des Terrorismus schuldig gemacht. Und es kam zum Krieg – sieben Nationen gegen eine. Trotzdem frage ich mich, was Rabin sich dabei dachte, den Vertreibungsplan zu unterzeichnen. Wahrscheinlich war er zerrissen. Er erachtete die Operation als notwendig für Israels innere Sicherheit (und er wollte am Korridor zwischen Jerusalem und Tel Aviv festhalten). Trotzdem sagte Rabin viele Jahre später in einem Interview, Ramle sei »in psychologischer Hinsicht (...) eine der schwierigsten Aktionen« gewesen.[7] Gewaltsame Vertreibung geht nicht hübsch ordentlich vonstatten. Es kam zu Kämpfen, Massakern, Prügeleien. »Wie nach einem Pogrom« soll die Stadt einem Soldaten zufolge ausgesehen haben.[8] Kam Rabin jemals der Gedanke, Ben-Gurions Autorität anzuzweifeln? Ihn darauf aufmerksam zu machen, dass die kommenden Flüchtlingsgenerationen zum Problem würden? War er so wie Anwar der Meinung, dass die Juden aus den Vorfällen in Europa nichts gelernt hatten?

7 Dan Kurzman, *The Life and Times of Yitzhak Rabin*, S. 141
8 Benny Morris: *The Birth of the Palestinian Refugee Problem Revisited*, S. 433

Ich frage mich, ob die Erinnerung an Ramle – und später an Imwas und Yalu – Rabin belastet hat. Ob seine Erlebnisse 1948 und 1967 ihn dazu brachten, sich spät im Leben umzuorientieren, den Palästinensern die Hand zu reichen und sich um Frieden zu bemühen. Wann beschloss der moderne Josua, die Waffen niederzulegen, ein schlechter General zu sein und endlich Fragen zu stellen? Mit Worten statt mit Waffen zu kämpfen?

Sechs Einsatzwagen und zwölf Polizisten mit kugelsicheren Westen und griffbereiten Handschellen wirken übertrieben. Vielleicht haben sie an einem Samstag nichts Besseres zu tun. Vielleicht machen unsere Schilder einen solchen Eindruck. Wie auch immer, da stehen sie plötzlich und versperren uns den Weg.
Eytan bringt gerade ein neues Schild an der Hauptstraße an. Mit Kabelbinder befestigt er es an einem Laternenpfahl. Sobald er fertig ist, schneidet ein Polizist es los und lässt es verschwinden. Wir stoßen Protestgeheul aus. Na ja, die meisten von uns. Ich halte mich im Hintergrund, schieße feige ein paar Fotos und plaudere mit einem Vertreter der Gruppe der »indischen Mennoniten«.
»In Ramle haben wir mit der Polizei nichts als Ärger«, sagt er.
»Ist das schon mal passiert?«
»Ja, bei der letzten Demo hier.«
Die Schilder werden beschlagnahmt. Chaos bricht aus, ich sehe, wie Rana und der Weißhaarige über die Straße und auf die Polizisten zulaufen, um sie zur Rede zu stellen.
»Hey, was hast du vor?«, rufe ich, aber sie kann mich nicht hören, weil sie den Kopf durchs offene Fenster eines Einsatzwagens gesteckt hat. Der Weißhaarige zerrt sie zurück, ein Hüne steigt aus dem Auto. Er sieht aus wie aus einem Kinofilm: Glatze, verspiegelte Pilotenbrille und zugegebenermaßen beeindruckende Bizeps. Er baut sich vor Rana auf. Ich denke nur: Was zum Teufel soll ich ihrem Vater sagen, wenn sie verhaftet wird?
Eine Welle von Demonstranten, die in eine Seitenstraße laufen, reißt mich mit. Einer breitet die fünf übrig gebliebenen Schilder auf dem Gehweg vor einer Bankfiliale aus, während sich die anderen über das weitere Vorgehen beraten. Währenddessen rollen alle sechs Einsatzwagen dichter heran. Die Polizisten kassieren die

letzten Schilder ein, was für einen Eklat sorgt. Immerhin tun wir hier nichts Verbotenes. Die Polizisten fordern uns über Megafone auf, die Straße zu räumen. Eine Lehrerin, sie ist über sechzig, verlässt den Gehweg – ich kann nicht erkennen, ob sie ausgerutscht ist oder absichtlich auf die Straße tritt – und wird prompt verhaftet und auf den Rücksitz eines Streifenwagens geschubst.

Auch andere werden festgenommen. Dr. Anwi wird verhaftet, weil er keinen Ausweis dabei hat. Er wohnt gleich um die Ecke und bietet an, das Dokument zu holen, aber davon wollen die Polizisten nichts hören. Zwei weitere Demonstranten werden abgeführt, ein Israeli und ein Palästinenser. Rana läuft auf mich zu. Der Weißhaarige ist bei ihr. Als er sieht, dass seine Mitstreiter verhaftet werden, springt er auf eine Treppe und ruft: »Wir wollen uns mit unseren Brüdern und Schwestern solidarisch zeigen, zur Polizeiwache marschieren und warten!«

»Rana, wo warst du?«, frage ich.

»Die verdammten Polizisten. Wollten uns das Schild nicht wiedergeben.«

»Ist alles in Ordnung?«

»Sie haben mir Fragen gestellt und wollten meinen Ausweis sehen.«

Wir werden getrennt. Ich bin verwirrt. Sie wird doch hoffentlich nicht festgenommen? Sie läuft voraus, führt den Demonstrationszug an.

Ich folge zögerlich. Wie bin ich in diese Lage geraten? Ein Falafelverkäufer fragt mich: »Wer ist euer Anführer?« Ich zeige auf Eytan. »Meinst du, er könnte euch alle bitten, in meinem Restaurant zu essen?«

»Liefern Sie auch?«

»Wo geht ihr denn hin?«

»In den Cop Shop«, sage ich, und er sieht mich an, als wäre ich verrückt.

»Ich wollte mich nur informieren«, sage ich zu niemand Bestimmtem und biege in die Seitenstraße ein, die zur Wache führt.

Die Demonstranten bilden eine Kette vom Eingang der Polizeiwache bis auf die Straße. Zwei Beamte in einem Wartehäuschen bewachen den Eingang und versuchen, Eytans Fragen auszuweichen.

Rana wird nicht zum Verhör mitgenommen; sie mischt sich unter die Zochroter und wagt sich gelegentlich vor, um die Polizisten anzupöbeln.
Ich stehe auf der gegenüberliegenden Straßenseite und unterhalte mich mit einem anderen Demonstranten wider Willen. Er heißt Sagi und kommt aus dem benachbarten Rechovot.
»Ich gehöre nicht dazu«, erklärt er, »ich wollte eigentlich nur an dem Stadtspaziergang teilnehmen.« Nervös zupft er an den Trägern seines Rucksacks. »Das Thema ist heikel. Ich will ja nicht behaupten, die Polizisten hätten sich nett verhalten. Aber ein Schild an der Hauptstraße anzubringen, ist eine zu große Provokation.«
»Findest du nicht, die hätten warten können, bis wir weg sind, um es dann herunterzuholen?«
»Darum geht es nicht. Die Leute wollen nicht hören, dass die israelische Armee 1948 über vierhundert Dörfer zerstört hat. Die Schwierigkeit besteht darin, es ihnen auf angemessene Weise näherzubringen.«
Sagi ist Mitte fünfzig. Er trägt eine Nickelbrille und zieht den Kopf ein. Er weiß, wie komplex die Sache ist. »Die Vergangenheitsbewältigung wäre einfacher, wenn die gegenwärtige Lage entspannter wäre. Sobald es um die Sicherheit geht, wird es heikel. Dabei finde ich, dass wir uns gerade wegen der momentanen Lage mit der Vergangenheit beschäftigen sollten. Wir müssen uns fragen, wieso es immer wieder zu Anschlägen kommt.«
Ich frage Sagi, ob der Ausflug nach Ramle vor dreißig Jahren denkbar gewesen wäre. »Auf keinen Fall«, antwortet er. »Anfang der siebziger Jahre musste ein Freund von mir für vier Jahre ins Gefängnis, weil er mit einem Mitglied der PLO geredet hatte. Wegen eines *Gesprächs*.« Heute sei alles lockerer, die Leute würden anfangen, darüber zu reden. »Es muss sein.«
Er erzählt mir vom Parents Circle Families Forum, einer Selbsthilfegruppe israelischer und palästinensischer Eltern, die bei dem Konflikt ein Kind oder einen nahen Angehörigen verloren haben. Die Mitglieder der israelisch-palästinensischen Organisation sind der Ansicht, dass wir miteinander kommunizieren sollten, statt Zäune zu errichten und immer mehr Geld für Sicherheit auszugeben. Unter anderem besuchen sie Schulen, um mit den Schü-

lern zu reden. »Ich habe eine ihrer Veranstaltungen in Rechovot besucht. Ein Palästinenser und ein Israeli haben gesprochen. Ich fand es sehr bewegend.« Letztes Jahr hat die Organisation fast tausend Schulklassen in Israel besucht. »Ich wollte, dass an der Schule meiner Tochter auch so etwas stattfindet, also habe ich mit dem Schulleiter gesprochen. ›Tut mir leid, das Schuljahr ist fast vorbei, keine Zeit‹, sagte er. Also bin ich Anfang September wieder hin, um nochmal zu fragen, wann es möglich wäre, die Leute zu einem Gespräch einzuladen. Der Schulleiter sagte: ›Ja, nach den Ferien.‹ Also bringe ich ihm nach den Ferien die nötigen Unterlagen. Letzte Woche ruft er schließlich an: ›Hören Sie, wir haben keine Zeit.‹ So ein Unsinn, natürlich ist genügend Zeit da. Die Kinder machen Ausflüge auf die Golanhöhen, wo ihnen gezeigt wird, wie der Sechstagekrieg gewonnen wurde. Es ist Zeit da, jemanden von der Armee einzuladen, der den Kindern vom Soldatenleben erzählt. Aber die Geschichte von einem Israeli und einem Palästinenser zu hören, die wegen der sinnlosen Gewalt einen geliebten Angehörigen verloren haben, dafür hat man keine Zeit.« Sagi putzt sich laut die Nase. »Letztes Jahr haben bei einer Umfrage achtundsechzig Prozent der Israelis gesagt, sie würden nicht mit einem Palästinenser im selben Haus wohnen wollen.[9] Wir müssen Kontakt aufnehmen, miteinander reden, einander als menschliche Wesen betrachten. Das sollte freiwillig passieren.« Er rückt sich die Rucksackträger zurecht, so als überdächte er seine Meinung. »Normalerweise mag ich Demos nicht, aber hin und wieder schließe ich mich einer an. Und dann sehe ich diese militanten Palästinenser und denke: Was bilde ich mir ein? *Die* haben was gegen *mich*. Das ist nicht leicht. Auf beiden Seiten gibt es Menschen, die die anderen vernichten wollen. Die Extremisten sind das Problem. Leider wird es solche Leute immer geben.«

Sechs Stunden später sitze ich irgendwo in Ramle in einem kalten, dunklen, spärlich beleuchteten Kellerraum und fühle mich, als würde jeden Augenblick ein Märtyrer der Al-Aqsa-Brigaden aus

9 Er zitiert einen Artikel von Eli Ashkenazy und Jack Khoury: »Poll: 68 % of Jews would refuse to live in the same building as an Arab«, *Haaretz* vom 22. März 2006.

einer dunkeln Ecke springen. Stattdessen nimmt der weißhaarige Mann (er heißt Uri) gegenüber von Rana und mir Platz und beäugt uns misstrauisch. Ich frage mich, wie ich mit diesem Fremden in dieses dunkle Kellerloch in einer fremden Stadt geraten bin. Ich frage mich, was zum Teufel ich mir eingebrockt habe.

Uri ist das erste PLO-Mitglied, das ich kennenlerne. (In der Bialik schrieb eine Lehrerin einmal »PLO« an die Tafel – *Please Leave On*, »Bitte nicht abwischen«. Am nächsten Tag wurde sie beinahe entlassen. Die Schulleitung war hysterisch geworden, weil sie unter uns einen Terroristen vermutete.) Ich habe mich vor der Polizeiwache eine Stunde lang mit Uri unterhalten. Die Geschichte des Hauses interessierte ihn brennend, und er gab zu: »Das Rückkehrrecht ist meine Religion.« Eine merkwürdige Aussage, dann wiederum passt sie in dieses Land. Uri rief: »Den Palästinensern muss die Rückkehr erlaubt sein, so wie allen Juden! Alle sollten heimkehren!« Und das aus dem Mund eines Juden oder, wie er sich nennt, palästinensischen Hebräers.

»Wie soll das funktionieren, wenn alle Häuser bewohnt sind?«, fragte ich.

Uri sagte: »Hast du von Abu Dalo und Shimon nichts gelernt? Die Mietverträge der Israelis haben Bestand, aber die Miete steht den palästinensischen Besitzern zu. Ihnen gehören die Häuser!«

Rana und Uri verstehen einander auf Anhieb. Funken fliegen. Sie scheinen dieselbe Sprache zu sprechen, einen Standpunkt zu teilen. Stundenlang debattieren sie über das Rückkehrrecht und dass es in Bosnien auch geklappt habe; sie entwickeln Szenarien, wie es sich hier umsetzen ließe.

Uri ist der ewige Aufrührer, der rebellische Intellektuelle. Er ist das Kind einer Jüdin und eines Briten und kam Anfang der 1930er-Jahre in Jerusalem zur Welt. Er ist einer von wenigen jüdischen Israelis, die sich für ein Leben in einem palästinensischen Dorf entschieden haben, und wohnt nördlich von hier, in der Nähe von Tamra. Während der Achtziger wurde er, das PLO-Mitglied, des Landes verwiesen und durfte zehn Jahre lang nicht wieder einreisen. Außerdem saß er in den sechziger Jahren als einer der ersten israelischen Wehrdienstverweigerer im Knast. Der Mann hat den israelischen Status quo immer bekämpft und tut es noch.

Rana sitzt neben mir. Ich denke an Sagi, der eben noch sagte, zu den Demonstrationen kämen immer auch Extremisten.
»Weißt du, ich mache mir große Sorgen um die Zukunft dieses Landes«, sagt Uri und reibt die Hände gegeneinander.
»Ich auch«, sage ich, weil ich ihm zeigen möchte, dass ich auf seiner Seite stehe.
»Gut«, sagt er und fährt sich mit einer Hand über den Kinnbart. »Nun, da wir das geklärt haben, möchte ich euch eines sagen: Ich würde euch nach Kräften unterstützen, solltet ihr zu heiraten beschließen.«
Heiraten? Wer ist der Kerl, der Mönch aus *Romeo und Julia*?
»Es kommt vor«, fährt er fort, »wenn auch nur selten.«
Rana unterbricht ihn. »Uri, wir haben nicht vor, zu heiraten. Jonathan und ich sind nur Freunde.«
Uri winkt ab, will nichts davon hören. Er legt unsere Hände aufeinander. »Es ist wichtig, die Grenzen zwischen den Menschen niederzureißen, in jeder Hinsicht.«
Rana zieht ihre Hand zurück. »Da gibt es keine Grenzen. Außerdem heirate ich, wenn überhaupt, nur einen Muslim.«
»Wie bitte?«, sage ich.
»Dann muss er konvertieren«, sagt Uri.
»Du bist Atheistin«, sage ich.
»Ich liebe meine Familie. Meine Eltern würden darauf bestehen«, sagt Rana.
»Rana, ich bitte dich«, sage ich. Ich wusste, dass sie traditionell geheiratet hat, aber ich dachte nicht, dass es ihren Eltern zuliebe geschah.
Sie sieht Uri an. »Er müsste nur für die Hochzeit konvertieren. Danach kann er glauben, was er will.«
Uri fragt: »Und wenn der Mann ein Jude ist, der seinen Glauben behalten möchte?«
»Dann konvertiere *ich*.«
»Du bist verrückt«, sage ich, »nie im Leben könntest du Jüdin werden. Die würden dich nicht lassen.«
»Dann werde ich eben keinen Juden heiraten«, sagt Rana.
Ich kann es nicht fassen. Nach all dem Gerede über Menschenrechte, nach dem ganzen Blabla stellt sich heraus, dass sie wie

alle anderen ist: Baba Jesse, Rabbi Spero, Israel. Mischehen sind etwas Schlechtes.
Uri sagt: »Jonathan, so albern ist das gar nicht. In diesem Land kommt die Sippe immer noch vor dem Rechtsstaat.«
»Wie soll es da jemals Frieden geben?«
»Das«, sagt er, »ist eine gute Frage. Es hängt von unseren Zielen ab.«
»Wie das?«
»Mein Ziel ist es, Staat und Kirche zu trennen.«
»Sie sprechen vom Ende der jüdischen Nation?«
»Ich spreche vom Ende des Regimes der jüdischen Ethnokratie. Mit einem Staat, der sich nur pro forma jüdisch nennt, hätte ich kein Problem. So wie Norwegen auf seiner Nationalflagge ein Kreuz hat, könnte Israel den Davidstern haben. Aber einen jüdischen Staat, der nur für manche seiner Einwohner eine Demokratie ist, kann ich nicht unterstützen. Es muss gleiches Recht für alle gelten.«
»Also gut. Wie soll das erreicht werden?«, frage ich.
»Durch Proteste. Sanktionen. Dialog.«
»Und Gewalt?«
Uri sieht sich um, als fürchtete er, abgehört zu werden. »Ein unterdrücktes Volk hat das Recht auf Widerstand. Ich bin aber gegen jede Form des Terrors. Ich unterstütze die Selbstmordattentate nicht.«
Ich bin erleichtert, das zu hören. Uri wendet sich an Rana, um ihr dieselbe Frage zu stellen: »Rana, wie stehst du dazu?«
Sie sagt: »Ich halte Selbstmordanschläge für eine legitime Form des Widerstands.«
Ich schnappe nach Luft. Es ist die Frage, die ich von Anfang an gemieden habe.
»Es ist nicht die einzige Form«, fügt sie hinzu, »aber was haben uns Verhandlungen in der Vergangenheit gebracht? Nichts.«
Uri sagt: »Ihr seht, es gäbe viele Probleme, würdet ihr zwei heiraten wollen.«
Ich bin zu verärgert, um zu antworten.
Uri spricht für mich weiter: »Den Genfer Konventionen zufolge ist einem Volk unter Besatzung der bewaffnete Widerstand gestattet. Terroranschläge sind davon jedoch ausdrücklich ausgenommen.«
»Definiere Terror«, sagt Rana.
»Ich definiere Terror als das Töten unbeteiligter Zivilisten. In mei-

nen Augen ist ein palästinensischer Selbstmordattentäter ebenso ein Terrorist wie George W. Bush und Ariel Scharon. Und ich bin der Meinung, dass uns der Terrorismus kein Stück weiterhilft, demokratische Ziele zu erreichen. Dass er mit den Genfer Konventionen und der UN-Menschenrechtserklärung unvereinbar ist.«
Rana wird ungeduldig. »Ach komm, Uri. Die sind allesamt nichtssagend.«
»Sie wurden als Reaktion auf die barbarischste Episode in der Menschheitsgeschichte formuliert. Sie sagen eine Menge.«
»Niemand hält sich dran.«
»Darum geht's nicht. Es geht darum, moralisch Stellung zu beziehen. Bewaffneter Widerstand ist in Ordnung – gegen eine bewaffnete Armee von Besatzern. Auch andere Formen des Widerstandes sind erlaubt. Terrorismus gehört nicht dazu.«
»Ich bin anderer Meinung. Ich finde, die Selbstmordattentäter haben die palästinensische Sache vorangebracht.«
»Inwiefern?«
»Die Welt schaut auf uns.«
»Aus den falschen Gründen.«
»Keiner ist unschuldig, begreifst du das nicht?«, fragt Rana.
»Trägt ein Baby Schuld daran, auf der Welt zu sein?«
»Darum geht es nicht.«
Uri fragt: »Worum denn?«
Sie diskutieren und werden laut und drehen sich im Kreis. Das Licht im Raum wird immer trüber. Es ist spät, schon fast Mitternacht. Wer ist der Mensch, mit dem ich gekommen bin? Ich betrachte ihre schwarzen Augen, die hohen Wangenknochen. Ihr Gesicht wirkt härter als damals, als wir einander kennenlernten, fast wie Granit. Überlegt und ruhig trägt sie ihre Argumente vor, warum es in Ordnung sei, andere Menschen in die Luft zu sprengen. Sie hat sich viele Gedanken darüber gemacht, als wäre es ihr Spezialgebiet, als säße sie in einer Expertenrunde und stellte ihre Thesen vor.
Ich bin verstummt. Uri weicht nicht von seiner Linie ab. Seit Jahren führt er diese Gespräche. Ich sehe ihn, wie er Kaffee trinkend mit Arafat in der Muqata sitzt, es riecht nach kaltem Zigarettenrauch, bewaffnete Wachmänner schirmen die Gesprächspartner ab.

Der Idealist hält dem Krieger einen Vortrag, der rebellische Intellektuelle dem Rebellenführer, bis Uri am Ende aufgibt. Er sagt zu Rana: »Ich kann dich nicht überzeugen. Aber versuch doch wenigstens, mich zu verstehen. Versuch, den moralisch überlegenen Standpunkt einzunehmen. Bitte. Sei vernünftig.«
Ich schaue nach rechts und sehe Mrs. Blintzkrieg unter der Deckenleuchte stehen. Sie scheint einen Meter gewachsen zu sein. Sie baut sich vor mir auf, deutet mit dem Finger auf mich, lacht mich aus. »Das ist also dein Mitbringsel, dein Dankesschreiben an die Bialik? Tod den Juden. Nieder mit Israel. Ja, Schalom, so sieht es aus, das Land deiner Träume.«

Kapitel 38

Der Streit über die Selbstmordattentäter ist mir nicht gut bekommen. Ich bin kein Israeli, der bei einem Anschlag auf einen Bus ein Kind verloren hat, und Rana trägt keinen Sprengstoffgürtel. Aber ich kann ihre Haltung nicht akzeptieren, sie ist vollkommen unlogisch. Sie hasst weder die Juden noch die Israelis. Ganz im Gegenteil – wir sitzen in einem arabischen Café in Jerusalem, und sie telefoniert mit einer Freundin, die in einer jüdischen Siedlung bei Ramallah wohnt und die sie dort besuchen wird. Wie kann sie die Selbstmordattentate gutheißen?

In der letzten Woche hat mir Rana geholfen, die Stadtarchive Jerusalems nach Dokumenten zu durchforsten, die die Besitzverhältnisse des Hauses damals und heute belegen. Ich versuche, die Geschichte des Hauses zu rekonstruieren, suche nach Hinweisen auf die Wahrheit. Bislang lief die Suche erfolglos, und ich muss zugeben, dass mir die Dokumente inzwischen scheißegal sind.

Bevor Rana sich verabschiedet, fragt sie, ob ich sie für eine Extremistin halte. Sie meint es ernst.

»Ich weiß nicht, was ich denken soll«, sage ich.

»Hör mal, ich bin nicht der Meinung, dass alle Juden den Tod verdient haben. Ich denke nur, die Bomben tragen dazu bei, die Palästinenser aus ihrer momentanen Lage zu befreien.«

Ich habe Lust, sie zu würgen, allerdings würde das meiner Forderung nach Gewaltlosigkeit widersprechen. Rana möchte, dass die ganze Welt sieht, wie verzweifelt die Palästinenser sind und unter welch unmenschlichen Bedingungen sie leben müssen: Flüchtlingslager, planierte Häuser, Menschen zweiter Klasse. Dagegen kann ich nichts sagen. Aber unschuldige Zivilisten töten, um schlechte PR zu bekommen?

Ich sage: »Und wenn ich in dem Bus säße? Oder Uri? Oder deine Schwester, die nur mal kurz in Tel Aviv war, um Socken für ihren

Laden einzukaufen? Oder deine Mutter, die Verwandte in Jaffa besuchen will?«

Sie schüttelt den Kopf. Will nicht von ihrer Meinung abrücken.

»Was erhoffst du dir davon?«, frage ich.

»Was Uri sagte. Trennung von Staat und Religion. Kein Glaube, dafür echte Demokratie.«

»Bombenanschläge fördern die Demokratie nicht. Soviel haben wir gelernt.«

»Hör mal, ich habe nicht vor, mich dem Islamischen Dschihad anzuschließen. Ich will nur sagen, er ist eine von mehreren Möglichkeiten. Sieh dir mal an, wie groß die israelische Armee ist. Wie sonst könnten wir gegen sie kämpfen? Sollen wir weiterhin Steine werfen?«

»Tut mir leid, ich kann Terrorismus nicht gutheißen.«

»Vielleicht solltest du dir, anstatt dich auf das Etikett ›Terrorismus‹ zu versteifen, mal überlegen, was die Leute warum tun.«

Rana ist spät dran. Ihr Handy erinnert sie daran; es steckt tief in ihrem Rucksack und klingelt beharrlich. Sie eilt davon, ich bleibe allein in dem Café am Dungtor zurück. Die Männer spielen Schesch Besch oder Karten, plaudern, schlagen Zeit tot. Ich bestelle noch einen Kaffee und hole meinen blauen Ordner heraus, in dem ich interessante Zeitungsartikel der vergangenen Wochen sammle. Einer handelt von einer vierundsechzigjährigen Palästinenserin namens Fatma, die sich an einem Kontrollpunkt im Gazastreifen in die Luft gesprengt hat. Ihre Tochter erklärt, warum: »Sie [die Israelis] haben ihr Haus zerstört und ihren Enkel – meinen Sohn – getötet. Ein anderer Enkel sitzt im Rollstuhl, weil ihm ein Bein amputiert wurde.«[10] Der Militärflügel der Hamas hatte ihre Mutter zum Kontrollpunkt geschickt.

Als ich den Artikel las, war ich, so wie viele andere, zutiefst geschockt. Ich habe ihn aufbewahrt, hauptsächlich weil es so unvorstellbar ist, dass eine Frau in dem Alter eine solche Tat begeht. Beim Begriff Selbstmordattentäter denkt man automatisch an einen bärtigen Mann Mitte zwanzig, der *Tod für Israel* ruft (eigentlich sieht er aus wie der freundliche Mensch, der mir den Kaffee bringt

10 *The International Herald Tribune* vom 23. November 2006.

und mir netterweise eine Zigarette anbietet). Eine Oma darf sich nicht in die Luft sprengen. Eine Oma sollte ihren Lebensabend genießen. Ich nehme den Artikel aus der Mappe und frage die Frau auf dem Foto: Warum?
Fatma hat mandelförmige Augen, sie erinnert mich an meine Großmutter. Trotzdem kann ich mir Baba Jesse unmöglich mit einer Kalaschnikow vorstellen. Oder vor einer Digitalkamera: *Schaut, was sie meiner Familie angetan haben. Meinen Nachbarn. Meiner Straße. Mir geht es nicht um ein Paradies voller Jungfrauen. Ich will Rache. Sie ist so rein wie das Blut in meinen Adern.*
Selbstmord ist immer der letzte Ausweg. Alle anderen sind verschlossen, es gibt keine Möglichkeit der Umkehr; man hat keine Wahl. Das eigene Leben zu beenden, ist wie zu sagen: »Es reicht. Lasst mich endlich in Frieden.«
Aber Fatma sagt das nicht. Ich kann nicht glauben, dass es keine Alternative gab. Sie hat sich dafür entschieden, eine Waffe zu sein, eine wandelnde Bombe. Das beweise, schreibt ein Journalist, wie wenig ein Leben noch wert sei. Er hat nicht Unrecht. Gleichzeitig zieht die Selbstmordattentäterin einen Schlussstrich. Sie geht in den Tod, aber ihr Blick richtet sich in die Zukunft; sie sieht die Leichen ihrer Opfer auf dem Boden liegen. Sie sieht ein ganzes Land bluten und zittern, durchtränkt von Angst. Sie richtet einen letzten Appell an die Welt.
Ich betrachte das Bild. *Zu hoch*, sagen ihre Augen. Zu hoch ist der Preis dieses Krieges.

Kapitel 39

Endlich eine Glückssträhne. Eine Bekannte von Rana hat mir aus dem Katasteramt von Jerusalem Unterlagen über das Haus besorgt. Die Dokumente belegen Abu Dalos und Shimons Schilderungen: Der Staat gab Ibrahim das Grundstück im Jahr 1959 zurück. Das Warum erfahre ich nicht. Im Laufe der Woche befragen Rana und ich eine Reihe von Juristen. Keiner hat je von einem vergleichbaren Fall gehört, trotzdem scheint ihr Interesse mäßig. Vermutlich, weil ein Einzelfall noch lange kein Rechtssystem ins Wanken bringt. Immerhin lassen die amtlichen Unterlagen den einen oder anderen die Augenbrauen hochziehen. Hypothesen werden entworfen. Ein Jurist deutet an, Ibrahim Abu Dalo sei möglicherweise ein Kollaborateur der israelischen Armee gewesen. Vielleicht erfolgte die Rückgabe des Hauses als Dank dafür, dass die Armee es streckenweise nutzen durfte, oder für Informationen über den Feind. Eine andere Möglichkeit ist, dass die Familie Abu Dalo das Haus nicht gebaut, sondern als Ersatz für ein anderes bekommen habe (was aber angesichts von Shimons und Hassan Abu Dalos Aussagen unwahrscheinlich ist). Ein dritter Anwalt meint, Ibrahim habe das Haus nur zurückbekommen, weil er so hartnäckig gewesen sei. Der Anwalt geht nicht davon aus, dass die Gerichte die Palästinenser gerecht behandelten; vielmehr habe eine Mischung aus Geduld, Stolz und Glück Ibrahim zum Erfolg verholfen. Kein Jude müsste sich so ins Zeug legen wie Abu Dalo, um ein Stück Land zurückzubekommen.

Die Hintergründe sind interessant, mein Problem ist aber ein anderes. Ich frage mich, warum ich mit Rana befreundet sein will. Weder ich noch sie sind dringend darauf angewiesen, die Rechtslage zu durchleuchten. Rana könnte jetzt bei ihren Eltern sein, die täglich anrufen und sich fragen, was sie in Jerusalem mache. Wir sitzen in der berühmten Kanzlei von Yigal Arnon mit ge-

schmackvoll cremeweißen Wänden, eleganten Rollos in Beige und in die Decke eingelassenen Halogenleuchten. Wir sind mit Chagi Shmueli verabredet, dem Anwalt, der Abu Dalo vor fünfzehn Jahren bei dem Prozess gegen Azulays Tochter vertreten hat, die einen Teil des Hauses besetzt hielt. Chagi und Abu Dalo konnten den Prozess gewinnen; die Besitzverhältnisse wurden 1993 bestätigt.
Chagi hat strahlend blaue Augen. Seine Stimme klingt sanft, aber fest, man merkt nicht, dass er Überzeugungsarbeit leistet, bis man zustimmend nickt – ein guter Anwalt. Ich hoffe, dass er mir mehr über die Geschichte des Hauses erzählen kann. Aber als ich ihm die Unterlagen von 1959 zeige, die die Rückgabe belegen, muss er zweimal hinsehen.
»Was ist das?«, fragt er und holt eine Gleitsichtbrille aus der Schreibtischschublade. »Das ist ungewöhnlich.«
Rana sagt: »Das ist das Rückkehrrecht.«
Chagi sagt: »Ja, tatsächlich.« Er kratzt sich am Kopf, studiert das Dokument und blickt schließlich uns an. »Es ist verrückt. Wissen Sie, wie viele Palästinenser in diese Kanzlei kommen und sagen: ›Chagi, dieses Grundstück gehört mir!‹ Und ich antworte: ›Sir, es tut mir aufrichtig leid. Sie sind ein guter Mensch und hätten es verdient, Ihr Haus wiederzubekommen. Aber den Gesetzen dieses Landes zufolge steht Ihnen nichts zu, verstehen Sie das?‹« Er schiebt die Brille auf die Nasenspitze und überprüft das Dokument ein weiteres Mal. »Wozu sind Sie eigentlich gekommen? Nur um mir dieses fraglos interessante Stück Papier zu zeigen?«
Ich möchte Chagi fragen, ob er uns behilflich sein könne, Einsicht in die Prozessakten zu nehmen und mehr über die Beweggründe des Gerichts zu erfahren, Abu Dalo das Haus zurückzugeben. Aber noch bevor ich den Mund aufmachen kann, geht Rana dazwischen: »Dann glauben Sie also ans Rückkehrrecht?«
Ich sehe sie fragend an. Chagi beantwortet die Frage auf typisch israelische Weise und reagiert, als hätte sie »Wie geht's?« gesagt. »Wissen Sie, 1948 sind hier wirklich furchtbare Dinge passiert. Es gab einen Krieg, viele Menschen wurden verletzt oder heimatlos. Es war schrecklich ungerecht. Es tut mir leid, meinem Vater tut es leid und meinem Großvater auch. Können wir das Ganze jetzt bitte vergessen?«

Mit dieser Antwort ist Rana nicht zufrieden. »Sie sind nicht der Ansicht, die betroffenen Palästinenser sollten ihre Häuser zurückbekommen?«
»Das wäre unmöglich. Ja, man sollte sich bei ihnen entschuldigen und sie entschädigen. Oder wenigstens einräumen, dass ihnen Unrecht geschehen ist. Aber die Häuser werden inzwischen von uns bewohnt. Was will man da machen? Meine Mutter stammt aus Syrien. Sie wurde ausgebürgert. Soll ich dorthin zurück?« Chagi beugt sich vor. »Wissen Sie, wir tragen nicht allein die Schuld. Die arabischen Länder ermöglichen es den Palästinensern nicht, sich zu integrieren. Sie stecken sie lieber in Flüchtlingslager, um das nationalistische Feuer anzuheizen.«
Ranas Handy klingelt in ihrer Handtasche, aber sie ignoriert es. »Wollen Sie damit sagen, Israel steh nicht in der Verantwortung?«
»Ich will sagen, dass die Palästinenser von allen Beteiligten über den Tisch gezogen wurden. Von den Arabern und von den Israelis.« Chagi leht sich zurück und verschränkt die Arme hinter dem Kopf. »Ich glaube, es ist an der Zeit, die Vergangenheit ruhen zu lassen. Sie abzuhaken. Wir entschuldigen uns, ihr entschuldigt euch, und fertig.«
Rana rutscht auf der Wutskala ein Stück weiter nach oben, sie ist kurz vorm Explodieren. »*Wir* sollen uns entschuldigen? Wofür?«
»Hören Sie«, sagt Chagi, »ich habe palästinensische Freunde. Ihr seid in Ordnung. Einige der hellsten Köpfe, die ich kenne. Wenn man euch nur eine Chance gibt, bringt ihr es weit, werdet gute Ärzte, Anwälte, Richter.«
Rana: »Was ist mit den Fehlern, von denen Sie gesprochen haben?«
»Alle machen Fehler. Meine Devise ist: vergeben und vergessen.«
Rana ist außer sich vor Wut. Sie rasselt Zahlen und Daten herunter und redet unzusammenhängendes Zeug. Sie erzählt von ihren Cousins ins Sabra und Schatila und von ihrem Onkel in Gaza, von Soundso, der in Syrien festsitze. Aber sie argumentiert wirr und hat gegen den Anwalt keine Chance.
»Das ist furchtbar«, sagt Chagi, »ich gebe Ihnen völlig Recht.«
Rana redet von Haifa – angeblich wurden die Palästinenser 1948 aus der Stadt vertrieben und nach Nazareth geschickt, und ihre Häuser beschlagnahmt, denn sie waren »der Feind«. »Aber in Haifa

war von den sogenannten Feinden nichts zu sehen. Wir haben nicht gekämpft«, sagt sie. »Wie kann Israel sich herausnehmen, unser Land zu stehlen? Und die ganze Welt schaut untätig zu.«
»Was sollen wir tun?«
»Den Leuten ihre Häuser zurückgeben.«
»Und wo sollen wir hin?«
»Ihr bleibt hier. Wir werden in einer Demokratie leben. Alle zusammen.«
»Hören Sie, ich finde, die Palästinenser sollten einen Staat bekommen. Aber auch wir brauchen ein eigenes Land!«
»Warum können wir nicht teilen?«
»Wir haben es 1947 vorgeschlagen. Ihr habt abgelehnt.«
»Damals war die Lage eine andere. Wir waren nicht so organisiert wie ihr. Außerdem habt ihr euch 1948 noch einmal fünfundzwanzig Prozent unter den Nagel gerissen.«
»Es war Krieg«, sagt Chagi.
»Ich nenne das ethnische Säuberung und Kolonialismus«, sagt Rana.
»Also bitte.«
Es ist, als führte mich meine Haut. Meine rechte Hand steigt auf und legt sich für einen kurzen Moment auf Ranas linken Oberschenkel. Sie sieht mich nicht an, aber ihr Gesichtsausdruck verändert sich unmerklich. Sie zwingt sich zu einem Lächeln, verbirgt ihre Wut. Ich nehme meine Hand weg. Wieder klingelt ihr Handy. Diesmal nimmt sie den Anruf entgegen und verlässt das Zimmer. Als guter Anwalt führt Chagi seine Argumentation zu Ende. Er sagt, er sympathisiere mit den Palästinensern, sei neben den Abu Dalos aufgewachsen. Aus diesem Grund habe er sie vor Gericht vertreten. Die Kinder der Familien hätten dieselbe jüdische Schule besucht. Es freue ihn, die Unterlagen zu sehen und daran erinnert zu werden, dass Abu Dalo Gerechtigkeit widerfahren sei. Was die anderen angehe, die zu ihm kämen und ihn um Rat bäten, so könne er nichts machen, als ihnen zu sagen, wie leid es ihm tue. Wenn er etwas ändern könnte, würde er es tun.
Ich höre Chagi zu, kann ihm aber nicht mehr folgen. Ich muss ständig an meine Hand auf Ranas Oberschenkel denken. Ich habe sie berührt, um ihr zu sagen: Bitte, hör auf. Meine Hand hat gesprochen, als mein Mund es nicht konnte. Ich habe den Streit so

satt, die endlosen Diskussionen darüber, wer denn nun im Recht sei. Ab einem gewissen Punkt haben die Worte von Chagi und Rana ihre Bedeutung verloren, der Dialog war vergiftet und irrte umher wie ein Boot ohne Ruder. Ich wollte Chagis Geschichte hören, nicht um ihm beizupflichten oder ihm zu widersprechen, sondern um das Für und Wider aus seinem Mund zu hören. Um es in die Erzählung einzufügen.
Als Rana zurückkommt, verstummt Chagi. Schweigen macht sich breit. Ich habe meine Fragen, die ich mir am Morgen aufgeschrieben hatte, nicht gestellt. Stattdessen denke ich an meine Hand auf Ranas Schenkel. Eigentlich bin ich von Chagis Argumenten ganz angetan. Obwohl er ein aalglatter Anwalt ist und ganz schön herablassend mit seinem »Ich bin ein so guter Mensch, ich mag sogar Palästinenser«, ist ein Teil von mir überzeugt, dass er Recht hat. *Unsere Fehler zugeben. Die Leute entschädigen. Die Geschichte abhaken und in die Zukunft schauen.* Trotz allem, was ich gehört, gesehen und gelesen habe, bin ich immer noch nicht bereit, das Land aufzugeben. Von der Vorstellung der jüdischen Nation kann ich mich einfach nicht trennen.

Kapitel 40

Rana und ich stehen vor einem Café in der Hillel Street. Sie ist sauer auf mich, und ich auf sie. Aber wir reden nicht über unsere Unzufriedenheit. Stattdessen frage ich: »Wer hat angerufen?«

»Mein Vater«, sagt sie, »ich muss zurück nach Tamra.«

»Wann kommst du wieder?«

»In ein paar Tagen.«

Rana schultert ihren Rucksack und verschließt den Brustgurt, als wollte sie sagen: Zeit, zu gehen. Aber dann bleibt sie stehen. Sie wiegt sich vor und zurück. Ich weiß nicht, was ich sagen soll, deswegen erzähle ich ihr, dass ich am Montag die Oase des Friedens besuchen werde, die einzige israelische Dorfgemeinschaft, in der sich Palästinenser und Juden bewusst für ein Miteinander entschieden haben.

»Möchtest du mitkommen?«, frage ich und wünsche mir insgeheim, sie würde ablehnen.

Rana sagt, sie wisse es noch nicht, sie müsse erst einmal mit ihrer Familie sprechen. Wieder klingelt ihr Handy. Sie führt ein kurzes Gespräch und sagt dann zu mir: »Hör mal, ich muss jetzt los. Ich rufe dich an.«

Ich laufe zu meinem Hotel im christlichen Teil der Altstadt zurück. Die Woche hat mich erschöpft. Ich weiß nicht mehr, was ich denken soll. Im Kopf gehe ich die Diskussionen noch einmal durch. Wie kann Rana behaupten, Frieden zu wollen, wenn sie es gleichzeitig okay findet, andere in die Luft zu sprengen? Ich fühle mich betrogen. Ich war bereit, meine Kultur zu kritisieren; warum kritisiert Rana nicht die ihre?

Das Wochenende verbringe ich allein in Jerusalem. Es ist Ende Dezember und kalt geworden. Die Luft in der Stadt ist schwer, drückend, unangenehm. Zu viel Geschichte an allen Ecken und Enden. Zu viel Bedeutung klebt an den Steinen, liegt unterm Schutt und in den Gassen herum. Auf der Ben Yehuda Street und auf der Salah ad Din, im Westen und im Osten schließen sich Juden und Palästinenser zu Gruppen zusammen und fragen: *Zu wem gehört du? Bist du für uns oder für die anderen?* Israel und Palästina: Hier kann man nicht anders, als Stellung zu beziehen.

Es ist spät am Sonntagabend, ich bin in meinem Hotelzimmer. Es klopft an der Tür. Ich mache auf und sehe Rana. Sie sagt, sie wolle sich unterhalten, bleibt aber auf der Schwelle stehen.
»Ich hätte nicht gedacht, dass wir uns noch einmal wiedersehen«, sage ich und drehe nervös am Türknauf.
»Ich auch nicht. Ich dachte, vielleicht bist du derselben Ansicht wie Chagi.«
Ich verschweige, dass ich einige von Chagis Argumenten nachvollziehen kann und immer noch an der Idee vom Judenstaat hänge. Wobei ich mir nicht mehr sicher bin, was genau das ist. Ich wünschte mir, dieser Staat wäre gerechter, demokratischer, egalitärer.
Stattdessen sage ich: »Rana, er hatte kaum Gelegenheit, auszureden.«
»Ja, machmal stört mich wirklich, wie passiv du bist. Du sagst nie was.«
Sie steht da und nimmt den Rucksack nicht ab.
»Weißt du, der Mann hat sich für das Gespräch mit uns eine Stunde Zeit genommen. Es war einfach nicht der passende Augenblick, um über Geschichte zu streiten. Außerdem weiß ich, was das bringt. Nichts.«
»Ich sage immer, was ich denke. Ich möchte, dass mein Gegenüber sich öffnet.«
»Das verstehe ich. Aber wenn zwei einander anbrüllen, öffnet sich niemand.«
»Weißt du, was dein Problem ist? Du hörst jeden an. Kannst du dir nicht vorstellen, dass sich manche Leute einfach irren?«
Darauf weiß ich nichts zu sagen.
»Wir sind verschieden«, sagt sie, und ich gebe ihr Recht.
Es beruht auf Gegenseitigkeit: Ich habe ihre kämpferische Art satt und sie meine sogenannte Passivität. Ich bin bereit, diese Freundschaft aufzugeben. Da lässt Rana den Rucksack von ihren

Schultern gleiten. Das Geräusch des Sackes auf den Steinfliesen überrascht mich.
»Darf ich in deinem Gästebett schlafen?«
Ungläubig starre ich auf ihren Rucksack.
»Meine Freunde sind nicht zu Hause«, erklärt sie.
»Okay«, sage ich, »komm rein.«

Kapitel 41

»Wenn man die Juden oder die Palästinenser auf der Straße befragt, geben alle an, lieber getrennt voneinander leben zu wollen«, sagt Ahmed, der Bauprojektleiter der Oase des Friedens. »Ich habe nichts dagegen, wenn die Leute unter sich bleiben wollen. In Israel hat das Ganze jedoch wenig mit persönlicher Vorliebe zu tun; hier wird eine Politik der Segregation durchgesetzt. Entweder ist man Jude oder nicht. Im Bildungs- und Gesundheitswesen, bei Arbeitgebern und Behörden wird danach unterschieden. Wir wehren uns gegen diese Praxis. Unsere Gemeinschaft ist eine Form des Protestes. Wir beschweren uns aber nicht – wir tun etwas. Wir bieten eine Alternative an.«

Ahmeds Wortwahl ist schroff, aber seine Stimme klingt sanft. Er führt Rana und mich durch die von einem Zaun geschützte Gemeinde, die 1978 von fünf Familien gegründet wurde. Inzwischen leben fünfzig israelische und palästinensische Familien in der üppig bepflanzten Gegend südlich von Latrun. Das Grundstück wurde ihnen von einem Trappistenkloster zur Verfügung gestellt. Bevor wir auf den Spielplatz dürfen, werden wir von einem Wachmann durchsucht. Ahmed zeigt auf ein eingeschossiges Gebäude: Grundschule und Kindergarten. »Es war Anfang der 1980er, wir fanden es albern, für zwei arabische und drei jüdische Kinder zwei Kindergärten zu bauen. Auf diese Weise entstand die erste binationale, zweisprachige Schule des Landes.« Ahmed lächelt. »Als die Grundschule eröffnet wurde, reisten die Leute von überall her an, um es sich anzusehen: ›Schau mal, Juden und Araber in *einer* Schule!‹ Wir fühlten uns wie im Zoo. Seit 1992 nimmt die Schule auch Kinder von außerhalb auf. Neunzig Prozent der Schülerschaft stammt aus den umliegenden Dörfern. Das ist eine große Sache und erfordert viel Mühe. Wenn ein Kind hier zur Schule geht, geht es nicht um dieses Kind allein. Es betrifft die ganze Familie.«

Im Korridor entdecke ich ein Schwarzes Brett mit einem hebräischen Schriftzug: »Mann des Friedens«, daneben ein Bild von Jitzchak Rabin. Von Kindern gedichtete Lobeshymnen. Ein Auszug aus Rabins letzter Rede: »Ich habe gekämpft, so lange es keine Hoffnung auf Frieden gab. Inzwischen glaube ich, dass die Chance auf Frieden gekommen ist, eine große Chance. Wir müssen sie ergreifen.«

Ich frage Ahmed, was die Kinder hier über das Jahr 1948 lernen. »Die Schule geht nur bis zur sechsten Klasse. Weil die Kinder noch so klein sind, wird vieles nicht unterrichtet. Wir sprechen über den Krieg, aber mehr noch über die Zeit vor 1948. Schwieriger wird es, wenn große Feiertage anstehen. Wie kann man den Unabhängigkeitstag *und* die Nakba begehen? Das ist nicht einfach. In den Anfangszeiten der Oase des Friedens ging es zu wie bei einem klammernden Ehepaar. Wir dachten, alles gemeinsam machen zu müssen. Es dauerte Jahre, bis wir merkten, dass das nicht nötig ist. Wenn Eltern den Unabhängigkeitstag feiern wollen, können sie es tun. Mit der Nakba ist es genauso. Andere Feiertage wie Weihnachten, Opferfest und Chanukka begehen wir gemeinsam.«

Es gibt noch andere Herausforderungen. Die Grundschule wurde im Jahr 2000 vom damaligen Bildungsminister Jossi Sarid öffentlich anerkannt. Inzwischen hat man beschlossen, sie wieder als Privatschule zu betreiben. Ahmed erläutert: »Die Regierung hat sich zu viel in die Unterrichtsplanung eingemischt. Wir kamen unserem Anspruch nicht mehr nach, alle Religionen und Kulturen gleichermaßen zu repräsentieren. In Israel werden Kinder groß, ohne ihre Nachbarn kennenzulernen. Ich spreche auch für mich: Obwohl ich auf eine israelische Schule ging, hatte ich kaum Kontakt zu Juden. Ich habe sie nie als Menschen kennengelernt. Wir haben uns gegen diese Trennung entschieden, auch wenn das bedeutet, weniger staatliche Mittel zur Verfügung zu haben.«

Im Büro von Zochrot hatte ich einen Bewohner der Oase des Friedens kennengelernt. Ich war neugierig und wollte mehr über die Gemeinschaft erfahren, aber er wirkte müde, wollte sich kaum äußern. *Schluss mit dem Hype*, schien er sagen zu wollen, *ich will bloß in Frieden leben*. Vielleicht sollte ich das Projekt weniger euphorisch betrachten, immerhin muss es sehr anstrengend sein, unter ständiger Beobachtung der Medien, Behörden und ausländischen Besucher zu stehen. Schon der Name schraubt die Erwartungen in die Höhe. Warum nicht gleich »Garten Eden«?

Ahmed sagt, es sei nicht immer leicht gewesen, es habe Zeiten gegeben, da sei die Gemeinschaft fast zerbrochen. Mitte der Neunziger zum Beispiel, als ein israelischer Militärhubschrauber auf dem Weg in den Libanon abstürzte und zweiundsiebzig Soldaten starben. Einer von ihnen stammte aus der Oase. Die ansässigen Juden wussten, dass er im Libanon kämpfte; die Palästinenser wussten es nicht. »Als wir davon erfuhren, haben wir uns schrecklich aufgeregt. Der Absturz ereignete sich wenige Tage vor einem wichtigen muslimischen Feiertag. Seit dem Einmarsch im Libanon 1982 schlägt die israelische Armee meistens drei oder vier Tage vor einem muslimischen Feiertag zu. Für uns ein heikles Thema. Außerdem haben einige unserer palästinensischen Mitbewohner Angehörige in libanesischen Flüchtlingslagern, dem Ziel des Helikopters. Also waren sie einerseits froh, dass er sein Ziel nicht erreicht hat, andererseits war der Junge einer von uns. Wir alle kannten ihn. Natürlich waren wir betroffen und haben getrauert. Aber die Frage war: In welcher Erinnerung wollen wir ihn behalten? Werden wir ihn als Soldaten verabschieden oder als Mitglied der Gemeinschaft? Wünscht die Familie eine private Zeremonie? Am Ende lief es wie immer: Wir einigten uns auf einen Kompromiss. Er wurde als Kind unserer Gemeinschaft bestattet, nicht als Soldat.«

Rana lauscht aufmerksam. Sie ist ebenso fasziniert wie ich. Anders als der Frieden zwischen Shimon und Abu Dalo ist jener in der Oase ein gemachter, der aus einem freiwilligen gesellschaftlichen Experiment hervorgeht. Ob Rana hier würde leben wollen? Und ich? Ich muss an Ahmeds Worte vom Kompromiss denken. Würde das Leben hier Ranas Ansichten über die Notwendigkeit von Gewalt ändern? Falls nicht, wie würde ich, ihr Nachbar, damit umgehen? Ich muss an die zweite Intifada denken. Wie viele Menschen wollen eigentlich in der Oase des Friedens leben, nachdem die Gespräche zwischen Barak und Arafat im Jahr 2000 gescheitert sind, nach Dutzenden von Selbstmordattentaten, gezielten Tötungen und neuen Kontrollpunkten? Ich zitiere Sagis Statistik von den achtundsechzig Prozent, die nicht unter einem Dach mit Palästinensern leben wollen.

Ahmed sagt: »Seltsamerweise bewerben sich seit Oktober 2000 mehr Leute hier als je zuvor. Wir haben über zweihundert Familien auf der Warteliste, palästinensische und israelische. Meine Erklärung ist, dass man sich seit 2000 entscheiden muss. Die Zeiten des Abwartens sind vorbei. Man glaubt an die Koexistenz oder nicht.«

»Dann sind die Zustände in Israel und Palästina dabei, sich zu verbessern?«

Ahmed antwortet: »Ich würde sagen, es wird besser und schlechter zugleich. Das Schlechte ist offensichtlich: Mehr Extremisten, mehr Anschläge, mehr Angst, mehr Rassismus. Das Gute: Mehr Leute wollen in der Oase des Friedens leben. Überall im Land öffnen binationale Schulen. Immer mehr Juden verweigern den Kriegsdienst. Immer mehr Palästinenser sprechen sich gegen die Gewalt aus.«

Ahmed öffnet die Tür zu einem Klassenzimmer. Zehn Fünfjährige kommen schreiend angestürmt, während die Lehrerin sich um Ordnung bemüht. »Ich kann es nicht abstreiten: Wir sind in der Minderheit, zweihundertfünfzig Gemeindemitglieder in einem Land mit sieben Millionen Einwohnern. Können wir etwas ändern? Ich weiß es nicht. Mein Problem ist, dass ich an das Gute im Menschen glaube. Ich beobachte sie, höre ihnen zu. Wenn man sich heutzutage im Land umsieht, merkt man, wie erschöpft die Leute sind. So erschöpft wie nie. Eine echte, praktikable Lösung, die Frieden bringt, würde wie kostbares Wasser aufgenommen. Wir verdursten. Wir sind zu mehr Kompromissen bereit als je zuvor.«

Ein kleiner Junge hüpft Ahmed in die Arme. Sein Sohn. An den Wänden hängen arabische und hebräische Schriften, Zeichnungen von Menorot, Mekka und der heiligen Dreifaltigkeit. Fingerfarben, Lieder, Fantasiewelten. Ein dünnes, drahtiges Mädchen nimmt einem Jungen ein Spielzeug weg. Er fängt zu schreien an. Wie lehrt man Kooperation? Wie soll der Unterricht aussehen, was wäre der richtige Satz? Was würde ich sagen? *Hey Kinder, ihr müsst lernen, miteinander auszukommen.* Ahmed wiegt liebevoll seinen Sohn. Draußen vor dem Fenster steht ein schwarzer Stacheldrahtzaun, der die Grünflächen des Dorfes von der Straße dahinter trennt.

In Jerusalem wird es kälter. Es herrscht reger Autoverkehr, wir stehen vor einem überfüllten Café. Rana wartet auf den Bus zum Bahnhof, von dort geht es weiter nach Tel Aviv, Haifa, Tamra. Sie knöpft ihren Cordmantel zu. An ihrem Revers stecken zwei Buttons: auf dem einen eine Frau mit einem Kopftuch, das aus der palästinensischen Flagge gemacht ist; auf dem anderen der Umriss dieses Landes in den palästinensischen Farben.

»Danke«, sagt sie.

»Wofür?«

»Dass ich teilhaben durfte.«

Ich antworte nicht. Wir umarmen einander. Ich möchte, dass es echt ist, möchte ihr sagen: »Danke, dass du mich auf den Weg, an diesen unerwarteten Ort gebracht hast.« Stattdessen muss ich an Judith denken. Vor zwei Jahren habe ich zum letzten Mal mit ihr gesprochen. Dieses Jerusalem ist so anders als jenes, von dem wir damals träumten. Der lärmende Berufsverkehr, die Auspuffgase des vorbeidonnernden Schwertransporters, unsere halbherzige Umarmung. Wir lassen einander los. Rana dreht sich um, geht los und verschwindet in der Menge der Menschen, die auf dem Heimweg sind.

Kapitel 42

Vor uns erhebt sich die Mauer. Scheinwerfer auf Zement. Ich meine Graffiti zu sehen, kann die Schrift nicht entziffern, vielleicht steht da *Ghetto* oder *Ich bin kein Terrorist*. Wir sehen die Mauer in ihrer erschlagenden Größe; sie beherrscht uns, lässt uns schrumpfen. Immerhin ist sie viermal so hoch wie wir. Auf einmal zerfällt sie. Gibt den Blick auf unser Leben frei. Umrahmt ein Haus. Wird zum Fernsehschirm. Die Mauer ist ein Gemälde, eine Landschaft, unser Traum – was immer wir mit uns herumschleppen. Eine Trennwand, Gesprächsfetzen, beim Essen unbemerkte Hintergrundmusik. Die Mauer hat Rollen und wird von den Schauspielern wie eine Kulisse herumgeschoben. Bis die nächste Szene beginnt.

Das Stück heißt *Plonter*, das ist hebräischer Slang für »Durcheinander«. Das halb israelische, halb palästinensische Ensemble hat es gemeinsam entwickelt. Der Schaffensprozess dauerte sieben Monate und bezog Erfahrungen aus dem israelisch-palästinensischen Besatzungsalltag mit ein. Die Szenen werden auf Arabisch und Hebräisch gespielt, die Schauspieler stellen Palästinenser und Israelis dar. Das Stück läuft im Cameri, dem größten Theater Israels, vor einem großstädtischen Publikum. Beeindruckend. Noch beeindruckender ist für mich, dass es sich bei den Zuschauern um Schüler handelt. Ich sitze in der Dienstagvormittagsvorstellung. Die Fünfzehn- und Sechzehnjährigen sind mit Reisebussen gekommen. Sie spielen mit ihren Handys, streiten um die Sitzordnung, freuen sich über den unterrichtsfreien Tag. Als die Lichter ausgehen, verstummen sie.

Erste Szene: Ein jüdisches Paar aus Tel Aviv hat ein arabisches Paar zum Essen eingeladen, um zu beweisen, wie liberal und tolerant es ist. Statt mit den Arabern zu reden, hält die Gastgeberin einen langen Monolog übers Shoppen, über die Geheimnisse eines

gutes Hummus und so weiter. Sie tut alles, um das Gespräch zu meiden.
Auf beiden Seiten der Mauer wird gelitten. Ein Jude stirbt bei einem Selbstmordanschlag, ein junger Palästinenser wird von der Armee erschossen. Drei palästinensische Kinder spielen »Wer wird Märtyrer«. Es darf auch gelacht werden: In Tel Aviv sitzt ein Palästinenser in einem Bus und hat schlechte Laune, was ihn verdächtig macht. Der Fahrer fordert ihn zum Aussteigen auf. Er fragt: »Muss ich mich ausziehen, damit du siehst, dass ich keine Bombe habe?« (Der Schauspieler hat es selbst so erlebt.) Die Leute im Bus rufen: »Ja!« Da steigt der Mann auf seinen Sitz und legt einen lässigen Striptease hin, um zu beweisen, dass er keinen Sprengstoff am Leib trägt.
In einer anderen Szene erschießt ein Soldat ein Kind, weil das Kind ein Maschinengewehr aus Plastik hatte. Er muss einen Bericht schreiben. Sein Vorgesetzter macht aus dem »Kind« einen »jungen Erwachsenen«. »Aber er war ein Kind«, sagt der Soldat. »Das Wort weckt zu viele Sympathien«, entgegnet der Vorgesetzte, »es ist zu gefühlig.«
Die stärkste Szene spielt im Westjordanland. Drei israelische Soldaten fesseln einen Elfjährigen an einen Mast, weil er Steine geworfen hat. Sie verbinden ihm die Augen und kündigen ihn zu erschießen an. Der Junge hat Todesangst, die Soldaten zählen bis drei, schießen in die Luft, der Junge scheißt sich in die Hose. Die Soldaten lachen sich schlapp und bringen ihn zu seinem Vater. Als sie dem Vater erzählen, der Junge habe Steine geworfen, legt der Mann seinem Sohn den Arm um die Schulter. Es sieht aus, als wollte er ihn umarmen, stattdessen stößt er ihn zu Boden und traktiert ihn mit Tritten. Die Soldaten wenden sich angewidert ab. Ende.
Ich schaue nach rechts und sehe Mrs. Blintzkrieg in der Reihe vor mir sitzen. Sie verfolgt gebannt das Stück, ich tippe ihr trotzdem auf die Schulter.

ICH: Haben Sie sich jemals so verhalten wie diese Soldaten?
MRS. B.: Natürlich nicht.
ICH: Haben Sie je einen Angehörigen im Krieg verloren?

MRS. B.: Wer hat das nicht? Wer hat nicht den Blutzoll gezahlt?

ICH: Warum sind Sie, wenn Sie Israel so lieben, nach Kanada gegangen?

MRS. B.: Das Leben hier ist hart. Niemand will im ständigen Kriegszustand leben.

Wir schauen zur Bühne.

MRS. B.: Was soll ich sagen, Schalom? Dass ich eine schlechte Lehrerin war und die Bialik ein Hort des Bösen?

ICH: Ich möchte, dass Sie sagen: Man kann es besser machen.

MRS. B.: Man kann es *immer* besser machen.

Kapitel 43

Es ist Sabbat, ein ruhiger Tag mit wenig Verkehr. Wir sausen um einen riesigen Kreisverkehr. Heidi, die Kriegsfotografin, die mir von einem kanadischen Magazin vermittelt wurde, sitzt am Steuer. Wir wollen Samer besuchen. Heidi lenkt das Auto auf den Schotterstreifen neben der Straße.

»Wo sind wir?«

»Qalandia«, antwortet sie.

Ich erkenne nichts wieder. Der Hügel, von dem aus die Soldaten im Jeep auf Crazy Boy geschossen haben, ist verschwunden. Man hat den Boden eingeebnet, um bessere Sicht zu haben.

Der neue Kontrollpunkt ist ein riesiger weißer Neubau mit einem großen Wachhäuschen, in dem ein Soldat sitzt und die Ausweise entgegennimmt. Das Häuschen steht mehrere Meter von der Autospur entfernt und ist mit kugelsicherem Glas und Außenlautsprechern ausgestattet, damit der Soldat die Autoinsassen direkt ansprechen kann. Alles wirkt seltsam steril. Mein erster Gedanke ist, dass sich hier einiges verbessert hat; der Kontrollpunkt wirkt weniger chaotisch als bei meinem letzten Besuch. Es gibt keine Busse, keine Straßenverkäufer, keine langen Menschenschlangen mehr. Kein entwürdigendes Warten. Ich frage mich, ob schlichtweg weniger Leute passieren? Oder ist das Kontrollsystem effektiver geworden? Ich gehe auf das weiße Gebäude zu. Statt dem von Tarnplanen bedeckten Durchgang sehe ich Drehkreuze für Fußgänger. Auf einem elektronischen Display, das vom Warteraum aus zu sehen ist, steht in roten Lettern: »Willkommen im Atarot-Terminal«. Ich schätze, dass hier mehrere Hundert Menschen Platz finden, es warten aber nur drei oder vier. Worauf?

Draußen brüllt die Soldatin hinter der Panzerglasscheibe ins Mikrofon: »Raus da! Aussteigen! Kommen Sie her. NICHT RENNEN! Zeigen Sie mir Ihren Ausweis. Ihren Ausweis! ZEIGEN SIE MIR IHREN

AUSWEIS!« Ich schaue mich nach dem Stacheldrahtzaun um, neben dem Sam seinen Müll verbrannt hat, und entdecke stattdessen die acht Meter hohe Mauer. Die riesigen Betonelemente machen aus meiner Erinnerung an das weite Feld dahinter genau das – eine Erinnerung.

Es ist schön, Samer wiederzusehen. Die größte Neuigkeit ist: Er hat mit dem Rauchen aufgehört. Außerdem ist er befugt, sich von sieben Uhr morgens bis sieben Uhr abends in Israel und Gaza aufzuhalten, um zu arbeiten. Wahrscheinlich ist das eine Verbesserung.

»Wie geht's dir?«, frage ich.

Samer tunkt ein Stück Pita in sein Hummus. »Wenn du die Wahrheit hören willst: Alles Scheiße. Und es wird schlimmer.«

»Wieso?«

»Mein Freund, die Fatah ist am Arsch, die Hamas regiert. Selbst die Christen unterstützen Hamas. Meinst du, *die* wünschen sich einen islamischen Fundamentalistenstaat? Die Leute haben genug von der Korruption. Sie wollen versorgt werden, dafür sorgt die Hamas. Und dann sagt die Welt: *Ihr habt euch die Falschen ausgesucht*. Scheiße, Mann, weißt du eigentlich, dass Israel 1980 die Gründung der Hamas unterstützt hat?«

Nein, wusste ich nicht.

»Wir haben endlich eine Demokratie. Na toll! Abbas ist ein Feigling, und die Israelis haben uns in Käfige gesperrt. Bald wird es zum Bürgerkrieg kommen; wir balgen uns um die letzten Krumen.«

»Was gefällt dir an Abbas nicht?«, frage ich.

»Sieh dir das Land an, für das er kämpft, dieses Palästina. Würdest du hier leben wollen?«

Ich denke an die Mauer, an den Kontrollpunkt, die schreiende Soldatin hinter der Glasscheibe. Keine schöne Vorstellung.

»Hör mal, Arafat war ein korruptes Schwein. Aber für eine Sache werde ich ihn immer respektieren: Er hat nein zu Barak gesagt.«

»Was war an Baraks Angebot so schlecht?«

»Als Rabin in den Neunzigern die Friedensgespräche aufnahm, ließ er trotzdem in irrem Tempo Siedlungen weiterbauen. Barak

war noch schlimmer, er baute zehnmal schneller als Netanjahu.[11] Wo soll dieser Palästinenserstaat liegen? Wie sollen wir nach Gaza kommen – mit einem fliegenden Teppich? Hier im Westjordanland schneiden die Siedlungen sämtliche Dörfer voneinander ab. Den neuen Kontrollpunkt hast du gesehen – er ist ein Grenzübergang. Die haben längst beschlossen, was sie sich vom Land nehmen. Wir bekommen den letzten Dreck, der übrig bleibt. Von den Flüchtlingslagern und Jerusalem will ich gar nicht erst anfangen.«
Samer erzählt von den Autobahnen, die nur für Siedler und Soldaten gebaut werden, und von einem neuen Gesetzesvorschlag der Armee, demnach es für Israelis illegal sein sollte, Palästinenser aus dem Westjordanland im Auto mitzunehmen.
Samer fragt mich, was ich seit meiner Ankunft in Israel getrieben hätte. Ich erzähle von Eytan und Zochrot. Samer ist überrascht.
»Wirklich? Ein Israeli redet so?« Für eine Sekunde klingt er beinahe hoffnungsfroh.
»Sie sind in der Minderheit, aber sie haben, wie Eytan sich ausdrückt, den Fuß in der Tür.«
»Das ist riesig, mein Freund. Ein Sender wie Al Dschasira wäre an so einer Story sicher interessiert. Falls die Behörden mich nach Tel Aviv lassen, werde ich mich drum kümmern. Das hätte ich jetzt nicht erwartet. Ausnahmsweise eine schöne Überraschung«, sagt er und überträgt Eytans Kontaktdaten in sein Adressbuch.
»Samer, was meinst du, wie man alles in Ordnung bringen könnte?«
Er hält inne, legt beide Hände auf den Tisch. Zum ersten Mal seit unserem Wiedersehen atmet er tief durch.
»Trennung von Staat und Kirche. Weg mit der Religion. Vergiss es! Die Juden hören auf damit, die Palästinenser auch. Gebt uns einen Staat, in dem alle gleichberechtigt sind, und wir verwandeln ihn in eine große Nation.«
Ich sage, ich glaubte nicht, dass allzu viele Juden sich in der nahen Zukunft für die Einstaatenlösung erwärmen könnten.
»Mein Freund, ihr habt zweitausend Jahre gewartet. Dann warten wir eben genauso lange.«

11 Mehr Informationen zum Scheitern von Oslo und den Gesprächen zwischen Barak und Arafat liefert Robert Fisks Buch *The Great War for Civilisation*.

Kapitel 44

Ich fahre zur Mauer. Laufe zum Busbahnhof von Ostjerusalem, nehme den Bus nach Abu Dis. Von Norden her schiebt sich eine bedrohlich dunkle Wolkenfront auf Jerusalem zu. Der Tag ist kalt. Ich steige mit einem Haufen Palästinenser aus und finde mich direkt neben der Mauer wieder. Kinder spielen Fangen, rennen, bis die Straße abrupt endet und im Schotter verläuft. Die Großmütter rufen, deuten zum Himmel, um vor dem kommenden Sturm zu warnen.

Hier gibt es nichts Neues. So wollen es die Geschichtsbücher. Krieg verändert Landschaften, zerteilt und besiegt, verschluckt ganze Zivilisationen. Im Laufe der Zeit werden aus Ruinen Exponate. Beim Anblick der Mauer stellt sich die Frage: Was wird ihr Erbe sein? Werden hier die Touristen in dreihundert Jahren Schlange stehen wie vor der Chinesischen Mauer? Für Rundgang und Fotoerlaubnis bezahlen? In welcher Form wird das Bauwerk dann präsentiert? »Dieser Schutzwall wurde errichtet, um arabische Terroristen und Plünderer abzuhalten.« Oder: »Diese Mauer wurde gebaut, um ein Flüchtlingsvolk einzusperren.« Wird die Mauer stückweise im Museum ausliegen? »Heute leben wir in Frieden. Betrachten wir nun die Überreste aus Kriegszeiten.« Die Antwort wird davon abhängen, wie die Geschichte die aktuellen Vorgänge bewertet. Wie das »Problem« gelöst wird.

Ich bin hergekommen, weil ich keine Antworten gefunden habe, lediglich neue Fragen. Die Mauer zerteilt das Haus, das immerzu im Streit liegt. Mit dem Feind, mit sich selbst.

Wäre ich Lehrer an der Bialik – was würde ich lehren? Welches Gesicht Israels würde ich den Kindern zeigen? Ich drehe mich um, laufe ein paar Meter auf Jerusalem zu. Hinter den Hügeln im Norden liegt die Hebräische Universität. Das würde ich den Kindern zeigen: das Israel der großen Denker und der beeindruckenden

Schriftsteller, der Universitäten und Ärzte, der Pioniere, die die Elemente bezwangen, und der Dichter, die ihre Seele entblößten – die jüdische Seele, die menschliche Seele.
Und hier, an der Mauer in Abu Dis, was würde ich den Kindern hier sagen? Würde ich von dem Dorf erzählen, das von einer Mauer geteilt wurde, dreimal so hoch wie die von Berlin? Wie soll ich ihnen erklären, dass Familien im Namen der Sicherheit auseinandergerissen wurden, dass Olivenbauern ihre Haine weggenommen wurden, damit die jüdische Nation überlebe? Würde ich den Kindern von der Bialik das Graffiti zeigen, das sagt: »Abu Dis Ghetto = Warschauer Ghetto«? Würde ich ihnen sagen, was hinter dem Zaun liegt – ein Flüchtlingslager mit Kindern, die noch nie einem unbewaffneten Juden begegnet sind?
Wahrscheinlich müssten wir diesseits der Mauer bleiben. Die Autonomiegebiete sind ein heikles Thema. Ich würde die Keren-Kayemet-Büchse herumgehen lassen, die Kinder würden ihr Geld einwerfen, dann müsste ich reden. Ich würde von den Problemen auf dieser Seite berichten, von den Dutzenden nicht anerkannter Dörfer voller interner Flüchtlinge, die sich in Israel integrieren wollen, von den Behörden aber keinerlei Unterstützung erfahren.[12]
Ich könnte nicht schweigen, aber genauso wenig erklären, wie ein Mann dazu kommt, zu einem anderen zu sagen: »Hau ab, dies ist nicht dein Land. Du bist hier nicht willkommen.«

Ich lege die Stirn an den kalten Beton und sage zu Gott: »Bitte, zeig uns den Ausweg.«
Ich muss wieder an Moses denken. Was hat Gott in all den Jahren mit ihm gemacht? Auf keinen Fall hat er ihn einfach abgeschoben. Seinen Lieblingspropheten wird der Allmächtige bei sich behalten haben, und sei es nur zur Unterhaltung. Ein intelligentes Streitgespräch dann und wann, ein Kumpel zum Abhängen. Was, wenn Gott es sich plötzlich anders überlegt? Wenn er beschließt, Moses mal so richtig zu überraschen?
»Moses«, sagt Gott, »du warst gut und geduldig. Es ist an der Zeit. Ich werde dir das Heilige Land zeigen.«

12 Siehe dazu auch David Grossmans *Sleeping on a Wire*, S. 80–100.

»Im Ernst?«, fragt Moses.
»Natürlich«, sagt Gott.
Gott holt Moses aus dem Himmel und fliegt mit ihm über die Erde. Moses ist außer sich vor Freude. Auf diesen Tag hat er viertausend Jahre gewartet. Auf einmal sieht Moses von oben die Wüste Negev. Er sieht das wunderschöne Türkis des Malachit, den kühlgrauen Gips und den rosa Halit. Aber anders als Moses erwartet hätte, ist die Wüste nicht leer. Er sieht das Wunder der Kibbuzim mit Dattelbäumen und Bewässerungsanlagen, er sieht Ben-Gurions Traum von der blühenden Wüste. »Gärten in der Wüste. Beeindruckend! Und wir mussten Manna essen!?« Dann erblickt er das Tote Meer, das heutzutage nicht besonders gut aussieht, aber Moses bemerkt den Unterschied natürlich nicht. Gott schaufelt etwas Tonerde auf, um Moses zu zeigen, wie mineralstoffreich der Boden ist. »Fantastisch«, sagt Moses und zerreibt die Tonerde zwischen seinen Fingern. »Wie reichhaltig der Boden hier ist!« Dann zeigt ihm Gott Tel Aviv, und Moses sagt: »Interessant«, denn was versteht er schon von Städten? Aber der Meerblick gefällt ihm, und er kann die Dichter im Café diskutieren hören, in den Galerien gibt es Kunst und in den Theatern Dramen und am Strand knapp bekleidete Frauen. Gott zeigt Moses Galilaä mit seinen Äckern und den Dörfern zwischen den Hügeln, die Golanhöhen mit ihren schroffen Felsen, den schneebedeckten Hermon. »Beeindruckend«, sagt Moses, »ganz anders, als ich dachte.« Er sieht alles von oben: die Zitronenbäume mit den vielen Zitronen, die Schäfer mit ihren Schafen, die Ruinen von Cäsarea, die Frachter im Hafen von Haifa, die Schornsteine von Chadera. Wo es Industrie gibt, gibt es Städte, und wo Städte sind, gibt es Menschen – Äthiopier und Russen, Marokkaner und Litauer, Chinesen und Amerikaner, Thais und Kurden, und alle eilen, schlafen, stehlen, arbeiten, beten, gebären, singen.
»Wer sind all diese Leute?«, fragt Moses. »Und was tun sie hier?«
»Sie bilden eine Nation. So, wie ich es dir versprochen habe«, antwortet Gott.
»Das ist mein Volk?«
»Größtenteils ja«, sagt Gott stolz.
Moses ist fasziniert. Tränen steigen ihm in die Augen. Er kann

nicht glauben, dass die Prophezeiung in Erfüllung gegangen ist.
»Kann ich den Berg Moriah sehen?«, flüstert er.
Gott sagt: »Leider ist die Angelegenheit ein bisschen kompliziert. Lass mich dir etwas anderes zeigen.«
Und Gott bringt Moses nach Jerusalem. Moses sieht, wie sich hinter Latrun die Berge erheben. Er sieht den Felsendom auf dem Moriah, er sieht die Klagemauer und die Davidszitadelle, die aus alten Steinen gebaute Altstadt. Wie schön, denkt Moses. Dann nimmt Gott Moses mit über den Ölberg, wo berühmte Juden begraben liegen, bis nach Abu Dis. Moses sieht ein Ding, das wie eine riesige Narbe im Land aussieht.
»Was ist das?«, fragt er.
Gott sagt: »Das wollte ich dir zeigen. Die Mauer.«
»Wozu eine Mauer?«
»Um die Feinde draußen zu halten«, sagt Gott.
»Warum hat man sie gebaut?«
»Denk an die Bibel, Moses: ›Du sollst mit ihnen und mit ihren Göttern keinen Bund machen. Sie sollen nicht in deinem Lande wohnen.‹«
»Ich wusste ja nicht, dass du es so wörtlich meinst«, sagt Moses und lässt den Blick über die Mauer schweifen.
Gott sagt: »Du weißt ja, wie das ist. Sünder und Bösewichte gibt es überall. Jene, die mich nicht anbeten.«
»Hättest du nicht persönlich dafür sorgen können, dass sie draußen bleiben?«
»Nein«, sagt Gott, »die Mauer ist ein Zeichen ihrer Ergebenheit.«
»Hm.« Moses weiß nicht, was er davon halten soll. »Nur zur Klarstellung: Seit sechstausend Jahren willst du, dass dein Volk hier lebt. Es durchleidet eine schwierige Epoche nach der nächsten in der Hoffnung, hier herzufinden. Und als die Menschen es dann geschafft haben, bauen sie dir zu Ehren eine Mauer?«
»So könnte man es sehen.«
»Das gefällt mir nicht.«
»Wie meinst du das?«
»Zunächst einmal ist sie hässlich.«
»Aber nützlich!«, sagt Gott. »Die Mauer bedeutet Frieden.«

»Frieden«, sagt Moses mit Blick auf die Panzer und die Raketenwerfen unten am Boden. »Wie das?«
»Die bleiben auf ihrer Seite, wir auf unserer.«
»Das ist kein Frieden«, sagt Moses, »das ist ein Käfig.«
Gott ist bestürzt. Er dachte, Moses würde sich freuen.
Moses sagt: »Versteh mich nicht falsch, Gott, du bist wirklich ein großer Künstler. Aber das Leben ist verdammt kompliziert, es gibt kein Gut auf der einen und Böse auf der anderen Seite. Als ich in der Wüste war, glaubte ich nicht mehr an das Heilige Land. Beziehungsweise glaubte ich, dass es irgendwo existierte, bloß würden wir es nie erreichen. Ich mochte den Gedanken. Ich dachte, es wäre deine Idee.«
Gott schweigt, und Moses fragt sich, ob er den Allmächtigen beleidigt habe. Moses und Gott schauen auf den Beton gewordenen Schlamassel hinunter. Plötzlich kommt Moses ein anderer Gedanke: Vielleicht hat sich mit Israel das Versprechen auf weltliche Weise erfüllt. Einen realeren Ort gibt es nicht. Gott mag die Mauer, weil ihre Hässlichkeit ehrlich ist. Sie hält Seinem Volk den Spiegel vor.
Moses fragt sich, ob Gott hinunter lausche, ob er die auf der anderen Seite, die herüberkommen wollen, auch hören könne. Auch sie sind Sein Volk. Auch sie sind die Kinder von Abraham, Isaak und Ismael.
Gott fängt zu weinen an.
»Gott?«, fragt Moses, »alles in Ordnung?«
Nein, denkt Gott, sagt aber nichts. Gott bringt kein Wort heraus. Seine Tränen gehen als Regensturm auf Tel Aviv nieder (monströse Windböen, sintflutartige Niederschläge). Sein Weinen verwandelt sich in faustgroße Hagelkörner, die auf Galilaä fallen. Und in Jerusalem fängt es zu schneien an. Flocken so groß, dass man sie einzeln fangen und auf der Zunge schmecken kann. Ich folge ihnen bis nach Jerusalem, es ist, als leiteten mich Gottes Tränen, als könnten Seine Tränen mich aus dem Chaos führen.

Zum letzten Mal suche ich das Haus auf, aber Shimon ist nicht da. Ich gehe zu Mary hinüber und klopfe an. Ein Mann öffnet mir die Tür.

»Wo ist Mary?«, frage ich.
»Die wohnt nicht mehr hier«, sagt der Mann auf Hebräisch. »Sie hat die Miete nicht bezahlt, da hat Abu Dalo sie rausgeschmissen.«
Er heißt Roy, ist Maler von Beruf und lädt mich auf einen Tee ein. Im Haus brennen keine Lampen. Durch die Fenster fällt trübes Licht vom verschneiten Himmel über Jerusalem ein.
Roy kehrt mir den Rücken zu, während er Teewasser in den Kessel füllt. Er sagt: »Weißt du, ich habe ein gutes Gefühl hier in diesem Haus. Mir gefällt der Gedanke, dass es eine Geschichte hat.«
»Du meinst, weil es einem Palästinenser gehört?«
»Teilweise. Ich habe hier das Gefühl, zwischen den Stühlen zu sitzen. Das gefällt mir.«
»Warum?«
»Ich bin in der Altstadt aufgewachsen. Wie du weißt, tobt dort das Leben. Hier ist es ruhig, aber nicht zu ruhig. Wäre es noch ruhiger, würde ich ausflippen. Es ist, als müsste ich beide Seiten hören, um mich lebendig zu fühlen. Anders kann ich es nicht ausdrücken.«
Roy will wissen, warum ich an dem Haus so interessiert sei. Ich erkläre es ihm.
Da sagt er: »Hey, eins sollte ich dir vielleicht erzählen. Neulich hat die Stadtverwaltung einen Landvermesser vorbeigeschickt.«
»Wirklich? Warum?«
»Die wollen die Straße vor dem Haus verbreitern. Damit das Einkaufszentrum aus dieser Richtung besser zu erreichen ist.«
»Was soll das heißen?«
»Die werden dieses Haus abreißen. Und das von Shimon auch.«
»Steht es schon fest?«
»Na ja, in diesem Land kann man es nie so genau wissen. Ich dachte, es interessiert dich vielleicht. Die waren schon ein paar Mal hier.«
Wir trinken schweigend unseren Tee. Roy zeigt mir die Bilder, an denen er gerade arbeitet, Ansichten der Landschaft draußen vor der Tür. Ich werfe einen Blick auf die Uhr. Mein Flug geht heute Abend. Ich sollte mich beeilen und machen, dass ich zum Flughafen komme, bevor die Straßen wegen des Schneefalls gesperrt werden.
Als ich vor die Tür trete, schneit es noch heftiger. Ein letztes Mal gehe ich am Haus vorbei, bilde mir ein, eine Gestalt am Wohn-

zimmerfenster zu sehen. Sie behält mich fest im Blick, wendet die Augen nicht ab. Ich sehe mich selbst. Ich biege nach links auf die Gleise ab. Tief hängen die schweren, dunklen Wolken über Jerusalem. Entweder Gott weint immer noch oder von Norden schiebt sich eine höllische Kaltfront heran. Die Gleise, die Steine, die Erinnerung – bald ist alles von einer weißen Schicht überzogen. Die Kinder, die Autos, die Bäume, der Falafelmann, die ganze Welt schreit verwundert auf. Niemand weiß etwas mit Gottes kalten, schweren Tränen anzufangen. Es hat etwas Befreiendes, in den Sturm hinauszugehen.

Nachspiel

Mein Vater und ich sind einander, wie ich meinen möchte, in vielerlei Hinsicht ähnlich: belesen, aufmerksame Zuhörer, diszipliniert in unseren jeweiligen Berufen. Er ist ein hochangesehener Psychiater; zehn Jahre lang leitete er das größte psychiatrische Krankenhaus Nordamerikas; davor hatte er für die damalige Zeit bahnbrechende Untersuchungen auf dem Gebiet der Essstörungen durchgeführt. Einige meiner frühesten Erinnerungen an meinen Vater sind Besuche in seinen Vorlesungen; ich saß ruhig und allein im Dunkel des Auditoriums, während er anhand von Playmates über die Dekaden immer enger werdende Taillen enthüllte und damit ausgeweitete Erwartungen davon, wie dünn eine Frau sein sollte. Während er auf seine Dias deutete, gaffte ich auf die nackten Frauen auf der Leinwand. Im Alter von zehn Jahren entschied ich, dass er den besten Beruf der Welt hatte.

Ich wurde kein Psychiater, auch kein Arzt, sehr zum Leidwesen meiner Eltern. Ich hatte es vorgehabt: Ich begann 1990 an der McGill University ein Bachelor-of-Science-Studium; ich absolvierte das erste Jahr Physik und hatte fest vor, Arzt zu werden. Aber ich liebte die Medizin nicht, wie ich Bücher liebte. In die Literatur verliebte ich mich früh. Ich hatte immer ein Buch in der Hand. Aber erst als ich aus dem Schatten meiner sicheren und überbeschützenden Familie getreten war, verstand ich: Davon konnte niemand leben. Nicht vom Leben als Schriftsteller – um Gottes Willen –, sondern vom Leben als Künstler. Denn dieses zog mich wahrscheinlich mindestens genauso stark an wie das Schreiben selbst. Schreiben war immer eine Art Rettung für mich, ein Weg, um Ordnung ins Chaos zu bringen. Um mich selbst wieder zu spüren. Manchmal ist es, als könnte ich nur beim Schreiben wirklich ehrlich, wirklich Ich sein.

Deshalb war es ein Schock für Menschen in meiner näheren Umgebung, als *Ambivalence* auf Englisch erschien. Ich schrieb über Dinge, die niemand mich laut sagen hörte. Besonders mein Vater kämpfte damit. Wegen der persönlichen Note des Buches gab ich ihm ein Vorabexemplar, ebenso meiner Mutter. Ich war in erster Linie wegen der Politik nervös. Meine Eltern waren zwar keine großen Unterstützer Israels – vor allem mein Vater war relativ kritisch –, trotzdem war ich besorgt. Ich bereitete sie vor, indem ich sagte, dass ich ihre Scheidung kurz erwähnte, aber mit Mitgefühl und allgemein: Ich klagte weder an, noch ging ich in Details. Ich schrieb das Buch nicht, um Schmutzwäsche zu waschen. Stattdessen wollte ich das Persönliche erforschen, um zu zeigen, wie Politik, Ideologie und Religion alle Aspekte unseres Lebens berührten. Vor allem: Wie meine Familie und meine Erziehung – und das Auseinanderbrechen der Familie, wie ich sie kannte – meine Beziehung zum Judentum und zu Israel berührten. Immerhin wird Judentum, wie Israel, in Blut gemessen.

Zu dieser Zeit lebte ich in Wilna, Lettland. Mein Vater schrieb in einer E-Mail, er habe das Buch gelesen. Dann folgte ein ausführlicher Brief. Er war zum Teil Literaturkritik, zum Teil Psychoanalyse und zum Teil eine scharfe Dekonstruktion meiner Persönlichkeit. Ich sollte hinzufügen, dass mein Vater seine psychiatrische Terminologie niemals auf mich angewendet hatte. Seine E-Mails pflegten eine, höchstens zwei Zeilen lang zu sein. Aber das Ausspeien einer psychologischen Bewertung war zutiefst persönlich, und seine Verweise auf das offizielle psychiatrische Klassifikationssystem trafen mich tief. Es war zugleich eine intellektuelle wie emotionale Attacke, in der er mehrere faktische Fehler (ich habe sie mittlerweile korrigiert) anführte und meine Art zu leben »kontraphobisch«, »unverbindlich«, »kindisch« und »pathologisch« nannte.

Am meisten ärgerte ihn, dass ich – seiner Meinung nach – eine Seite in der Scheidungsgeschichte gewählt hätte: die meiner Mutter. Ich war entgeistert von der E-Mail. Ich lebte im alten jüdischen Ghetto auf der Zemaitijos Straße, wo ich einen Großteil des Buches über zwei Jahre hinweg fieberhaft geschrieben hatte, zehn Stunden am Tag. Während des Schreibens fühlte ich das Gewicht des jüdischen Volkes auf meinem Rücken (und jenes der Geister

des Ghettos, die nachts durch die dunklen Straßen streiften). »Wie kannst du das schreiben?«, fragten diese Stimmen. »Nach allem, was passiert ist – ausgerechnet hier? Nach den Tausenden, die in die Wälder verschleppt und erschossen wurden? Du verweigerst uns – Israel? Was für ein Jude bist du?«
Ich fühlte Schuld und Scham für das, was ich beim Schreiben enthüllte. Mit der E-Mail meines Vaters fühlte sich diese paranoide Prophezeiung bestätigt. Ehrlichkeit war nie leicht für mich; sie war immer an ein Gefühl von Verrat gebunden. Geheimnisse und Wahrheiten zu enthüllen, die nicht laut ausgesprochen werden sollten. Vielleicht rührt es daher, dass Wahrhaftigkeit nicht das Herz der Religion ist; Gehorsam und Pflicht sind es. Ich wurde in dem Glauben erzogen, ich würde bestraft, sollte ich dem jüdischen Gott nicht spuren. Und jetzt war es hier, in der Form einer E-Mail, ein Brief meines Vaters.

In diesen Tagen lebte ich in einem konstanten Zustand von Angst und Schuld. Am meisten fürchtete ich wahrscheinlich den Zorn und die Bestrafung (und Klage) der Bialik Hebrew Day School. Erstaunlich, wie wenig erwachsen wir werden. Schuldgeplagt versuchte ich, mich zu überreden, dass sich die Dinge seit meiner Kindheit geändert hätten. Ich fragte mich sogar, ob meine Erinnerungen stimmten – hatte Mrs. Blintzkrieg all dies tatsächlich getan? War sie wirklich so furchtbar? Vielleicht war die Bialik fortschrittlicher geworden, egalitärer. Ich entschloss, anzurufen und es herauszufinden. Ich war in Toronto, griff zum Telefon, wählte die Schule meiner Jugend und erklärte der Rezeptionistin, ich hätte einen dreijährigen Neffen, dessen Eltern gerade überlegten, in welche Schule sie ihn schicken sollten. Dass ich die Aufgabe übernommen hätte, Informationen über die Bialik in Erfahrung zu bringen, um sie weiterzureichen. Ich bat um ein Treffen mit der Vizedirektorin.
»Eine Informationssammlungssitzung«, erklärte ich.
Die Geschichte stimmte nur teilweise. Ich hatte einen dreijährigen Neffen; seine Eltern (mein Bruder und meine Schwägerin) suchten nach einer passenden Schule für ihn; aber sie lehnten unmissverständlich ab, die Bialik auch bloß in Erwägung zu ziehen. Ob-

wohl meine Erlebnisse in der Bialik ambivalent waren – so sehr ich den Ort verachtete und verabscheute, fühlte ich doch eine tiefe Liebe und Nostalgie für die Intensität und Strenge meiner Erziehung. Meine Brüder jedenfalls hegten keines dieser Gefühle. Sie hassten den Ort.

Die Lüge, die ich der Rezeptionistin erzählt hatte, erwies sich als dermaßen effektiv, dass sie mich umstandslos mit der Vizedirektorin verband. Das hatte ich nicht erwartet. Ich wollte ein Treffen ausmachen – und mir in der Zwischenzeit Fragen überlegen –, stattdessen fand ich mich selbst in Verlegenheit gebracht.

»Wie kann ich Ihnen helfen, Mr. Garfinkel?«

»Nun«, sagte ich, die richtigen Worte suchend, »ich interessiere mich für die zukünftige Erziehung meines Neffen und rufe im Namen der Familie an, um mehr über das Programm der Bialik zu erfahren.«

Die Vizedirektorin redete gern. Sie erzählte mir, die Bialik unterhalte ein eindringliches Hebräischprogramm; es sei herausfordernd und beinhalte das Studium von Literatur, Geschichte, Bibel und Grammatik, vier Stunden am Tag; es bedeute viel Arbeit und herausragende Ergebnisse.

Ich hörte sie über die Vorteile einer sozialistischen zionistischen Erziehung reden. Dass die säkularen Aspekte des Zionismus wunderbare menschliche Werte lehrten, die andere Schulen nicht kennten; es gebe sogar ein neues Element im Lehrplan, welches die Geschichte der Indigenen Kanadas und des Genozids an ihnen erforsche. Das sagte sie stolz.

»Unterrichten Sie palästinensische Geschichte?«, fragte ich.

Auf einmal wurde es still am anderen Ende der Leitung. Ich hörte sie einen Bleistift nehmen.

»Mit wem spreche ich? Woher rufen Sie an? Was ist Ihre Telefonnummer?«

Sie schrieb alles nieder. Im Stil meiner Kindheitsstreiche nannte ich ihr eine falsche Nummer und eine falsche Adresse. Ich war davon überzeugt, Mrs. Blintzkrieg würde mich aufsuchen und mir für die Frage nach dem Schicksal der Palästinenser die Bestrafung im Namen des jüdischen Gottes und des jüdischen Volkes androhen. Aber was würde geschehen, wenn sie herausfände, dass ich ihr die falsche Adresse gegeben hatte? Es würde sie nur noch wütender

machen. In diesem Fall würde sie höchstwahrscheinlich den Mossad einschalten. Man würde mich innerhalb von zehn Minuten finden (Scherzanrufe sind deren Spezialität). Also beschloss ich, das zu sagen, was ich gleich hätte sagen sollen.
»Unterrichtet Mrs. Blintzkrieg noch?«
»Woher kennen Sie Mrs. Blintzkrieg?«
»Ich ging vor fünfundzwanzig Jahren in die Bialik.«
»Warum haben Sie das nicht gesagt?«
»Ich weiß nicht.«
»Mrs. Blintzkrieg trat letztes Frühjahr in den Ruhestand.«
»Sie war die beste Lehrerin, die ich je hatte.«
Auf einmal änderte sich der Ton der Unterhaltung. Die Vizedirektorin wollte wissen, ob ich ihre Tochter kennte. Tat ich leider nicht (wir waren in unterschiedlichen Jahrgängen). Dann wollte sie wissen, wer in meiner Klasse gewesen sei. Ich nannte ein paar Namen, ein paar Lehrerinnen. Die Frage nach der Geschichte Palästinas – wir erwähnten sie nie wieder. Der Ton wandelte sich zu einem des wohligen Einvernehmens, und ich legte mit dem Gefühl auf, nichts erreicht zu haben. Ich schämte mich, fühlte mich dumm, ärgerte mich. Warum war es in Ordnung, die Geschichte der Indigenen Kanadas zu unterrichten, aber nicht jene der Palästinenser? Warum können wir nicht einmal das Wort »Palästinenser« aussprechen, ohne durchzudrehen? Und warum zum Teufel konnte ich nicht ehrlich sein?

Nach der Veröffentlichung von *Ambivalence* hörte mein Vater auf, mit mir zu sprechen. Aber zuerst tauchte er noch auf der Buchpremiere in Toronto auf. Das Haus war voll, mit einer jüdischen Klezmerband und einer palästinensischen Bauchtänzerin. Es war wie eine Kombination aus Bar Mitzwah und moslemischer Hochzeit. Jemand von CBC blähte meinen Kopf mit der Möglichkeit einer Fernsehadaption auf (es kam nie dazu). Meine Französischlehrerin aus der siebten Klasse kam und saß in der ersten Reihe. Ich betrank mich fürchterlich, meine Mutter brachte mir einen Strauß Blumen, ich verpfuschte das Interview auf der Bühne. Mein Vater nahm mich beiseite, um mir zu sagen, ich sei ein »Desaster« gewesen, »arrogant und nervig«. Ich trank noch mehr. Am nächs-

ten Tag rief er mich an: »Dieses Buch. Es ist zu viel. Ich kann derzeit nicht mit dir sprechen.«
Das traf mich. Ich fühlte mich verlassen, allein. Gleichzeitig bewunderte ich seine Ehrlichkeit. Vor der Premiere hatten wir einander zweimal getroffen, um über das Buch zu sprechen; es war ihm unangenehm, aber er anerkannte seine literarischen Verdienste und meinte, es könne einen Preis bekommen.
Ich bekam keinen Preis, aber schaffte es, viele mir nahestehende Menschen und meine Eltern maßlos zu verärgern (manche Freunde meiner Eltern hörten auf, mit ihnen zu reden, weil sie sie für meine Meinungen verantwortlich machten). Ich weiß nicht, was ich erwartet hatte. Schreiben ist immer schwer. Es ist erschöpfend, fordernd, und dann ist man den Eindrücken der Leser und Kritikerinnen ausgesetzt – oder dem Schweigen. In meinem Fall hatte ich ein Thema gewählt, das so spaltend und aufwühlend ist, wie eines nur sein kann. Wenn ich schon vom Schreiben des Buches erschöpft war, so war ich nicht auf seine Repräsentation vorbereitet – geschweige denn darauf, mich gegen Reaktionen zu wehren. Ich fand es niederschmetternd. Niemand wollte über die Geschicklichkeit des Schreibens reden – auf die ich stolz war – oder über die Ideen hinter dem Buch. Flugs wurde ich für kurze Zeit Konversationsstoff für den Israel-Palästina-Konflikt, etwas, wonach ich mich nicht im Geringsten sehnte.
Ich war kein Experte und behauptete dies auch nicht. Ich wusste viel von meiner Erziehung und meiner Recherche. Aber ich wollte meine Beziehungen durch die Linse des Konfliktes erforschen, ein Mikrokosmos in den Verwirrungen unserer Zeit. Grenzen, Grenzziehungen, Binaritäten. Kolonialismus und Konflikt. Monotheismus und das Vermächtnis des Holocaust, Vertreibung und Heimat und schließlich die Art und Weise, wie wir unsere Kinder erziehen. Die kulturellen Mythen und historischen Lügen, mit denen wir aufgezogen werden, und was geschieht, wenn wir diese entwirren wollen.
Und trotzdem war ich plötzlich da, auf verschiedenen Podien, der wohlbekannten Litanei anti-israelischer Fragen ausgesetzt. Ist Israel ein Apartheidstaat? Sind Sie noch Zionist? Was ist mit der Hamas? Was mit den Selbstmordattentaten? Ich wurde gefragt:

ein oder zwei Staaten? Was halten Sie vom Rückkehrrecht? Wie hat 1967 die Probleme des heutigen Israel beeinflusst? Was ist mit den Siedlern? Gaza? Wer hat Hummus tatsächlich erfunden? Ist Falafel ein palästinensisches oder ein israelisches Gericht? Und gehen Sie immer noch in die Synagoge am Kensington Market?

Zu einem Anlass kehrte ich in die Synagoge am Kensington Market zurück. Aber nicht, um zu beten. Als ich *Ambivalence* beendet hatte, konnte ich nicht. Ich konnte den Gebetsraum nicht mehr betreten, mich nicht mehr verbeugen, nicht mehr singen. Aber ich gab dem Rabbi ein Exemplar des Buches. Spero war nicht dort, also ließ ich es verlegen mit der Notiz »Rufen Sie mich an, wenn Sie darüber reden wollen« in seinem Büro. Aber er rief mich nie an. Später hörte ich das Gerücht, seine Frau habe ihn und die fünf Kinder verlassen, eine Scheidung, die nicht nur den Rabbi, sondern die gesamte Gemeinde schockierte. Er hatte, im wahrsten Sinn des Wortes, alle Hände voll zu tun.

Es war eine seltsame Sache, diese Sache mit dem Nichtbeten. Ich weiß nicht, wie ich es erklären kann.

Es gab vieles, woran ich vor und während des Schreibens an diesem Buch glaubte. Gott gehörte dazu. Was mit der Fertigstellung verschwand, war das Gefühl, von etwas oder jemandem beobachtet zu werden. Ich war mir selbst überlassen: meinem Gewissen, meiner Ethik, meinem Glauben. Auf den ersten Blick scheint das befreiend zu sein. In Wirklichkeit war es traurig. Niemand und nichts beurteilte mich. Ein Waisenkind.

Ohne Gott, ohne Blintzkrieg, und ohne meinen Vater. Bei CBC war ich zu Gast in Matt Galloways zweistündiger Radiosendung. Galloway ist ein intelligenter Journalist in Toronto, ein freundlicher Moderator, er stellte harte Fragen. Mittendrin frage er mich, warum ich mich dazu entschlossen hätte, Bilder aus Elia Suleimans *Göttliche Intervention* neben die bestürzenden Bilder des Holocaust zu stellen, die mir als Kind gezeigt worden waren. Ich antwortete vage und erklärte, die Filme hätten mich tief und nachhaltig geprägt – und dazu etwas über die Kraft von Bildern und Erinnerung. Aber Galloway ließ nicht locker.

»Aber Sie haben sie absichtlich zusammen gezeigt. Warum?«

Ich sagte: »Der Holocaust ist ein großer Teil meiner Erziehung, ein Kernteil meiner jüdischen Identität. Es wird früh gelehrt, dass wir Juden immer Opfer waren. Ich denke, was mich an Suleimans Film so berührt hat, ist, dass es für uns schwer zu akzeptieren ist, dass auch Juden Täter sein können.«
Als er die Sendung für die Werbung unterbrach, begannen die Hassmails einzutrudeln. Wie es sich für einen erfahrenen Journalisten wie Galloway ziemt, erfreute er sich der Kontroverse, die er angezettelt hatte. Er las mir laut vor:
»Garfinkel weiß nicht, wovon er spricht; Garfinkel versteht nichts von Geschichte; Garfinkel ist voll jüdischem Selbsthass.«
Als die Sendung weiterging, verschlug es mir die Stimme. Später sagte mir ein Freund, der zugehört hatte, er habe nicht sagen können, auf welcher Seite ich sei, auf der Palästinas oder auf der Israels. Er war beeindruckt von der Art, wie ich die Grenze bespielt hätte. Ich sagte ihm nicht, dass ich das Gefühl hatte, wieder einmal mein Volk betrogen zu haben.

RANA: Warum hast du über unser Gespräch über Selbstmordattentate geschrieben?
ICH: Hast du das nicht gesagt?
RANA: Natürlich habe ich es gesagt.
ICH: Was ist dann das Problem?
RANA: Bist du ein kompletter Schwachkopf? Das hat Konsequenzen. Die könnten mich an der Grenze festhalten. Ich versuche, eine akademische Karriere einzuschlagen.
ICH: Ich habe deinen Namen und deine Identität geändert.
RANA: Wer will, findet heraus, wer ich bin.
ICH: Tut mir leid.

Kinder sprangen von Schaukeln und fielen in den Sand.
»Weißt du, was mir wirklich auf die Nerven geht?«, sagte sie. »Dass das der Eindruck ist, mit dem du die Menschen zurücklässt.«
»Du hast eine der wichtigsten Erklärungen für Selbstmordattentate gegeben, die ich jemals gehört habe. Du vermenschlichst sie. Anstelle sie einfach monströs zu nennen, zeigst du die menschliche Verzweiflung.«

»Immer die Palästinenser und das Selbstmordattentat. Wir sind Terroristen, Monster. Das ist alles, was man über uns denkt. Du hast zu diesem Narrativ nicht nur beigetragen, du hast es verstärkt.« Dann sagte sie, sie sei von meinen politischen Ansichten grenzenlos enttäuscht. Dass ich nicht weit genug ginge. Ich fragte, wie sie das meinte.

»Du tust, was all diese verweichlichten linken Zionisten tun: Du hast all die richtigen Argumente, sagst alle Wahrheiten, aber dann, am Ende, schreckst du vor der Einstaatenlösung und dem Rückkehrrecht zurück. Du glaubst noch immer an einen jüdischen Staat. Aber du schreibst wieder und wieder, dass es mit einem jüdischen Staat keine echte Demokratie für alle Bewohner geben kann. Das beweist du auf jeder Seite. Also warum hängst du an dem Scheißdreck?«

Das Buch reiste in verschiedene Länder und verschiedene Sprachen. In den USA war es nicht journalistisch genug. Im Vereinigten Königreich war es nicht kritisch genug. In Deutschland nahm Luchterhand es an und wollte es veröffentlichen – man gab sogar eine Übersetzung in Auftrag –, aber am Ende ging der Lektor, mit dem ich gearbeitet hatte, und die neuen Verantwortlichen entschieden sich dafür, das Buch nicht zu veröffentlichen. Ich konnte nicht anders, als mich zu fragen, ob es etwas mit Politik zu tun habe. Dass es in Deutschland zu gefährlich sei, oder nicht gefährlich genug. Deutschland ist ein schwieriger Ort.

Ich habe keinen Beweis für ein solches Räsonieren des Verlags; wahrscheinlich ist es etwas, das ich in meiner jüdischen Paranoia erfinde. Aber der Gedanke begann in Toronto in mir zu keimen, als ich zu einer Lesung aus *Ambivalence* in die Holy-Blossom-Synagoge eingeladen wurde. Es war eine große Veranstaltung – zweihundert Leute kamen, ich las und wurde auf der Bühne interviewt. Die große jüdische Buchhandlung »Israel's« in Toronto verkaufte das Buch. Während des Gesprächs – das leidenschaftlich, erhitzt und aufregend war – sagte die Rabbinerin, eine Amerikanerin namens Yael Splansky, sie glaube, das Buch würde großen Einfluss auf unsere Generation von Juden haben (Yael und ich sind gleich alt). Sie glaube, es zeige die komplizierten Gefühle, die eine ganze Generation gegenüber Israel empfinde. Aber, am Wichtigsten, öffne es einen Dialog.

»Judentum heißt Fragen stellen«, meinte sie. »Und dieses Buch tut das.«

Aber dann erzählte die dem Publikum eine Geschichte, die mich überraschte. Sie erzählte, sie sei vor ein paar Monaten in der Buchhandlung *Israel's* gewesen und habe *Ambivalence* nicht in den Regalen gefunden. Sie sei zum Besitzer gegangen und habe ihn gefragt, warum es nicht da sei.

»Wir warten die öffentliche Reaktion ab«, sagte der Besitzer. »Wir sind besorgt.«

Die Rabbinerin sei wütend gewesen. »Aber der Punkt des Buches ist doch, einen Dialog anzustoßen. Wir müssen reden. Wir müssen spüren, dass wir es können. Wir müssen Fragen stellen. Die schwierigen.«

Dank Rabbi Splansky führte *Israel's* fortan das Buch. Aber die Geschichte ließ mich grübeln: Wer wollte es noch zum Schweigen bringen? Ich habe niemals etwas von der Bialik gehört, auch nicht von Mrs. Blintzkrieg. Tatsächlich war die jüdische Gemeinde Kanadas, von der Veranstaltung in der Holy Blossom abgesehen, generell still.

Seit der Veröffentlichung von *Ambilvalence* habe ich Israel und Palästina im Blick behalten. Ich bin auch in Kontakt mit den Leuten von *Zochrot* und *Neve Shalom* geblieben, deren Arbeit mich weiterhin erstaunt: der Kampf und der Idealismus an der Basis in einem Land, in dem das Wort »Friedensprozess« selten geäußert wird. Es gab viele Zeiten, an denen ich zurückkehren wollte – um das Land ohne das Gewicht jeglicher Erwartungen und ohne jene vorgefertigten Meinungen zu sehen, die ich hatte, als ich zwanzig Jahre zuvor zum ersten Mal gekommen war (und ohne das Gefühl, darüber schreiben zu müssen – ein anderes Gefühl von Freiheit). Seit der Veröffentlichung von *Ambivalence* fiel Ariel Scharon ins Koma und wachte nicht mehr auf; Israel zog sich aus Gaza zurück; drei Kriege mit Gaza brachen aus; die Mauer wurde fertiggestellt; die BDS-Bewegung gewann an Anziehung; Netanjahu regierte das Land wie ein alter, korrupter, jüdischer König. Der Friedensprozess und die Zweistaatenlösung werden weniger und weniger erwähnt. Für viele scheinen sie gestorben zu sein.

Die öffentliche Meinung gegenüber Israel hat sich in den letzten Jahren geändert, auf eine Art und Weise, die sich zur Zeit der Erstveröffentlichung im Jahr 2007 erst abzuzeichnen begann. Das ist wahrscheinlich am Spürbarsten innerhalb meiner jüdischen Generation in Nordamerika. Grafische Darstellungen von Gaza, die während der vergangenen Kriege in die Luft geblasen wurden – und die fortwährende Ausweitung der Siedlungen, einschließlich der kontroversen Zwangsräumungen von Palästinensern im vergangenen Frühjahr – haben die BDS-Bewegung ebenso wie unterschiedlichen Anklagen von Verbrechen gegen die Menschlichkeit beim Gerichtshof für Internationale Menschenrechte befeuert. Juden wie ich haben Fragen über Israel zu stellen begonnen, wie es unsere Eltern niemals taten. Onlinemagazine wie *Jewish Currents* haben gezeigt, dass man Israels Politik kritisch betrachten kann, ohne antisemitisch zu sein. Darüber hinaus nimmt die laute Kritik an jüdischen Lobbygruppen wie *AIPAC* und *Anti-Defamation-League* in den USA zu. Das Argument lautet, dass keine Regierung über dem Gesetz stehen sollte. Dass Religion und Staat getrennt gehörten. Und dass gewisse Regierungen und gewisse Gemeinschaften zu lange weggesehen hätten.

Die Kriege mit Gaza waren traurig unverhältnismäßig, der Verlust an Menschenleben war verheerend. Und die Bilder aus Gaza – dieses unmenschlich gefüllte menschliche Gefängnis – kleben an uns. Was mich in den letzten Jahren aber am meisten aufgebracht hat, war die Impfstoffverteilung während der Covid-19-Pandemie. Vielleicht weil es etwas ist, das uns alle betroffen hat, egal, wo wir leben. Natürlich hat man es in Israel und Paläsina geschafft, die Angelegenheit zu politisieren.

In den Medien wurde Israel dafür gefeiert, so schnell wie kaum ein anderer Staat seine Bevölkerung zu impfen. Während ich dies schreibe, haben über 85 Prozent der Israelis zwei Dosen des Impfstoffes von Biontech/Pfizer erhalten. Gleichzeitig ist weniger als ein Prozent der palästinensischen Bevölkerung vollständig geimpft, wobei drei Prozent die erste Dosis erhalten haben.

Meine Aufmerksamkeit wurde besonders auf diese Geschichte gelenkt, weil es aus dem Blick der öffentlichen Gesundheit scheinen mag, es wäre im Interesse Israels, seine Nachbarn zu impfen, ob man sie mag oder nicht. Doch Israel, das sehr viel überschüssigen Impfstoff hatte – inklusive riesiger Mengen an AstraZeneca, gegen deren Verwendung man sich entschied, um RNA-Impfstoffe wie Pfizer oder Moderna zu verabreichen –, hat seine überschüssigen Dosen anderen Staaten anzubieten begonnen. Allen, außer den Palästinensern in Gaza und im Westjordanland. An einem gewissen Punkt überlegte man sogar, Impfstoff wegzuwerfen. Warum hat man ihn nicht den Palästinensern gegeben?

Israels Argument lautet, die Palästinensische Autonomiebehörde sei – gemäß dem Osloer Abkommen von 1993 – für die Impfung ihrer Bevölkerung verantwortlich. Außerdem sei Palästina Mitglied von COVAX, dem internationalen Programm, das Entwicklungsländer mit Impfstoff versorgt. Die Palästinensische Autonomiebehörde hatte Hunderttausende Dosen AstraZeneca, Sinovac und Sputnik bestellt. Aus unterschiedlichen Gründen haben sich die Lieferungen verzögert; die Schwierigkeit, sie zu den Palästinensern zu bringen, sind nicht unerheblich (sie haben etwa keinen eigenen Flughafen). Aber, und das ist das israelische Argument, die Palästinenser wollten und sollten sich um ihre eigenen Leute kümmern.

Ich setzte mich mit der israelischen Menschenrechtsanwältin Adi Lustigman in Verbindung, die für *Physicians for Human Rights* tätig ist. Sie klagte beim Obersten Gerichtshof Israels ein, dass Israel gemäß der Genfer Konvention verpflichtet sei, sich um die Gesundheit der Flüchtlinge in den besetzten Gebieten zu kümmern. Als Besatzungsmacht sei Impfstoffverteilung eine moralische und gesetzliche Verpflichtung. Israel hielt dagegen, es sei dazu nicht verpflichtet – obwohl man die Palästinenser, die zum Arbeiten nach Israel kommen, impfte.

Es war schwer, nicht zynisch zu sein. In einem Artikel in der *Times of Israel* sagte Efraim Inbar, der Präsident des Jerusalemer Instituts für Strategie und Sicherheit: »Ich denke, wir müssen zugeben, dass sie [die Palästinenser] keine netten Nachbarn sind. Wir haben keine moralische Verpflichtung, uns um Nachbarn zu kümmern, die Terroristen Geld geben … Wir sind mit ihnen im Krieg. Ich kann mich nicht erinnern, dass die Amerikaner den Deutschen während des Zweiten Weltkriegs Impfstoff geschickt hätten. Ich denke, die Aufforderung an Israel, seinen Feinden zu helfen, ist unmoralisch. Ich schicke den Impfstoff lieber nach Indien als der Palästinensischen Autonomiebehörde.«[13]

Die Palästinenser mit den Nazis zu vergleichen, ist politisch manipulativ, total absurd und vollkommen idiotisch. Es ist auch selbstzerstörerisch. Im selben Artikel sagte die ehemalige israelische Gesundheitsministerin Gabi Barbash: »Die Regel für das Coronavirus ist sehr klar – wenn das Virus überall ist, ist es überall. Wir haben gesehen, wie leicht das Virus über die Grüne Grenze springt, nach Kafr Qasim, Netanya, Haifa.«

Wegen des steigenden internationalen Drucks schloss Israel am 18. Juni 2021 eine Vereinbarung mit der Palästinensischen Autonomiebehörde, derzufolge eine Million »beinahe abgelaufener« Dosen Pfizer nach Gaza und ins Westjordanland geschickt werden sollten, um im Gegenzug von den Palästinensern eine Million brandneuer Pfizer-Dosen zu bekommen, welche diese im Oktober 1921 aus internationalen Quellen beziehen sollen. Die *Physicians for Human Rights* antworteten, es sei zweifelhaft, ob die Palästinenser in die Lage kämen, viel von den bald ablaufenden Impfdosen verwenden zu können. Dazu kommt, dass es in Gaza lediglich einen Ort gibt, an dem Pfizer zu den vorgeschriebenen Temperaturen unter null Grad aufbewahrt werden kann. Aber in ihrer Verzweiflung (und der eben vergangene Krieg steigerte die Covid-19-Fälle), waren die Palästinenser bereit, die Vereinbarung anzunehmen.[14] Israel stellte seine Geste als humanitärer, nicht politischer Natur da.

Dieser Tage habe ich vermutlich meine Probleme mit dem Wort »humanitär« in Bezug auf Israel und Palästina. Vielleicht sollten Worte wie »humanitär« und »Mitgefühl« vom Tisch kommen. Vielleicht tut es »moralische Verpflichtung« genauso gut. Wenn ich an die Zukunft in Israel und Palästina denke, bevorzuge ich,

13 May 5, 2021. https://www.timesofisrael.com/israel-may-toss-millions-of-vaccines-why-wont-it-give-them-to-the-pa-instead

14 June 18, 2021. https://www.aljazeera.com/news/2021/6/18/palestinians-to-get-1-million-covid-vaccine-doses-in-israel-swap

in existentialistischen Begriffen zu denken. Israel muss den Palästinensern Impfstoff geben, weil sie ihre Nachbarn sind. Die Palästinenser brauchen ihn, weil sie Nachbarn sind. Dass Israel und Palästina eine epidemiologische Einheit sind, ist vielleicht die stärkste Metapher und ein Spiegelbild der Situation. Für das existentielle Bedürfnis, miteinander zu leben. Eine Ethik des Lebens. Eine Einstaatenlösung.

Was mich zurück zum Haus von Shimon und Abu Dalo bringt. Ich stelle mir vor, wie sie einander in ihren jeweiligen Gärten gegenübersitzen, den anderen ruhig (oder nicht so ruhig) ignorierend. Bis sie es nicht mehr können. Bis, während eines pandemischen Lockdowns, sie etwas von einander brauchen. Eine Zwiebel, Olivenöl, Wasser. Oder vielleicht aus bloßer Langeweile zu reden beschließen. Ein Gespräch, das der Notwendigkeit entwüchse. Worüber würden sie reden? Wie man Minztee macht, oder wie man eine Mauer baut? Ist das überhaupt von Belang? Wir alle wissen: Friede ist nicht Liebe – und Koexistenz keine kindische Phantasie. Sondern die einzige Möglichkeit. In diesem Sinne glaube ich immer noch an die Möglichkeit, unter einem Dach zu leben. Oder zumindest nah genug aneinander, dass die Luft, die sie atmen, auf beide dauerhaft und belebend wirkt.

Berlin, Juli 2021